NOTEBOOKS ON MEDIEVAL TOPOGRAPHY
(*Documentary and Field Research*)
Edited by Stefano Del Lungo
No 1

Bahr 'as Shâm

La Presenza Musulmana nel Tirreno Centrale e Settentrionale nell'Alto Medioevo

Stefano Del Lungo

BAR International Series 898
2000

Published in 2019 by
BAR Publishing, Oxford

BAR International Series 898

Notebooks on Medieval Topography (Documentary and Field Research) 1

Bahr 'as Shâm

© Stefano Del Lungo and the Publisher 2000

The author's moral rights under the 1988 UK Copyright,
Designs and Patents Act are hereby expressly asserted.

All rights reserved. No part of this work may be copied, reproduced, stored,
sold, distributed, scanned, saved in any form of digital format or transmitted
in any form digitally, without the written permission of the Publisher.

ISBN 9781841711591 paperback
ISBN 9781407352404 e-book

DOI https://doi.org/10.30861/9781841711591

A catalogue record for this book is available from the British Library

This book is available at www.barpublishing.com

BAR Publishing is the trading name of British Archaeological Reports (Oxford) Ltd.
British Archaeological Reports was first incorporated in 1974 to publish the BAR
Series, International and British. In 1992 Hadrian Books Ltd became part of the
BAR group. This volume was originally published by John and Erica Hedges in
conjunction with British Archaeological Reports (Oxford) Ltd / Hadrian Books Ltd,
the Series principal publisher, in 2000. This present volume is published by BAR
Publishing, 2019.

BAR

PUBLISHING

BAR titles are available from:

        BAR Publishing
        122 Banbury Rd, Oxford, OX2 7BP, UK
EMAIL   info@barpublishing.com
PHONE +44 (0)1865 310431
  FAX   +44 (0)1865 316916
        www.barpublishing.com

NOTEBOOKS ON MEDIEVAL TOPOGRAPHY

Con questo primo volume, riservato alla raccolta e alla sistemazione del maggior numero possibile di materiale documentario sulla presenza musulmana nel Tirreno centrale e settentrionale nei secoli dall'VIII al X, si apre la nuova serie dei NOTEBOOKS ON MEDIEVAL TOPOGRAPHY *(Documentary and Field Research)*, compresa nella più ampia produzione dei *British Archaeological Reports*.

Sia il marchio sia il titolo sono stati creati appositamente da Stefano Del Lungo, l'editore di questa serie (e-mail: sdellungo@yahoo.com; c/o BAR Publishing, 122 Banbury Road, Oxford, OX2 7BP; e-mail info@barpublishing.com) e sono utilizzabili solo in rapporto a questo prodotto.

Lo scopo di tali 'blocchetti per appunti' è la costituzione di una sede nella quale possano trovare rapida divulgazione i lavori di ricerca (in Italiano, Inglese, Tedesco, Francese e Spagnolo) maggiormente meritevoli sul piano scientifico (siano essi monografie, opere di autori vari e resoconti di convegni), mettendo a punto una serie di strumenti di agevole consultazione ed utilizzo per lo sviluppo degli studi topografici.

La Topografla è una disciplina archeologica, che, rispetto allo scavo, si pone in funzione propedeutica, integrando il recupero, la lettura e l'analisi dei documenti d'archivio (pergamene, mappe, note, disegni) alla verifica sul campo dei dati ottenuti. Le sono pertanto complementari la cartografia storica, la toponomastica, l'archeologia del paesaggio nelle sue diverse sfaccettature, la fotointerpretazione e qualunque altro ambito del Sapere aiuti a comprendere i diversi segni ed oggetti lasciatici da uomini e culture del passato. La ricognizione di superficie costituisce un primo strumento di verifica nella realtà di quanto raccolto altrove, con tutti i cambiamenti che il territorio oggetto dell'indagine possa avere conosciuto nel tempo.

This volume about the muslim presence in central and northern Tyrrhenian Sea in the High Middle Ages is the first in the new series of NOTEBOOKS ON MEDIEVAL TOPOGRAPHY *(Documentary and Field Research)*, within the larger production of *British Archaeological Reports*.

Stefano Del Lungo (e-mail: sdellungo@yahoo.com) is to be series editor and enquiries about publishing other books in the NOTEBOOKS ON MEDIEVAL TOPOGRAPHY series (in Italian, English, German, French and Spanish) can be addressed c/o BAR Publishing, 122 Banbury Road, Oxford, OX2 7BP; e-mail info@barpublishing.com.

Topography is an invaluable precursor, indeed sometimes initiator, to archaeological research whereby information about sites is obtained using documentary analysis, historical cartography, toponymy, remote sensing & etc. The intention is that this series will be a route of publication (and quick publication) for research in topographical studies whether monographs or conference proceedings.

Per assalir que' paesi, i nostri ad ogni istante guadavano il mare, come un fiume le cui onde eran de' cavalieri. Ecco navi da guerra saettanti l'incendio della nafta, il cui soffio mortifero tappa le narici.
('Ibn Hamdis di Siracusa, secolo XI)

Attraverso il mare del Maghreb si esportano gli eunuchi, presi dai paesi degli Slavi e dal Sudan, i giovani schiavi cristiani, le fanciulle spagnole, le pelli di bufalo e le lane, i profumi, tra cui lo storax benjoin, e, tra le resine, il mastice. Dal fondo di questo mare, in vicinanza del paese dei Franchi, si estrae il sedeb, sostanza conosciuta di solito sotto il nome di corallo. Il mare che si estende al di là del paese degli Slavi sino alla città di Boulyah non è frequentato da alcun naviglio né imbarcazione mercantile, e non se ne estrae alcun prodotto. Parallelamente l'Oceano occidentale, dove si trovano le Isole Fortunate, non è esplorato dai marinai e non fornisce al commercio alcun oggetto di consumo.
('Ibn Hurdâdbah, intorno all'846)

A Raffaele Magnano di San Lio

INDICE GENERALE

Notebooks on Medieval Topography	i
Indice generale	v
Indice delle tavole	vii
Introduzione	1
Capitolo I - Alcuni presupposti	
I.1 - Il problema delle fonti	3
I.2 - La ricerca	3
I.3 - Le prime incursioni	4
Capitolo II - Il secolo VIII	
26 gennaio 703 - 13 gennaio 704 (anno 84 dell'hagira)	7
23 dicembre 705 - 11 dicembre 706 (anno 87 dell'hagira)	7
1 dicembre 707 - 19 novembre 708 (anno 89 dell'hagira)	7
29 ottobre 710 - 18 ottobre 711 (anno 92 dell'hagira)	7
1 luglio 721 - 20 giugno 722 (anno 103 dell'hagira)	8
29 maggio 724 - 18 maggio 725 (anno 106 dell'hagira)	8
anno 725	8
29 aprile 727 - 15 aprile 728 (anno 109 dell'hagira)	8
anno 731	8
3 marzo 732 - 20 febbraio 733 (anno 114 dell'hagira)	8
31 gennaio 735 - 19 gennaio 736 (anno 117 dell'hagira)	8
8 gennaio 737 - 28 dicembre 738 (anno 119 dell'hagira)	8
anno 745	9
anno 749	9
18 luglio 752 - 6 luglio 753 (anno 135 dell'hagira)	9
anni 774-800	9
anno 776	10
anno 778	11
anno 788	11
anni 798-799	11
Capitolo III - Il secolo IX e gli attacchi a Roma	
anni 801-816	13
anni 800-801	13
anno 801	13
anno 806	14
anno 807	15
anno 808	15
anno 809	15
anno 810	15
anno 812	16
anno 813	16
anno 815	17
30 luglio 816 - 19 luglio 817 (anno 201 dell'hagira)	17
anno 817	18
anni 817-824	18
anno 820	18
6 giugno 821 - 26 maggio 822 (anno 206 dell'hagira)	19
anno 828	19
anni 833-844	20
anno 838	21
anno 842	21
anni 843-845	22
anno 846	22
anno 847	25
anno 848	26
anno 849	26
anno 850	27
anni 851-861	27
anno 853	27
anno 854	27

anni 859-860	28
anni 863-865	28
anno 866	28
anno 868	29
anno 869	29
anno 871	30
anni 872-873	30
anno 875	32
anno 876	32
anno 877	34
anno 878	36
anno 879	36
anni 880-881	36
anno 881	37
anno 882	38
anno 883	39
anni 884-885	40
anni 887-888	41
16 maggio 888 - 5 maggio 889 (anno 275 dell'hagira)	41
anni 889-891	42
anno 890	42
anni 891-898	43
anno 892	43
13 marzo 894 - 1 marzo 895 (anno 281 dell'hagira)	43
2 marzo 895 - 18 febbraio 896 (anno 282 dell'hagira)	45
19 febbraio 896 - 12 febbraio 897 (anno 283 dell'hagira)	46
13 febbraio 897 - 27 gennaio 898 (anno 284 dell'hagira)	48
anno 898	48
anni 898-899	48
17 gennaio 899 - 6 gennaio 900 (anno 286 dell'hagira)	48

Capitolo IV - **Il secolo X**

anno 900	49
anni 901-906	49
anno 903	50
anni 904-905	50
anno 905	50
anno 906	51
anno 910	51
anni 911-913	51
anno 914	52
anno 915	53
5 luglio 916 - 23 giugno 917 (anno 304 dell'hagira)	53
3 giugno 919 - 12 maggio 921 (anni 307 e 308 dell'hagira)	55
anni 921-923	56
29 marzo 925 - 18 marzo 926 (anno 313 dell'hagira)	56
anni 928-929	56
anno 931	57
anno 933	58
22 dicembre 933 - 10 dicembre 934 (anno 322 dell'hagira)	58
11 dicembre 934 - 29 novembre 935 (anno 323 dell'hagira)	58
anni 939-940	60
anni 941-942	60
anno 963	61

Capitolo V - **La *Civitas Noba Leopolis* o *Kastrum Leopolim* (Lazio Meridionale)**   63

Capitolo VI - **Quadro generale degli avvenimenti**

VI.1 - Gradualità di occupazione	71
VI.2 - Le direttrici di incursione	71
VI.3 - Le basi	72
VI.4 - I rapporti ufficiali sulle incursioni e gli itinerari	73
VI.5 - Alcune caratteristiche delle spedizioni musulmane	77

Capitolo VII - **Linee guida per una ricerca topografica**

VII.1 - Alcune linee guida	79
VII.2 - Roma al tempo dell'attacco dell'846: 'Ibn Hurdâdbah	79
VII.3 - Gli appunti di viaggio di Hâroun 'ibn Yahya	80

VII.4 - I ripristino di S. Pietro e S. Paolo dopo il saccoo dell'846, secondo il *Liber Pontificalis*	81
VII.5 - Il carteggio dei papi Marino I, Adriano III e Stefano V	83
VII.6 - Il Secondo compartimento del Quinto Clima del *Libro di Re Ruggero*	87
Appendice - **Incursioni nel Tirreno centro-settentrionale nei secoli VIII-X: alcune date e luoghi**	95
Abbreviazioni	96
Fonti e bibliografia	97
Indice onomastico	99
Indice topografico	101

INDICE DELLE TAVOLE

Tavola 1 - Quadro generale delle incursioni nel Tirreno centro-settentrionale nei secoli VIII-X	6
Tavola 2 - Le località 'arabe' in Italia e le rotte delle principali incursioni	12
Tavola 3 - La base di Frassineto e le direttrici di attacco musulmano in Provenza, Liguria e Piemonte (da Luppi 1973, tavola allegata)	62
Tavola 4 - Dalle basi arabe in Italia alle città di fondazione papale: alcuni esempi	69
Tavola 5 - L'Italia secondo 'Ibn 'Idrîs (da Amari-Schiaparelli 1883, tavola allegata)	70

INTRODUZIONE*.

La storia altomedievale delle coste tirreniche centrali e settentrionali, e in particolar modo dei suoi abitati, ha ben poco senso, se analizzata nel ristretto ambito delle fonti scritte ad esse riferite, né si può pretendere di ricostruire un quadro credibile delle loro vicende limitandosi a ricomposizioni parziali e senza un adeguato riscontro nei documenti originali. Le incursioni arabe (localmente dette saracene) o, più correttamente, musulmane, che per i centri urbani hanno un gran peso nell'Alto Medioevo, sollecitano a compiere un'indagine ad ampio raggio, la sola in grado di porre le vicende locali nel loro giusto contesto, senza tutti gli orpelli aggiunti da forme di interpretazione forzata e, spesso, di parte[1].

Ma per poter capire e, soprattutto, mettere ordine nel gran numero di informazioni che abbiamo sul conto della presenza africana e spagnola nel Lazio, nella Tuscia e, più in generale, nel Tirreno centro-settentrionale nei secoli VIII-X, con collegamento a quanto già esaminato in dettaglio dal Lacam per la Francia meridionale e dal Luppi per la Provenza, la Liguria e le Alpi occidentali nel X secolo[2], bisogna dividere la storia locale in tre grandi periodi, uno per ogni 100 anni. A ciascuno di essi corrisponde una diversa provenienza della minaccia araba e un differente coinvolgimento del territorio in questione.

Sintetizzando le linee principali del tema affrontato in questa sede, è possibile distinguere per il secolo VIII una direttrice d'attacco proveniente dalle Baleari, appoggiata alla Sardegna e alla Corsica, e una seconda in movimento dall'Africa che pone la Sardegna al vertice dei suoi obbiettivi; per il secolo IX le stesse direttrici iberica e africana, affiancate poi da quella del Garigliano, con rinforzi dalla Sicilia e dalle altre basi sparse per la penisola; e infine per il secolo X altre due, dalla Provenza (Frassineto) e, in misura minore, dalla Sicilia e dall'Africa.

Quanto all'uso dell'etnico Saraceno (mai utilizzato dagli Arabi per definire se stessi, ma solo dagli autori classici latini e greci di età augustea), qui è puramente convenzionale. E' sollecitato, infatti, dal bisogno di stabilire una relazione tra la realtà di vicende belliche con connotati precisi, espressi anche dalle fonti latine medievali, e i termini contenuti nelle tradizioni orali, dove il sapere l'effettiva provenienza degli attaccanti musulmani è altrimenti ritenuto un fattore di secondo piano, rispetto alla volontà di esaltare la crudeltà degli invasori, senza preoccuparsi se il ricordo tramandato sia di un'incursione altomedievale, ad opera di Arabi, Berberi e popolazioni convertite all'Islam, o cinque-seicentesca, compiuta dai Turchi, completamente diversi dagli Arabi in quanto di stirpe mongolica.

A volte proprio queste tradizioni e leggende, assunte con grande disinvoltura negli studi per provare la frequentazione islamica in un luogo, si sono formate in tempi recenti. Lo spunto è costituito dalla persistenza nel territorio di località recanti appellativi quali Saraceno e Moro. Però la corrispondenza di questi, e soprattutto del primo vocabolo, con edifici e strutture in rovina, costruite in opera incerta, quadrata a piccoli blocchi e poligonale, consente di accertare nel toponimo un riferimento alla sola tecnica costruttiva (secondo anche quanto mostrato dalla documentazione medievale e dalle opere di antiquari dei secoli passati)[3].

Al momento mancano invece prove archeologiche a supporto dell'idea di un effettivo stanziamento islamico e solo un'attenta analisi della documentazione disponibile per una località, unita all'indagine sul campo, le può dare, ponendo così le basi per una più approfondita ricerca successiva[4]. Il vuoto di testimonianze materiali è causato dalla scarsa attenzione mostrata sinora al

---

* Questo lavoro è dedicato a Raffaele Magnano di San Lio, un caro amico al quale debbo la conoscenza dell'opera dell'Amari e l'avvio dell'interesse per le vicende arabe in Italia nell'Alto Medioevo. Alla Prof. Letizia Ermini Pani (cattedra di Archeologia Medievale, Università "La Sapienza" di Roma) rivolgo un sentito ringraziamento, per gli utili suggerimenti dati in sede di revisione finale del testo. La prima citazione riportata in apertura di volume è tratta dal dal *diwân* di 'Ibn Hamdis di Siracusa, § 9, 23-24, in Amari 1880-1881, vol. II, p. 355. La seconda è presa dal *Kitâb 'al Masâlik wa'l mamâlik* di 'Ibn Hurdâdbah (*Livre des Routes*, pp. 463-463).

[1] Come si vedrà nei vari capitoli del tvolume, spesso risulta difficile separare un evento dagli altri, essendo concatenato o inserito in un piano di aggressione su vasta scala, coinvolgente più zone contemporaneamente, a volte anche molto distanti tra loro. Per questo si è inserita la vicenda del Garigliano, ma non tutti gli avvenimenti riguardanti gli emirati di Bari e Taranto, le incursioni e la presenza araba in Abruzzo, Molise, Campania, Puglia, Basilicata, Calabria e Sicilia, per i quali, a meno che non si ravvisi qualche legame particolare con quanto trattato, si rinvia ad altra sede, oltre che, per un quadro generale e per i riferimenti bibliografici, alle seguenti opere: Tucciarone 1991 e G. Musca, *L'emirato di Bari (847-871)*, Bari 1964.

[2] Sebbene l'intera esposizione giunga a comprendere eventi verificatisi sulla costa francese meridionale, la maggior parte di essi è stata omessa, rimandando per i particolari proprio ai lavori di questi due autori e ponendo l'accento su quanto invece non è stato trattato da loro.

[3] Per esempio nel 1033 a Roma, nell'ambito del Foro di Traiano, è indicata una *Turricella, et muro, seu Turrae Sarracenae cum criptis, et parietinis sub se* (F. Ughelli, *Italia sacra*, tomo I, Venetia 1717, col. 104). A dispetto poi delle leggende sorte nel pieno Medioevo nel tratto di Campagna Romana attraversata dal torrente Galeria, tra Castel di Guido e Boccea, il toponimo *Furnum Sarracenum*, attestato il 4 ottobre 1192 *extra portam Beati Petri longe ab urbe Roma miliario plus minus octavo via Cornelia* (L. Schiaparelli, *Le carte antiche dell'Archivio Capitolare di S. Pietro*, in ArchSocRom, 25, 1902, p. 346 (n° LXXIX), richiama una semplice fornace, costruita in opera incerta (e quindi 'saracena') probabilmente con pietra vulcanica refrattaria (G. Tomassetti, *La Campagna Romana nel Medioevo*, in ArchSocRom, 2, 1879-80, pp. 167-168, 323). E' priva di fondamento la tradizione che vuole ricollegare il vocabolo 'forno' ad una fossa comune, nella quale nell'847 sarebbero stati sepolti i soldati arabi trucidati dal conte Guido, durante l'inseguimento delle truppe in ritirata da Roma (per questi avvenimenti si rinvia alle annate 846 e 847). Per un'analisi preliminare del problema interpretativo dell'opera saracinesca si rinvia all'articolo di E. De Minicis, *Un diffuso errore storiografico: la "opera saracinesca" nella Campagna Romana*, in *Dalla Tuscia Romana al territorio Valvense. Problemi di topografia medievale alla luce delle recenti ricerche archeologiche*. Atti delle Giornate in onore di Jean Coste (Roma, 10-11 febbraio 1998), Roma, in corso di stampa.

[4] D. Caiazza, *Saraceni, paladini e mura megalitiche sannitiche nella toponomastica del Sannio molisano e del Nord di Terra di Lavoro*, in *S. Vincenzo al Volturno* 1985, pp. 433-451. Per quanto riguarda la ceramica araba nell'ambito del Mediterraneo occidentale si ritiene utile segnalare i contributi di G. Fehervari, voce *Ceramica - Islam*, in Enciclopedia dell'Arte Medievale, vol. IV, Roma 1994, pp. 619-623; J. Lacam, *Vestiges de l'occupation arabe en Narbonnaise*, in Cahiers Archéologiques (fin de l'antiquite et moyen âge), VIII, 1956, pp. 93-115 e R. Luzi, *Ceramiche islamiche e ispano-moresche rinvenute nella Tuscia*, in *Le ceramiche di Roma e del Lazio in età medievale e moderna*. Atti del I Convegno di Studi, a cura di E. De Minicis, (Museo della

tema della presenza musulmana in un dato luogo. E' infatti ancora troppo diffusa l'idea di una frequentazione tanto breve quanto distruttiva, con conseguente peso dato nei contesti di scavo solo ad eventuali livelli di bruciato o di crollo a seguito di azione violenta. Non si è considerata nemmeno la possibilità che da qualche parte avanzino strutture murarie (esclusa la scontata e fasulla 'opera saracinesca'), la cui tecnica non sia riconducibile ad alcuna di quelle conosciute sinora nella penisola italica[5].

Nuovi risultati si attendono ad esempio dalle indagini in corso a Minturno (LT), sulla cima del Monte d'Argento, una delle sedi ipotizzate per la base araba sul Garigliano (880-915), a *Trebula Mutuesca* (Monteleone Sabino, RI), occupata dagli Arabi tra l'876 e il 914, e a Terracina (LT), pesantemente saccheggiata nell'846 e 875 e ospitante una colonia musulmana. In questi ultimi due centri l'attività di scavo si è concentrata sugli edifici di spettacolo antichi (anfiteatro e teatro), indicati altrove dalle fonti e soprattutto dalle tradizioni locali (Aquino, Cassino, Minturno) come fabbricati preferiti dagli invasori per acquartierarsi e proteggersi da eventuali contrattacchi.

Nel caso specifico di Terracina, in due saggi compiuti nell'*aditus* orientale e nella scena del teatro romano sono stati rinvenuti piani di pavimentazione, realizzati con materiale di recupero o in acciottolato, che chiudono completamente strati di crollo o demolizione, contenenti ceramica sigillata africana datata al V-VI secolo d. C.[6] Tale evidenza porta però a ricondurre la trasformazione d'uso del teatro, da sede di spettacolo a complesso abitativo, al periodo goto e agli anni degli interventi compiuti da Teoderico nelle Paludi Pontine e a Terracina, con la costruzione di una nuova cinta muraria. Non si esclude comunque l'emergere in futuro di ulteriori elementi che consentano di circostanziare meglio le vicende della cittadina, confermando o smentendo quanto le fonti rivelano sull'attività degli Arabi nei centri costieri in questo settore del Mar Tirreno nei secoli VIII-X.

---

città e del territorio, 2), Roma 1995, pp. 118-123.

[5] Sul problema a Segni di un'eventuale presenza araba nel periodo dall'876 al 914, sollecitato dal toponimo Porta Saracena, proprio del più imponente degli accessi aperti nella cinta megalitica del paese e, secondo la tradizione, varco preferito dai Musulmani per entrare nell'abitato o limite del loro stanziamento, si rinvia al contributo di B. Navarra, *La Storia di Segni*, (Documenti di Storia Lepina, 22), vol. II, Segni 1998, pp. 65-69.

[6] N. Cassieri, *Terracina: ricerche nell'area del teatro romano*, in *Studi in onore di Arturo Bianchini. Atti del 3° Convegno di studi storici sul territorio della provincia* (Terracina, 26 novembre 1994), Latina 1998, pp. 349-371.

CAPITOLO I
ALCUNI PRESUPPOSTI

I.1 - *Il problema delle fonti*

Quattro sono i problemi principali riscontrati nell'analisi delle fonti storiche latine, bizantine e arabe:

a) Riesce difficile rintracciare e ricostruire i canali informativi usati da ciascun autore, lasciando questi intendere che si tratta spesso di voci raccolte tra la popolazione locale oppure della lettura di documenti ufficiali (lettere, relazioni) custoditi nei centri comitali e poi andati dispersi o distrutti dal tempo, o ancora riutilizzati cancellando il testo precedente.

b) I luoghi frequentati anche solo occasionalmente, in concomitanza con scorrerie e spedizioni di ritorsione, ricevono dagli Arabi nuovi toponimi, formati per calco semantico da precedenti denominazioni latine o greche (soprattutto per le grandi città e piazzeforti, come Bari, Otranto, Taranto, Castro Giovanni -ossia Enna-, Palermo) oppure creati ex-novo, in base all'impressione che gli assalitori hanno ricevuto dai posti al momento dell'avvicinamento. Questi ultimi, applicati soprattutto ai centri minori e alle isole, sono più difficilmente riconducibili alle località originarie, per cui, laddove di una zona sembrano mancare del tutto notizie, non bisogna sempre supporre una noncuranza da parte degli Arabi, ma solo l'aver posto questi dati sotto un altro nome.

c) In generale le fonti storiche, fatta esclusione per alcune come gli *Einhardi Annales*, della prima metà del IX secolo, sono, ciascuna dal proprio punto di vista, incomplete e frammentarie, tralasciando, senza validi motivi, eventi della cui portata e risonanza non è lecito dubitare[7]. Non si ha, infatti, un testo-guida, al quale unire in vario modo le notizie contenute nelle altre opere, ma tanti piccoli frammenti sparsi, non sempre sovrapponibili a livello cronologico e raramente confrontabili secondo le diverse versioni. Se bisogna fissare una graduatoria delle fonti in base alla loro importanza e affidabilità, fra le più importanti, degne di ogni attenzione e fiducia, vanno considerati i testi coevi ai principali eventi di cui si dà notizia per i secoli in questione (epistole pontifice, biografie e cronache di re, papi e imperatori, cronache arabe).

Di media affidabilità sono le cronache redatte ad un secolo di distanza dagli avvenimenti, nelle quali la suggestione e il raccapriccio provati da certi autori alla notizia di incursioni e saccheggi saraceni inducono ad aggiungere alla realtà storica particolari inventati o variamente desunti e interpretati da altre fonti, senza alcuna opportunità di verifica.

La confusione che si produce, peraltro ancora districabile tramite l'apporto di informazioni di altra origine, raggiunge livelli insostenibili nei testi risalenti ai secoli posteriori al X, in particolare dal 1400 in poi. Questi, validi solo per la verifica della fortuna avuta da certe espressioni usate da autori precedenti per descrivere l'avvicinamento di una flotta nemica o il devastante passaggio di un suo esercito, sono quasi del tutto lontani dalla verità storica e non possono quindi essere presi a riprova di un avvenimento[8].

d) Teoricamente una fonte tende ad escludere o a riportare vicende diverse dalle altre, rendendo caotico un panorama dipersé molto complesso. Nella pratica, però, questa contrapposizione è solo apparente, poiché se a priori si considerano veri gli elementi apportati da ciascuna, senza prestare troppa attenzione alle apparenti contraddizioni, si arriva a comporre un quadro completo, dove tutti i fattori si incastrano senza forzature, completandosi reciprocamente e chiarendo anche il perché di avvenimenti successivi.

I.2 - *La ricerca*

Il quadro di eventi sporadici, a valenza locale o casuali, che, come si è già affermato, emerge da una visione delle fonti non globale ma parziale, essendo queste citate dagli autori a seconda delle necessità di ricostruire la storia di un luogo, acquista un significato diverso se visto nella sua totalità, come si è cercato di fare in questa sede.

Più incursioni, prese ciascuna separatamente, dicono ben poco, ma, se sono messe tutte assieme, danno l'idea di piani precisi da parte di emiri e poi califfi spagnoli e africani, per rendere stabile la frequentazione del Mediterraneo centro-occidentale da parte degli Arabi e delle etnie loro affiliate[9] e per avviare, all'occorrenza, delle invasioni su scala più ampia. Naturalmente vanno escluse tutte quelle tradizioni, sorte nel pieno Medioevo o solo di recente, e che una buona percentuale di paesi italiani vanta, su massacri saraceni, saccheggi e devastazioni di ogni genere, peraltro del tutto infondate.

L'aver scelto come modello espositivo quello annalistico cerca di ovviare un problema di fondo: la frammentarietà delle fonti disponibili, spesso discordanti fra loro o poco precise, non permette grandi teorizzazioni né di avere un prospetto di partenza affidabile, su cui fondare ipotesi o da cui ricavare deduzioni. La descrizione anno per anno consente di superare proprio questo ostacolo, circostanziando al massimo i diversi passi, relativi ad attacchi, saccheggi, trattati di pace o di alleanza, ecc., e mettendo nel giusto rilievo aspetti delle incursioni, delle misure prese per contrastarle e delle zone coinvolte, altrimenti troppo semplicisticamente ignorati all'interno di una generica esposizione di eventi.

---

[7] Il *Liber Pontificalis*, ad esempio, se da un lato è l'unico testo, e perciò di grande importanza, che parli nei minimi dettagli della fondazione di Leopoli (la futura Cencelle), dall'altro ignora completamente la precedente creazione di una città omonima nella Valle del Garigliano, all'estremo opposto dei territori papali, e non commemora, salvo che in qualche versione manoscritta, l'impresa compiuta negli anni 914-915 da Giovanni X alla foce dello *stesso* fiume contro la pericolosa base nel frattempo stabilita dai Saraceni (*Lib. Pont.*, tomo II, p. 240).

[8] Un primo tentativo di ricostruzione degli avvenimenti che precedettero e seguirono l'assalto e la devastazione compiute a *Centumcellae* è stato effettuato con successo da Odoardo Toti, che con le sue pubblicazioni ha riportato l'attenzione sull'area archeologica della città altomedievale di fondazione papale di Leopoli-Cencelle. Nella sua opera dal titolo *Storia di Civitavecchia*, pubblicata in due volumi nel 1992, con l'aggiunta di successive integrazioni nel 1993 e 1997, vengono stabiliti degli utili punti fermi sulla questione dei Saraceni in rapporto alla città portuale, sottolineando l'inutilità o la scarsa veridicità di molti autori dei secoli passati, che hanno trattato l'argomento ripetendo solo luoghi comuni, senza mai compiere un'attenta disamina delle fonti edite e inedite (Toti 1992, vol. I, pp. 42-50).

[9] Cioé Berberi, Visigoti convertiti, Greci, Bizantini dei ducati, Longobardi imbarcati e altri ancora, con prevalenza di genti di fede musulmana, ma senza che manchino i Cristiani.

Poiché poi precedenti tentativi di ricostruzione della situazione nel Mediterraneo centro-occidentale, durante l'apice raggiunto dagli attacchi musulmani, si sono spesso appoggiati su citazioni indirette di fonti offerte da altri autori, con il conseguente accumulo di una serie di errori, derivanti dalla lettura imprecisa e dalla interpretazione talora superficiale dei testi originali, si è ritenuto opportuno riportare questi ultimi in nota o nel testo, in modo da consentire in ogni momento al lettore la verifica della correttezza della visione e dell'interpretazione adottata per gli eventi di quel dato anno. La citazione delle parti maggiormente significative è dunque motivata dal voler porre le premesse per la costituzione di un'antologia o di un repertorio, indispensabili in un tema di ricerca come quello sui Saraceni, nel quale il principale ostacolo è dato dalla dispersione del materiale storico e documentario[10].

I.3 - *Le prime incursioni*

Quando si comincia a parlare per la prima volta di pericolo saraceno sulle coste della penisola italiana?[11] Un *terminus post quem* è costituito dall'acquisizione dell'Ifriqiyah (Tunisia), conclusasi nel 698 con la conquista di Cartagine, e della Spagna da parte degli Arabi, o meglio dei Berberi di Tarîk 'ibn Ziyâd, governatore di Tangeri di origine berbera o persiana, fortemente legato a Mûsâ 'ibn Nusayr[12], il dominatore del Maghreb[13], che gli fornisce il 90% dei soldati traendoli direttamente dalle popolazioni locali (siamo al tempo del califfo omayyade Al-Walid I, 705-715).

L'azione si concentra tutta nella battaglia combattuta fra il 19 e il 26 luglio 711 sulle sponde del Rio Barbate o del fiume Guadalete, nel luogo presso il quale poi sorgerà la cittadina di Xeres o Jerez de la Frontera[14]. La piena sconfitta di Roderico, re dei Visigoti, apre le porte ad una rapida ed insperata occupazione di tutte le terre a N di qui. Nell'ottobre dello stesso anno cadono Cordova e Toledo, la capitale del regno, e nel 713 Tarîk, raggiunto nel frattempo da Mûsâ con un nuovo contingente di 18.000 uomini (Arabi, questa volta, non Berberi) si porta sino ai confini delle Asturie, ai piedi dei Monti Cantabrici, e a Saragozza, nella valle dell'Ebro[15]. L'impresa prosegue poi con il figlio di Mûsâ, 'Abd 'al 'Aziz, assassinato nel 715 perché, a detta degli Arabi, troppo inflenzato da sua moglie Egilona, vedova di re Roderico.

Tra il 719 e il 724, durante il califfato di Yazid II, il *wali* (prefetto) di Spagna[16] 'Al Samh 'ibn Malik 'al Khawlani (morto nel 721) e il suo successore Anbasa 'ibn Suharm (721-726) si spingono con le loro truppe nella regione della Settimania, al di là dei Pirenei, e, per la prima volta, nelle isole Baleari e in Sardegna[17]. Di entrambe le terre bisogna tenere il debito conto, poiché in questo periodo e nei secoli successivi sono due punti fondamentali di appoggio e approdo per le navi, lungo le rotte seguite dalle scorrerie[18]. L'effettiva conquista delle Baleari e l'inserimento alle dipendenze del reame di Cordova avviene solo nel 903 ma nei due secoli precedenti comincia da subito l'attività musulmana nelle isole, con le scorrerie seguite dallo stabilirsi di piccole colonie, osteggiate dalla gente del luogo ma mai apertamente, esclusi alcuni casi di insurrezione[19].

La Sardegna, dal canto suo, è sempre chiamata in causa, costituendo assieme alla Corsica e alle coste tirreniche dell'Italia centro-settentrionale quasi un polinomio inscindibile, che consente di ipotizzare il passaggio di una scorreria anche quando ufficialmente questa risulta aver

---

[10] Per la trascrizione di vocaboli arabi si sono seguite le norme e i segni diacritici adottati dnelle diverse edizioni sette-ottocentesche e riscontrate nei volumi dell'Amari, da cui si traggono le citazioni.
[11] La Sicilia viene aggredita per la prima volta nel 653, durante il pontificato di Martino I (*Lib. Pont.*, tomo I, p. 338 ll. 11-12, 340 n. 11). Questa notizia è anche il primo riferimento in assoluto sui Saraceni contenuto nel *Liber Pontificalis*.
[12] Mûsâ 'ibn Nusayr è l'artefice o l'ispiratore anche delle spedizioni contro la Sardegna compiute nel 703-704, 705-706, 707-708 e 710-711 (vedansi le annate relative).
[13] Denominazione indicante genericamente la «terra d'Occidente», secondo il punto di vista islamico, e comprendente non solo l'odierna regione geografica algerino-marocchina, ma anche la Spagna e le isole racchiuse fra questa e le coste tirreniche dell'Italia; 'al 'Istahrî, *Kitâb 'al 'aqâlim*, a. 951, § 1, in Amari 1880-1881, vol. I, p. 6.
[14] *Maometto in Europa* 1982, pp. 30-31. L'appellativo di questo abitato potrebbe ricordare anche l'attestarsi nel 710 di un caposaldo musulmano sui fianchi del *Mons Calpe*, divenuto a partire dall'anno successivo Djebel al-Tarik, deformatosi poi in Gibraltar o Gibilterra.
[15] Dopo questo avvenimento Mûsâ, assieme a Tarîk, sarà richiamato dal califfo Al-Walid I a Damasco e, per ragioni non ancora chiarite, terminerà la sua vita in prigione.

[16] La Spagna è detta già in questo periodo 'Al Andalus, mentre l'Italia meridionale, nel 977, e tutta la penisola, dalla catena alpina sino alla Calabria -cioé la Puglia e la penisola Salentina-, alla fine del secolo XII, appare come 'Ankubardah o 'Al 'Ankabûrda, cioé Longobardia (da 'Ibn Hawqal, *Kitab 'al masâlik*, § 2, in Amari 1880-1881, vol. I, p. 7 n. 3, p. 24).
[17] Alla fine del secolo XII il geografo Yaqût, parlando della Sicilia, fa una breve digressione sulla Sardegna, affermando che «i Musulmani l'assalirono già e se ne insignorirono l'anno novantadue (dell'hagira, ossia nel 710-711) sotto gli auspicii di Mûsâ 'ibn Nusayr. In oggi la tengono i Franchi» (Yâqût, *Mu'gam 'al buldân*, I, 112, in Amari 1880-1881, vol. I, p. 193). Sul precedente di questa azione, promosso contro l'isola nel 704 dal medesimo Mûsa vedansi gli anni 703-704.
[18] Non si dimentichi, infatti, l'impresa di Mugâhid 'al 'Amirî, (popolarmente detto Musetto), principe di Denia e signore delle Baleari, che negli anni 1015-1016 (a. 406 dell'hagira) lanciò una prima conquista di parte dell'isola, nell'intento, peraltro non realizzato, di sottometterla al suo dominio ('Ibn 'al Atîr, *Kâmil at tâwarîh*, in Amari 1880-1881, vol. I, pp. 358-359, 436-439). Tre anni dopo, tra il 1018 e il 1019 (a. 409 dell'hagira), nuovamente «sbarcò nell'isola, occupò la maggior parte di essa, si stabilì colà e ripristinò una delle sue antiche città; ma lui ed i Musulmani dopo che furono colpiti da carestia e malattie infettive, evacuarono abbandonando l'isola nell'anno 416 dell'hagira» (4 marzo 1025-20 febbraio 1026). «I Rûm demolirono in seguito la sua città che oggi» (secolo XIV) «è soltanto delle rovine» (sugli scavi di Piscina Nuxedda, sui cosiddetti Bagni Arabi di Gerona e sui resti di Assemini vedansi *Moriscos* 1993, pp. 28-29 e A. Boscolo, *Gli scavi di Piscina Nuxedda in Sardegna*, in Atti de Colloquio Internazionale di Archeologia Medievale (Palermo-Erice, 20-22 settembre 1974), Palermo 1976, pp. 251-255). «'Abu 'al Giaysh» (ossia Mugâhid) «aveva in precedenza attaccato la Sardegna, ma forti venti devastarono la sua flotta e le sue navi andarono distrutte sugli scogli di un'isola che si conobbe, da quel giorno, col nome di Gazîrat 'as Shuhâda» (l'Isola dei Martiri) «per l'ingente numero di Musulmani colà caduti». L'isola è stata identificata con quella di Is Mortorios, tra Cala Volpe e Porto Cervo, sulla costa nord-orientale della Sardegna ('Al Himyari, *'Ar Rawdh 'al Mi'tar*, in *Arabi e Sardi* 1988, pp. 20-21, 38-39). Di contro, circa un secolo dopo, nel 1114, dietro espressa richiesta di papa Pasquale II, viene messa a segno con successo addirittura una crociata contro le Baleari, ancora troppo condizionanti per i commerci delle città marinare. Una flotta di 300 navi pisane ne costituisce il nerbo e ne garantisce il buon esito, oltre a confermare e ad ampliare per la repubblica la sua sfera egemonica in Sardegna. (G. Meloni, *La Sardegna nel quadro della politica mediterranea di Pisa, Genova, Aragona*, in Storia dei Sardi e della Sardegna, a cura di M. Guidetti, Milano 1988, vol. II, pp. 53-69).
[19] Levi-Provençal 1950, tomo I, p. 200 n. 1.

Alcuni presupposti

toccato solo alcuni dei suddetti luoghi e non tutti.

Fondamentale è poi la distinzione, operata mediamente dalle fonti storiche latine, fra *Mauri*, Saraceni e *Agareni*, indicando con i primi le popolazioni miste arabo-berbere della Spagna, con i secondi gli Arabi d'Africa e con i terzi i Musulmani in generale, o anche i Persiani[20]. Il comprendere in una fonte la modalità d'impiego di queste denominazioni risulta ovviamente utile ai fini di determinare la provenienza (e di conseguenza la rotta seguita) delle diverse incursioni.

---

[20] Quest'uso si ha soprattutto nel *Chronicon* di Benedetto (*ChBen*, pp. 113-114), ma può variare da un autore all'altro. Solitamente gli Arabi, secondo una consuetudine che il Medioevo ha ereditato dall'Antichità classica, sono detti Agareni, in quanto discendenti da Ismaele, figlio di Agar e di Abramo, e insediati prevalentemente nella regione del Golfo Persico (*Glossarium*, tomo I, pp. 136-137, s. v. Agareni), Saraceni, dall'arabo *saraqa* («furto»), nel senso di «ladri» (*Lexicon totius latinitatis*, a cura di E. Forcellini, G. Furlanetto, Bologna 1965, rist. an. ediz. Padova 1864-1926, *Onomasticon*, tomo V, pp. 65-66; tomo VI, p. 593; *Arabi e Sardi* 1988, p. 157 n. 2), e Mauri col valore di «Africani» o «Berberi».

Bahr 'as Shâm

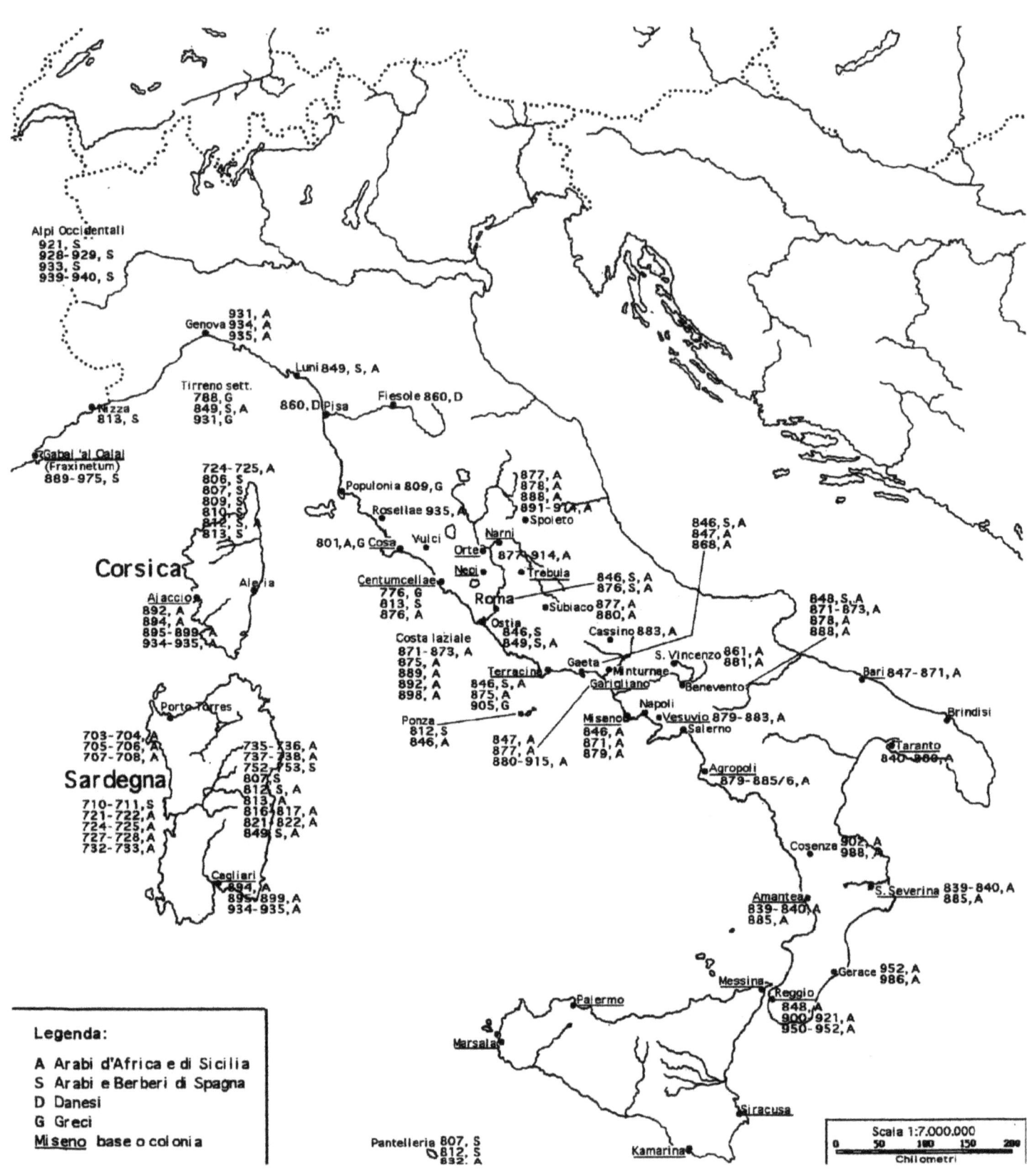

Tavola 1 - Quadro generale delle incursioni nel Tirreno centro-settentrionale nei secoli VIII-X

CAPITOLO II
IL SECOLO VIII

Rispetto a Roma, la costa tirrenica costituisce la zona di primo contatto con la nuova presenza marinara. Le città portuali divengono i principali obbiettivi, ad iniziare da Luni, al confine con la Liguria, sino a *Centumcellae*, ultima protezione per il territorio romano prima di raggiungere la riva destra del Tevere.

Ma come si arriva ai ripetuti attacchi contro di essi, di cui si parla nelle annate nel capitolo successivo? Le cronache del secolo VIII danno idea di un crescendo continuo della penetrazione araba nel Mar Tirreno, inversamente proporzionale all'interesse mostrato dai papi al problema. Per comodità si è ritenuto utile redigere una cronaca degli avvenimenti, ponendo di seguito le date raccolte nei diversi testi e confrontandole, all'occorrenza, fra loro (per chiarezza i testi orientali sono preceduti anche dal computo degli anni secondo l'hagira).

Naturalmente, in base a quanto premesso all'inizio e mancando la disponibilità di molti dati sull'assetto delle coste alto-laziali nel secolo VIII, a causa dell'ampio spazio dato dalle fonti latine al confronto in Italia fra Longobardi e Bizantini, si è ritenuto opportuno richiamare in ordine cronologico anche gli eventi che formano il contesto (come quelli pertinenti alle isole maggiori di Corsica e Sardegna) e costituiscono quasi una premessa a quanto poi si verificherà, in particolar modo, nell'importante porto di *Centumcellae*, nella Tuscia e in Umbria, sui percorsi diretti alle coste adriatiche.

<u>26 gennaio 703 - 13 gennaio 704</u> (anno 84 dell'hagira): non essendo ancora pronti ed operativi gli arsenali di Tunisi e di Rades (Tunisia) e avvertita la necessità di colpire le principali basi navali bizantine in Sardegna, viene organizzata una spedizione dalle coste egiziane, promossa dal governatore 'Abd 'al 'Aziz.
La flotta, comandata da 'Atâ' 'ibn Râfi' 'al Hudalî, approda a Susa, il porto di Qayrawân, prima di dirigersi verso l'isola Silsilah (letteralmente la 'catena'), solitamente identificata con l'antica isola di *Sulcis* (poi Sant'Antioco), data la sua posizione strategica rispetto alle principali rotte del Mediterraneo centro-meridionale, la forte presenza militare bizantina e l'utilizzo di catene per sbarrare l'accesso alle navi nel canale e nella locale base[21].
Data la cattiva stagione il locale governatore Mûsâ 'ibn Nusayr sconsiglia al comandante di prendere il mare. «Ma 'Atâ' non gli diè retta punto nè poco: levò l'ancora ed arrivò ad un'isola che chiamano Silsilah, la quale egli occupò e tolsene gran preda, soprattutto di lavori d'oro, d'argento e di gemme. Rimbarcatosi per ritornare, fu colto [in viaggio] da un vento tempestoso, ond'egli affogò; gli altri perirono [secolui, o] furono gettati su la costiera dell'Africa [propria]. Il che risaputo da Mûsâ, egli spacciò Yazîd 'ibn Masrûq con [una schiera di] cavalli, a frugare i legni e le persone dell'armata che il mare avea gittati su per quelle spiagge. Yazîd trovò [tra le altre cose] uno scrigno [ben] pieno, e fu questo, soggiugne il narratore, l'origine della sua ricchezza. Egli dicea: Incontrai un vecchio che appoggiavasi ad una canna, il quale, [volendo io frugarlo], mi fece resistenza: onde gli strappai la canna di mano e gliela ruppi in testa; quand'ecco piover giù dalla canna perle, gioielli e monete d'oro»[22].

<u>23 dicembre 705 - 11 dicembre 706</u> (anno 87 dell'hagira): «nell'anno ottantasette Mûsâ 'ibn Nusayr mandò suo figlio 'Abd 'Allâh contro la Sardegna. Questi occupò e fece prigionieri e bottino»[23]. Dell'intera spedizione, riferita solo da 'Al Himyari, non si hanno altri particolari e non è dato sapere né l'area coinvolta né in che termini considerare l'azione di "occupare" compiuta dagli Arabi. Forse si tratta solo del controllo temporaneo esercitato su pochi punti strategici, non lontani dalla costa, nell'intento di consentire ai diversi drappelli di compiere scorrerie e, contemporaneamente provare i dispositivi di reazione bizantini ad un attacco vero e proprio[24].

<u>1 dicembre 707 - 19 novembre 708</u> (anno 89 dell'hagira): secondo 'Ibn Qutaybah, «nell'anno ottantanove 'Abd 'Allâh 'ibn Murrâh, in testa agli incursori d'Egitto, salpò verso [Tunisi, dove] Mûsâ, nominandolo ammiraglio, gli affidò il comando [anche della flotta africana] del mare d'Ifriqiyâh. Questi invase la Sardegna conquistando città e facendo ricchissimo bottino: tremila [prigionieri] sono catturati, oltre l'oro, l'argento, ecc.»[25].
Considerato il notevole sforzo bellico, sostenuto dai governatori dell'Africa settentrionale per mettere a punto questa operazione, con l'attività concertata di due flotte, e visto il mancato accenno al rientro alle basi dell'intero contingente, solitamente specificato nelle fonti arabe, è stato ipotizzato che la spedizione abbia avuto come esito l'occupazione prolungata di parte delle coste della Sardegna, con l'imposizione di guarnigioni e la distribuzione delle navi nei principali approdi. Mancano riscontri nelle fonti latine.

<u>29 ottobre 710 - 18 ottobre 711</u> (anno 92 dell'hagira): pesante scorreria contro la Sardegna, proveniente dalla Spagna e ordinata da Mûsâ 'ibn Nusayr, che l'ha conquistata nel mese di luglio del 711. Sulla via del ritorno la flotta, appesantita dal bottino, naufraga a poca distanza dalla costa[26].
I particolari della vicenda, riprodotti poi in alcune tradizioni sarde, sono esposti da 'Ibn 'al 'Atîr nel modo seguente[27]: «Sbarcati che furono [i Musulmani], i Cristiani raccolsero tutto il vasellame d'oro e d'argento che aveano e lo buttarono in mare, entro il loro porto. Nascosero poi il danaro in un palco che costruirono nella lor chiesa maggiore, sotto il palco primitivo. I Musulmani fecero in Sardegna immensa preda, [tale] da non potersi descrivere, e [con ciò] commisero

---

[21] *Arabi e Sardi* 1988, pp. 39-43.

[22] 'Ibn Qutaybah, *Kitab 'ahâdit 'al 'imâmah*, § 1, in Amari 1880-1881, vol. I, pp. 272-275. L'anno seguente, dalla base di Rades, ha luogo la cosiddetta «spedizione degli sarîf» (Ghazwât 'al 'Ashrâf), contro la Sicilia (*Arabi e Sardi* 1988, pp. 67-68).
[23] 'Al Himyari, *'Ar Rawdh 'al Mi'tar*, in *Arabi e Sardi* 1988, p. 68; De Simone 1984, p. 82
[24] *Arabi e Sardi* 1988, p. 75.
[25] 'Ibn Qutaybah, *Kitab 'ahâdit 'al 'imâmah*, § 2, in *Arabi e Sardi* 1988, pp. 68-69.
[26] L'intera vicenda è stata da alcuni messa in dubbio, considerato il forte coinvolgimento di Mûsâ nelle operazioni in Spagna, non esauritosi solo con una battaglia, e che forse l'occupazione di parti della Sardegna nel 707-708 non si era ancora conclusa, rendendo pertanto inutile un nuovo attacco a quasi tre anni di distanza (*Arabi e Sardi* 1988, pp. 75-77).
[27] 'Ibn 'al Atîr, *Kâmil at tâwarîh*, in Amari 1880-1881, vol. I, pp. 356-357.

moltissime frodi [contro l'erario musulmano]. Or egli accadde che un Musulmano, bagnandosi nel porto, sentì al piede un inciampo, e cavato fuori l'oggetto nel quale s'era imbattuto, vide un vassoio di argento: allora i Musulmani presero tutti [i tesori] che quivi si trovavano. Entrato un altro msulmano nella chiesa della quale [si è detto], vide una colomba, le tirò con l'arco; ma fallito il colpo, la saetta andò a rompere un asse del palo, donde cascarono alcuni dinâr. I Musulmani preser tutto questo e commisero grandi frodi contro lo Stato. Chi ammazzava un gatto, lo sventrava, lo riempiva di dinâr, ricuciva la pancia e buttava la carogna sulla via, per andarla a riprendere quand'egli uscìa dalla chiesa. Fuvvi chi adattò l'impugnatura della spada sopra il fodero, riempitolo pria d'oro. Quando essi rimontarono su le navi e furono in [alto] mare, sentrono una voce che gridava: «Sommergili, o Sommo Iddio!» e tutti annegarono dal primo fino all'ultimo. Ritrovata poi la più parte dei cadaveri dei naufraghi, si vide che avean le cinture piene di dinâr».

Il particolare della punizione divina, ripresa dalle tradizioni cristiane come giusto esito della profanazione della chiesa, è stato introdotto dagli autori arabi quale ammonimento contro coloro i quali, coinvolti in una spedizione, pensano di sottrarre a fini di lucro la parte del bottino spettante al fisco e rivela analogie con l'esito drammatico dell'attacco all'isola Silsilah del 703-704 (vedasi l'annata relativa).

L'identità della città rimane sconosciuta. Identificata di solito con Cagliari, potrebbe anche essere un altro centro importante della Sardegna, capoluogo di un distretto amministrativo, sviluppatosi con il suo porto e provvisto di chiesa, elemento solitamente omesso nei testi arabi che qui, essendo stato specificato, induce a pensare ad una cattedrale.

<u>1 luglio 721 - 20 giugno 722</u> (anno 103 dell'hagira): «Bishr 'ibn Safwân inviò nell'anno centotre Yazîd 'ibn Masrûq 'al Yashûbi contro la Sardegna; occupò (città?) fece prigionieri e fece ritorno senza perdite»[28]. Manca qualunque altra precisazione sulle località coinvolte nell'attacco, ma può essere indicativo che, a seguito di tale incursione araba, Liutprando, re dei Longobardi, abbia deciso di acquistare le reliquie di S. Agostino custodite a Cagliari e di farle trasportare a Pavia[29].

<u>29 maggio 724 - 18 maggio 725</u> (anno 106 dell'hagira): il governatore dell'Ifriqiyah Bishr 'ibn Safwân affida a Muhammad 'ibn 'Abî Bakir, della tribù dei Beni Giumâh, una spedizione, da compiersi contro la Sardegna e la Corsica[30]. Non si conoscono altri particolari dell'attacco.

<u>anno 725</u>: lo scalpore suscitato fuori dei confini dell'Italia dalla rapida espansione musulmana in Africa settentrionale e Spagna e dalla costante minaccia sotto cui tengono le maggiori isole tirreniche induce alcuni (ma non i papi, che debbono in quest'anno subire il rischio di arresto da parte dell'Esarca di Ravenna, dietro ordine dell'imperatore Leone III, e impegnarsi contro l'Iconoclastia) a temere per la stessa sorte di Roma.

Una lettera che quell'anno s. Bonifacio, vescovo di Colonia, scrive alla badessa Bugga, reca evidente il tentativo di dissuadere la pia donna dal recarsi in pellegrinaggio *iuxta limina sancti Petri*, almeno finché *rebelliones et temptationes et minae Sarracenorum, quae apud Romanos nuper emerserunt, conquieverint* [31].

<u>29 aprile 727 - 15 aprile 728</u> (anno 109 dell'hagira): «nel centonove Bishr 'ibn Safwân mandò dall'Ifriqiyah Hassan 'ibn Muhammad 'ibn 'Abî Bakir», figlio del comandante dell'incursione del 724-725, «contro la Sardegna, (dove) fece bottino e prigionieri»[32].

<u>anno 731</u>: papa Gregorio III rafforza le fortificazioni di *Centumcellae* [33], in previsione forse di una possibile ripresa dell'offensiva avviata negli anni precedenti da re Liutprando, per riacquistare il pieno controllo sul Ducato di Spoleto e punire i pontefici dell'alleanza con esso, e conclusasi poi nel 727 con la restituzione di Sutri a Gregorio II[34].

<u>3 marzo 732 - 20 febbraio 733</u> (anno 114 dell'hagira): il governatore dell'Africa 'Ubayd 'Allâh 'ibn 'al Habhab inviò contemporaneamente una flotta in Sicilia e una in Sardegna, capitanata da «'Abd 'Allâh 'ibn Zîad 'al 'Ansârî (della gente di Medina); il quale fece preda e ritornò sano e salvo»[35].

<u>31 gennaio 735 - 19 gennaio 736</u> (anno 117 dell'hagira): nonostante la necessità di colpire ripetutamente le coste della Sicilia, a pochi anni di distanza dall'attacco precedente il governatore 'Ubayd 'Allâh 'ibn 'al Habhab «mandò all'isola di Sardegna un esercito, che ne occupò alcuni paesi; li saccheggiò e ritornò con la preda»[36].

<u>8 gennaio 737 - 28 dicembre 738</u> (anno 119 dell'hagira): «Quest'anno 'Abd 'Allâh 'ibn 'al Habhâb, emiro dell'Africa [propria], spedì un esercito sotto il comando di Qutam 'ibn 'Awânah; il quale prese il Castello della Sardegna (Qal'at Sardaniyah) nel Magrib. Al ritorno Qutam fece naufragio con tutti i suoi»[37].

Sebbene possa riuscire forte il richiamo all'odierna città di Castel Sardo, il cui nome però è stato introdotto nel 1767, in sostituzione del precedente Castell'Aragonese[38], il toponimo riportato nel testo va probabilmente inteso come un modo tutto arabo di indicare che il centro saccheggiato è quello più importante della Sardegna, quasi una capitale o comunque un abitato protetto meglio di altri dalla sua posizione, in altura, e da una cinta muraria.

<u>anno 745</u>: papa Zaccaria invia a s. Bonifacio una missiva, nella quale esprime preoccupazione per la contemporanea

---

[28] 'Al Himyari, *'Ar Rawdh 'al Mi'tar*, in *Arabi e Sardi* 1988, pp. 82-83; De Simone 1984, pp. 81-82. Talvolta la figura di 'al Yashûbi è chiamata in causa anche per la spedizione di cui all'annata 703-704.

[29] *Sarraceni, depopulata Sardinia, etiam loca illa, ubi ossa sancti Augustini episcopi propter vastationem barbarorum olim translata et honorifice fuerant condita, foederent* (Paul. Diac., *Hist. Lang.*, VI, 48).

[30] 'Al Himyari, *'Ar Rawdh 'al Mi'tar*, in *Arabi e Sardi* 1988, p. 83; De Simone 1984, p. 82.

[31] MGH, *Epist.*, tomo III, Berolini 1892, p. 278 (n° 27), ll. 6-10.

[32] 'Al Himyari, *'Ar Rawdh 'al Mi'tar*, in *Arabi e Sardi* 1988, p. 84; De Simone 1984, p. 83.

[33] *Lib. Pont.*, tomo I, p. 421.

[34] Paul. Diac., *Hist. Lang.*, VI, 49.

[35] 'Al Maqrîzî, *Kitab 'al Muqaffa*, in Amari 1880-1881, vol. II, p. 574; *Arabi e Sardi* 1988, pp. 84-85.

[36] 'Ibn 'al Atîr, *Kâmil at tâwarîh*, in Amari 1880-1881, vol. I, p. 361; *Arabi e Sardi* 1988, pp. 84-85.

[37] 'Abû 'al Mahâsin, *'An Nugûm 'az zâhirah*, in Amari 1880-1881, vol. II, p. 705; *Arabi e Sardi* 1988, pp. 85-86; De Simone 1984, p. 83.

[38] *Arabi e Sardi* 1988, pp. 43-44.

minaccia costituita per il regno franco (compresa quindi l'Italia centro-settentrionale) da Sassoni, Frisi e in particolare Saraceni, nonostante siano stati fermati a Poitiers nel 733[39].

anno 749: Astolfo, re dei Longobardi, *misit Grimuald ad Centumcellensis civitatem ut custodiret vias finibus romanis et portua maris*[40]. Costituendo la valle del fiume Mignone, almeno fin dai tempi di Agilulfo (591-615), la linea di demarcazione fra territori longobardi e bizantini, l'ordine di impadronirsi di *Centumcellae* e la sua giustificazione sottolinea l'importanza attribuita a questa città, per il controllo delle difese marittime e territoriali usufruibili dagli eserciti e dalla flotta dell'Esarca di Ravenna.

Le *viae finibus romanis* sono l'Aurelia sulla costa, la Cornelia attraverso i Monti della Tolfa e i diverticoli di collegamento fra queste e la viabilità delle roccaforti interne di Blera e Sutri. I *portua maris* devono essere poi non solo quello di *Centumcellae* ma anche gli approdi minori di *Castrum Novum* / S. Marinella, *Pyrgi* -S. Severa e *Alsium*-Palo, che le navi bizantine possono comunque sfruttare, nonostante il decadimento delle infrastrutture di alcuni di essi[41], per sbarcare in ogni momento contingenti di truppe, in grado di attaccare alle spalle un qualunque corpo di spedizione longobardo in marcia verso Roma, lungo i percorsi prossimi al mare. Si esclude, invece, un qualunque riferimento all'esistenza in essi di distaccamenti navali fissi e ancor più di una marina papale, come dimostrano gli avvenimenti del 776.

18 luglio 752 - 6 luglio 753 (anno 135 dell'hagira): «'Abd 'ar Rahmân 'ibn Habîb 'ibn 'Abî 'Ubaydah, 'al Fîhrî[42] (cioé il Coreiscita) osteggiò questa isola (di Sardegna) e menò grande strage degli abitatori. Questi poi si sottomisero a pagar la *gaziah*; e fu riscossa. D'allora in poi l'isola non fu molestata da alcun Musulmano e i Rûm (i Bizantini) ristorarono le condizioni di quella»[43]. Della medesima circostanza 'Ibn Haldûn fa solo un breve cenno in generale, parlando delle imprese del futuro emiro, quando ancora era governatore dell'Africa: «egli spedì per mare due eserciti l'un contro la Sicilia e l'altro contro la Sardegna; i quali afflisser tanto le nazioni Franche di quelle isole che si liberarono da lui pagando la *gizîah*»[44], affermazioni che nel secolo successivo verranno smentite.

L'aver sottoposto l'isola al versamento della *gizîah* può essere inteso negativamente, nel senso di un ricatto a cui sottoporre le coste e i centri più esposti della Sardegna, dove la garanzia della sicurezza è offerta in cambio di denaro, oppure, come è più probabile, volendo sottolineare l'ingresso della Sardegna nella sfera di influenza araba. Ciascun cittadino, militare o civile che sia, è tenuto a pagare una tassa, il cui ammontare può essere stabilito uguale per tutti o di entità diversa a seconda delle ricchezze possedute. In cambio ottiene il diritto di professare il proprio credo, di muoversi, commerciare e lavorare in qualunque terra dei domini arabi, senza alcun aggravio fiscale o doganale, e, infine, di essere protetto (e ciò vale anche per intere città) da criminali o eserciti aggressori[45].

In tal modo acquista un senso particolare la chiusura del passo di 'Ibn 'al Atîr, nel quale si sottolinea come per i decenni successivi all'incursione del 752-753 la Sardegna goda di relativa tranquillità e prosperità.

anni 774-800: per avere una panoramica della situazione nella penisola italiana in rapporto ai Saraceni negli anni immediatamente seguenti alla caduta del regno longobardo e antecedenti alla nomina a imperatore di Carlo, re dei Franchi, con estensione anche ai decenni successivi sino alla seconda metà del secolo IX, si potrebbe adottare la breve descrizione fornita da Ugo, abate di Farfa, nella *Destructio monasterii Farfensis* (fine secolo IX). Ivi infatti appare che, eliminati i Longobardi, *Paganorum multitudo, id est Agarenorum gens Italiam intravit. In tantum vero cessantes militia Italorum crevit illorum potestas, ut a Traspido usque ad flumen Padum perpaule essent civitates, videlicet exceptis Roma et Ravenna, quas ipsi aut non destruerent aut non suo dominio subiugarent. Quas vero provincias et urbes vi obtinebant, omnino depopulabantur, cunctaque inibi inventa sibi diripiebant*[46].

Si stabilisce quindi una stretta correlazione fra la conclusione delle ostilità dei Franchi contro i Longobardi, con il conseguente ritiro o scioglimento di ogni esercito, e l'improvvisa penetrazione dei Musulmani, che approfittano dell'esiguità delle forze rimaste a proteggere la penisola. Il quadro, per quanto suggestivo, può non valere proprio per questi anni, ma non bisogna escludere del tutto l'idea del ricordo esagerato di una prima apertura ai mercanti africani e orientali delle rotte tirreniche, dirette alla penisola italica.

In questo senso, e per le possibili connessioni con quanto si verifica poi nei primi decenni del secolo IX, favorito dalla ricognizione degli approdi, delle strade e di quant'altro possa risultare utile alle future spedizioni, assume particolare rilievo la testimonianza raccolta proprio in questi anni da 'Al Walid 'ibn Muslim, nativo di Damasco[47], uno dei centri più importanti di tutto il mondo arabo[48]:

«Mi ha raccontato un mercante: "Navigammo, e la nave ci gettò sulla costa di Roma. Mandammo loro a dire: "Noi vogliamo venire da voi", allora ci mandarono un messo con cui ci incamminammo verso la città. Strada facendo salimmo in cima a un monte, ed ecco un'estensione verde, in aspetto di mare aperto. Noi esclamammo: "Grandissimo è Dio!". Quello rise e disse: "Questi sono i tetti di Roma, tutti rivestiti di piombo". Quando giungemmo alla città, ecco tutto il suo circuito era di quaranta miglia, e ad ogni miglio c'era una porta aperta. Giunti alla prima porta, ecco il mercato dei maniscalchi[49] e simili; poi salimmo dei gradini,

---

[39] MGH, *Epist.*, tomo III, Berolini 1892, p. 324 (n° 60), ll. 29-31; vedansi anche gli accenni contenuti in proposito nella lettera degli anni 745-746, ibid., p. 343 (n° 73), ll. 5-8.
[40] *ChBen*, p. 68.
[41] Schmiedt 1974, pp. 580-581.
[42] Si tratta del futuro 'Abd 'ar Rahmân I, emiro della Spagna dal 756 al 788.
[43] 'Ibn 'al Atîr, *Kâmil at tâwarîh*, in Amari 1880-1881, vol. I, p. 358.
[44] 'Ibn Haldûn, *Kitâb 'al 'ibr*, § 3, in Amari 1880-1881, vol. II, p. 172. Vedasi anche *Histoire de l'Afrique* 1841, p. 44.

[45] *Arabi e Sardi* 1988, pp. 94-101, 147-153.
[46] *ChF*, vol I, pp. 28-29.
[47] Il capitolo di 'Al Walid viene citato integralmente da Yâqût nel *Mu'gam 'al buldân*, con la perplessità che le notizie fornite su Roma siano vere, dato il periodo in cui sono state raccolte, lontano da ogni possibilità di verifica da parte sua.
[48] Al potere, dal 775 al 785 (anni 158-169 dell'hagira), è i califfo'Al Mahdi; gli succedono 'Al Hadi, per appena un anno di governo, e il celebre Harûn 'ar Rasîd, dal 786 all'809 (anni 170-193 dell'hagira).
[49] L'associazione e, talora, la confusione 'porta-mercato' è nota anche nella panoramica di Palermo data da 'Ibn Hawqal, quando parla del Bâb 'al Haddâdîyn o Hârat 'al Haddâdîyn, la «Porta» o il «Quartiere dei

ed ecco il mercato dei cambiavalute e dei venditori di stoffe. Poi entrammo in città[50], ed ecco nel suo centro un'immensa e vasta torre: da un lato c'è una chiesa con l'abside orientata a ponente e con la porta dal lato di levante. Nel mezzo della torre c'è una piscina lastricata di bronzo, da cui esce tutta l'acqua della città. Nel centro di essa c'è una colonna di pietra, ed ha in cima una statua di pietra. Domandai ad uno degli abitanti: "Che cosa è questo?". Rispose: "Il fondatore di questa città disse agli abitanti: "Non temete per la vostra città, finché non arriva un popolo somigliante alla statua, perché sono quelli che la conquisteranno»[51].

Diversi sono gli aspetti degni di nota di questa lunga citazione, primo tra tutti la scelta del percorso di avvicinamento alla città. Il riferimento alla «costa di Roma», quale punto di approdo, sarebbe del tutto generico, se non ci fosse la specifica del «monte» dal quale si scopre e si domina tutta la superficie dell'abitato sulle due rive del Tevere. Molto probabilmente si tratta del Gianicolo, supponendo che il mercante e la sua anonima guida abbiano seguito un cammino in diagonale, dal punto di attracco alla città, senza giri più lunghi che avrebbero potuto condurre a Monte Mario, sempre sulla sponda destra del fiume, o ai rilievi del Quirinale, su quella sinistra.

L'ipotesi riceverebbe conferma dalla percezione immediata di una chiesa, certamente la più imponente, tanto da risaltare rispetto alle altre, e orientata con l'abside ad O; di una vasca nelle vicinanze, «da cui esce tutta l'acqua della città»; e di una colonna di pietra con in cima la statua del fondatore. In pratica, considerata anche la datazione del resoconto alla seconda metà del secolo VIII, abbiamo testimonianza diretta di come dovesse apparire Roma nei primi anni del pontificato di Adriano I (772-795)[52], con le mura, riparate in più punti; la basilica di S. Pietro, al centro dell'abitato sortole intorno (la futura *Civitas Leoniana*) e il tetto rivestito in piombo; la *forma quae vocatur Sabbatina*[53], erede dell'antica *aqua Traiana*, proveniente dal Lago di Bracciano, e ripristinata per prima nel 776[54], nei suoi due rami di Trastevere e del Vaticano, divenendo temporaneamente l'unica fonte di approvvigionamento idrico continuo (la piscina «da cui esce tutta l'acqua della città»), diversa dai pozzi, dalle cisterne e dal fiume; la sovrapposizione prospettica dell'obelisco vaticano (la «colonna di pietra», poi Aguglia e, infine, Giulia), in cima al quale si diceva fossero raccolte le ceneri di Giulio Cesare (per la tradizione, il secondo fondatore di Roma)[55]; e la piramide all'estremità orientale del portico di S. Pietro, meglio conosciuta come *Meta Romuli*.

Un'analoga coincidenza di elementi topografici non si ha per S. Giovanni in Laterano, rispetto al quale, fra l'altro, non si può richiamare alcuna altura nelle vicinanze, che consenta una visione a volo d'uccello pari a quella del Gianicolo.

E' possibile che questa descrizione di Roma, assieme ad altre simili, redatte nel medesimo periodo da nuovi mercanti, sottolineando l'utilità di "scoprire" la città da un punto rilevato, abbia poi indotto i comandanti di spedizione del secolo seguente a verificare e sfruttare il dato, cercando di occupare o neutralizzare i punti strategici lungo la Via Aurelia e concentrando quindi nell'813 e nell'876 la propria attenzione sul porto di *Centumcellae*.

Quanto, infine, al motivo della profezia sulla futura conquista della città, materialmente espressa dalla statua, è noto un esempio analogo per Toledo, obbiettivo ritenuto nevralgico per la sottomissione politica della Spagna visigota, ospitando il Palazzo del Re. Intorno all'846 'Ibn Hurdâdbah, parlando di questa città, racconta[56]: «Allorché gli Arabi conquistarono la Spagna, trovarono nei palazzi della Città del Re (Toledo) 24 corone, prova che c'erano stati dei re in questi paesi. Ciascuna di queste corone era di un valore inestimabile; essa portava il nome del re al quale era appartenuta, la menzione della sua età e la durata del suo regno. Vi si trova anche una tavola che proveniva, si dice, da Salomone, figlio di Davide.

In questo palazzo c'era un'altra sala, chiusa da 24 serrature, avendo ciascun re aggiunto una serratura a quella del suo predecessore; nessuno sapeva cosa questa stanza racchiudesse. L'ultimo re della Spagna volle violarne il segreto, persuaso che celasse dei tesori. I vescovi e i preti cercarono di fargli presente la gravità di questo atto, e lo supplicarono di adeguarsi all'esempio dei re che l'avevano preceduto, dicendogli: "Se è oro che vi necessita, noi ve ne daremo, a condizione che questa porta resti chiusa".

Ma il re, sordo alle loro preghiere, ordinò che fosse aperta. Vi si trovarono figure di Arabi a cavallo, con i loro turbanti e i loro costumi, armati di archi e di frecce. Questo fu nello stesso anno che ebbe luogo l'invasione della Spagna da parte dei Musulmani».

Il riportare anche per Roma questa tradizione, particolarmente significativa per le implicazioni che contiene sui rapporti tra invasori e terre di conquista (e non di scorreria pura e semplice), deve indurre a riflettere sulle reali intenzioni e gli scopi che animano per i successivi due secoli la frequentazione delle coste e dell'entroterra della penisola italica da parte degli Arabi africani e spagnoli. La leggenda è la giustificazione per una successiva e completa conquista.

<u>anno 776</u>: in risposta ad un richiamo di re Carlo, che sospetta una connivenza dei Romani con i Saraceni e una loro partecipazione attiva al traffico degli schiavi cristiani a favore dei Musulmani (*apices pro venalitate mancipiorum, ut quasi per nostris Romanis venundam fuissent in gentem necdicendam Saracenorum*)[57], papa Adriano I risponde

---

'Fabbri' ('Ibn Hawqal, *Kitab 'al masâlik*, § 2, in Amari 1880-1881, vol. I, pp. 20-21). Non si esclude un duplice uso del termine 'bâb' nel senso di 'porta urbana' e di 'accesso al *suk*' o 'all'*harat*', architettonicamente ben delimitati da edifici, archi di ingresso e portali.

[50] Evidentemente quanto ha accennato prima (il mercato dei cambiavaute, ossia, forse, la *Porticus Argentaria*, e dei venditori di stoffe) lo ha visto stando sul monte e muovendosi parallelamente ai limiti della città. Poi è disceso ed è passato per una delle porte.

[51] Il testo è riprodotto in Stasolla 1983, p. 229.

[52] Pani Ermini 1992, pp. 495-506.

[53] *Lib. Pont.*, tomo I, pp. 503-504.

[54] In quel periodo Roma non poteva utilizzare la rete degli acquedotti antichi, essendone stato interrotto il corso dal re longobardo Astolfo, durante l'assedio del 756, e non più riparato.

[55] Graf 1923, pp. 226-230.

---

[56] *Livre des Routes*, pp. 517-518.

[57] Questo genere di accuse, peraltro piuttosto gravi, vengono riproposte anche da Benedetto (*ChBen*, p. 148, ll. 10-12; anche a p. 152, ll. 4-6) in due distinte occasioni, ma servono a giustificare le ragioni dell'attacco vibrato dai Saraceni contro Roma nell'846 e dello stato di assedio in cui si trova la città nell'876, al tempo di Carlo il Calvo, di cui si parlerà nel capitolo seguente. Probabile che l'autore abbia desunto i dati, inseriti poi nel suo *Chronicon*, direttamente dalle raccolte epistolari pontifice, e che abbia considerato proprio questa missiva del 776, indirizzata al futuro Carlo Magno, come una lettera di 100 anni più tardi, relativa all'imperatore Carlo il Calvo e quindi pertinente ai tragici avvenimenti romani di quell'anno, che aveva ben noti, in quanto cronologicamente ad esso più vicini e meglio documentati dal fitto scambio epistolare

Il secolo VIII

sostenendo che la vera minaccia per le popolazioni costiere non viene dai Saraceni e tantomeno dai Romani[58], quanto dai Bizantini o, al più, dagli equipaggi di marinai originari del Mediterraneo orientale[59], per i quali usa l'attributo *necdicendi*, in voga per indicare i «pirati» e in genere i popoli che per le nefandezze commesse rendono impuro anche chi osi pronunciarne il nome.

Costoro, in pieno accordo con i Longobardi, sono liberi di esercitare qualunque genere di traffico, compreso quello degli schiavi, e la pratica, considerato il tempo imperfetto usato da Adriano per descrivere questi precedenti, sembra risalire alla seconda metà del secolo VIII, durante il regno di Astolfo (749-756), o addirittura essere antecedente agli accordi del 725 fra Liutprando e Gregorio II, contro l'Iconoclastia promossa dagli imperatori d'Oriente:

in litoraria Langobardorum[60] semper navigaverunt necdicendi Greci et exinde emebant ipsa familia et amicitia cum ipsis Langobardis fecerunt et per eosdem Langobardos ipsa suscipiebant mancipia.

Il compito di ostacolare e contrastare questo mercato, interdicendo l'approdo alle imbarcazioni greche, viene affidato dal papa ad *Alloni duci*, probabile duca di Roma[61] avente potere a livello esecutivo. L'incarico prevede di allestire *plura navigia et comprehenderet iam dictis Grecis et naves eorum incendium concremaret*, ma il duca si rifiuta di portarlo a compimento, *quia nos nec navigia habemus nec nautas, qui eos comprehendere potuissent.*

La motivazione addotta, circa la mancanza di una flotta e di marinai esperti in grado di portarla in mare, rende evidente e conferma quanto già notato nel 749 a proposito dell'esistenza di un porto a *Centumcellae* in efficienza e, al tempo stesso, del suo abbandono[62] da parte dei papi, che fin dal VI secolo, in assenza di un'effettiva minaccia proveniente dal mare, affidano il controllo delle coste alla marina imperiale bizantina, di stanza non più nelle basi navali romane del Tirreno ma nei principali porti dell'Italia meridionale e in Grecia.

A questa mancanza e all'impossibilità di ricevere aiuti in tempi brevi da re Carlo o dai ducati campani Adriano I fa fronte recandosi direttamente a *Centumcellae* e ricorrendo ad uno stratagemma: se il nemico non può essere affrontato in mare aperto, bisogna indurlo ad approdare sulla terraferma e renderlo in grado di non nuocere; ed è così che, dopo aver attirato i pirati nella darsena *naves Grecorum gentis in portu civitatis nostrae Centucellensium comburi fecimus et ipsos Grecos in carcere per multa tempora detinuimus.*

Nonostante il successo, valido a fugare ogni sospetto di connivenza fra Romani e pirati, il papa lamenta la persistenza del traffico di schiavi sulle coste tirreniche, alimentato proprio dai Longobardi che, per fame, vendono se stessi e le proprie famiglie ai Greci, salendo spontaneamente a bordo delle loro navi:

a Langobardis, ut praefati sumus, plura familia venundata sunt, dum famis inopia eos constringebat; qui alii ex eisdem Langobardis propria virtutae (sic) *in navigia Grecorum ascendebant, dum nullam habebant spem vivendi.*

Che il commercio di schiavi diventi anche occasione di razzie ai danni degli insediamenti rivieraschi traspare da alcune notizie raccolte per i decenni successivi.

<u>anno 778</u>: dei Saraceni (*Agarenorum gens*) si sente parlare solo a proposito del piano di invasione del regno franco, che essi avrebbero intenzione di compiere muovendosi dalla Spagna e di cui Adriano I ha avuto notizia. La lettera del papa, in cui viene assicurato da parte sua ogni sostegno spirituale, giunge a Carlo quando questi ha preparato già un contrattacco in profondità verso i centri maggiormente esposti sul versante spagnolo dei Pirenei[63].

<u>anno 788</u>: nel 790 Alcuino, riferendosi agli avvenimenti di due anni prima, ricorda che re Carlo, resosi conto che il maggiore pericolo dal mare è costituito non dai Saraceni, dei quali nel frattempo ha occupato un vasto territorio, penetrando attraverso i Pirenei in direzione del fiume Ebro, ma dai pirati greci, li affronta tramite i suoi *duces* in una località sconosciuta dell'Italia centro-settentrionale, tra *Centumcellae* e le estreme propaggini meridionali delle Alpi, e li sconfigge[64]:

Greci vero tertio anno (anno 788) *cum classe venerunt in Italiam; et, a ducibus regis praefati victi, fugerunt ad naves. Quattuor milia ex illis occisi et mille captivi feruntur.*

La mancata menzione di una flotta franca lascia supporre che, anche in questo caso, si sia ricorsi ad uno stratagemma analogo a quello del 776, inducendo le navi ad attraccare, magari dietro la spinta di una facile preda, e annientando poi gli equipaggi sbarcati.

<u>anni 798-799</u>: da due anni il nuovo califfo omayyade di Spagna 'Abu 'al 'Asi 'al Hakam I[65] avvia una serie di azioni per acquisire posizioni di forza nel Mediterraneo centrale. Le isole Baleari sono sottoposte a ripetuti attacchi, che negli *Annales Laurissenses* sono detti compiuti *a Mauris et Sarracenis*, lasciando intendere la duplice componente arabo-berbera di Spagna e araba africana degli aggressori. Con il 799 se ne ha, secondo i medesimi *Annales*, la piena occupazione, probabilmente in vista dei successivi movimenti verso le isole maggiori del Tirreno[66].

---

intrattenuto da Giovanni VIII con l'imperatore.
[58] MGH, *Epist.*, tomo III, Berolini 1892, pp. 584-585 (n° 59).
[59] Alla pirateria greca aveva accennato Procopio nella seconda metà del VI secolo, inserendola nell'invettiva mossa nel 537 da Vitige contro i Romani, accusati di aver «lasciato la potenza dei Goti per i Greci, che non erano in grado di difenderli, una razza da cui in passato non avevano mai visto venire in Italia nessuno all'infuori d'attori tragici e mimi o marinai corsari» (Proc. Caes., *Bell. Goth.*, I, 18). Nelle fonti del secolo VIII la denominazione *Greci* vale sia per i Bizantini sia per qualunque individuo di provenienza levantina, come si nota in Paolo Diacono a proposito della difesa del santuario di S. Michele sul Monte Gargano sostenuta nel 647 dai Longobardi (Paul. Diac., *Hist. Lang.*, IV, 46).
[60] L'espressione geografica richiama una di quelle impiegate nelle cronache arabe per definire l'Italia, di cui si è già accennato nella nota n° 16, oltre alle solite Grande Terra e Grande Continente.
[61] Una sua menzione si ha anche in una lettera di Adriano I della fine del 774 (MGH, *Epist.*, tomo III, Berolini 1892, p. 570, n 50, l. 23), ma le notizie sul suo conto sono troppo limitate per poter accertare effettivamente la sua identità.
[62] Peraltro risalente forse agli anni immediatamente successivi alla conclusione della guerra greco-gotica nel 553.

[63] MGH, *Epist.*, tomo III, Berolini 1892, p. 588 (n° 61). La sola nota negativa di questa spedizione è costituita dalla famosa sconfitta subita dalla retroguardia dell'esercito franco nella gola di Roncisvalle, dove sarebbe perito anche un cavaliere di nome Orlando, magnificato nei secoli successivi dai versi del Ciclo Carolingio.
[64] MGH, *Epist.*, tomo IV, Berolini 1895, p. 32 (n° 1), ll. 12-13, 17-21.
[65] Levi-Provençal 1950, tomo I, pp. 150-191. Nelle fonti latine del secolo IX è detto semplicemente *Abulaz*.
[66] MGH, *Script.*, tomo I, Hannoverae 1826, p. 184, ll. 22-23; p. 185, ll. 31-32; p. 186, ll. 8-10; p. 187, ll. 29-30.

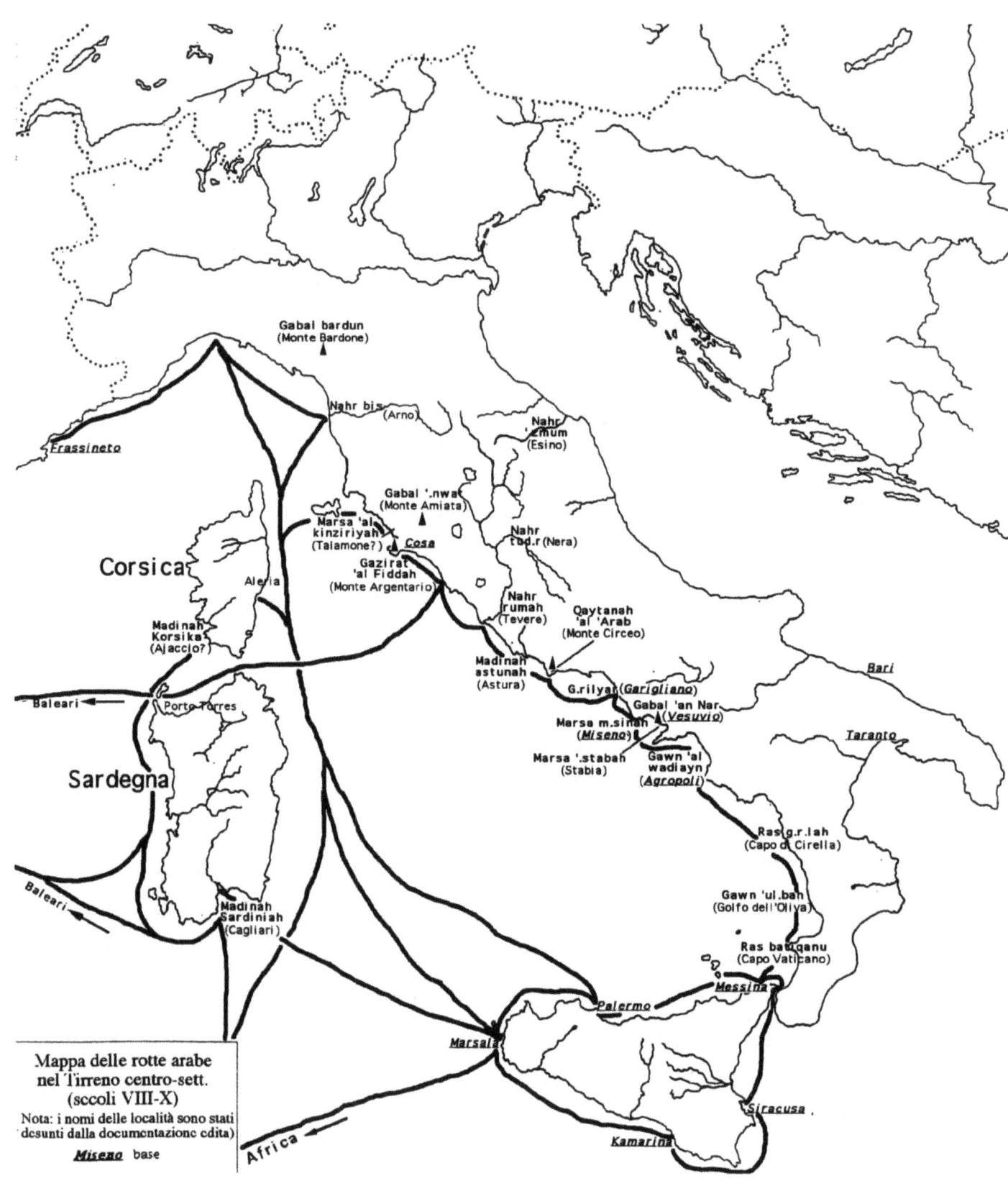

Tavola 2 - Le località 'arabe' in Italia e le rotte delle principali incursioni

CAPITOLO III

IL SECOLO IX E GLI ATTACCHI A ROMA

Gli anni che precedono il saccheggio di Roma vedono progressivamente aumentare la pressione musulmana sul Mediterraneo centrale. La tensione si mantiene alta anche dopo, con breve pausa nei decenni antecedenti l'aggressione a Roma e una piena ripresa nei successivi.

anni 801-816: secondo il Kehr, in parte confortato dal Gay[67], *Menturnis a Saracenis eversis temporibus Leonis III in eius loco nova civitas Leopolis extructa esse videtur.* L'affermazione contiene alcune discrepanze dal punto di vista storico e topografico, creando confusione sul luogo in cui cercare la *civitas Leopolis*, antesignana delle successive e più celebri *Civitas Leoniana* e *Leopoli* (Cencelle), e sulle circostanze che l'avrebbero prodotta. L'autore infatti sostiene che la colonia romana di *Minturnae* giacesse in abbandono *post saec. VI propter aeris intemperiem* e che gli abitanti si fossero trasferiti nella medievale Traetto, corrispondente all'attuale Minturno[68].

Sorge pertanto spontanea la domanda su cosa avrebbero potuto devastare i Saraceni, visto che da più di un secolo la colonia è in completa rovina. La datazione, poi, che porta a fissare l'avvenimento ai primi decenni del secolo IX è legata alle ipotesi avanzate sulla fondazione della *civitas Leopolis*, più che ad oggettivi riscontri documentari, mancando del tutto nelle fonti coeve o di poco posteriori riferimenti precisi ad un eventuale attacco musulmano[69]. Quanto infine alla sede della *civitas*, rimane ancora da dimostrare che sia stata scelta proprio l'antica *Minturnae*[70].

anni 800-801: una tradizione seicentesca, ripresa dal Torriggio[71], forse, dalle carte della chiesa dei SS. Michele e Magno a Roma, presso la basilica di S. Pietro, fa menzione di un attacco saraceno al Vaticano e del provvidenziale intervento di Carlo Magno, che sbaraglia i nemici con le sue numerose truppe, fra cui sono annoverati i Frisoni. La vicenda è una duplicazione puramente fantasiosa della spedizione messa a segno dagli Arabi contro Roma negli anni 846-847. Molto probabilmente è stata creata sul posto dai titolari della chiesa, per giustificarne la duplice intitolazione e nobilitarne le origini, costituendo, non a caso, il nucleo principale del complesso della *Schola Frisonum*.

S. Magno corrisponde al vescovo di Trani, martirizzato a Fondi al tempo dell'imperatore Decio (249-251) e lì sepolto. Una leggenda vuole che il suo corpo fosse stato poi scoperto nei pressi della città da tre soldati Frisoni, di ritorno dalla Puglia, da poco sottomessa alla Chiesa. Recuperatene le spoglie, avrebbero tentato di recarle in patria, ma, ammoniti a Sutri, in sogno, da un'apparizione del vescovo, sarebbero tornati indietro, seppellendolo a Roma, nel cimitero della loro *schola*, riservato ad accogliere i pellegrini frisoni, deceduti durante il viaggio o dopo aver raggiunto la città. La Celletti ritiene questi particolari un'integrazione fittizia dell'originaria *passio* di S. Magno, che sarebbero stati creati adattando la figura del vescovo a quella di *Magnus Forteman*, l'eroe nazionale dei Frisoni[72].

anno 801: Leone III e Carlo Magno concentrano gli sforzi per liberare Ansedonia. La città è stata occupata dai Saraceni e da questo punto, fortemente strategico per la sua posizione, a controllo del canale di collegamento con il Lago di Burano e delle rotte provenienti da Sardegna, Corsica e Arcipelago Toscano, lungo il percorso preferenziale seguito dai Mauri, le loro navi possono facilmente colpire le terre e i porti vicini e ostacolare il traffico marittimo. Questa minaccia determina l'intervento delle autorità pontifice e imperiali.

L'impresa viene ricordata in due documenti, dei quali si e' talora dubitata l'autenticità e che sarebbero copie di un originale dell'805, inciso su una lastra di bronzo (*per paginam aeream*). In entrambi si confermano al monastero romano delle Tre Fontane i diritti su tutto l'arcipelago, il promontorio di Monte Argentario e il territorio circostante.

Per spiegare il perché del conferimento di tali dipendenze ad un'istituzione ecclesiastica tanto lontana da esse, una bolla di Alessandro IV del 13 gennaio 1255[73] ricorda che *Leo III papa praedecessor noster, gloriosae memoriae Carolus Imperator donavit ecclesiae vestrae, et summa devotione certis finibus terminatis, privilegiis sua auctoritate firmavit, videlicet civitatem Ansedoniae cum omnibus ecclesiis, et pertinentiis suis, olim ab infidelibus et iniquis hominibus possessis, sed praeterea a memorato Carolo imperatore una cum praefato Leone praedecessore nostro meritis et auxiliis Beati Anastasii martyris eiusdem capitis ostensione devictam et destructam, propter quam victoriam aecclesiae supradicti martyris praefatas possessiones donavit.*

I particolari della vicenda sono poi forniti in una copia trecentesca[74] del medesimo testo, fatto incidere da papa Leone III e da Carlo Magno nell'805. La data degli avvenimenti esposti va molto probabilmente anticipata all'801, in coincidenza con il primo tentativo conosciuto per la costa tirrenica di creazione di una base musulmana[75], da cercarsi entro la possente cinta muraria della città abbandonata di

---

[67] *Italia Pont.*, pp. 97-98; J. Gay, *L'Etat pontifical, les Byzantins et les Lombards sur le litoral campanien. D'Adrien I à Jean VIII*, in MAH, XXI, 1904, p. 503.

[68] Il nome odierno l'ha acquistato nel 1879 (A. De Santis, *Orme di Roma nella toponomastica della regione gaetana*, in Atti del IV Congresso Nazionale di Studi Romani, Roma 1938, pars XVI, p. 8).

[69] Persino le tradizioni locali, solitamente sollecite ad amplificare l'eco di avvenimenti suggestivi, ignorano completamente un'aggressione in questi anni e, parlando di occupazione stabile dell'anfiteatro della colonia romana da parte dei Saraceni, si riferiscono sempre agli anni di vita della base araba sul Garigliano (880-915).

[70] All'intera questione è dato ampio spazio nel capitolo VI.

[71] F. M. Torriggio, *Narratione dell'origine del'antichissima chiesa dei Santi Michel'Arcangelo e Magno vescovo e mart(ire) del R(everendissi)mo Capitolo di S. Pietro in Vaticano posta nel Borgo di S. Spirito in Sassia in Roma*, Roma 1629, pp. 63-70.

[72] M. C. Celletti, voce *Magno, vescovo di Trani*, in *Bibliotheca Sanctorum*, a cura di AA. VV., vol. VIII, Roma 1967, coll. 554-556.

[73] *Italia sacra*, tomo I, col. 52, 54.

[74] La data esatta riportata in chiusura del documento è 27 giugno 1369, nel settimo anno di pontificato di Urbano V (*Italia sacra*, tomo I, coll. 50-52).

[75] Il particolare peso attribuito dagli Arabi a questa prima penetrazione troverebbe conferma nel toponimo *Gazîrat 'al Fiddah* (secolo IX), 'Isola o Promontorio dell'Argento', attribuibile forse al Monte Argentario piuttosto che al Capo dell'Argentiera ('Ibn Hurdâbdah, *Kitâb 'al Masâlik wa 'al Mamâlik*, in Amari 1880-1881, vol. II, p. 667), sulla rotta da Bosa all'Asinara (Sardegna), o all'isola di Pantelleria, chiamata *Gazîrât Qûsirah*, per trasposizione in arabo del greco Κοσσυρα (Amari-Schiaparelli 1883, § 2, p. 12). A questo bisogna aggiungere il *Marsâ 'al Kinzîrîyah* (Porto della Cinghialeria), riportato da 'Ibn 'Idrîs e identificato con la baia di Talamone o la laguna del Lago Prile, ai piedi di *Rosellae* (Amari-Schiaparelli 1883, p. 86).

Cosa (l'Ansedonia del secolo X; tav. 4, fig. 1)[76].

Seguendo i termini della narrazione, il pontefice, preoccupato da eventuali attacchi contro le coste in direzione di Roma, chiede l'intervento dell'imperatore. Carlo si trova in città con le truppe, essendosi solo da poco concluse le cerimonie per la sua incoronazione. Presto accorre con i soldati e circonda Ansedonia, unendosi agli uomini mobilitati da Leone III. L'assedio si prolunga, forse, per alcune settimane senza offrire risultati e la situazione sta per diventare difficile, non essendo stato previsto un piano per i rifornimenti. Carlo Magno ha, allora, una visione:

Dominus noster Jesus Christus per Angelum suum in visione nobis videri fecit ut caput praedicti Martyris (ossia S. Anastasio) *ad eius pugnam, quam nos ad praefatam Civitatem habebamus cum Dei laudibus adveniret, nostris vero inimicis dicebat, ut vincebamus.*

Mandata a prendere alle Tre Fontane la preziosa reliquia, viene portata in prossimità delle mura. Un'improvvisa e violenta scossa di terremoto apre dei varchi e i soldati imperiali possono facilmente avere la meglio sui difensori, uccidendoli tutti e distruggendone ogni acquartieramento[77].

Per giustificare la scelta cronologica dell'801, inserita in questa ricerca, bisogna innanzi tutto considerare i periodi di permanenza a Roma dell'imperatore e il particolare del terremoto. Carlo Magno giunge in città da *Nomentum* gli ultimi giorni di novembre dell'800 e vi rimane sino al 25 aprile dell'801, per non ritornarvi più sino alla sua morte. Durante il viaggio di ritorno, a Spoleto, il 29 del mese, avverte una forte scossa sismica. Secondo le fonti il terremoto è di tale intensità da coinvolgere tutta l'Italia centrale e da essere avvertito persino nella valle del Reno[78]. Altri non se ne conoscono prima dell'837 e comunque riguardano zone diverse della penisola.

Dunque è lecito supporre che la vicenda di Ansedonia vada posta nelle prime decadi di gennaio-febbraio dell'801, come lascia intendere il riferimento al sisma, inserito successivamente nella ricostruzione degli eventi di quell'anno, per aggiungere maggiore suggestione e accrescere l'importanza del miracolo di s. Anastasio. Proprio questo particolare, poi, potrebbe essere la trasposizione del ricordo che la caduta di Ansedonia sia avvenuta il giorno della festa del santo (22 gennaio, quindi, dell'801) e che in conseguenza di ciò il papa, d'accordo con l'imperatore, abbia attribuito al monastero delle Tre Fontane a Roma, custode ufficiale di parte delle reliquie assieme a Pavia, maggiori privilegi di quanti non ne avesse dati in precedenza.

Che in seguito si siano attesi ben quattro anni, perché al monastero fosse riconosciuto un compenso per l'appoggio offerto all'impresa, dipende dalla volontà di Leone III, impegnato a dirimere liti e contrastare tentativi di sottrazione di beni che rischiano di compromettere la stabilità e gli equilibri dei domini della Chiesa. Privato di ogni sostegno il papa nel novembre dell'804 raggiunge Carlo a Reims e si trattiene alla sua corte sino a quasi tutto il mese di gennaio dell'805[79]. In questo stretto periodo di tempo deve essere avvenuta la promulgazione della carta con cui si riconosce alle Tre Fontane (e quindi indirettamente alla Chiesa) la contesa sovranità sull'Argentario e sull'Arcipelago Toscano.

Nel testo della bolla di Alessandro IV la doppia menzione di *infidelibus et iniquis hominibus* lascia intendere ancora una volta la compresenza di Saraceni (i primi) e di Greci (i secondi). In mancanza, comunque, di riscontri oggettivi in altre fonti, è molto difficile stabilire la provenienza del nucleo principale di queste notizie, confluite poi nelle bolle e nelle cronache.

A distanza di alcuni secoli l'intera vicenda, conosciuta come Leggenda di Ansedonia, viene dipinta tra il 1152 e il 1161 o negli anni immediatamente successivi sul cosiddetto Arco di Carlo Magno, il portale di accesso all'insieme di edifici che compongono l'abbazia dei SS. Vincenzo e Anastasio alle Tre Fontane. Secondo la de' Maffei l'intero ciclo pittorico, riproducente nelle due lunette laterali della porta la città assediata, gli accampamenti di Carlo Magno e di Leone III, il sogno dell'imperatore, il viaggio a Roma per prendere la testa del santo, la conquista della città e l'insieme dei castelli e delle isole concesse in dono all'abbazia nell'805, deriva dalle immagini miniate su codici altomedievali, custoditi nel locale archivio abbaziale nei secoli X o XI[80].

anno 806: la Corsica viene ripetutamente attaccata dai Mauri, o, come si è detto in precedenza, Arabo-berberi di Spagna. Di fronte all'ennesima incursione Pipino, figlio di Carlo Magno e re d'Italia, invia da un porto della penisola (senza che se ne specifichi l'identità) una flotta di soccorso. Alla prima comparsa delle navi gli assalitori si danno alla fuga, o perlomeno così fanno credere, cercando di attirarle in un tranello. Di tutte le imbarcazioni solo quella di Hadumaro, conte di Genova, raccoglie la provocazione e viene affondata

---

[76] Gli scavi compiuti nel 1990 dagli inglesi sull'acropoli della città hanno rivelato i resti di una *mansio* (*Succosa*; *Tab. Peut.*, IV, 4), edificata nel VI secolo sul punto più alto dell'abitato, allo scopo di controllare la Via Aurelia e il traffico marittimo dalla Narbonese e dall'Italia Meridionale, con gli approdi del *Portus Feniliae* e del Lago di Burano. Fortificata in coincidenza con la guerra greco-gotica, viene distrutta alla fine del VI secolo Le successive testimonianze risalgono al X secolo, con la fondazione di una chiesa sulle strutture del *Capitolium*, e al XIII secolo, con la piena operatività del castello di Ansedonia, dopo un rinnovato abbandono dell'abitato nel 1000. In generale, per un quadro sulle condizioni della città nell'Alto Medioevo vedansi Schneider 1975, pp. 127-128; E. Fentress, T. Clay, M. Hobart, M. Webb, *Late roman and Medieval Cosa I: the Arx and the structure near the eastern height*, in PBSR, XLVI, 1991, pp. 197-230; e da ultimo Ermini Pani 1999, pp. 634-635.

[77] *Et nos ita talia fecimus, et nunc auxiliante Deo, et isto praefato Martyre adveniente eius capite terraemotus venit super nostris inimicis, et tremor apprehendit eos, et parietes irruerunt, inimici vero nostri in nostris manibus devenerunt, et omnes interfecti fuerunt* (*Italia sacra*, tomo I, col. 51). A questo terremoto accennano anche il Regesto di Farfa (*RF*, vol. II, p. 13) e il *Liber Pontificalis* (*Lib. Pont.*, tomo II, p. 9, ll. 21-27). Per i riferimenti alle altre fonti medievali e dettagli sull'intensità del sisma, stimato al VII-VIII grado della scala Mercalli, l'epicentro e la distribuzione degli effetti si rinvia ai seguenti volumi: *I terremoti prima del Mille in Italia e nell'area mediterranea*, a cura di E. Guidoboni, Istituto Nazionale di Geofisica, Bologna 1989, pp. 612-613 (n° 74); e E. Boschi, G. Ferrari, P. Gasperini, E. Guidoboni, G. Smeriglio, G. Valensise, *Catalogo dei forti terremoti in Italia dal 461 a. C. al 1980*, Istituto Nazionale di Geofisica, Roma 1995, pp. 178-179.

[78] *Ein. Ann.*, pp. 190-191; *Lib. Pont.*, tomo II, pp. 9-10; *Rom. Med.*, vol. II, pp. 14-15.

[79] *Rom. Med.*, vol. II, p. 16.

[80] F. de' Maffei, *Riflessi dell'epopea carolingia nell'arte medievale: il ciclo di Ezechiele e non di Carlo a Santa Maria in Cosmedin e l'Arco di Carlo Magno a Roma*, in *La poesia epica e la sua formazione*. Atti del Congresso Internazionale (Roma, 28 marzo-3 aprile 1969), Accademia Nazionale dei Lincei. Quaderno n° 139, Roma 1970, pp. 365-386, tavv. IX-XVII; E. Parlato, S. Romano, *Roma e Lazio*, (Italia Romanica, 13), Milano 1992, pp. 99-100; A. M. Romanini, *La storia architettonica dell'abbazia delle Tre Fontane a Roma. La fondazione cistercense*, in *Mélanges à la mémoire du pére Anselme Dimier*, Arbois 1982, vol. III, parte 6, pp. 656-657.

con il suo comandante[81].

anno 807: l'importanza che può avere l'isola nel quadro della difesa delle coste tirreniche del regno franco, dalla Provenza al Lazio settentrionale, spinge Carlo Magno ad inviarvi il conte Burcardo con un presidio navale, che impedisca alle navi spagnole di avvicinarsi alle città marittime o di raggiungere addirittura la penisola italiana[82]. Una spedizione comunque vi riesce e, seguendo una rotta che è già stata ripetuta più volte e, a detta di Einhardo, è divenuta facilmente prevedibile, dopo aver mosso dalla Spagna e, presumibilmente dalle Baleari, arriva in Sardegna (si dice infatti che Mauri *qui iuxta consuetudinem suam de Hispania egressi, primo Sardinia adpulsi sunt*); ivi viene tentato uno sbarco, ma, ingaggiata battaglia con la popolazione locale, i Mauri vengono sconfitti, lasciando sul campo tremila uomini:

ibique cum Sardis proelio commisso, et multis suorum amissis - nam tria milia ibi cecidisse perhibentur[83].

Ripreso il mare con i superstiti, essi procedono con rotta rettilinea verso la Corsica (*in Corsicam recto cursu pervenerunt*)[84], ma anche qui non hanno molto successo. In uno dei porti dell'isola li attende, infatti, il conte Burcardo, che li sconfigge facilmente, forte dell'elemento sorpresa, e affonda 13 navi avversarie:

Ibi iterum in quodam portu eiusdem insulae cum classe cui Burchardus praeerat, proelio decertaverunt, victique ac fugati sunt, amissis tredecim navibus et plurimis suorum interfectis.

Contemporaneamente un'altra spedizione proveniente dalla Spagna colpisce l'isola di Pantelleria, catturando 60 monaci da vendere come schiavi, e poco dopo il califfo 'Abu 'al 'Asi 'al Hakam I chiede la pace[85].

marzo 808: dopo i recenti avvenimenti i Saraceni, in concorrenza con i pirati greci, sono considerati a pieno titolo una minaccia, di cui tener conto percorrendo le rotte tirreniche. Pertanto, dietro espressa richiesta di Carlo Magno, papa Leone III si accorda con re Pipino per predisporre un rete di sorveglianza costiera, che integri l'azione preventiva compiuta dal presidio corso, affinché *litoraria nostra ac vestra ab infestatione paganorum* (ossia i Mauri e i Musulmani in genere) *et inimicorum nostrorum* (cioé i Greci) *tuta reddantur atque defensa*[86].

Contrariamente, però, a quanto affermato da alcuni[87], a causa di difficoltà di varia natura e del tempo necessario per gli opportuni preparativi, non si interviene con l'opportuna prontezza. Alla fine dello stesso mese, poi, il papa rivolge una supplica a Carlo Magno tramite il *comes Helmengaudus*, probabile successore di Burcardo, chiedendo conferma del proposito, avanzato precedentemente, di donare la Corsica alla Chiesa, organizzandone contemporaneamente la difesa:

et stabilis permaneat et ab insidiis inimicorum tuta persistat per intercessionem apostolorum Petri ac Pauli et vestrum fortissimum brachium[88].

anno 809: Populonia viene colpita da una piccola flotta di Greci «delle montagne» (*Orobiotae*) e saccheggiata[89]. Quasi contemporaneamente, nel sabato di Pasqua (il 7 aprile) i Mauri di Spagna attaccano una città della Corsica non specificata e la distruggono completamente, lasciando in vita solo il vescovo locale, alcuni vecchi e un gruppo di malati

Mauri quoque de Hispania Corsicam ingressi, in ipso sancto Paschali sabbato civitatem quandum diripuerunt, et praeter episcopum ac paucos senes atque infirmos nihil in ea reliquerunt[90].

Evidentemente il presidio stabilito nell'807 con l'invio nell'isola del conte Burcardo non è più operativo o è stato nel frattempo ritirato.

anno 810: la Corsica è nuovamente saccheggiata dai Mauri

---

[81] *Ein. Ann.*, p. 193, ll. 33-36: *Eodem anno in Corsicam insulam contra Mauros qui eam vastabant classis de Italia a Pippino* (sic) *missa est, cuius adventum Mauri non expectantes abscesserunt; unus tamen nostrorum, Hadumarus comes civitatis Genuae, inprudenter contra eos dimicans occisus est.* Negli *Annales Tiliani*, che riprendono il lavoro di Einhardo, questa stessa vicenda è posticipata all'anno successivo (*Ann. Til.*, p. 224, ll. 1-6).
[82] *Ein. Ann.*, p. 194, ll. 32-42: *eodemque anno Burchardum comitem stabuli sui cum classe misit in Corsicam, ut eam a Mauris, qui superioribus annis illuc praedatum venire consueverant, defenderet.*
[83] Se il conteggio fosse esatto, potrebbe fornire la misura del numero di imbarcazioni impiegate dai Musulmani nella missione (forse una trentina, immaginando cento uomini per imbarcazione, oppure il doppio, ipotizzandone la metà a bordo) e della sua stessa entità.
[84] In considerazione di questo dato è probabile che la scorreria abbia interessato solo parte della costa occidentale della Sardegna, nel tratto fra Oristano e Porto Torres (SS), e che lo scontro sia avvenuto nei pressi di una delle principali città prossime al mare, come Tharros, Cornus o la medesima Porto Torres.
[85] *Ein. Ann.*, p. 194, ll. 32-42. L'isola, già altre volte colpita da scorrerie provenienti dall'Africa, viene definitivamente conquistata dagli emiri siciliani assieme alla Egadi intorno all'832-833 (*Cod. Dipl.*, tomo I, parte I, pp. 328-329; 'Ibn Haldûn, *Kitâb 'al 'ibr*, § 4, in Amari 1880-1881, vol. II, p. 176; 'Ibn 'al Atîr, *Kâmil at tâwarîh*, in Amari 1880-1881, vol. I, pp. 370-371).
[86] MGH, *Epist.*, tomo V, Berolini 1889, p. 88 (n° 1), ll. 23-26.
[87] Per esempio il Calisse (Calisse 1936, p. 59 e n. 3), che, pur citando la medesima lettera papale, considera il dispositivo già operante.
[88] MGH, *Epist.*, tomo V, Berolini 1889, p. 88 (n° 1), ll. 29-31.
[89] *In Tuscia Populonium, civitas maritima, a Graecis qui Orobiotae vocantur depraedata est* (*Ein. Ann.*, p. 196, ll. 15-18). Solitamente questo attacco viene attribuito agli Arabi, con conseguente spostamento della diocesi nell'entroterra (Val di Cornia), ma senza prove documentarie certe a sostegno delle affermazioni (Schmiedt 1974, p. 579). Lo Schneider chiama in causa solo la *Vita Walfridi*, un testo degli inizi del secolo IX, nel quale si specifica che *gens nefandissima Maurorum ex Mauritania per nave ad portum venerunt Populonium* con 12 navi. Il saccheggio seguito colpisce sia la città sia i monasteri del suo territorio. Gli assalitori risalgono la Val Cornia, con l'intento di attaccare l'abitato di Monteverde, ma vengono fermati e impegnati in battaglia prima ancora di avere raggiunto l'abitato. Lo scontro si risolve con la loro sconfitta e la perdita di 480 uomini (Schneider 1975, pp. 118-119).
[90] *Ein. Ann.*, p. 196, ll. 15-18. Sull'identità di questa sede diocesana si possono avanzare alcune ipotesi. Nei secoli VI-VII la Corsica era divisa nei vescovati di Aleria, Taina e Mariana per la costa orientale, e Aiaccio e Saona o Sagona per quella occidentale. Il centro di Mariana sorge sufficientemente distante dal mare per poter essere escluso e Taina risulta già in rovina nel 591. Lo stesso è sostenuto, ma forse a torto, dal Lanzoni (Lanzoni 1923, p. 420) per Saona, posta a ridosso del golfo omonimo, a NE di Aiaccio; l'Ughelli (*Italia sacra*, tomo III, Venetiis 1718, coll. 515-516), infatti, afferma che la città, di cui già ai suoi tempi si è persa ogni traccia, è tra le più antiche della Corsica e, secondo una leggenda del posto (la sola nel suo genere rammentata per le locali sedi diocesane), la sua distruzione, avvenuta in epoca imprecisata, sarebbe stata causata dai Turchi. Poiché l'elenco dei *Sagonenses episcopi* proposto dall'Ughelli comincia nel 1179, quando la sede è stata già trasferita a Vici o a Calvi, mantenendo immutata solo la denominazione originaria, e secoli prima dell'effettivo inizio delle incursioni turche nel Mediterraneo centrale, è lecito supporre che la tradizione riportata sia frutto del ricordo popolare della distruzione di Saona avvenuta nell'809 e che ad essa faccia indirettamente riferimento Ehinardo.

(*Corsica insula iterum a Mauris vastata est*)⁹¹. Non è chiaro se queste spedizioni seguano comunque la solita rotta dalla Spagna alle Baleari e alla Sardegna, e quindi gli accenni delle fonti alla Corsica sottintendano un coinvolgimento dell'isola vicina, oppure se con le navi i Mauri preferiscano seguire le coste provenzali e liguri e raggiungere direttamente l'Alto Tirreno, esponendosi però ad improvvisi attacchi, portati alla loro flotta dalle imbarcazioni di stanza nei diversi approdi costieri, non ultimi Nizza e Genova.

Probabilmente la più corretta è la prima ipotesi, visto che a detta di Benedetto, monaco del Soratte, in questo stesso periodo Carlo Magno ha ordinato a tutte le navi disponibili di radunarsi nei principali porti e approdi all'imboccatura dei fiumi, a difesa delle coste italiane. Per il mare Adriatico vengono indicati i porti distribuiti sul litorale veneto da Venezia ad Aquileia, poi quelli di Ravenna, Rimini e Ancona, e altri minori sino allo Stretto di Messina; per il mar Tirreno sono elencati Genova e la Liguria, la Corsica, la Sardegna, Pisa, *Centumcellae*, Roma e i punti di imbarco entro i confini del ducato di Napoli e di quelli vicini⁹².

anno 812: in Italia giunge la notizia di una possibile spedizione saracena congiunta, proveniente dalla Spagna e dall'Africa (*famam classis, quae et de Africa et de Hispania ad vastandam Italiam ventura dicebantur*)⁹³. L'iniziativa viene promossa direttamente dal califfo spagnolo 'Abu 'al 'Asi 'al Hakam I e contro di essa Carlo Magno manda *Walanem filium Bernhardi patruelis sui*, affinché *rerum eventus securitatem nostris adferret*.

L'esercito o la flotta franca inviata dall'imperatore ha successo, nonostante l'avversario abbia diviso le navi fra la Sardegna e la Corsica, per colpire simultaneamente le due isole e obbligare i difensori a dividere le proprie forze (*Haec classis partim in Corsicam, partim in Sardiniam venit*). Il contingente diretto in Sardegna viene infatti annientato: *ea quidem pars quae ad Sardiniam est delata, pene tota deleta est*) e dopo poco *pax cum Abulaz rege Sarracenorum facta (est)*⁹⁴.

L'accordo viene però messo in discussione a pochi mesi di distanza da voci di nuove incursioni, compiute questa volta ai danni delle isole del Tirreno centro-meridionale. Il 26 agosto, infatti, papa Leone III comunica preoccupato a Carlo Magno⁹⁵ di aver appreso di un piano musulmano di invasione della Sicilia e dell'avvenuta occupazione *in quibusdam Graecorum* (nel senso di Bizantini) *insulis*. Una squadra di 13 navi ha intanto depredato Lampedusa, affondando 7 imbarcazioni bizantine inviate in soccorso degli isolani⁹⁶. Poi *quadraginta naves de ipsis Mauris venerunt in insulam, quae Pontias vocitatur, ubi monachi residebant, et predaverunt eam*.

Ritirandosi da qui si portano ad Ischia e la mettono a sacco, seminando strage e distruzione. Le coste laziali non sono state ancora toccate, ma il rischio di un'incursione è molto elevato e il papa supplica l'imperatore di accrescere in qualche modo la loro protezione. Nel frattempo il dispositivo di sorveglianza predisposto a partire dall'808 è in piena efficienza e si compone di una serie di vedette, ossia una o più persone residenti sul posto o nell'immediato entroterra, incaricate di montare a turno la guardia e predisposte nei punti dominanti o maggiormente vulnerabili del litorale (promontori, lagune, foce di corsi d'acqua):

*semper postera et litoraria nostra ordinata habuimus et habemus custodias*⁹⁷.

anno 813: riprendendo la prospettiva degli *Einhardi Annales*⁹⁸, in un momento imprecisato di quest'anno, compreso forse fra i mesi di maggio e settembre, i più adatti alla navigazione nel Mediterraneo, una nuova incursione di Mauri, provenienti dalla Spagna, colpisce la Corsica⁹⁹. Ma sulla via del ritorno (*Mauris de Corsica ad Hispaniam cum multa praeda redeuntibus*) viene teso loro un agguato da una flotta franca, guidata da *Irmingarius, comes Emporitanus*, cioé di Ampurias, antica città portuale greca ai piedi dei Pirenei. Gli assalitori, appostatisi sull'isola di Maiorca (*in Maiorca*), evidente passaggio obbligato per qualunque nave in movimento fra le coste iberiche e quelle italiane, colgono di sorpresa il nemico, sconfiggendolo e catturando *octo naves eorum* [...] *in quibus quingentos et eo amplius Corsos captivos invenit*.

Ma il successo non sortisce alcun effetto deterrente sui Mauri, che anzi, poco dopo, forse proprio con il sostegno del califfo *Abulaz*, armano una seconda spedizione, preparandosi a battere in grande stile tutta la rotta dalla Spagna alle isole e alle coste tirreniche, e prendendo come obbiettivi le città portuali, contro ogni rischio di eventuali ritorsioni da parte dei Franchi.

Gli *Annales*, pur con qualche omissione, consentono di avere in linea di massima un'idea del percorso seguito dalle navi: la prima tappa deve essere stata la Sardegna¹⁰⁰, nominata in conclusione di missione ma punto di passaggio obbligato per accedere al settore centrale del Mar Tirreno. Il colpo iniziale tocca a *Centumcellae*, poi a Nizza, entrambe dotate di porto; la Sardegna, invece, riesce a respingere gli aggressori, in procinto di far vela verso la Spagna¹⁰¹.

---

⁹¹ *Ein. Ann.*, p. 198, ll. 11-12.

⁹² *ChBen*, p. 112, ll. 3-14. Per questa notizia Benedetto si è rifatto in parte alla *Vita Karoli* di Einhardo, in parte ad una fonte per il momento non precisabile, nella quale veniva data la specifica di tutti i porti coinvolti nell'iniziativa dell'imperatore. Quella di *Centumcellae* è inoltre la prima menzione in assoluto nel *Chronicon*, seguita solo da un'altra, solitamente messa in rapporto con il sacco di Roma dell'846.

⁹³ *Ein. Ann.*, p. 199, ll. 35-39; *Chron. Moiss.*, pp. 309-310.

⁹⁴ Secondo, invece, il *Chronicon Moissacense* (*Chron. Moiss.*, p. 259), del secolo XI, la pace fra *Abulaz* e Carlo Magno viene firmata non a conclusione di un periodo di belligeranza, ma solo in quanto il califfo spagnolo è rimasto affascinato dal carisma e dalla potenza dell'imperatore. La notizia però non sembra attendibile e il solo elemento di rilievo è il ricordo della durata triennale stabilita per il trattato, consistente non in una vera pace, come si potrebbe credere ad una prima lettura delle fonti, ma in una tregua.

⁹⁵ MGH, *Epist.*, tomo V, Berolini 1889, pp. 96-97 (n° 6).

⁹⁶ Nel *Muhtasir gigrafiah* di 'Ibn Sa'îd (Amari 1880-1881, vol. I, p. 229), della metà del secolo XIII, l'isola di 'Anbadûsîah (Lampedusa) è detta deserta, ma con il vantaggio che «quivi posson riparare le navi e far acqua».

⁹⁷ Vedasi al riguardo quanto riportato per gli anni 887-888.

⁹⁸ *Ein. Ann.*, p. 200, ll. 33-37.

⁹⁹ Forse si tratta di un'azione collaterale a quella che porta i Saraceni ad occupare *Cosa*-Ansedonia.

¹⁰⁰ Dell'isola, poi, dovette essere interessata la parte centro-settentrionale, essendo le Bocche di Bonifacio il corridoio sfruttato di preferenza dalle navi per muoversi in entrata e in uscita dalle rotte tirreniche.

¹⁰¹ *Ein. Ann.*, p. 200, ll. 35-37: *Hoc Mauri vindicare volentes, Centumcellas Tusciae civitatem et Niceam provinciae Narbonensis vastaverunt. Sardiniam quoque adgressi, commissoque cum Sardis proelio, pulsi ac victi, et multis suorum amissis, recesserunt*. L'idea che questo secondo attacco dei Mauri al Sacro Romano Impero sia una ritorsione per

Il secolo IX

Nella biografia di Carlo Magno Einhardo[102] riferisce della stessa spedizione ma in termini differenti, trattando gli eventi di *Centumcellae* come marginali rispetto alla pace regnante nella totalità dell'Impero. Questa infatti, assieme ad un'isola della Frisia, devastata dai Normanni, è l'unica città per la quale il dispositivo di vedette, approntato contro i pirati negli anni precedenti sulle coste, si sia rivelato inefficace.

Per i Normanni, infatti, che infestano i litorali di Francia e Germania, era stato predisposto un sistema di controllo[103] in grado di proteggere *omnes portus et hostia fluminum, qui naves recipi posse videbantur, stationibus et excubiis dispositis, ne qua hostis exire potuisset*. Lo stesso (*idem*) era previsto anche *a parte meridiana in littore provinciae Narbonensis ac Septimaniae, toto etiam Italiae littore usque Romam, contra Mauros nupere pyraticam exercere adgressos*.

Il piano risulta efficace *ac per hoc nullo gravi dampno vel Italia a Mauris, vel Gallia atque Germania a Nordmannis diebus suis affecta est*, tranne nei due casi sopra accennati: *praeter quod Centumcellae, civitas Etruriae*, e non porto, *per proditionem a Mauris capta atque vastata est* [104], così come la suddetta isola della Frisia dai Normanni.

Il tono della comunicazione tende quindi a sminuire la reale portata di questi due attacchi, peraltro confermati in separata sede anche dal *Chronicon Moissiacense*[105] e dagli *Annales Sithienses*[106]. Proprio la scarsa importanza attribuita alla devastazione di *Centumcellae* potrebbe essere all'origine del silenzio, comunque difficilmente accettabile, riscontrato nelle fonti di parte papale[107].

L'11 novembre di quest'anno, ad esempio, Leone III invia a Carlo Magno una lettera[108], nella quale fa cenno, prima, al fallimento di un attacco vibrato alla Sardegna ma proveniente dall'Africa, con la specifica che ad esso hanno preso parte 100 navi, quasi tutte affondate[109]; poi aggiunge che Gregorio, patrizio di Sicilia, ha sottoscritto un trattato di pace della durata di 10 anni con gli ambasciatori saraceni inviati dal califfo di Baghdad *Mohammed Acemin*, figlio di Harun 'ar Rashid e corrispondente all'abbaside 'Abd 'Allâh 'al Mâmûn (813-833)[110].

Nel corso delle trattative è stato affrontato il problema degli arabi di Spagna, il che consente di supporre che le scorrerie di cui detto sopra avessero già avuto luogo[111]. Gli ambasciatori, evidentemente già istruiti sull'argomento, rispondono che ormai la Spagna segue una politica estera autonoma e quindi Baghdad non è responsabile delle sue azioni né può estendere anche ad essa l'accordo appena sottoscritto.

L'unica offerta è per un reciproco impegno a respingere, ciascuno dalle proprie frontiere, qualunque tentativo di attacco proveniente da quella parte:

De Spanis autem non spondimus; quia non sunt sub dicione regni nostri. Sed in quantum valemus eos superare, sicut vos, ita et nos contra illos in mare dimicare promittimus; etsi soli nos non valemus. Nos a parte nostra, et vos a vestra, a Christianorum finibus eos abiciamus[112].

anno 815: solo adesso, nonostante i ripetuti richiami indiretti nelle fonti relative agli anni precedenti e forse in coincidenza del passaggio di poteri da Carlo Magno, ormai morto, a Ludovico il Pio, si riconosce apertamente l'avvenuta violazione della pace triennale sottoscritta nell'812:

Pax quae cum Abulaz rege Sarracenorum facta, et per triennium servata erat, velut inutilis irrupta, et eum iterum bellum susceptum est [113]. Non si parla però di eventuali ritorsioni da parte dei Franchi.

30 luglio 816 - 19 luglio 817 (anno 201 dell'hagira): il governatore dell'Africa Zîâdat 'Allâh 'ibn 'Ibrahîm 'ibn 'al

---

l'inganno perpetrato da Irmingario, *comes* di Ampurias, è probabile aggiunta di Einhardo o di uno degli autori degli *Annales*, determinata dalla rapida successione con cui sono state messe a segno le due scorrerie.
[102] *Vita Kar.*, p. 452, ll. 21-29.
[103] Ad esso si è già fatto cenno in relazione agli eventi dell'808.
[104] L'accenno alla perfidia dei Mauri nei confronti di *Centumcellae*, non comprensibile se si pensa che le incursioni dei pirati, in quanto tali, erano tutte basate sul cogliere di sorpresa la vittima designata, va visto nell'ottica dei rapporti esistenti in quel momento fra Sacro Romano Impero e Califfato di Spagna. Infatti, contro quanto doveva essere stato concordato nella tregua triennale stipulata nell'812 fra Abulaz e Carlo Magno, gli Arabi mettono a segno questi colpi.
[105] Che menziona solo il secondo (*Chron. Moiss.*, p. 311 ll. 5-7).
[106] Che parla, invece, unicamente del primo (*Ann. Sith.*, p. 37 l. 30: *Centumcellae civitas Tusciae a Mauris igni data*).
[107] Il solo accenno si ricava dal celebre passaggio della biografia di papa Leone IV relativo ai provvedimenti presi per dare agli abitanti della devastata *Centumcellae* una nuova città dove insediarsi. Ufficialmente la fondazione di Leopoli, poi Cencelle, viene celebrata il 15 agosto 854 e la versione di Anastasio Bibliotecario dice che ha luogo dopo un periodo di tempo di *XL annos*, durante il quale *Centumcellae* giace in completa rovina (*Lib. Pont.*, tomo I, p. 131).
[108] MGH, *Epist.*, tomo V, Berolini 1889, pp. 97-98 (n° 7).
[109] Evidentemente si tratta di un'azione indipendente da quella portata a compimento dai Mauri e, non essendo stabilita alcuna correlazione fra le due, deve aver interessato la porzione meridionale dell'isola. Di essa parlano i Saraceni mandati in ambasceria al patrizio di Sicilia dal califfo di Baghdad (vedasi oltre nel testo; MGH, *Epist.*, tomo V, Berolini 1889, pp. 97-98 n° 7, ll. 24-34): *isto Iunio mense transactae sextae indictionis voluissent cum aliis centum navibus ad Sardiniam peragrare; et dum venissent prope Sardiniam, subito aperta est maris et subglutivit illa centum navigia; et postmodum sic cum magno timore reversi sunt ipsi Sarraceni; qui hoc dicebant in Africa et nuntiaverunt ad familiam de illis, qui submersi sunt, et talem luctum fecerunt, qualem nunquam ibidem fuit*.La notizia del disastro viene confermata da una lettera che il notaio Theopisto, incaricato degli aspetti formali dell'incontro fra le parti araba e bizantina, ha ricevuto da un suo amico residente in Africa: *et dixit ipse notarius, quod ita esset, et ipse ore proprio legisset ad patricium illam epistolam, quam ei unus christianus amicus suus ab Africa direxit, in qua de submersione de praedictis centum navigiis continebat*. L'avvenimento sarebbe stato annunciato dal prodigio della comparsa in cielo di una cometa: *Et hoc factum est in mense Iunio, quando illud signum igneum tamquam lampadam in caelo multi viderunt*.
[110] Di questo trattato non sembra vi sia alcun riferimento nelle fonti arabe.
[111] Il chiamarli in causa è anche la riprova dell'impossibilità per la parte franca di fare affidamento sui trattati pace e le tregue stabilite con essi, tipo quella ricordata nell'812.
[112] Questo trattato mette in luce la forte ostilità esistente tra la dinastia aghlabita d'Africa, nominalmente vassalla di Baghdad, e quella omayyade di Spagna. Pur di riuscire a diminuire la pressione araba nel Mediterraneo i sovrani d'Oriente e del Sacro Romano Impero cercano di far leva proprio sulle rivalità e le divisioni interne degli Arabi, ma con scarso successo. Addirittura nell'840, rovesciando completamente la tentata alleanza del patrizio Gregorio con il califfo di Baghdad contro gli Spagnoli di cui nel testo, l'imperatore Teofilo stipula un trattato con l'emiro spagnolo 'Adb 'ar Rahmân II contro la colonia araba stabilita nell'823-824 a Creta, sotto il comando di 'Omar Hafs al-Balluti e dei suoi discendenti, e riconosciuta dal governo di Baghdad. Lo scopo è quello di stroncare il commercio degli schiavi cristiani con i principali mercati dell'Africa settentrionale e della penisola iberica, ma non si riesce ad andare al di là di promesse, poi non mantenute. Cosicché solo la completa conquista dell'isola ad opera del generale (e futuro imperatore) Niceforo Foca e la sconfitta dell'ultimo emiro 'Abd al-'Azìz ibn Shu'ayb, avvenuta il 7 marzo 961 consentirà di ottenere un risultato definitivo e sicuro (*Maometto in Europa* 1982, p. 196).
[113] *Ein. Ann.*, p. 200, ll. 27-28.

'Aglâb, futuro promotore della conquista della Sicilia, manda, ignorando il trattato di pace decennale sottoscritto da Baghdad nell'813, «un esercito con molte navi contro la capitale della Sardegna, che apparteneva ai Rûm. Parte di queste navi, dopo aver fatto preda e strage molta tra i Rûm, perì per naufragio. Ritornati quei che ne scamparono, Zîâdat 'Allâh li accolse benignamente e lor fece larghezze»[114].

Questa spedizione sembra la riproposizione esatta dell'altra ricordata da Leone III nell'813 e non è escluso si tratti della medesima, con una discrepanza solo teorica fra le date, considerata l'approssimazione con cui si è obbligati a trasporre nel calendario gregoriano il conteggio degli anni in base all'hagira[115].

anno 817: il califfo *Abulaz* invia il figlio 'Abd 'ar Rahmân[116] a riallacciare trattative con i Franchi, aprendo forse un periodo di relativa tranquillità per la navigazione sul Mediterraneo nel settore centro-settentrionale.

anni 817-824: sono gli anni del pontificato di Pasquale I, durante i quali, in un momento non meglio precisabile, il papa offre *in ecclesia beati Petri apostoli in Centumcellas calicem et patenam ex argento deauratos, pens. lib. IIII, unc. II*[117]. Controversa è l'interpretazione di queste poche righe, considerate alternativamente la prova che *Centumcellae* non venne affatto distrutta dai Mauri e continuò a vivere contemporaneamente alla nuova fondazione di Leopoli, oppure che della città si salvò unicamente questa chiesa, assieme, forse, a poche altre.

La soluzione va probabilmente cercata fra questi due estremi e risulta evidente se rapportata all'ottica generale del *Liber Pontificalis*: l'atto di donare oggetti ad una chiesa distrutta o danneggiata per qualche motivo (incendio fortuito, saccheggio rapina, ecc.) è di per sé ininfluente, se valutato limitatamente al valore del bene (di solito parti dell'arredo sacro), ma di grande rilievo simbolico, in quanto è la prova materiale dell'interesse e della volontà che l'autorità papale ha per la ricostruzione dell'edificio e la ricostituzione della comunità che in esso aveva un punto di riferimento.

A Roma Leone IV nell'847, *post devastationem Saracenorum, fecit in ecclesia beati Petri principis apostolorum rugas de argento mundissimo, qui est ante confessionem ipsius, pens. lib. DLXXX*[118]. La circostanza, accolta senza alcuna difficoltà dalla critica storica, come segno dell'impegno del pontefice nella riparazione dei danni subiti dalla città da parte dei Saraceni, sarebbe stata ovviamente messa in discussione se qualche fonte avesse riportato, come è poi accaduto per Leopoli-Cencelle, un piano di Leone, magari previsto per gli anni immediatamente successivi, di rifondare altrove Roma[119]. Il gesto, anzi, sarebbe stato considerato improprio e un inutile dispendio di denaro, ma non è così.

Il *Liber Pontificalis*, in una situazione facilmente adattabile anche a *Centumcellae*, riporta i quattro passaggi attraverso i quali da una città saccheggiata, quale sarà Roma all'alba dell'847, si ritorna ad avere nuovamente una sede degna del papa, ripristinata nelle sue linee essenziali.

Il primo di essi prevede *a)* la donazione di oggetti alle chiese colpite; poi *b)* si ha la verifica dei danni subiti e la presa d'atto della limitata estensione delle mura attorno ai luoghi più esposti ad eventuali aggressioni esterne; di seguito *c)* viene progettata la nuova *civitas* e infine *d)*, a cantieri ultimati, si procede alla consacrazione del nuovo nucleo urbano, con percorso della cinta e opportune preghiere.

Questi stessi "gradi di ricostruzione" sono attestati anche per *Centumcellae*, se la si associa a Leopoli-Cencelle in un continuo processo ideale e materiale che si conclude nell'854, con il trasferimento parziale o totale degli abitanti dalla costa all'entroterra. Le chiese di *Centumcellae*, infatti, ricevono doni e probabilmente Pasquale I compie una ricognizione dello stato della città e del porto. Il compito di rifondarli, rivelatosi forse troppo oneroso per il momento, viene abbandonato.

Leone IV, a distanza di venti anni, riprende in mano i piani, completando il processo con la progettazione di Leopoli e la consacrazione, secondo una cerimonia quasi identica alla precedente[120], delle sue mura, ma al tempo stesso mantenendo nel porto una presenza della Chiesa, tramite l'assegnazione della chiesa di S. Sebastiano e delle sue estese proprietà verso S. Severa al monastero romano di S. Martino, legato alla basilica di S. Pietro[121].

Quindi non è logico pensare che l'aggressione dell'813 a *Centumcellae* ne abbia automaticamente determinato l'abbandono, ma certo deve aver indotto i suoi abitanti a riflettere seriamente, in mancanza di una adeguata protezione navale delle coste della Tuscia, sull'opportunità di trasferirsi sulle più sicure alture retrostanti[122].

anno 820: nuove trattative appaiono in corso fra il califfo *Abulaz* e l'imperatore Ludovico il Pio. Ma le otto navi recatesi in Spagna vengono catturate da pirati (non se ne specifica la provenienza) nell'ultimo tratto del viaggio di ritorno, attraverso il Mar Tirreno, e affondate: *de Sardinia ad Italia revertentium a piratis captae ac dimersae sunt*[123].

Inoltre nello stesso anno Claudio, vescovo di Torino, nel commentare all'abate Theudemiro una parte della lettera di S. Paolo Apostolo ai Corinzi (*Cor.* 11, 7), usa, per descrivere l'immagine di sé, colto nell'atto di caricarsi dei doveri episcopali, la metafora di un viandante che percorre le strade lungo le coste, temendo da un momento all'altro l'assalto dei pirati musulmani:

Post medium veris procedendo armatus pergameno pariter cum arma ferens, pergo ad excubias maritimas cum timore excubando adversus Agarenos et Mauros; nocte tenens gladium et die libros et calamum, implere conans ceptum

---

[114] 'Ibn 'al Atîr, *Kâmil at tâwarîh*, in Amari 1880-1881, vol. I, p. 364.

[115] Altrimenti si tratta della spedizione dell'821-822, erroneamente duplicata dagli autori arabi (*Arabi e Sardi* 1988, pp. 109-110).

[116] Il futuro califfo 'Abd 'ar Rahmân II (822-852).

[117] *Lib. Pont.*, tomo I, p. 59 ll. 20-21.

[118] L'elenco delle donazioni di arredi continua per molte righe ancora (*Lib. Pont.*, tomo I, pp. 122-123; vedasi analogamente p. 117 ll. 10-12).

[119] Il che, considerati l'uso e il significato del toponimo *Civitas Leoniana*, in qualche modo poi accade.

[120] *Lib. Pont.*, tomo I, p. 124.

[121] Al riguardo vedasi l'annata 854.

[122] Lo stesso Toti, riprendendo un'opinione già espressa dal Correnti, ragionevolmente afferma che, al di là dei toni propagandistici con cui nella biografia di Leone IV si riporta la circostanza del "salvataggio" dei profughi di *Centumcellae*, rimasti errabondi per le selve della Tolfa per 40 anni (*Lib. Pont.*, tomo I, p. 131), la città deve essere stata ripetutamente abbandonata e rioccupata ogniqualvolta si profilavano all'orizzonte le vele delle navi saracene (Toti 1992, vol. I, p. 44).

[123] *Ein. Ann.*, p. 205, ll. 14-15. Nonostante gli *Annales Einhardi* riservino all'evento solo poche righe, in esse sembra condensato il biasimo di chi, leggendole, automaticamente collega l'attacco all'ennesima rottura dei patti da parte dei Musulmani.

desiderium[124].

Claudio è di origine spagnola ed evidentemente conosce bene cosa signifìchi vivere in prossimità delle popolazioni arabe, correndo sempre il rischio di subire saccheggi e di essere rapiti. Ma questo riferimento all'insicurezza delle coste, precedentemente visto solo nelle fonti ufficiali in relazione al dispositivo di vedette organizzato sulle coste del Sacro Romano Impero, è molto probabilmente il risultato dell'impressione suscitata alla lunga dai colpi inferti dalle flotte pirate alle principali città costiere, come *Cosa-Ansedonia*, *Centumcellae* e Nizza, e a chissà quanti altri piccoli centri delle regioni bagnate dal Mar Tirreno. La distinzione poi fra *Agareni* e *Mauri* non è un artificio retorico, usato per dare maggior peso al discorso, bensì frutto della consapevolezza della duplice provenienza delle incursioni, dall'Africa le prime e dalla Spagna le seconde[125].

<u>6 giugno 821 - 26 maggio 822</u> (anno 206 dell'hagira): «quest'anno i Musulmani, movendo dall'Africa propria, fecero una scorreria nell'isola di Sardegna. Predarono, diedero colpi agli Infedeli e ne ricevettero, e indi ritornarono in Africa»[126]. Lo storico 'Ibn 'Adârî conferma il dato, dicendo che a capo dell'impresa c'era Muhammad 'ibn 'Abd 'Allâh 'at Tamîmî[127].

<u>anno 828</u>: Bonifacio, *comes Corsicae*, assieme *ad aliis quibusdam comitibus de Tuscia* non altrimenti identificabili, allestita una flotta dirige una spedizione contro l'Africa, muovendosi lungo le coste fra Utica e Cartagine e determinando *ingentem Afris timorem*. Non si registra alcuna reazione da parte musulmana, neanche nell'anno seguente, con cui gli *Annales Einhardi*, che riportano questa notizia[128], si chiudono.

Più ricca di particolari e leggermente differente è la versione contenuta nella biografia parziale dell'imperatore Ludovico il Pio, scritta da *Theganus* nella prima metà del secolo IX[129]. In essa non si fa alcun accenno alla Tuscia, come parte in causa nella missione, ma si aggiunge che il conte, nominato da Ludovico *praefectus insulae*, si muove assieme al fratello Berardo e che tale è il terrore prodotto negli arabi da indurre a rinunciare per molto tempo a compiere ritorsioni[130]:

Bonifatius comes, ab imperatore Corsicae praefectus insulae, cum fratre Berhardo aliisque adiunctis sibi conscensa parva classe, dum pyratas maria pervagando requirit et non invenit, sibi Sardorum insulam amicorum appulit: ideoque aliquos ignaros itineris marini (sic) *sibi assumens, in Affricam transvectus est inter Uticam atque Kartaginem.*

Contra quem multitudo conveniens Afrorum, quinquies conflixit, totiens victa succubuit, et innumerabilem suorum oppetere nostrorum, quos aut multa alacritas, aut inconsulta levitas ad nimis audendum impulit. Bonifatius tamen sociis receptis ad naves se collegit, patriam repetivit, inexpertumque atque inauditum metum prius Afris reliquit[131].

Considerate queste premesse appare impossibile che nello stesso anno si sia verificato quello che, senza alcuna base reale, tranne il fraintendimento del *Chronicon* di Benedetto (che fra l'altro ignora del tutto gli eventi dell'828), autori come il Biondo Flavio nel 1531, Pier Francesco Giambullari nel 1566, Martino Polono nel 1723 e altri ancora fino al Guglielmotti nel 1856, che cita tutti questi precedenti[132], e al Calisse[133], sostengono, ossia il secondo e definitivo saccheggio di *Centumcellae*, con il conseguente abbandono della città in rovina da parte dei superstiti[134].

Che però, salvo gli effetti immediati sopra descritti, l'azione di Bonifacio non sia ritenuta determinante sul piano delle misure definitive da adottare per contrastare le incursioni, siano esse normanne o musulmane, lo rivela la *epistola generalis* che nel mese di dicembre Ludovico il Pio e suo figlio Lotario inviano ai vescovi dell'impero. Nel testo, che riassume i problemi e le questioni ancora in sospeso nelle terre a loro soggette, sono ribaditi due motivi, che definiscono per la Chiesa l'impatto psicologico avuto dagli attacchi portati alle coste mediterranee e della Manica.

L'imperatore, infatti, sottolinea come il continuo e in certi casi contemporaneo accanirsi delle flotte nemiche su obbiettivi monastici, notato nell'arco dell'intero anno appena trascorso ed evidenziato dai rapporti comunicatigli, sia un segno evidente della collera divina nei confronti degli innumerevoli peccati accumulati dalle autorità politiche ed ecclesiastiche, in conseguenza del malgoverno delle loro dipendenze[135].

---

[124] MGH, *Epist.*, tomo IV, Berolini 1895, p. 601 (n° 6), ll. 19-22.

[125] L'Ughelli (*Italia Sacra*, tomo IV, Venetiis 1719, coll. 1025-1026) descrive il vescovo Claudio in maniera particolare, definendolo un fautore dell'eresia iconoclasta e un danno per la propria diocesi, ma al tempo stesso un campione della lotta contro i Saraceni, che dice provenienti dalla base di Frassineto (*saepe contra Sarracenos e Fraxineto per Insubriam excurrentes debellavit*), nonostante la prima menzione di questa si abbia solo a partire dall'889.

[126] 'Ibn 'al Atîr, *Kâmil at tâwarîh*, in Amari 1880-1881, vol. I, p. 372.

[127] 'Ibn 'Adârî, *Kitâb 'al Bayân 'al Mugrib*, in Amari 1880-1881, vol. II, p. 4. Alcuni ritengono che questa impresa vada considerata tutt'uno con quella fasulla dell'816-817 (vedasi l'annata relativa; *Arabi e Sardi* 1988, pp. 109-110).

[128] *Ein. Ann.*, pp. 217-218. Sul *comes* Bonifacio vedasi anche i riferimenti dati da G. Rossetti, *Società e istituzioni nei secoli IX e X: Pisa, Volterra, Populonia*, in Atti del 5° Congresso Internazionale di studi sull'Alto Medioevo, (Lucca, 3-7 ottobre 1971), Spoleto 1973, p. 228 e n. 43, 229.

[129] *Vita Hlu.*, p. 632 ll. 2-11.

[130] Un dato che, se si escludono le vicende siciliane e quanto accade a Marsiglia nell'838, coincide con il silenzio da parte delle fonti arabe e latine sul conto di scorrerie compiute fra l'829 e l'845. Per l'ipotetica incursione saracena a *Centumcellae* e a Subiaco ai tempi di Gregorio IV si rimanda agli anni 833-844.

[131] Sigeberto condensa l'intera spedizione in questa frase: *Italicus Ludowici imperatoris exercitus classe in Africam transvectus, conserto prelio magnam Afrorum stragem fecit* (*Chron. Sig. Gembl.*, p. 338).

[132] Guglielmotti 1856, pp. 35-36.

[133] Calisse 1936, pp. 63-64. Di recente il Calisse è stato ripreso dal Toti (Toti 1992, p. 45), il quale cita anche l'ipotesi che la vendetta dei Mauri, all'origine del saccheggio di *Centumcellae* dell'813 e di cui parlano gli *Annales Einhardi* per quell'anno (*Ein. Ann.*, p. 200, ll. 33-37), sia stata in realtà determinata da questa spedizione di Bonifacio. Il che, in mancanza di riferimenti precisi nelle fonti coeve (e non in quelle dei secoli successivi, fin troppo piene di errori e prodotto l'una dell'altra), non è accettabile perché infondato.

[134] La confusione si ripete anche nello Schmiedt (Schmiedt 1974, pp. 579-580) e, da ultimo, nel lavoro del Tucciarone (Tucciarone 1991, p. 22), il quale, oltre a cercare sostegno negli scritti di autori contemporanei o sette-ottocenteschi, fa appello alla *Vita Karoli* di Einhardo, peraltro estraneo a questa data e, come si è visto nel testo, perfettamente informato sul procedere degli eventi relativi a *Centumcellae* nei primi decenni del secolo IX. L'autore parla anche di un'occupazione musulmana delle isole di Ischia, Ponza e Zannone (e perché non Ventotene e Palmarola?), sfruttate subito come basi per le scorrerie nel Tirreno e per l'attacco a *Centumcellae*. Mancano però gli elementi per sostenere questo.

[135] *Hludowici et Hlotharii epistola generalis*, in MGH, *Legum, sectio II. Capitularia Regum Francorum*, tomo II pars II, Hannoverae 1890, pp. 3-6 (n° 185): *Nam et illud nihilo minus peccatis nostris deputandum est, quod inimici Christi nominis praeterito anno in hoc regnum ingressi*

Questo motivo del castigo voluto da Dio e di una segreta alleanza stretta tra Arabi e Normanni al fine di rovesciare il Sacro Romano Impero, mai provata ma sempre e segretamente sostenuta dalle diverse parti in lotta, affiora periodicamente per tutto il IX secolo nelle cronache, negli annali degli autori latini e nello scambio epistolare esistente tra papi e imperatori.

anni 833-844: nel 1474 il Platina[136] riporta per il pontificato di Gregorio IV i seguenti avvenimenti: a seguito del dissidio sorto nell'833 tra Lotario e l'imperatore Ludovico il Pio, suo padre, dovuto alla nascita nell'823 di Carlo[137], i Saraceni d'Africa, volendosi vendicare della scorreria compiuta a loro danno da Bonifacio, conte di Corsica, nell'828 e approfittando della scarsa attenzione prestata sul momento al problema della sicurezza delle coste meridionali del Sacro Romano Impero, invadono il porto di *Centumcellae* con le loro navi e da lì muovono verso Roma, prendendola e saccheggiandola:

eaque opportunitate barbaros illectos, ex Aphrica cum ingenti classe in Italiam delatos, Centumcellis applicuisse, urbemque, quae nunc Civitas vetus appellatur, ut quidam volunt, delesse; atque inde Romam moventes, urbem ipsam cepisse, quod quidem vero dissonum est. De Centumcellis non negaverim.

L'autore crede solo parzialmente alla veridicità delle informazioni e a proposito di *Centumcellae*, l'unico particolare della vicenda per il quale non sembra aver dubbi, riferisce di aver avuto conferma solo da fonti non meglio specificate (*sunt qui scribant*). Queste, dato il genere di notizie riportate, sono tutte riconducibili al *Chronicon* di Benedetto, del quale hanno ripreso il senso e anche, per qualche verso, le parole, equivocando però la data del sacco di Roma dell'846, di cui parla il *Chronicon*.

Al tempo di Gregorio IV, quindi, non accade niente di quanto riferito dal Platina, salvo gli interventi eseguiti per rafforzare le difese di Ostia (*Gregoriopoli*)[138], il punto cioé dal quale era più temuto un eventuale attacco da parte dei Saraceni[139].

Un altro avvenimento collocato durante il suo pontificato è la distruzione del monastero di Subiaco ad opera dei medesimi. Ne parla il *Chronicon Sublacense* (compilato negli anni 1370-1377), affermando che *in diebus domini Gregorii IIII Agareni destruxerunt monasterium et ipse rehedificavit monasterium sublacense*[140]. Ma anche in questo caso si tratta di una notizia errata, prodotta intenzionalmente nel secolo X dai locali monaci per poter rivendicare diritti su proprietà che in precedenza avevano cercato invano di accaparrarsi.

La chiave per sciogliere il nodo creato dai Benedettini risiede nella corretta interpretazione del privilegio con cui l'11 luglio 936 papa Leone VII concede a Subiaco, pesantemente danneggiato dagli *Agareni*, tutti beni per i quali esisteva documentazione nelle precedenti carte papali, ma il cui possesso risulta all'epoca non più dimostrabile con singoli contratti, essendo questi andati distrutti nell'incendio subìto dal monastero[141].

Guarda caso la ricomposizione del suo assetto patrimoniale avviene ricorrendo ai precedenti privilegi concessi dai pontefici Nicola I, del 20 agosto 867, dove si riporta una situazione di piena pace, prosperità e sviluppo per Subiaco[142], e Giovanni X, del 18 gennaio 926, nel quale si

---

depraedationes, incendia ecclesiarum et captivationes christianorum et interfectiones servorum Dei audenter et impune, immo crudeliter, fecerunt. Naturalmente, pur essendo espresso in modo chiaro nel testo, non bisogna pensare che solo e unicamente i centri religiosi abbiano sofferto degli attacchi pirati. Si deve infatti considerare che l'*epistola* è diretta alle autorità vescovili, il cui interesse è ovviamente rivolto alle proprie pertinenze, peraltro non isolate in mezzo alla campagna ma spesso inserite in contesti abitati, anche urbani. Il riferimento ad essi è però espresso tra le righe, nel sottolineare che tra le vittime dei saccheggi e delle razzie vi sono anche semplici cristiani (ossia comuni cittadini) e non solamente servi di Dio.

[136] B. Sacchi detto il Platina, *Liber de vita Christi ac omnium pontificum*, in *Rer. Ital. Scrip.*, tomo III, 1, Mediolani 1724, p. 145 (n° 103).

[137] Il futuro Carlo il Calvo. La versione del Platina cerca di conciliare i dati desumibili dalle precedenti biografie dei papi con la confusione creata dal *Chronicon* di Benedetto (ChBen, p. 148, 150 ll. 10-13), che fa cenno alla successione di Carlo il Calvo nel Sacro Romano Impero e subito dopo attribuisce a Gregorio IV, vissuto 35 anni prima, l'invio di una richiesta di soccorso al marchese Guido, in occasione del saccheggio di Roma dell'846, avvenuto cioé due anni dopo la morte di quel papa. Vedasi anche oltre nel testo.

[138] Facendo riferimento a Gregoriopoli, il Tucciarone (Tucciarone 1991, p. 22) pone, immediatamente dopo l'inizio dei lavori per la realizzazione di queste opere di difesa, l'andata a segno di attacchi saraceni a Luni e a Tarquinia, ricavando la notizia da cronache locali moderne del tutto inaffidabili.

[139] *Chron. Sig. Gembl.*, p. 338: *Gregorius papa, dolens, crebris*

Saracenorum incursionibus vexari suburbium Romanae urbis circa aecclesiam apostolorum principis Petri (ma in realtà il discorso va spostato ad Ostia), *intendit illic urbem novam aedificare; ad quod consilio et auxilio imperatorum animatus novam fabricam coepit.* Così però non l'hanno pensata gli autori di annali, storie e cronache dei secoli XVI-XVIII, generando l'equivoco di assalti saraceni a spese di Roma e di *Centumcellae* peraltro mai avvenuti. Da ultimo il Calisse (Calisse 1936, p. 63 e n. 3 ripreso da Toti 1992, vol. I, p. 45 e n. 88), che a conferma riporta, fra gli altri, in citazione secondaria un passo tratto da un'opera di un certo Antoninus: *Tempore Gregori IV orta est tributatio magna Christianis;... nam multitudo saracenorum, per portum Centumcellensem intrans, replevit faciem terrae... Omnis Thuscia in solitudinem redegerunt.* Queste parole se confrontate con quelle di grande effetto usate da Benedetto per descrivere gli eventi dell'846 risulteranno molto simili (ChBen, p. 148 ll. 12-14; p. 149 ll. 11-13: *Tanta denique Aggareni in Italia ingressi a Centumcellensis portus, sic impleverunt faciem terre, sicut locuste velut segetem in campo.* [...] *facta est Tuscie provincia desolata*), lasciando intendere chiaramente come un saccheggio di Roma e di *Centumcellae* assieme, o anche solo di *Centumcellae* al tempo di Gregorio IV, nei termini esposti dalle fonti non siano mai avvenuti e siano solo frutto della pedissequa ripetizione, mai verificata all'origine, di un errore del Platina, a cui si è cercato di dare voce ricorrendo alla copiatura delle suggestive frasi di Benedetto, relative all'846, cioé al papato di Sergio II.

[140] *Chron. Subl.*, p. 27. Il Morghen mette in guardia dalla quantità di errori riscontrabili nel testo, che secondo una notizia del secolo XVIII sarebbe opera di un certo frate Giovanni de Aragona del S. Speco. L'etnico *Agareni* è convenzionale per indicare i popoli non italici; infatti è usato altrove per indicare i Longobardi: *illis denique temporibus* (seguenti alla morte di papa Gregorio Magno), *irruentibus Dei iudicio Italiam Agarensis monasterium omne, ut totam depredantes Campaniam* (nel senso di Campagna Romana), *igne cremaverunt et usque ad tempus domini Iohannis septimi pape* (705-707) *fuit sine habitatore sive regimine* (*Chron. Subl.*, p. 5). Il pontefice avrebbe nominato abate (il quarto della serie), con l'incarico di ricostruire il monastero, Stefano. L'analisi però di altre fonti ha mostrato che questi occuperà tale posto non prima dell'884.

[141] *Et quare remuneratione vel premium a Deo speramus haberi quia pro illorum piis locis restauratione speramus adipisci. Maxime que sive de incendio sive de alia devastatione vel ruine dampna oppressione videntur.* La ragione di queste devastazioni è illustrata nelle righe successive: *Quodam tempore supradictum monasterium doctoris et confessoris Christi beati Benedicti in locum qui Sublacus dicitur igne consumptus et ab Agarenis gentibus dissolidatum fuit* (RS, pp. 46-47, n° 17).

[142] RS, pp. 50-52 (n° 18). Il monastero esercita infatti il pieno controllo su *terras, vineas, fundoras, predia sua, castella, munitiones, casas monia(les), ortos, molendinos, piscarias, colonias, massas, servos et ancillas, peculia et*

Il secolo IX

accenna alla necessità di dare un sostegno al monastero[143], provato da eventi distruttivi avvenuti negli anni precedenti ma di cui si forniscono particolari solo nel 936.

Proprio in quell'anno i monaci, supponendo che Leone VII nella sua pergamena alluda ai predecessori Nicola I e ad un Giovanni che non sia il X, per le notizie pertinenti alle distruzioni saracene ma assenti dalle carte a loro disposizione, realizzano due falsi, nei quali, e soprattutto nel secondo, viene dato l'elenco dei *nomina locorum* posseduti da Subiaco prima dell'incendio[144], certamente con numerose aggiunte e interpolazioni a favore del monastero.

Nel primo, invece, si immagina che Nicola I, rispondendo ad una richiesta avanzatagli dall'abate Leone negli anni 858-867, dichiari di essere ricorso alle carte dei suoi predecessori per recuperare informazioni chiare sul patrimonio monastico, andando a ritroso a partire da Gregorio IV[145].

In questo risalire nel tempo, in cui si dà per scontato che i dati posseduti da Leone VII siano derivati da carte a loro volta citate in precedenti documenti, si giunge alla supposizione che la devastazione di Subiaco sia avvenuta al tempo di Gregorio IV, notizia presa alla fine per vera e inserita nel *Chronicon*[146].

<u>anno 838</u>: più o meno forse nel mese di aprile un cospicuo, ma non precisato, numero di imbarcazioni pirata, che Prudenzio di Troyes dice «saracene», quindi provenienti dall'emirato d'Africa o dalle teste di ponte create da quest'ultimo in Sicilia[147], sbarcano nel porto di Marsiglia, cogliendo di sorpresa la popolazione.

I loro obbiettivi sono, a quanto sembra, i monasteri e in genere i luoghi sacri della città. Pertanto, riunito tutto il personale laico e religioso maschile rinvenuto in queste sedi, lo prendono prigioniero caricandolo sulle navi.

Contemporaneamente mettono a ferro e fuoco l'intero abitato, depredando quanto di prezioso riescono a trovare[148]. Non viene specificata la rotta seguita al ritorno né la destinazione finale della flotta. Probabilmente però le navi hanno scelto quella più diretta dalla Sicilia alla Sardegna e poi alla Corsica, risalendo la costa occidentale delle due isole, meno esposte ad eventuali avvistamenti o alle intercettazioni da parte del dispositivo di vigilanza italico, e volgendosi infine alla Provenza.

Nello stesso periodo, come lascia intendere Prudenzio, una flotta danese si muove lungo la Manica per attaccare le coste franche, ma viene affondata da una tempesta[149].

<u>anno 842</u>: mentre i Normanni colpiscono le terre di Dunkerque, i Mauri penetrano nel Rodano sino alle campagne attorno ad Arles, riprendendo il mare una volta compiuto il saccheggio di quelle zone[150].

Nel frattempo il califfo omayyade 'Abd 'ar Rahmân II o suoi emissari sono stati contattati da Siconolfo, figlio di Sicardo, principe di Benevento, per dare un sostegno alla sua fazione nella lotta contro Radelchi, riconosciuto quale successore del padre da una parte della popolazione e sostenuto da un contingente dell'emirato africano[151]. L'invito, soprattutto in vista della rivalità esistente nei confronti della dinastia aghlabita di 'Al Qayrâwan e dell'opportunità di costituire un caposaldo stabile sulla penisola italiana, grazie al quale promuovere una propria politica di penetrazione, viene prontamente accettato[152], ma ad un costo elevato.

Siconolfo, infatti, si vede presto costretto a chiedere una serie di prestiti all'abbazia di Montecassino per poter pagare i soldati musulmani (*sub prestationis nomine Hyspanis tribuendum Agarenis*). Il prelievo continuo di denaro e oggetti preziosi dal tesoro monastico, protrattosi per quasi due anni, avviene in cambio di generiche assicurazioni di vittoria al capitolo e, evidentemente, di future ampie elargizioni nelle terre dell'avversario da sconfiggere[153].

---

superlectilia cunctis in integro omnibus pertinentiis, di cui subito dopo viene dato un elenco.

[143] *RS*, pp. 18-19 (n° 9).

[144] *RS*, pp. 17-18 (n° 8): *Hec* (sic) *sunt nomina locorum ex quibus venerabilis monasterio sancti Benedicti ab antiquis temporibus per cartularum series vel privilegia pontificalium ante exustionem eiusdem venerabili monasterio ab Agarenis facta est dinoscitur.*

[145] *RS*, pp. 13-17 (n° 7): *Leo venerabilis abbas. Quia petistis a nobis qualiter moniminas vel privilegia quas ab Agareni olim cum omni suppellectile monasterii igne concremata atque exusta dignoscitur. Quantum ad vestram memoriam deo inspirante retinere videmini quomodo a beato Gregorio summo pontefice vel ad aliorum* (sic) *antecessorum nostrorum pontificum vel etiam ab aliis christianis pro eorum peccatis redimendis concessa sunt.*

[146] Sulla possibile data del saccheggio di Subiaco vedansi gli anni 880-881.

[147] Nella parte degli *Annales Bertiniani* scritta da Prudenzio (annate 836-861), appare evidente come l'autore conosca e tenga conto della differenza tra l'etnico Saraceni, applicato nel senso generico di Arabi solo quando si parla di sovrani (l'emiro spagnolo 'Abd 'ar Rahmân II è definito per l'847 *rex Saracenorum*), e Mauri, pertinente, come si è già visto nelle altre fonti, agli arabo-berberi di Spagna. Allo stesso modo per le popolazioni nordiche l'autore distingue sempre tra Danesi e Normanni.

[148] *Ann. Bert.*, p. 15: *Saracenorum pyraticae classes Massiliam Provinciae irruentes, abductis sanctimonialibus, quarum illic non modica congregatio degebat, omnibus et cunctis masculini sexus clericis et laicis, vastataque urbe, thesauros quoque aecclesiarum Christi secum universaliter asportarunt.*

[149] Questo è anche l'anno successivo all'attacco, alla temporanea occupazione e all'incendio di Brindisi da parte araba, messi a segno nonostante i tentativi, peraltro vani, di Sicardo di contrastarli (*ChSal*, cap. 72, p. 503; vedansi anche *Arabi in Italia* 1979, p. 759; M. Schipa, *Il Mezzogiorno d'Italia anteriormente alla monarchia*, Bari 1923, p. 48, 51; Tucciarone 1991, p. 23).

[150] *Ann. Bert.*, p. 15: *Maurorum etiam per Rodanum prope Arelatum delati, cuncta passim depraedati, immane oneratis navibus regressi sunt.*

[151] Nell'841 Siconolfo aveva cercato di portare dalla propria parte, in cambio della promessa di immunità, Abû Ma'sar, il capo dello stanziamento saraceno costituitosi a Taranto (*Alius Agarenus, Apolaffar nomine, Tarentum delebat, et ipse illo in tempore Agarenorum qui in Calabriae finibus demorabant praeherat; ChSal*, cap. 81, p. 508). Le trattative però erano state presto rese vane dal tradimento di questi, avvicinatosi nel frattempo a Radelchi. Come ultima risorsa era rimasta il rivolgersi direttamente al cognato Guido, conte di Spoleto. Il suo esercito, composto da Salernitani, *Tusci plane necnon Spolitinique*, aveva assediato Benevento ma senza alcun risultato di rilievo (*ChSal*, capp. 81-83, pp. 508-510).

[152] Erchem., *Hist. Lang.*, cap. 17, p. 247: (Siconolfo) *contra Agarenos Radelgisi Libicos Hismaelitas Hispanos accivit*. Il Cilento, retrodatando l'avvenimento all'841, afferma che in realtà questi spagnoli sono parte della colonia musulmana costituitasi a Creta con elementi respinti dalla penisola iberica (Cilento 1971, p. 140). In proposito però mancano riferimenti documentari. Quanto all'individuazione del possibile approdo per le navi con gli aiuti spagnoli, questo va cercato nella costa salernitana, controllata da Siconolfo.

[153] La *Chronica* di Cassino annota scrupolosamente gli oggetti e le somme prelevate dagli emissari di Siconolfo, aggiungendovi note di biasimo per lo scopo a cui sono destinate (*Chron. Mon.*, I, 26; lo stesso si legge in *Chron. Cas.*, cap. 10, p. 226).

anni 843-845: alle incursioni di Radelchi in territorio capuano si succedono le conquiste di Siconolfo ai danni di Siponto e della stessa Benevento[154], ma presto gli alleati musulmani dei due opposti schieramenti rinunciano ad impegnarsi troppo gli uni contro gli altri. Parti delle truppe, stando a quanto riferisce Prudenzio, parlando genericamente di *Saraceni*, cominciano presto una serie di scorrerie per proprio conto ai danni dei centri limitrofi al teatro delle operazioni, a cavallo tra Campania e Puglia[155].

La risposta delle autorità e delle popolazioni locali si fa sentire solo nell'843, con l'avvio di una serie di operazioni militari su piccola scala, di contenimento od ostacolo alle incursioni dei diversi drappelli o contingenti che infestano quelle zone.

Queste si concludono nell'844, respingendo gli africani fuori dei confini del principato ma non debellandoli[156]. L'anno successivo, infatti, *Beneventani cum Saracenis, veteri discordia recrudescente, denuo dissident*[157], mentre sembra reggere l'alleanza tra Siconolfo e i Mauri. Purtroppo resta per il momento sconosciuta la sede da loro occupata in questi anni, da cercarsi forse proprio tra Benevento e il promontorio del Gargano[158].

anno 846: il 10 agosto Adelberto, indicato nel *Liber Pontificalis*[159] quale *comes, vir strenuus, hic cum esset marcensis et tutor Corsicanae insulae*, mette in allarme con una lettera papa Sergio II, preannunciando quanto probabilmente avevano appurato le sue imbarcazioni, mandate in perlustrazione nel Tirreno, o aveva appreso da mercanti provenienti dalla Sicilia e dall'Italia meridionale: una flotta di 73 navi saracene, con a bordo un contingente di 500 cavalli (e altrettanti cavalieri) e circa 11.000 uomini, procede parallelamente alla costa, avendo come probabile obbiettivo Roma[160]; si raccomanda perciò di porre in salvo entro le mura le reliquie e i tesori conservati nelle chiese meno difese, come le basiliche di S. Pietro e di S. Paolo[161].

La rotta e la provenienza di questo attacco, al pari della strada percorsa al ritorno dai Musulmani, sono ricostruibili riunendo le informazioni parziali riportate da più fonti, contemporanee agli avvenimenti o di poco posteriori.

Da esse e in modo particolare dal *Chronicon Episcoporum sanctae Neapolitanae ecclesiae* di Giovanni Diacono[162], si apprende che, dopo un tentativo di saccheggio dell'isola di Ponza, avvenuto forse agli inizi dell'anno e prontamente respinto da una coalizione di Caietani, Amalfitani e Sorrentini[163], un forte contingente di Saraceni proveniente da Palermo conquista lo strategico promontorio di Miseno e il suo porto, trasformandoli in una propria base di operazioni[164].

Da qui poi giunge con le navi a Roma, o meglio, il 23 agosto (*die mensis augusti XXIII, feria II, indict. VIIII*), come è specificato nel *Liber Pontificalis*[165], *pervenerunt ipsi nefandissimi Sarraceni ad littus Romanum, iuxta civitatem quae dicitur Hostia*, che viene conquistata senza alcuno sforzo, essendo stata abbandonata dagli abitanti, nonostante il rafforzamento delle difese previsto ed eseguito da Gregorio IV. Subito dopo, compiute ricognizioni nel territorio

---

[154] *Chron. Mon.*, I, 25: *Siconolfus quoque contra ex Hyspania saracenos acciscens, frequentibus preliis omnes fere in circuitu preter Sipontum a Radelchis iure auferens urbes, Beneventum nichilominus expugnat.*

[155] *Ann. Bert.*, p. 15: *Interea, Beneventanis inter se dissidentibus, Saraceni ab Affrica ab eis invitati, primo quidem auxiliatores, postmodum vero violenti insecutores, plurimas civitatum vi obtinent.*

[156] *Ann. Bert.*, p. 28, 30.

[157] *Ann. Bert.*, p. 33. Leone Marsicano, tenendo conto di questo dato, tende a sovrapporlo alla contrastata vicenda di Bari, occupata dagli Arabi di Khalfun nell'847. Costoro, mostratisi difficili da respingere, vengono da Radelchi aggregati alle truppe già impegnate contro Siconolfo, determinando nella *Chronica Monasterii Casinensis* la seguente affermazione: *Quos (Saracenos) prefatus Radelchis quia propellere urbe (ossia Bari) non poterat, cepit quasi familiares excolere, et ad sui auxilium provocare* (*Chron. Mon.*, I, 25), attribuendo così a loro eventi degli anni precedenti, come il saccheggio delle campagne attorno Capua.

[158] Lo lascerebbero intendere sia il teatro delle operazioni loro assegnato (prima Siponto e poi Benevento) sia la scelta nell'ottobre dell'846 di Larino (CB), presso la costa molisana, quale obbiettivo per l'esercito che l'imperatore Lotario manda nel Meridione contro gli Arabi per vendicare Roma, chiedendo persino l'aiuto della flotta veneta nell'Adriatico (vedasi l'annata 847).

[159] *Lib. Pont.*, tomo II, p. 99, ll. 8-19.

[160] *Lib. Pont.*, tomo II, p. 99, ll. 10-19: *multitudo gentis Sarracenorum ad XI milia properantes venirent cum navibus LXXIII, ubi inessent equi D, et quod se dicerent Romam properare*. Il Tucciarone (Tucciarone 1991, p. 27) fa precedere questa segnalazione da uno sbarco in forze di Arabi sulla spiaggia di Gaeta e dall'assedio della città, con il successivo attacco e distruzione di Formia. Poi pone una richiesta di rinforzi dalla Sicilia e, dopo pochi giorni, l'arrivo di una seconda flotta a Ponza, la stessa di cui Adelberto informa il papa. Questi movimenti, però, ignorati dalle fonti, appaiono destituiti di fondamento e forse ricostruiti dall'autore riportando specularmente quanto invece compiuto dalle truppe musulmane in movimento da Roma a Gaeta. Piuttosto fantasiosa, o derivata da libere ricostruzioni di autori recenti, appare anche la descrizione degli avvenimenti relativi al saccheggio delle basiliche romane e dei centri lungo la Via Appia sino a Gaeta (Tucciarone 1991, pp. 28-30).

[161] Ammonimento che viene puntualmente ignorato dal pontefice, come dimostrano gli eventi dei giorni successivi. Solo un gruppo ristretto di cittadini, parte dei quali appartenente forse al seguito papale, viene colpito dalle parole della lettera, decidendo di sollecitare comunque dei provvedimenti per rafforzare le difese e organizzare servizi di pattugliamento della costa. Copie della missiva di Adelberto vengono affidate a messaggeri, inviati agli abitati distribuiti nella Campagna Romana, ma in generale non sono credute (*Lib. Pont.*, tomo II, p. 99, ll. 19-22: *Tamen prudentiores Romanorum consilio inito miserunt missos et epistolas ad subiectas civitates et adiacentiis eorum, simul cum epistola quam Adelvertus miserat, ut omnes hostiliter festinantes venirent ad maritima littoraria custodienda. Qui iussa contemnentes noluerunt venire, nisi perpauci ex aliquibus civitatibus qui sub more interrogandi venerunt*).

[162] *Chron. Episc.*, p. 315 (cap. XLIV).

[163] Il Gabrieli e lo Scerrato parlano, invece, di avvenuta occupazione dell'isola e di sbarchi a Capo Miseno e a Punta Licosa, presso Agropoli (*Arabi in Italia* 1979, p. 113). A questa medesima circostanza va anche riferito, forse, lo sbarco arabo ad Ischia, respinto da Napoletani, Caietani, Amalfitani e Sorrentini grazie all'intervento dei santi locali Antonino, Renato, Attanasio, Baculo e Valerio (D. Camardo, *Un insediamento monastico benedettino sull'isolotto di Rovigliano*, in *Pompei, il Sarno e la Penisola Sorrentina*. Atti del I ciclo di conferenze di geologia, storia e archeologia (Pompei, Istituto "B. Longo", aprile-giugno 1997), a cura di F. Senatore, Pompei 1998, pp. 103-104).

[164] *Chron. Episc.*, p. 315 (cap. XLIV): *magnus esercitus Panormitanorum adveniens, castellum Misenacium comprehendit. Ac inde Africani in forti brachio omnem hanc regione devastare cupientes, Romam supervenerunt*. Ancora una volta si ripropone lo stesso genere di insediamento su promontorio o altura dominante una baia, visto precedentemente per Ansedonia e poi riprodotto, come sembra, dalle basi di Agropoli, di Frassineto e della foce del Garigliano. Il particolare degli Africani provenienti da Palermo permette di capire che la spedizione è stata voluta da 'Abu 'Affân 'al 'Aglab 'ibn 'Ibrahîm 'ibn 'al 'Aglab, emiro dell'Africa (838-850), con l'invio di uomini, e preparata, con molta probabilità da 'Ibrahîm 'ibn 'Abd Allâh, emiro di Sicilia, residente a Palermo. Ma le fonti arabe sinora conosciute sembrano ignorare l'avvenimento, essendo protese al racconto delle imprese compiute dai Musulmani in Sicilia e nelle coste ioniche dell'Italia meridionale.

[165] *Lib. Pont.*, tomo II, pp. 99-100.

circostante senza incontrare resistenza, l'esercito raggiunge Porto, anch'essa completamente evacuata, e, preso il necessario per consolidare la testa di ponte, rientra ad Ostia, dove si trattiene per due giorni[166].

Quale contromisura da Roma vengono inviati a Porto gli uomini delle *scholae Saxonum, Frisonum e Francorum*, i quali stabiliscono il presidio a poca distanza dalla città e da un ponte, ancora agibile ma danneggiato dall'incuria in cui è stato lasciato[167]. Grazie ad una assidua vigilanza del passo il giorno seguente riescono a respingere un drappello arabo, sbarcato da una nave che aveva risalito il fiume.

Gli scontri e le scaramucce si susseguono nelle ore successive entro e nelle vicinanze di Porto, sino quasi al cadere della notte[168]. Compiute poi alcune missioni esplorative al campo nemico e avvedutisi del mancato arrivo di rinforzi da Roma, il 25 del mese i difensori decidono di rientrare in città.

Nonostante la minaccia di attacco sia consistente, dato il numero preponderante degli avversari, viene dato credito all'apparente quiete notata nell'accampamento ostiense, riducendo così la sorveglianza. La trappola scatta durante il pasto della mattinata: i Musulmani circondano i soldati germanici uccidendo la maggior parte e respingendo i superstiti *usque Galeriam* (l'odierna Ponte Galeria), fuori però dal tracciato della Via Portuense, da dove potrebbero raggiungere Roma e dare l'allarme.

Da lì, riunitisi al corpo principale delle truppe, prendono la via del Tevere[169], dove molto probabilmente avviene il congiungimento con le forze arabe spagnole (Prudenzio di Troyes attribuisce infatti l'intera spedizione contro Roma a *Saraceni Maurique*)[170] del partito di Siconolfo, giunte direttamente dal Beneventano assieme forse ad elementi dell'opposto schieramento di Radelchi[171].

Dopo un giorno di navigazione la flotta, seguita a terra da parte della fanteria, raggiunge un punto della riva destra del fiume (quasi certamente poco lontano dalle mura) stabilito in precedenza, forse su segnalazione di esploratori, e, sbarcata la cavalleria, si procede con l'occupazione e la razzia delle *ecclesias sanctorum apostolorum Petri et Pauli*[172] e della campagna intorno[173].

E' ignota la durata della permanenza saracena in questi luoghi, forse limitata a pochi giorni[174]. Prudenzio, piuttosto dettagliato nel suo resoconto di questi anni[175], ricorda come le forze musulmane si dividano in due armate, per poter colpire simultaneamente gli obbiettivi selezionati. Il contingente impegnato a S. Paolo fuori le Mura viene intercettato e distrutto *a Campaniensibus*, ossia da difensori provenienti dalla Campagna Romana[176]. Mancano notizie

---

[166] *Lib. Pont.*, tomo II, p. 99, ll. 10-19: *Tunc vero caeperunt exploratores cum aliis illorum gyrantes circuire, et invadentes quicquid invenire poterant. Pervenientes namque ad civitatem quae vocatur Portus quae iuxta erat, invenerunt eam ab habitatoribus derelictam; et subreptis inde victualibus et ea quae necessaria habebant, secunda et teria feria Hostia revertebantur.*

[167] Corrisponde probabilmente al ponte romano di Porto denominato *Pons Matidiae*.

[168] *Lib. Pont.*, tomo II, p. 100: *Cognitis autem ista Romanis, consilium visum est ut mitterentur Saxi et Frisones et schola quae dicitur Francorum ad Portum. Qui venientes illuc feria II et illic vigilantes illam noctem; in crastina vero, quae est III feria, et ex eisdem Sarracenis venientes propter praedam; qui fuga capti per quendam pontem evaserunt, et occiderunt ex eis XII; alii vero navigio evaserunt. Ex quo autem Romani talia senserunt, portas civitatis Romanae non parum fatigabiliter vigilantes custodiebant. Tunc demum cum non reciperent auxilio destinatos et non erat qui in tanta necessitate subveniret, confisi auxilio Dei et apostolorum, in eadem III feria exeuntes cum his quos secum habebant, praeparati more exercitali venerunt ad Portum civitatem, ubi plures inerant praedones Sarracenorum. Ex quibus occidentes VII, alii per supradictum pessimum pontem fugientes evadere potuerunt. Tunc vero tota die in circuitu illius civitatis et intro equitantes et gyrantes ut pugnam excommittere possent laborabant.*

[169] *Lib. Pont.*, tomo II, pp. 100-101: *Cum enim agnoscentes illorum multitudinem et suorum paucitatem, visum est eis periculosum illa nocte illic immorari. Recolligentes vero Saxones et Frisones et reliquos, constituerunt ut custodirent et vigilarent civitatem propter praedones, et reversi sunt Romam. In crastina autem feria IIII, cum securi essent praefati custodes et sedentes ut cibum sumerent, irruerunt repente super eos Sarraceni et circumdantes occiderunt eos, ut pauci ex eis remansissent. Et insecuti sunt eos qui evaserant usque Galeriam. Et iter assumentes navigio et pedestres simul et equestres coeperunt Romam festinare.*

[170] *Ann. Bert.*, pp. 34-35. Addirittura in una cronaca della prima metà del secolo XI si legge: *Mauri, cum Romam petentes urbem ipsam capere non possent, aecclesiam sancti Petri vastaverunt* (*Herimanni Augiensis Chronicon*, in MGH, *Script.*, tomo V, Hannoverae 1844, p. 104), senza più alcuna menzione della componente africana degli aggressori.

[171] Non si esclude anche l'invio di nuove navi da parte del califfo 'Abd 'ar Rahmân II, come lascerebbe intendere il successivo trattato di pace sottoscritto con l'imperatore Lotario e la sorte del contingente dei Mauri. In questo caso bisogna supporre che all'altezza della Sardegna le imbarcazioni abbiano preso la rotta per Cagliari, evitando le Bocche di Bonifacio dove avrebbero potuto trovare ad attenderle la flotta del *comes Corsicae*.

[172] *Chron. Mon.*, I, 27; *Lib. Pont.*, tomo II, p. 101: *Qui tota die simul cum navibus properantes, diluculo venerunt ad loca ubi constituerant; ibique ex navibus examinantes equestres, ecclesiam beati Petri apostolorum principis nefandissimis iniquitatibus praeoccupantes invaserunt. Tunc omnes coetus Romanorum sine capite positi, campo qui dicitur Neronis, armatos obviati <...>*; a questo punto il testo della vita di papa Sergio II si interrompe, ma la notizia viene ripresa in apertura della biografia di Leone IV, con evidenziazione della duplice calamità, costituita dalla morte del pontefice Sergio e dalla profanazione di due delle maggiori basiliche suburbane: *Sub cuius etenim tempore* (cioé di Sergio II) *ecclesiae beatissimorum principum Petri ac Pauli a Sarracenis funditus depraedatae sunt. Qua igitur calamitate seu miseria omnis Romanorum vigor elanguit atque contritus est. Hoc facto universa contio Romanorum, ex duobus casibus vel periculis, videlicet sive de repentina morte pontificis, sive de vastatione quae facta fuerat in ecclesiis sanctis cunctorumque finibus Romanorum, fatebatur se nullatenus evadere mortis periculum posse* (*Lib. Pont.*, tomo II, p. 106, l. 25-28). Il *Chronicon Casinense* riassume la vicenda in questi termini: il saccheggio dell'oratorio del principe degli Apostoli Pietro e della chiesa di S. Paolo comportano anche l'uccisione dei Sassoni presenti (quelli dell'omonima *schola* presso la basilica di S. Pietro) e di parte della popolazione residente, senza distinzione per età e sesso (*His diebus Saraceni egressi Romam, horatorium totum devastaverunt beatissimorum principis apostolorum Petri beatique ecclesiam Pauli, multosque ibidem peremerunt Saxones aliosque quamplurimos utriusque sexus et aetatis; Chron. Cas.*, cap. 9, pp. 225-226).

[173] Secondo Giovanni Diacono (*Chron. Episc.*, pp. 315-316) la caduta di Roma viene evitata solo grazie all'intervento di Cesario, figlio di Sergio, duca di Napoli, che con alcune navi impegna, forse direttamente nel Tevere, gli equipaggi della flotta musulmana, impedendogli di aggiungersi al grosso degli attaccanti. Per le battaglie combattute a Roma fra Saraceni e Franchi e i danni procurati alla città dalla razzia compiuta si rimanda alla lettura del capitolo VII, paragrafo 4 di questo volume, e degli *Annales Bertiniani*, di Prudenzio di Troyes (in MGH, *Script.*, tomo II, Hannoverae 1828, p. 442). Per ulteriori rinvii alle fonti si consultino le note di commento di G. Zucchetti al *ChBen.*, pp. 149-152.

[174] Lo spostamento a Gaeta dei Saraceni e dei loro alleati Mauri viene posto nel mese di settembre (*Chron. Cas.*, cap. 9, pp. 225-226), quindi tenendo conto che lo sbarco sulla costa ostiense è avvenuto alla fine di agosto, si può estendere il periodo di permanenza a Roma e nella campagna circostante ad una settimana.

[175] *Ann. Bert.*, pp. 34-35.

[176] *Ann. Bert.*, p. 34: *pars autem hostium ecclesiam beati Pauli apostoli adiens, a Campaniensibus oppressa, prorsus interfecta est.*

sulla sorte del bottino, probabilmente recuperato dai vincitori subito dopo lo scontro. Peggiore è invece la sorte subita da S. Pietro, interamente spogliata dei suoi arredi sacri e del suo tesoro, e danneggiata internamente[177].

Per quanto riguarda il ritorno, le fonti lasciano intendere una divisione del contingente superstite in due parti: la prima, composta solo di musulmani africani, si imbarca sulle navi e fa vela verso la Tunisia, senza però giungere a destinazione, a causa di una violenta tempesta che affonda quasi per intero la flotta[178]; la seconda, invece, comprendente il rimanente corpo di Saraceni e i Mauri, procede per via di terra, percorrendo la Via Appia.

Fondi viene conquistata e distrutta[179] e poco dopo, avendo l'esercito deviato verso la costa, è la volta di Gaeta. La città resiste, ma viene minacciata da vicino, in quanto gli Arabi si stabiliscono, forse, sul Monte Orlando, maggiormente rispondente ai canoni preferiti da questo popolo per le basi costiere, in quanto in grado di controllare agevolmente e contemporaneamente il porto sottostante, la baia della Spiaggia del Serapo e il traffico sulla Via Flacca, e quindi di potersi premunire contro eventuali aggressioni provenienti da terra e dal mare[180].

Ad ottobre giunge l'impegno formale di Lotario di occuparsi della questione di Roma e dei danni arrecati dai saccheggi. Con il *Capitulare de expeditione contra Sarracenos facienda* l'imperatore, partendo dal presupposto che i tragici avvenimenti di quest'anno siano stati dovuti all'eccessivo carico di peccati accumulati dalla Chiesa e dai suoi fedeli, propone intanto un'intensa azione moralizzatrice di preti e chierici addetti alla gestione di luoghi sacri, con punizioni varie sino alla scomunica per chi si sottrarrà dall'obbedire o dal vigilare sull'operato dei suoi sottoposti, come i vescovi nei confronti del personale delle rispettive diocesi.

Per i danni subiti dalla basilica di S. Pietro[181] si avvia in tutto l'impero una colletta o sottoscrizione, a cui tutti sono chiamati a partecipare, ciascuno secondo le proprie possibilità, e il cui ricavato sarà anche devoluto *ut murus firmissimus circa aecclesiam beati Petri construatur*, risolvendo così una volta per tutte il problema della sicurezza della sede principe della Cristianità[182].

Infine si conferma la decisione presa precedentemente di affidare al figlio Ludovico un *exercitu Italiae et parte ex Francia, Burgundia atque Provincia in Beneventum proficiscatur, ut inde inimicos Christi, Sarracenos et Mauros, eiciat*, escludendo o meglio ignorando qualunque attività contro Gaeta, ma facendo presente che se non si porrà termine ai diversi attacchi arabi, questi *Romaniam, quod absit, et magnam partem Italiae invasuros*. Le tappe previste per l'esercito sono la riunione a Pavia il 25 febbraio dell'anno seguente e a metà marzo a Larino, evidentemente il centro più vicino all'area di stanziamento musulmano creatasi intorno all'842[183].

Per rendere maggiormente efficace questa azione si richiederà anche l'intervento dei comandanti veneziani Apostolico e Pietro *ut adiutorium ex Pentapoli et Venecia navali expedicione faciant ad opprimendos in Benevento Sarracenos*[184].

Nella stessa circostanza un comitato composto da Guido, conte di Spoleto, e dai vescovi Pietro e Anselmo, sarà inviato per mettere pace tra Siconolfo e Radelchi. A

---

[177] *Ann. Bert.*, p. 34: *basilicam beati Petri apostolorum principis devastantes, ablatis cum ipso altari, quod tumbae memorati apostolorum principis superpositum fuerat, omnibus ornamentis atque thesauris*. La conferma del dato che l'attacco abbia avuto successo solo a S. Pietro viene da 'Ibn 'Idrîs, il quale, riprendendo a sua volta le informazioni dagli scritti del mercante e capo dei servizi di spionaggio califfale 'Ibn Hurdâdbah (metà del IX secolo), parla di una sola chiesa intitolata ai SS. Pietro e Paolo e non di due, come sarebbe successo se la missione dell'846 fosse andata a segno, rimanendo così nella memoria. «Entro la città sorge una chiesa grande, costrutta sotto il nome di Pietro e Paolo apostoli i quali ivi riposano in due sepolcri. La lunghezza di questa chiesa è di trecento braccia, la larghezza dugento e l'altezza del tetto cento. Le colonne sono di bronzo gittato e così pure il tetto è rivestito di oricalco» (Amari-Schiaparelli 1883, p. X, 87). Sul carattere generale della descrizione di Roma vedansi anche i capitoli VI (paragrafo 4) e VII (paragrafi 2 e 3) e l'annata 774-800.

[178] Il *Liber Pontificalis* posticipa ai primi mesi dell'847 la distruzione della flotta africana, in coincidenza con la consacrazione di papa Leone IV, e stabilisce il paragone con la sorte subita dagli Egiziani nel Mar Rosso, al tempo dell'uscita di Mosé (*Lib. Pont.*, tomo II, p. 107 ll. 13-18: *Quid autem electionis suae tempore apostolorum suffragiis suisquae sanctis intervenientibus precibus de Sarracenis illis qui tam nefarium scelus commiserunt divina virtus peregit, hoc inconveniens aut reprehensibile non est si ob futurorum sive timorem sive memoriam praesentibus litteris adnotamus. Omnes enim cum vellent, iniquitatis ac depredationis scelere perpetrato, ad Africanam qua venerant regione revertere, vasto maris pelago, vi ventorum procellarumque, sicut certa cognovimus, Deo permittente demersi sunt, antiquumque illud Aegyptiorum miraculum ecce noviter apostolorum meruit oratio optinere*).

[179] *Chron. Mon.*, I, 27, pp. 76-77: *per Appiam viam iter aggressi, ad Fundanam civitatem venerunt. Quam cum cepissent, et incendio cremavissent, universaque per circuitum vastavissent*. La notizia di ulteriori danni compiuti dai Saraceni sulla via del ritorno sono desumibili dal *Liber Pontificalis*. Infatti, la pratica, già evidenziata negli anni 817-824, di donare anche alle chiese colpite dal saccheggio parti pregiate di arredo sacro, quale segno della volontà ricostruttiva del papa e della cura che esso ha verso le popolazioni locali in occasione di gravi sventure, consente di aggiungere Terracina ai centri della Via Appia coinvolti nella distruzione dell'846. Leone IV (*Lib. Pont.*, tomo II, p. 122, ll. 5-19) offre, ad esempio, oggetti di pregio alle chiese di Roma (soprattutto a S. Pietro), di Porto, di Silva Candida (SS. Rufina e Seconda), di Terracina (S. Cesario) e Fondi (SS. Gervasio e Protasio) ed è rilevante che di 4 su 5 delle località menzionate si hanno dati sicuri di danni subiti ad opera dei Saraceni, consentendo così di aggiungere anche la rimanente. Lascia perplessi il quadro ricostruttivo degli eventi di quest'anno proposto dal Tucciarone (e al quale si rinvia in Tucciarone 1991, pp. 27-30) che, fra l'altro, riprendendo un luogo comune possibile, ma non dimostrato con prove attendibili, pone tra le città distrutte anche Priverno e giustifica così il trasferimento dell'abitato dalla sede antica, in pianura, alla posizione attuale.

[180] Leone Marsicano (*Chron. Mon.*, I, 27, pp. 76-77) si limita a dire che i Saraceni *secus Caietam applicantes castramentati sunt*, mentre Prudenzio (loc. cit.) afferma che *quendam montem centum ab Urbe milibus munitissimum occupant*. Non viene specificata la direzione nella quale bisogna calcolare questa distanza, ma 100 miglia da Roma verso SE corrispondono al territorio fra Formia e Maranola e a 91 si trovano Gaeta e il suddetto monte. Ammettendo un'approssimazione per eccesso compiuta da Prudenzio e confrontando il dato con quanto riportato da Leone Marsicano per la direzione seguita, si ottiene proprio l'area di Gaeta.

[181] *Cap. de exp.*, pp. 65-66. Di S. Paolo, invece, non si fa parola, segno che la basilica, a dispetto di quanto poi affermato da altri, non aveva subito grandi danni, proprio per l'intervento pronto dei *Campanienses*.

[182] *Cap. de exp.*, p. 66, cap. 7.

[183] *Cap. de exp.*, p. 67, cap. 9. Forse non è un caso che sul fianco occidentale della valle del Biferno, in posizione rilvetata e ben visibile da Larino, si trovi il centro di Castelmauro con il soprastante Monte Mauro (CB).

[184] *Cap. de exp.*, p. 67. Questo conferma l'ipotesi che lo stanziamento mauro gravitasse verso la costa adriatica molisana, altrimenti non vi sarebbe stato motivo di coinvolgere la flotta veneziana per intervenire nel Beneventano. Tra l'altro non si è ancora presentato il problema della sottrazione di Bari al principato da parte dei Saraceni.

Il secolo IX

novembre un esercito franco, riunito a Spoleto[185] forse dallo stesso Guido, con il compito di intervenire rapidamente contro gli aggressori, in attesa degli aiuti promessi dall'imperatore Lotario per l'anno successivo, e che, secondo Giovanni Diacono, sarebbe stato artefice della "fuga" dei Saraceni verso Gaeta[186], cerca di impegnare in campo aperto il nemico, ma inutilmente. Essendo impreparato a sostenere un assedio e logorato da continue azioni di guerriglia[187], il 10 del mese viene alla fine sconfitto ed è costretto a ritirarsi verso Roma[188].

anno 847: non è noto per quanto tempo ancora gli Arabi tengano la posizione sui monti attorno a Gaeta[189]. Presto, se non subito, avviene la separazione dei Mauri dal corpo di spedizione, con ritorno immediato agli stanziamenti nel Beneventano[190].

Gli altri probabilmente vi rimangono sino alla primavera di quest'anno, visto che, come riferisce in modo dettagliato Leone Marsicano[191], hanno il tempo di compiere una serie di audaci incursioni nella valle del Garigliano[192], spingendosi nei territori dell'abbazia di Montecassino e incendiando, dopo averle saccheggiate, la *ecclesia sancti Andree apostoli* (odierno S. Andrea del Garigliano) e, oltrepassata S. Apollinare in Monte Albiano, la cella di S. Giorgio al Liri e quella di S. Stefano. Tornando poi indietro per la località i Due Leoni (tra Ausonia e Castelnuovo Parano, FR), si rifugiano nuovamente a Gaeta: *succedentes per Duos Leones ad sua castra Caietam reversi sunt*.

Solo la difficoltà di alimentare i propri cavalli, su cui sinora hanno basato la rapidità e quindi il successo delle proprie azioni, ma che ormai appaiono esausti dalla prolungata attività, li induce a prepararsi al ritiro, abbandonando gli animali sul posto: *Post dies aliquot cum in propria reverti disposuissent, debilitatos ac subnervatos equos suos universos dimittunt*.

A questo punto Leone Marsicano fa intendere che i Saraceni si imbarcano sulle loro navi e fanno ritorno in Africa (*conscensis navibus versus Africam iter aggrediuntur*)[193],

---

[185] *Missus a Spoletio Francorum exercitus* (*Chron. Mon.*, I, 27, pp. 76-77). Nella nuova organizzazione franca va sottolineata la funzione attribuita a Spoleto, di punto nel quale raccogliere soldati, in vista di un'azione militare in grande stile contro un contingente nemico. La scelta non è temporanea o solo politica, dipendente dall'importanza avuta un tempo dalla città nel proprio ducato, ma anche strategica, considerata la sua posizione nel cuore dell'Italia centrale, servita dalla viabilità maggiore e minore unente le sponde tirreniche ed adriatiche. Da Spoleto muoveranno di volta in volta gli eserciti con il compito di proteggere Roma e di aggredire i Musulmani che la minacciano o imperversano nella campagna intorno; oppure impegnati in azioni di disturbo contro i Saraceni che hanno occupato Orte e Narni tra l'876 e il 914.

[186] *Chron. Episc.*, p. 315 (cap. XLIV): *Idcirco motus Lotharius Rex Francorum ferocem contra eos populum misit, qui celeriter properantes, eos usque Caietam sunt persecuti*. Se però si fosse realmente trattato di una fuga, non avrebbero avuto il tempo di mettere a ferro e fuoco Fondi.

[187] L'uso saraceno di questa tattica come mezzo più efficace di difesa degli stanziamenti d'altura costieri (*Chron. Episc.*, p. 315, cap. XLIV: *Sarraceni [...] in locis angustis, et arduo calle, nonnullos audaciores absconderunt*) viene confermato da Liutprando (*Antap.* II, 50, p. 297; IV, 16 p. 331) per le basi del Garigliano e di Frassineto.

[188] *Chron. Mon.*, I, 27: *Contra quos* (cioè i Saraceni di Gaeta) *missus a Spoletio Francorum exercitus, turpiter superatus aufugit*. La data della battaglia è riportata nel *Chronicon Casinense*: *Contra quos pervenit Francorum exercitus, sed superatus a Saracenis, quarto Nobembrii Idus, iniit fugam; quos persequentes Saraceni illorumque omnia capientes, tandem ad sanctum devenerunt Andream, cuiusque igne cremaverunt* (*Chron. Cas.*, cap. 9, pp. 225-226). Quest'ultimo particolare, tratto dal testo di Leone Marsicano al pari delle altre notizie, aggiunte di seguito quasi nel medesimo ordine, è stato unito alla sconfitta franca ma si riferisce alla spedizione saracena compiuta dopo, nell'inverno dell'847 (vedasi l'annata seguente), nelle dipendenze cassinesi della media valle del Garigliano, dove, primi tra tutte, vengono dati alle fiamme la chiesa e il centro di S. Andrea del Garigliano. L'anonimo autore del *Chronicon Casinense*, pensando si trattasse di una conseguenza diretta del ritiro precipitoso dei Franchi, ha messo questa circostanza in relazione di causa-effetto con l'altra, senza curarsi di giustificare l'incongruenza tra l'itinerario seguito poi dai Saraceni, verso la vallata del fiume, e quello necessario alle truppe spoletine per guadagnare rapidamente territori più sicuri. Il Tucciarone, ritenendo fin troppo veridica la notizia, arriva addirittura ad anteporre quanto l'imperatore Lotario ha progettato di compiere sul piano diplomatico e militare, da attuarsi tra febbraio e marzo dell'847. Colloca infatti impropriamente a novembre dell'846 la missione di Guido e dei vescovi Pietro e Anselmo, associandola allo spostamento dell'esercito organizzato a Spoleto (mentre l'imperatore ha previsto per l'anno seguente Pavia e Larino come centri per la raccolta delle truppe). L'accenno poi del *Chronicon* alla distruzione di S. Andrea lo induce ad identificare il luogo della vittoria saracena con la chiesa di S. Andrea, situata in posizione fortemente strategica nelle gole di Itri, 100 m a S del km 127,200 della Via Appia nel tratto verso Gaeta (Tucciarone 1991, pp. 31-32). Ma tutto ciò, stando alle fonti, non è mai accaduto.

[189] La notizia, riportata dall'Aurigemma e dal De Santis (Aurigemma-De Santis 1968, p. 4), di una loro cacciata quasi immediata ad opera della flotta di Cesario, il figlio del Duca di Napoli, che già si è visto impegnato sul Tevere durante l'aggressione di Roma (vedasi la nota 173) appare per il momento infondata.

[190] Le incursioni nella valle del Garigliano sono infatti attribuite ai soli Saraceni, mentre la spedizione punitiva organizzata da Lotario è diretta contro Mauri e Saraceni. Inoltre va sottolineata la possibile coincidenza di questo ritiro con il trattato di pace e di alleanza firmato a Reims dagli ambasciatori del califfo spagnolo 'Abd 'ar Rahmân II e il re di Francia Carlo II il Calvo. Non se ne conoscono le motivazioni né le circostanze che lo hanno prodotto, ma non è esclusa la volontà del califfo di dichiararsi estraneo al saccheggio delle basiliche di Roma, compiuto da arabo-berberi presenti in Italia ma lontani dalle direttive del governo di Cordoba. Ciò permetterebbe di comprendere il verbo *absolvit*, usato da Prudenzio nella chiusa delle righe che accenno a questo trattato: *Legati abdirhaman regis Saracenorum a Corduba Hispaniae ad Karolum regis petendae foederisque firmandi gratia veniunt. Quos apud Remorum Durocortorum decenter et suscepit et absolvit* (*Ann. Bert.*, p. 34).

[191] *Chron. Mon.*, I, 27, pp. 76-77.

[192] L'Aurigemma e il De Santis pongono nell'847, e quindi contestualmente a questi avvenimenti, la distruzione di Formia (Aurigemma-De Santis 1968, p. 24), ma non si hanno prove documentarie al riguardo.

[193] Per dare comunque un finale positivo all'intera vicenda dell'attacco a Roma, Leone Marsicano introduce in chiusura del cap. 27 (*Chron. Mon.* I, 27, pp. 76-77) un racconto, sicuramente inventato, ma messo per dimostrare che, laddove gli uomini non sono in grado di agire, subentra Dio con i suoi messi, compiendo la vendetta per i torti subiti. Secondo l'autore, infatti, la flotta saracena, giunta in prossimità dei propri porti, al punto di lasciar scorgere agli equipaggi imbarcati il profilo dei monti, incrocia una barca con due uomini a bordo, *quorum unus pulchra canitie clerici speciem pretendebat, alter vero habitu erat indutus monastico*. Interrogati da questi sulla loro destinazione, i Musulmani rispondono vantandosi delle gesta compiute nei saccheggi a Roma e nel territorio di Montecassino. A loro volta i due uomini affermano di essere i padroni dei luoghi devastati e quindi le vittime; dopodiché scompaiono. I Saraceni non si sono ancora ripresi dallo stupore, che all'improvviso si scatena una violenta tempesta. Le navi, vengono spinte verso gli scogli e affondate, senza possibilità di salvezza per gli uomini e gli animali trasportati (lo stesso racconto si legge anche in *Chron. Cas.*, cap. 9, pp. 225-226). Anche Prudenzio non è comunque da meno, poiché riferisce che questa flotta, carica di tutto il bottino preso a S. Pietro e dei soldati non abbia fatto in tempo ad allontanarsi troppo dalla costa. Un'improvvisa tempesta, evidente segno divino, affonda tutte le navi riportando a riva, miracolosamente intatto, il tesoro della basilica (*Ann. Bert.*, p. 35). Il racconto è molto simile a quello

ma, considerata l'impossibilità di mantenere per mesi sul litorale di Gaeta una squadra, anche piccola, con il rischio di vederla distrutta entro poco dalle navi provenienti dai ducati campani, è lecito supporre che una nuova flotta sia passata a raccoglierli, riportandoli a Miseno o in Sicilia e di lì in Africa[194].

Nel frattempo l'esercito franco guidato da Ludovico deve fronteggiare una grave crisi nel Beneventano. La capitale del principato è praticamente nelle mani di Massar[195] e dei Saraceni al soldo di Radelchi che, visto il possibile cambiamento di schiera da parte del loro mandante, portano comunque avanti i piani previsti di scorreria, giungendo sino nel cuore del Frosinate[196].

Tra agosto e settembre poi la città di Bari viene presa con l'inganno da un altro teorico alleato beneventano, «Halfûn il berbero, liberto, come si dice, [della tribù arabica] di Rabi'ah, e riusciva ad espugnarla, ne' primordii del califfato di 'Al Mutawakkil 'al 'Allâh»[197].

Prima di procedere oltre nella disamina dei documenti storici, bisogna soffermarsi sulle modalità di esposizione dei diversi avvenimenti pertinenti a Roma assunte da una fonte in particolare, per il momento poco menzionata, nonostante di solito sia assunta prima di altre nella ricostruzione di questi anni.

In assoluto, infatti, di fronte ad una generale convergenza di notizie riportate nelle fonti per gli eventi del biennio 846-847 il *Chronicon* di Benedetto si pone quasi in contrapposizione, arricchendo di particolari l'esposizione del saccheggio di Roma e facendo provenire l'attacco saraceno non da Ostia ma dal porto di *Centumcellae*[198].

Tale anomalia può essere valutata in modo diverso: l'autore si è inventato le notizie, laddove non è riuscito a reperire documenti che gli consentissero di colmare i vuoti cronologici della sua opera; oppure, secondo quanto sostiene il Gregorovius[199], realmente Roma nell'846 viene aggredita contemporaneamente da due eserciti saraceni, il primo proveniente da *Centumcellae* e il secondo risalente il Tevere[200]. Il che, però, obbliga a chiedersi il perché del completo silenzio sulla prima direttrice d'attacco di tutte le altre fonti latine, più vicine temporalmente a quell'anno e agli avvenimenti relativi.

Una terza soluzione, allora, viene dal risolvere la confusione compiuta da Benedetto con gli anni di governo di re e imperatori carolingi, dai nomi ricorrenti e facilmente scambiabili tra di loro, come Carlo, Ludovico e Lotario. Gli argomenti scaturiti da questa ipotesi di lavoro sono esposti di seguito, parlando a proposito dell'anno 876.

<u>anno 848</u>: le operazioni dell'esercito franco continuano ad ampio raggio e ad una prima vittoria conseguita *contra Saracenos*[201] segue la cattura e la decapitazione, avvenuta il 12 maggio, di Massar a Benevento[202].

Il pericolo musulmano però non è cessato; i *Mauri*, che dopo l'aggressione di Roma si erano mantenuti ai margini del conflitto, beneficando del cambiamento di obbiettivo per le forze di Ludovico, impegnate contro le scorrerie di Massar, *denuo Beneventum invadunt*, nel senso del territorio del principato e non della città in quanto tale. E' possibile che nel loro schieramento siano passati anche molti dei Saraceni scampati alle sconfitte inferte dai Franchi.

Sui mari, Reggio viene attaccata da una flotta di 48 navi, armate a Zanklah (Messina) dall'emiro Muhammad 'ibn 'Ausman e comandate da 'Alî 'ibn 'Murat Sharif, ma viene respinta dagli abitanti con la cattura di 18 imbarcazioni e l'uccisione di parte degli equipaggi[203].

All'estremo geografico opposto Marsiglia è nuovamente oggetto di saccheggio, a distanza di 10 anni dal precedente, ma questa volta ad opera di pirati greci: *pyratae (classes) Grecorum Massiliam Provinciae nullo obsistente vastantes*[204].

<u>anno 849</u>: il sopraggiunto accordo tra Radelchi, a cui tocca Benevento, il Sannio e la Puglia settentrionale, e Siconolfo, che ottiene Salerno e le terre dal Tirreno al Golfo di Taranto, non risolve i problemi venutisi a creare con gli Arabi un tempo alleati, soprattutto rispetto alla progressiva espansione seguita dalla base di Bari verso l'entroterra pugliese e la Calabria[205].

Sulla costa la relativa facilità con cui Roma è stata avvicinata e colpita nell'846 ha reso la città uno degli obbiettivi di scorreria delle navi musulmane. Questa volta, però, la minaccia viene da un'isoletta o da una località costiera della Sardegna, occupata da forze arabe[206], che, data

---

conosciuto per Cagliari e la vicenda del suo saccheggio, circostanza che, anche contro ogni altra evidenza, contribuisce a renderlo privo di credibilità. Fra l'altro, considerata la scomodità per i soldati musulmani rimasti a terra di continuare a trascinarsi il notevole peso di un bottino che avrebbero potuto direttamente imbarcare sulla prima flotta in partenza, *senza perdere in velocità*, fattore determinante per i loro spostamenti e la sorpresa dei loro attacchi, lascia intendere che forse Prudenzio ha attribuito a questo secondo naufragio una circostanza meglio riferibile al primo, *senza naturalmente le varie aggiunte miracolose* (se, infatti, le navi sono affondate, il bottino ne ha seguito la *stessa sorte*, senza poter essere recuperato).

[194] A margine, seguendo lo stesso schema espositivo di Prudenzio, va menzionata l'incursione compiuta dai Danesi in Bretagna, contemporanea a questi eventi (*Ann. Bert.*, p. 35).

[195] Chiamato anche *Amelmasser*, derivato forse da 'Abd 'al Massar (*Chron. Berg.*, p. 236).

[196] *Chron. Mon.*, I, 28-29.

[197] 'Al Baladurî, *Futûh 'al Buldân*, in Amari 1880-1881, vol. I, p. 269; *Chron. Mon.*, I, 25; 'Ibn Haldûn, *Kitâb 'al 'ibr*, § 6, in Amari 1880-1881, vol. II, p. 179 (vedasi anche *Histoire de l'Afrique* 1841, pp. 119-120). Sempre 'Ibn Haldûn pone nello stesso anno la conquista della città di Tabeth, che il Des Vergers ritiene debba cercarsi in Italia (*Histoire de l'Afrique* 1841, p. 119 n. 126). Probabile si tratti di Taranto, a cui l'autore accenna. Per un rapido riassunto di questi anni e il ruolo svolto da Bari e dai suoi tre emiri sino alla riconquista nell'871 leggasi il contributo di G. Musca, C. Colafemmina, *Tra Longobardi e Saraceni: l'Emirato*, in *Storia di Bari*, a cura di F. Tateo, vol. I, *Dalla Preistoria al Mille*, Bari 1989, pp. 285-311.

[198] *ChBen*, pp. 149-151.

[199] *Rom. Med.*, vol. II, pp. 56-57.

[200] Il Toti (Toti 1992, vol. I, pp. 46-47; vedasi anche Toti 1997, pp. 14-15), fidandosi solo in parte del *Chronicon*, sostiene in alternativa che i Saraceni, in ritirata da Roma, si siano portati a *Centumcellae*, dove si sarebbero imbarcati per l'Africa (*ChBen*, p. 151).

[201] *Ann. Bert.*, p. 36.

[202] *Chron. Mon.*, I, 29.

[203] *Cod. Dipl.*, tomo I, parte I, pp. 567-573.

[204] *Ann. Bert.*, p. 36.

[205] *Chron. Mon.*, I, 29-30.

[206] *Lib. Pont.*, tomo II, p. 117: *Multisque etiam diebus in loco qui Totarum dicitur, iuxta insulam Sardiniae, demorati sunt*. La località potrebbe corrispondere, con le opportune correzioni paleografiche, a quella che, secondo il prezioso suggerimento del Dott. Eugenio Susi, in varie versioni della *Vita sancti Sentii* (BHL 7851-7852c; *Acta Sanctorum*, Maii VI, Venetia 1688, pp. 71-73) e nella *Vita sancti Mamiliani* (BHL 5204d) è

Il secolo IX

la scelta del luogo, dovrebbero provenire dalla Spagna[207], magari con rinforzi africani. Nel frattempo Leone IV ha chiamato a raccolta le flotte dei ducati di Gaeta, Napoli e Amalfi, ponendole a guardia della foce del Tevere e del litorale circostante. Un tentativo di sfondamento è compiuto all'altezza degli stagni di Porto, sulla riva destra del Tevere, ma senza successo[208].

Poco dopo il papa, comprendendo il pericolo costituito dalla presenza di una base araba in Sardegna propone di organizzare una spedizione navale per distruggerla[209]. Non si conosce il seguito della decisione, forse mai attuata in pratica. Anzi in relazione alla medesima presenza musulmana va molto probabilmente vista l'aggressione che una flotta congiunta ispano-africana compie nel Tirreno settentrionale e sulla Costa Azzurra, saccheggiando la città di Luni[210], al confine fra Tuscia e Liguria, e il litorale sino alla Provenza[211].

<u>anno 850</u>: proseguendo forse la spedizione da sole, la navi spagnole si spingono sino ad Arles senza incontrare alcuna resistenza. Dopo le devastazioni si rimettono in mare, ma un vento contrario li spinge nuovamente sulla costa, determinando l'affondamento di alcune imbarcazioni e probabilmente l'uccisione di parte degli equipaggi ad opera di gruppi armati, raccoltisi nel frattempo sulla riva per vendicarsi delle violenze subite[212].

<u>anni 851-861</u>: in generale, parlando della vita dell'emiro siciliano 'Al 'Abbâs, si dice che nel decennio del suo governo dell'isola ebbe «infestati perfino i territori di Calabria e di Longobardia, e fatti stanziare i Musulmani in quelle province»[213]. Come riscontro si hanno di seguito l'occupazione nell'851 da parte dei *Saraceni* di *Beneventum et alias civitates*, comprese Bari e Taranto, con lo stabilirvi quartieri in accordo con le popolazioni residenti (*quieta statione*)[214].

Non si segnalano invece situazioni simili per i centri a NO e a SE di Roma, salvo considerare la probabile frequentazione costante, ma mai stabile, dei diversi approdi da parte di navi militari e mercantili.

Nell'852 va a vuoto un tentativo di Ludovico di recuperare Bari e alcune cronache, caricando forse di incognite la circostanza, soprattutto sulla durata dei trattati sottoscritti nell'847, registrano la morte del califfo spagnolo 'Abd 'ar Rahmân II e la successione del figlio Muhammad I[215].

Nell'856 il ducato di Napoli e la stessa città vengono minacciati e in parte devastati dai Saraceni provenienti dal principato beneventano[216].

<u>anno 853</u>: i Romani, ancora sciocatti dal ricordo del saccheggio subito e non soddisfatti del tutto degli interventi compiuti da Leone IV a protezione della basilica di S. Pietro, o forse su sua stessa pressione, chiedono all'imperatore Lotario di essere maggiormente sollecito nell'approntamento di efficaci piani per la loro difesa[217].

<u>anno 854</u>: il 15 agosto Leone IV, tenendo fede alla sua fama di persona che *omnia sanctorum quae destructa fuerant loca reaedificare magnopere cupiebat*[218] e ispirato forse dall'esempio del suo predecessore Leone III, consacra e inaugura una seconda città di Leopoli (poi Cencelle)[219],

---

detta *insula Turarium*, identificabile con la Maddalena o, meglio, con l'area insulare a N di Porto Torres (SS), comprendente l'Asinara (la araba Gazîrat 'Umm 'al Himâr, «isola Madre degli Asini»; Amari-Schiaparelli 1883, § 2, p. 12) e l'isola Piana, sulla rotta diretta per il porto di *Centumcellae*.

[207] Giungendo dall'Africa (provenienza per la quale alcuni propendono; *Maometto in Europa* 1982, p. 103) avrebbero, infatti, preferito la Sicilia e le coste tirreniche dell'Italia meridionale.

[208] *Lib. Pont.*, tomo II, p. 117. Il *Liber Pontificalis* non offre appigli cronologici per determinare la data esatta di questo scontro, salvo l'ovvia considerazione che esso è avvenuto dopo il saccheggio dell'846. L'indicazione dell'anno 849 è riportata dal Gregorovius (*Rom. Med.*, vol. II, pp. 59-60. Sigeberto, errando, dà addirittura l'837; *Chron. Sig. Gembl.*, p. 339). In tale occasione comunque la vittoria sugli Arabi viene favorita da una tempesta che, sospinti a riva gli equipaggi nemici, ne consente la cattura, con successivo trasferimento ai cantieri delle fortificazioni della *Civitas Leoniana*, attorno alla basilica vaticana (*Arabi in Italia* 1979, pp. 113-114).

[209] *Lib. Pont.*, pp. 117-119.

[210] La città sarà nuovamente colpita nel 1016 dai Saraceni (*Thiet. Chron.*, lib. VII, cap. 31), ma non nell'860, come si è talora sostenuto (vedasi l'annata relativa). Sulle condizioni di Luni nell'Alto Medioevo vedansi U. Formentini, voce *Luni*, in Enc. Ital., vol. XXI, Roma 1934, pp. 661-662, e l'articolo di B. Ward Perkins, *Two byzantine houses at Luni*, in PBSR, XXXVI, 1981, pp. 91-98.

[211] *Ann. Bert.*, p. 37: *Mauri et Saraceni Lunam Italiae civitatem adpredantes, nullo obsistente maritima omnia usque ad Provinciam devastant*. I Normanni, invece, hanno attaccato Perigueux e la regione a NE di Bordeaux.

[212] *Ann. Bert.*, p. 38: *Mauri usque ad Arelatum, nullo obsistente, cuncta devastant; sed cum redirent, vento contrario reiecti et interfecti sunt*. La conclusione delineata nel testo per questa spedizione è stata ipotizzata sulla base delle ultime parole di Prudenzio e del confronto con precedenti e successivi eventi analoghi.

[213] 'Ibn 'al Atîr, *Kâmil at tâwarîh*, in Amari 1880-1881, vol. I, p. 382.

[214] *Ann. Bert.*, p. 41.

[215] *Ann. Bert.*, p. 42; *Chron. Mon.*, I, 30. 'Al Himyarî, parlando della *Qursiqah* (Corsica) accenna solo che «i Musulmani la saccheggiarono ai tempi di 'Abd 'ar Rahmân 'ibn 'al Hakam», senza specificare quando (De Simone 1984, pp. 31-32).

[216] *Ann. Bert.*, p. 47: *Saraceni de Benevento Neapolim fraude adeuntes, diripiunt et funditus evertunt*. Sempre a questo anno viene riferita una notizia contenuta nel *Chronicon Casinense*, secondo cui l'abate cassinese Bertario, negli anni della sua gestione abbaziale, *quomodo totis viribus contra Saracenos in Gaietam dimicabit* (*Chron. Cas.*, cap. 19, p. 227). Il dato, purtroppo al momento non confrontabile con altre fonti, va forse interpretato solo nel senso di un impegno dell'abate a difendere i possessi di Montecassino dalle incursioni dei Saraceni stabilitisi nei pressi di Gaeta.

[217] *Ann. Bert.*, p. 43: *Romani quoque artati Saracenorum Maurorumque incursionibus, ob sui defensione* (sic) *omnino neglectam apud imperatorem Lotharium conqueruntur*.

[218] *Lib. Pont.*, tomo II, p. 112, l. 7.

[219] Per comprendere questo possibile legame logico, sotteso alla programmazione dell'attività edilizia di maggior rilievo dei pontefici Leone III e Leone IV, bisogna concentrare l'attenzione su due interventi particolari: la fortificazione della basilica di S. Pietro e la fondazione di Leopoli. Leone III si impegna nell'avvio dei lavori alla *Civitas Leoniana* di Roma, peraltro mai ultimata (Pani Ermini 1992, pp. 514-516), e, come sembra provato, nella fondazione in piena bassa valle del Garigliano, ai confini sud-orientali dei territori papali, della *Civitas Noba Leopoli* (vedansi l'annata 801-813 e il capitolo VI del presente contributo). Leone IV, a distanza di circa 30 anni, riprende in mano i piani della *Civitas Leoniana*, portandoli a compimento, e fonda una propria *urbs* o *Civitas Leopoli* in posizione, non a caso, simmetrica rispetto alla precedente omonima, agli estremi limiti nord-occidentali dei possessi della Chiesa. La scarsa disponibilità di documenti non consente al momento di spingersi oltre nel ritrovare legami tra i due centri, al di là del nome e della scelta del sito, in altura, in coppia con una collina vicina, recante antiche rovine (ipotesi ricostruttive alla tav. 4, figg. 3-4). Forse Leone IV sapeva degli atti del suo predecessore più di quanto le fonti lascino intendere e non è escluso che si sia ispirato anche ad alcune scelte progettuali della Leopoli del Garigliano

trasferendovi la sede diocesana dalla meno sicura *Centumcellae*[220]. Il *Liber Pontificalis*[221], per accrescere il merito di questa azione, introduce il motivo del *populus amplius Centumcellensi castro* rifugiatosi sui Monti della Tolfa e per 40 anni rimasto in balia di se stesso. Il dato è utile dal punto di vista cronologico, poiché coincide con la notizia del primo saccheggio di *Centumcellae*, indicato dalle fonti franche nell'813 (vedi sopra), ma poco credibile per quel che attiene la condizione dei profughi e della città portuale.

Il fattore temporale, oltre a costituire un *terminus post quem* per la valutazione del rischio saraceno in questo tratto di costa, è, come si è precedentemente affermato, solo il modo più comodo che l'autore della biografia di papa Leone aveva per riassumere il disagio causato alle popolazioni locali dal rimanere costantemente all'erta e essere pronti ad evacuare in breve tempo la città, rifugiandosi nell'entroterra negli agglomerati sopravvissuti attorno alle più grandi ville romane rimaste in uso.

Che l'idea dei *populi pervagantes* sia quasi un luogo comune, abilmente sfruttato in un piano propagandistico, lo rivela il passaggio (relativo agli anni 850-852)[222] in cui il pontefice concede Porto[223] ad una colonia di Corsi, *qui timore Saracenorum perterriti a propriis finibus exules existebant, et huc sive illuc sive solo proprio vagantes incedebant, ut ad sedem Romanam causa refugii ac salutis venire quantotius debuissent*[224].

Inoltre è significativo, per l'idea di un abbandono solo parziale, l'atto sottoscritto appena cinque giorni prima a Roma, a beneficio del monastero di S. Martino, dipendente dal Capitolo di S. Pietro, al quale ha concesso *monasterium Sancti Sebastiani cum massis, fundis, seu casalibus atque appendicibus, aquimolis et olibetis et vineis, vel omnia et in omnibus ad eundem venerabile monasterium generaliter et in integro pertinentibus, constitutum infra civitate Centumcellensi [...] massa que appellatur Liciniana qui et Genufluvio nuncupatur, in quo est oratorium Sancti Laurentii cum fundum qui vocatur Casaria cum omnibus ad eundem generaliter et in integro pertinentibus, positum territorio Centumcellensis*[225].

anni 859-860: nell'859 muovendo dalle colonie stabilite sulla Senna una flotta di pirati danesi segue la rotta già percorsa nel 844 verso le coste atlantiche della penisola iberica, che aveva fruttato l'attacco a Lisbona e il saccheggio di Cadice, Medina-Sidonia e Siviglia.

Pur trovando i litorali del califfato ben vigilati[226], riescono comunque a sbarcare in più punti[227], ma il vero obbiettivo sono le foci del Rodano, dove stabiliscono una base, muovendo subito al saccheggio di centri abitati e monasteri dei dintorni: *Pyratae (classes) Danorum longo maris circuitu, inter Hispanias videlicet et Affricam navigantes, Rodanum ingrediuntur, depopulatisque quibusdam civitatibus ac monasteriis, in insula quae Camarias dicitur sedes ponunt*[228].

Questa nuova presenza sui mari non entra in contrasto con le rotte maure, considerato il tempo ora impiegato dai califfi spagnoli a difendere al meglio le proprie terre da un genere di minaccia che sino ad ora avevano essi stessi costituito per le altre popolazioni. Semmai si può parlare di sovrapposizione di percorsi e di diverse priorità date alle località da colpire, ma non si ha alcuna notizia di uno scontro aperto tra opposte flotte per il controllo del mare, data anche la breve durata della permanenza danese.

Comunque tra le loro incursioni si distinguono quelle compiute nell'860 contro il territorio di Valence, sul medio corso del Rodano, colpendo anche Nîmes, Arles e St-Bernard-de-Romans, e, dopo una sconfitta inflittagli dal conte Gerardo di Provenza, la presa di Pisa, con successiva risalita dell'Arno sino a Fiesole[229]. L'attività danese dalla base in Camargue si esaurisce nell'arco dell'anno[230].

anni 863-865: su mandato forse dell'imperatore Ludovico II, re Carlo II il Calvo di Francia avvia una serie di contatti diplomatici con il califfo spagnolo Muhammad I (*Mahomot regis Sarracenorum*)[231], rinnovando quanto stabilito con il padre 'Abd 'ar Rahmân II nell'847, con la preservazione delle coste della Provenza e, probabilmente, dell'Italia tirrenica da incursioni maure. Le trattative, protrattesi per tutto l'864 a Cordova, hanno successo considerati i doni in oggetti e animali ricevuti da Carlo[232].

anno 866: nel promuovere una spedizione militare destinata al Beneventano, per contenere lo strapotere degli Arabi di Bari, l'imperatore Ludovico II coinvolge tutta la popolazione italica, organizzando il territorio in distretti, nei quali verrà

---

per realizzare una città gemella agli antipodi dei territori papali.
[220] Pani Ermini 1992, pp. 520-522.
[221] *Lib. Pont.*, tomo II, p. 131.
[222] *Rom. Med.*, vol. II, pp. 64-65.
[223] *Lib. Pont.*, tomo II, p. 126 l. 15: *civitatem quam vobis daturi erimus, valde firma est atque munita*.
[224] *Lib. Pont.*, tomo II, pp. 125-126.
[225] L. Schiaparelli, *Le carte antiche dell'Archivio Capitolare di S. Pietro in Vaticano*, in ArchSocRom, 24, 1901, pp. 434-435 (n° II).
[226] Sul dispositivo di sorveglianza, in tutto simile a quello previsto già agli inizi del secolo IX sulle coste del Sacro Romano Impero vedansi le annate 808-813 e 887-888.
[227] Due di questi sono l'abitato di Nekur in Marocco e l'abbazia di Arles-sur-Tech nel Rossiglione, passando per le Baleari.

[228] *Ann. Bert.*, p. 51.
[229] *Ann. Bert.*, p. 54: *Dani qui in Rodano morabantur usque ad Valentiam civitatem vastando perveniunt. Unde, direptis quae circa erant omnibus, revertentes, ad insulam (Camarias* o Camargue) *in qua pedes posuerant redeunt. [...] Italiam petunt et Pisas civitatem aliasque capiunt, depraedantur atque devastant*. Fonti del secolo XI attribuiscono ai Danesi il saccheggio di Luni nell'860, scambiata per Roma tanto è grande e ben difesa. Secondo la tradizione, infatti, Hasting o Hasteinn, il capo della spedizione, vista l'impossibilità di superare agevolmente le mura della città, decide di ricorrere ad uno stratagemma: finge di ammalarsi e di morire, dopo aver voluto ricevere il battesimo dai sacerdoti locali. Dietro richiesta sua, avanzata in fin di vita, e dei soldati di seppellire il suo corpo in terra consacrata, gli abitanti acconsentono di accogliere il cataletto. Però, appena giunto il corteo funebre al centro della città, Hasting si risveglia, dando inizio al massacro e al saccheggio. La verifica di altre fonti ha comunque rivelato che questo attacco non è mai avvenuto e chi ne ha parlato si è confuso con quello portato realmente alla città nell'849 da Mauri e Saraceni (vedasi l'annata 849).
[230] Nell'861 la flotta percorre a ritroso la rotta per la Spagna, toccando Gibilterra e Pamplona. Fermatasi poi per l'inverno in un punto non altrimenti specificato del litorale iberico sull'oceano, nell'862 è in Bretagna e poco dopo di nuovo sulla Senna (A. d'Haenens, *I Vichinghi in Italia nel IX secolo*, in *Magistra Barbaritas*, a cura di AA. VV., (*Antica Madre*, a cura di G. Pugliese Carratelli), Milano 1984, pp. 219-225).
[231] *Ann. Bert.*, p. 66. Le annate dall'862 all'882 di questi *Annales* non sono di Prudenzio ma di Hincmaro, vescovo di Reims.
[232] *Ann. Bert.*, p. 80: *Karolus missos suos, quos praecedenti anno Cordubam ad Mohomet direxerat, cum multis donis, camelis videlicet, lecta et papiliones gestantes, et cum diversi generis pannis et multis odoramentis in Compendio* (Compiégne) *recepit*.

praticata la leva da parte dei suoi inviati.

Ciascuno è tenuto a contribuire secondo le sue possibilità o le disponibilità familiari, con la propria persona, armi e altro. Ai poveri e, tra questi, a coloro che possiedono beni mobili per un valore superiore a dieci solidi viene rimessa la *custodiam maritimam*, ossia l'approntamento di un dispositivo di sorveglianza sul modello di quello già visto agli inizi del secolo e voluto da Carlo Magno. Chi invece non raggiunge o è al di sotto di quella soglia, non deve ritenersi libero da ogni impegno[233].

A quanto sembra il settore costiero di penisola coinvolto da questo provvedimento è in primo luogo quello Tirrenico. Lo si dedurrebbe dalla sequenza geografica data alla seriazione dei territori, nei quali dovrà esercitarsi la leva. Infatti, dopo aver illustrato la suddivisione della Pianura Padana, secondo i corsi dei fiumi, si passa alla Tuscia, ripartita nelle aree di *Pisa, Luca, Pistoris et Luni*, poi *Florentia, Volterra et Aritio* e infine *Clusio et Sena*. Segue il Ducato di Spoleto, distinto in *ministerio Witonis* (comitato di Camerino) e *ministerio Verengari* (comitato Spoletino) e da ultimo il *litore Italico*[234].

<u>anno 868</u>: in giugno l'emiro Hafâgah ʿibn Sufîân, dopo aver sconfitto le truppe bizantine inviate dall'imperatore bizantino Leone VI, in appoggio a Siracusa, e depredato il territorio di questa città, rientra a Palermo.

Da qui, «mandava per mare il figliuolo Muhammad, il dì primo di ragab (26 giugno) contro la città di '.tah (Gaeta); alla quale ei pose l'assedio e sparse le sue genti nei dintorni; sì che fece preda[235], ne caricò le navi e ritornò in Palermo, del mese di sawâl (23 settembre-21 ottobre)»[236].

L'intento è quello di saggiare la capacità di resistenza della città, già attaccata al ritorno dal saccheggio di Roma, nell'847, e ottimo punto di appoggio in previsione, evidentemente, di futuri sbarchi in forze nel Lazio meridionale[237].

<u>anno 869</u>: quale preludio al futuro stanziamento di Frassineto un cospicuo nucleo arabo, proveniente dall'Africa ma probabilmente con l'aggiunta di molti elementi arrivati dalla Spagna, costituisce in settembre uno stanziamento in Camargue, nel delta del Rodano[238].

I motivi devono essere stati la protezione costituita dalle estese paludi costiere, il ricordo delle ricche prede ricavate dai molti saccheggi a cui, appena un secolo prima, i loro antenati avevano sottoposto le principali città della costa e dell'immediato entroterra franco; e il bisogno di stabilire una nuova rotta di incursione per il Tirreno centro-settentrionale, in associazione alla ormai forte attività navale della dinastia aghlabita, che nella Sicilia, peraltro non ancora del tutto conquistata, ha un'utile base avanzata di operazioni e altre ne ha costituite direttamente nella penisola italica.

In coincidenza con la creazione di questo stanziamento o immediatamente dopo l'insediamento dei primi gruppi musulmani gli annali di Hincmaro registrano la prima vittima dei nuovi venuti. L'arcivescovo di Arles *Rotlandus*, investito dall'imperatore Ludovico II dell'abbazia di S. Cesario, aveva fatto costruire per sé un fortino in Camargue, per potere sorvegliare e amministrare da vicino i molti beni elargiti con l'occasione ai monaci.

La struttura consisteva in un recinto eretto su un terrapieno, all'interno del quale si dovevano trovare costruzioni per la gran parte in legno più che in muratura, di servizio alle occasionali visite del prelato e soprattutto funzionali alla colonia residente di pastori e contadini. L'abitato però si trovava nella stessa zona in cui erano soliti approdare e sostare gli Arabi, e in occasione della venuta dell'arcivescovo il fortino, dopo un breve scontro, è conquistato dai pirati.

Rotlando, rifugiatosi al suo interno al primo diffondersi della notizia dell'avvicinarsi dei Saraceni, viene catturato e immediatamente imbarcato su una delle navi ancorate. Come riscatto si richiedono 150 libbre d'argento, 150 mantelli, 150 spade e 150 persone da vendere poi come schiave, ma il 19 del mese Rotlando, scioccato dal colpo subìto e provato dalla sofferenza, muore.

Non volendo i pirati rinunciare comunque al prezzo pattuito, tacciono dell'accaduto sino a quando non hanno messo al sicuro il bottino. Dopodiché, obbedendo alle insistenti richieste dei fedeli dell'arcivescovo di voler rivedere sano e salvo il loro superiore, ne sbarcano il cadavere, ponendolo a sedere su un trono e rivestendolo dei suoi ricchi indumenti. Accortasi dell'inganno quando ormai le navi sono ben lontane, la popolazione decide di dare onorata sepoltura a Rotlando, celebrandone le esequie il 22[239].

---

[233] *Pauperes vero personae ad custodiam maritimam vel patriae pergant, ita videlicet, ut, qui plus, quam decem solidos habet de mobilibus, ad eandem custodiam vadant. Qui vero non plus, quam decem solidos habet de mobilibus, nil ei requiritur*. Per il riferimento bibliografico della citazione si rimanda alla nota successiva.

[234] *Constitutio de expeditione beneventana*, in MGH, *Legum sectio II. Capitularia Regum Francorum*, tomo II, pars I, Hannoverae 1890, pp. 94-96 (n° 218); vedasi anche *Chron. Cas.*, pp. 223-224. Alla fine della *Constitutio* l'itinerario previsto per l'esercito vede in Ravenna il luogo da cui alla fine forse di febbraio partono i soldati del corpo principale, raggiungendo Pescara a marzo. *Tuscani autem cum populo, qui de ultra veniunt, per Romam veniant ad Pontem-curvum, inde Capuam et per Beneventum descendant nobis obviam Luceria octavo Kalendas Apriles*.

[235] A questa incursione, più vicina cronologicamente, piuttosto che a quella dell'847, va ricondotta la notizia contenuta in una pergamena del settembre 997, tramite la quale Bernardo, vescovo di Gaeta, concede ai canonici romani Benedetto e Bono *tota et inclita ipsa ecclesia bocabulus sancti Cosme et Damiane cum omnia sibi pertinentibus et cum suis bocabulis possita* (sic) *foras istius civitatis set pro nostris peccatis de suprascripte civitate venerunt gens Hagarenorum, ipsa hecclesia diruerunt et omnia sua pertinentias de<...>e destruerunt* (*Tab. Cas.*, tomo I, pp. 182-184, n° XCVII).

[236] ʿIbn ʿal Atîr, *Kâmil at tâwarîh*, in Amari 1880-1881, vol. I, p. 385.

[237] Il carattere comunque esplorativo di questa spedizione è paragonabile a quello del colpo vibrato nell'813 al porto di *Centumcellae*, se messo in relazione con il successivo sbarco ai danni di Roma e degli eventi dell'876. Vista però la tenace resistenza opposta dai Caietani, sarà un'occasione insperata quella dell'alleanza loro offerta dal duca Docibile negli anni 880-881.

[238] *Maometto in Europa* 1982, p. 196. Nello stesso periodo dal Beneventano giungono all'imperatore Ludovico II richieste di aiuto militare contro i Saraceni di Bari, responsabili di saccheggi e violenze (*Ann. Bert.*, pp. 98-99).

[239] *Ann. Bert.*, pp. 106-107: *Rotlandus arelatensis archiepiscopus abbatia Sancti Caesarii apud Hludowicum imperatorem et Engelbergam non vacua manu adeptus, in insula Camaria nimis undecumque ditissima, in qua res ipsius abbatiae plurimae coniacent et in qua portum Sarraceni habere solebant, castellum opere tumultuario de sola terra aedificans, audito Sarracenorum adventu, in illud satis inconsulte intravit; et appulentibus ad ipsum castellum Sarracenis, amplius quam 300 suorum interfectis, ab eisdem Sarracenis est captus et in eorum naves deductus est ac religatus. Unde 150 libris argenti et 150 mantellis et 150 spatis et 150 mancipiis, praeter illa quae in placito data sunt, ad redemptionem eius concessa sunt. Interea idem episcopus in navibus moritur 13 Kalendas Octobris. Sarraceni autem ingeniose accelerantes de redemptione illius, quasi non possent ibi amplius immorari, si illum vellent recipere, redemptores illius*

anno 871: l'imperatore Ludovico II scrive alla sua controparte orientale Basilio I, lamentando che gli Arabi siciliani infestano le terre di S. Pietro[240] saccheggiandole. Il motivo della lettera è soprattutto la richiesta di intervento contro i Napoletani, che offrono supporto agli aggressori, fornendo loro il necessario in armi, alimenti e attrezzatura varia per poter procedere nella navigazione verso NO[241]:

Nam infidelibus arma et alimenta et cetera subsidia tribuentes per totius imperii nostri litora ducunt et cum ipsis toties beati Petri apostolorum principis territorii fines furtim depraedari conantur.

Tutto questo rende lecito supporre la persistenza di una base saracena sul promontorio di Miseno, stabilitavi in occasione del viaggio di andata contro Roma proprio della flotta palermitana e mai più dismessa sino a quest'anno, salvo brevi periodi, essendo considerata fortemente strategica[242]. A supporto di tale ipotesi si sa che nei mesi di maggio e giugno (anno 257 dell'hagira) 'Abû 'al Garânîq, emiro africano di 'Al Qayrawân (Tunisia), nomina 'Abd 'Allâh 'ibn Ya`qûb *wali* (governatore) della Gran Terra (cioé l'Italia)[243], incarico anomalo e diperse unico nella storia dei rapporti degli Arabi con la penisola italiana[244], se non vi fossero i presupposti proprio in queste basi navali, stabilite nei punti di maggior valore militare della costa campano-laziale e preludio di una penetrazione più profonda e stabile nell'entroterra.

Non bisogna, infatti, dimenticare che la Spagna visigota era stata conquistata partendo dalla testa di ponte stabilita a Djebel 'at Tarik, ossia Gibilterra, e che questo gli Arabi avranno intenzione di fare negli anni a partire dall'876, paralizzando *Centumcellae*, imponendosi sul Garigliano e in Sabina e tagliando in due l'Italia sino a raggiungere per via di terra l'Adriatico. Per fare tutto ciò, che è ben al di là di semplici scorrerie, è necessario avere qualcuno che coordini le operazioni direttamente sul posto, ossia un *wali* della Gran Terra, dipendente direttamente dall'emiro d'Africa.

La spedizione di 'Abd 'Allâh, quasi taciuta dalle fonti arabe sinora edite, almeno nella prima parte degli avvenimenti[245], viene illustrata nelle diverse fasi del suo svolgimento da Erchemperto e dal *Chronicon Salernitanum*, che da esso riprende molte informazioni, integrandole con altre. Come al solito la ragione di questa impresa è vista nella punizione inferta da Dio ai principati (in particolare quello di Benevento) e ducati dell'Italia meridionale per la prigionia inflitta all'imperatore Ludovico II; suoi strumenti sono gli Arabi d'Africa guidati da *Abdila*, definito *Agarenorum rex*.

All'inizio dell'anno un esercito di ben 30.000 o 62.000 uomini, con cifra variabile a seconda degli autori che ne parlano, risale la Calabria portandosi sotto Salerno, che stringe d'assedio. Affrontato in battaglia dal principe Adelchi, viene fermato nella sua avanzata e costretto ad accamparsi attorno alla città. La stasi delle attività belliche attorno alle mura e la necessità di rifornimenti obbliga 'Abd 'Allâh ad impegnare parte dei soldati nel saccheggio dei territori delle città vicine, spingendoli fino a Benevento, Napoli e Capua, dove solo talvolta incontrano una resistenza organizzata[246].

Nel mese di Muharram (luglio?), dall'Africa, un nuovo contingente di 35.000 uomini, percorrendo probabilmente la medesima strada, si spinge nel cuore dell'Italia centrale e prende di sorpresa Ancona[247], tenendola per alcuni mesi. Richiesti rinforzi, per poter consolidare la posizione sulla costa adriatica, l'emiro di Sicilia Muhammad 'ibn Hafâgah invia un corpo di 35.000 soldati, comandati da «Busa ben Kagebis», veterano di precedenti spedizioni in Italia meridionale[248].

anni 872-873: nei primi giorni di gennaio dell'872 'Abd

---

redemptionem pro eo dare accelerant; quod et factum est. Et Sarraceni, suscepta omni redemptione, miserunt eundem episcopum sedere in cathedra, indutum vestimentis sacerdotalibus cum quibus captus fuerat, et velut pro honore deportaverunt eum in terram a navibus. Redemptores autem illius volentes cum eo colloqui et congratulari ei, invenerunt eum mortuum. Quem cum maximo cultu exportantes, sepelierunt eum 10 kalendas Octobris in sepulchro quod sibi ipse paraverat.

[240] MGH, *Epist.*, tomo VII, Berolini 1928, p. 393, ll. 17-20. E' importante sottolineare che in lettere papali dell'878-879 (vedansi le annate relative) espressioni equivalenti a quella *beati Petri apostolorum principis territorii fines* intendono la costa tirrenica nel tratto da Minturno (*Traiectum*) a *Centumcellae*.

[241] L'altra ragione è costituita dalla necessità di distruggere l'emirato costituito a Bari nell'847, il che avviene il 3 febbraio di quest'anno (Tucciarone 1991, p. 46).

[242] Sulla potenziale operatività della base ancora negli ultimi anni del secolo IX vedasi l'annata 906. Quanto alla contemporanea condizione degli approdi vicini, nelle righe successive della lettera si parla genericamente di Napoli (intendendo forse sia la città sia il suo territorio), paragonandola a Palermo, capitale dell'emirato siciliano, o ad una qualunque città dell'Africa, data l'elevata presenza musulmana. Inoltre si lamenta come il suo porto sia troppo spesso utilizzato come rifugio dalle navi arabe, in fuga dalle flotte mandate dall'imperatore Ludovico II ad intercettarle o incaricate di sorvegliare le rotte: *facta videatur Neapolis Panormus vel Africa. Cumque nostri quique Sarracenos insecuntur, ipsi, ut possint evadere, Neapolim fugiunt, quibus non est necessarium Panorum repetere, set Neapolim fugientes ibidemque quousque praeviderint latitantes rursus improviso ad ecterminia redeunt* (MGH, *Epist.*, tomo VII, Berolini 1928, p. 393, ll. 20-23).

[243] 'An Nuwayrî, *Nihârat 'al 'arib*, in Amari 1880-1881, vol. II, p. 123.

[244] L'altro esempio avvicinabile è quello costituito dall'emirato di Bari, costituito nell'847 e il solo ad essere riconosciuto ufficialmente dai califfi di Baghdad. Lo stesso potrebbe dirsi per Taranto, occupata in vario modo dall'840 all'880, ma per la quale non si hanno informazioni sufficienti per parlare di un emirato, al pari di Sardegna e Corsica nell'895-899 (*Arabi in Italia* 1979, p. 116, 127; *Maometto in Europa* 1982, p. 103). Sembra anche priva di fondamento l'equiparazione ad emiri dei comandanti della base del Garigliano, avanzata dal Tucciarone (Tucciarone 1991, pp. 80-85).

[245] Solo 'Ibn 'Adârî riferisce brevemente per il periodo dal 29 novembre 870 al 17 novembre 871: «Resse poi la Sicilia 'Ahmad 'ibn Ya'qûb, mandatovi da 'Ibn 'al 'Aglab; il quale prepose alla Terra grande [la Terraferma d'Italia] 'Abd 'Allah 'ibn Ya'qûb. Entrambi combatterono in quest'anno delle fazioni, nelle quali trionfarono dei Politeisti» (i Cristiani). ('Ibn 'Adârî, *Kitâb 'al Bayân 'al Mugrib*, in Amari 1880-1881, vol. II, p. 15).

[246] *Saraceni Salernum applicuerunt quasi 30 milia; quam graviter obsidentes, hinc et inde cuncta forinsecus stirpitus deleverunt, occisis in ea innumerabilibus colonis; et depopulati sunt ex parte Neapolim, Beneventum et Capuam*. Dopo di che, ma in realtà è contemporanea, avviene la battaglia di Adelchi contro gli Arabi, dove ne uccide 3000 (Erchem., *Hist. Lang.*, capp. 34-35, p. 252). L'altra versione invece è: *Agarenorum rex, de quo prediximus, Abdila cum sexaginta duo milia pugnatorum per Calabriam Salernum venit, et nonnulla oppida Calabritanorum cepit*. Dopo la battaglia con Adelchi *Agareni a foris undique tentoria fixerunt, et hic inde cuncta forinsecus stirpatim deleverunt, occisis innumerabilis colonis, et ex parte depopulati sunt Neapolim, Beneventum et Capuam* (ChSal, cap. 111, pp. 528-529). Presso *Suessula* nel territorio capuano, completa Erchemperto, è preso in trappola un contingente di questi soldati e *mille ex eis* vengono trucidati (Erchem., *Hist. Lang.*, cap. 35, p. 252). Per una rilettura critica degli eventi di quest'anno nei principati di Capua e Salerno possono essere di utile consultazione Cilento 1971, p. 141 e R. Manselli, *La Res Publica Christiana e l'Islam*, in *Occidente e Islam* 1965, tomo I, pp. 115-147.

[247] *Cod. Dipl.*, tomo I, parte II, pp. 138-139.

[248] *Cod. Dipl.*, tomo I, parte II, pp. 139-141.

'Allâh muore[249], colpito da una trave del tetto della *sanctissima haede beatorum Fortunati videlicet, Gagi et Anthes*, posta presso la cinta meridionale di Salerno e trasformata in sua residenza, nonché quartier generale. Quale nuovo comandante *Agareni ilico regem procreaverunt nomine Abemelec; licet fuisset eunuchus, erga res humanas audax fuit et sagax*[250].

Questi, prendendo probabilmente anche la carica di *wali* della Gran Terra, continua a portare avanti l'attività bellica e potrebbe identificarsi con 'Abû Mâlik, meglio noto come 'Ahmad 'ibn Ya'qûb 'ibn 'Umar 'ibn 'Abd 'Allâh 'ibn 'Ibrahîm 'ibn 'al 'Aglab, soprannominato Habbâsî, ossia l'Abissino, che, secondo alcuni autori, nell'agosto dello stesso anno o alla fine del successivo è riconosciuto dall'emiro d'Africa nella carica di governatore della Sicilia[251].

Forse come risposta ad una sua richiesta di rinforzi dall'isola, concretizzatasi peraltro solo tra la fine dell'anno e l'inizio del successivo, va interpretato l'arrivo di una flotta saracena davanti al litorale campano-laziale. Questa però viene intercettata in un punto non precisato da una formazione di navi ducali, seguita da terra nei suoi spostamenti dalla milizia papale.

L'azione combinata per mare e sulla costa, al fine di respingere qualunque tentativo di sbarco, ha successo, portando all'affondamento di numerose imbarcazioni nemiche. Oltre alle navi disperse, solo 40 Saraceni riescono a sfuggire al tranello, rifugiandosi sul Monte Circeo. Papa Giovanni VIII, salito al soglio pontificio solo da qualche decina di giorni, chiede a Marino e *Pulcharim*, prefetti amalfitani, di intervenire prontamente per snidarli, volendo evitare di dover fronteggiare la minaccia di una massiccia operazione di soccorso musulmana, inviata con il duplice scopo di recuperare i superstiti e di compiere ritorsioni[252].

La notizia della sconfitta della flotta, chiamata a rinforzo, deve essere stata recata ad 'Abû Mâlik, il quale, saputo anche del rapido avvicinamento dell'imperatore Ludovico II, ormai libero dalla prigionia e a capo del suo esercito, appronta i piani per la ritirata verso la Calabria. Impegnato in duri scontri, giunge con i soldati sino ad una località non ancora precisabile, a cui *Mamma nomen est* (forse derivato dall'arabo 'Umm, «terra nutrice») dove riunisce tutto il bottino raccolto in due anni di guerra e razzie per imbarcarlo.

Una parte degli uomini decide comunque di rimanere, portandosi in luoghi favorevoli sui monti, da cui intraprendere i saccheggi delle terre vicine[253]. La flotta fa vela verso la Sicilia e probabilmente l'Africa[254].

Nello stesso periodo avviene anche la ritirata del secondo corpo di spedizione africano, riunitosi ad Ancona con le truppe arabe di Sicilia. Un primo resoconto dettagliato viene dato il 13 Sha'ban 258 (febbraio 872?) dall'emiro africano Muhammad 'ibn 'Ahmad al suo nuovo rappresentante a Palermo 'Ahmad 'ibn Ya'qûb[255]:

«La mia Grandezza ha letto nella tua carta, che non hai avuto notizie della gente, che si mandò in terra ferma; la mia Grandezza però ha avuto cattive nuove, essendo stato avvisato che la gente Veneziana ha fatto un esercito di centomila uomini, e sta perseguitando la nostra gente, e sin'ora sono restati morti dei nostri undicimila uomini, e perciò la mia Grandezza forse teme, che quella gente tutta sia per essere ammazzata.

Al presente il nostro esercito si trova nella città di Napoli, perché si è allontanato da Ankuna, e prima di abbandonarla, quella città fu bruciata dalla nostra gente: ciò molto piacque alla mia Grandezza, perché l'esercito della gente Veneziana non troverà niente in quella Città.

La mia Grandezza giudica, che a quest'ora avrai avuta nuova di quella gente, giacché si trova nella città di Napoli. Quando li Napolitani vengano in Balirmu dovrai accoglierli, e gentilmente trattarli, perché sono amici nostri, e danno alla nostra gente tutto quello, che vuole, e li ricevono con allegrezza quando li nostri si ritirano in Napoli».

Queste ultime parole confermano le lamentele avanzate l'anno precedente dall'imperatore Ludovico II a Basilio I su presunte connivenze tra Napoli e i contingenti arabi distribuiti nell'Italia centro-meridionale.

Il seguito della vicenda è descritto direttamente dal comandante delle forze siciliane «Busa ben Kagebis», con lettera inviata il 20 Muharram 259 (luglio 873?) dalla base di Zancle (Messina) a Palermo[256]:

«Ahmed ben Jakob, per la grazia di Dio, Emir Chbir di Sicilia: l'Emir Busa ben Kagebis con la faccia per terra bacia le mani della sua Grandezza, e le notifica, che ci allontanammo dalla città di Ankunah, perché la gente Veneziana ci veniva dietro: abbiamo dato fuoco a quella città, e avendola abbandonata c'incamminammo per Napoli, e quindi andammo nella città di Salernah (Salerno), la quale era già nostra: ivi dimorammo per alcuni mesi.

Nel giorno 28 di Dhu 'al Qa'da (maggio?) l'imperador Basil mandò un esercito assai grande, e ci assediò nella città

---

[249] 'An Nuwayrî pone la sua morte nel mese di *safar*, corrispondente al periodo tra il 18 dicembre 871 e il 15 gennaio 872 ('An Nuwayrî, *Nihârat 'al 'arib*, in Amari 1880-1881, vol. II, p. 123). Le fonti latine la danno all'872 il che permette di fissarla entro i primi 15 giorni di gennaio.
[250] *ChSal*, cap. 112, p. 530.
[251] 'An Nuwayrî, *Nihârat 'al 'arib*, in Amari 1880-1881, vol. II, p. 124.
[252] MGH, *Epist.*, tomo VII, Berolini 1928, p. 276 (n° 5). Il Tucciarone riferisce che tra l'876 e l'877 Giovanni VIII impegna gli Arabi nelle acque del Circeo, catturando 18 navi, ma lasciandosi sfuggire il grosso della flotta nemica, che riesce comunque a sbarcare e si inoltra nella Sabina (Tucciarone 1991, pp. 50-51). Manca però qualunque riscontro oggettivo nelle fonti e sorge il dubbio che l'autore abbia voluto riportare il dato, appena esposto nel testo, al più generale quadro dell'invasione dell'876, combinando tra loro avvenimenti in realtà distanti nel tempo.
[253] *Cuius* (l'imperatore Ludovico II) *advento cognito, Saraceni Salernum relinquentes, Calabriam adeunt, eamque intra se divisam repperientes, funditus depopularunt, ita ut deserta sit veluti in diluvio* (Erchem., *Hist. Lang.*, capp. 34-35, p. 252). Quasi le medesime parole usa il *Chronicon Salernitanum*: *Alii vero Calabriam adeunt, eamque intra se divisam reperientes, funditus depopularunt* (*ChSal*, capp. 113-117, pp. 530-532).
[254] Questa conclusione si deduce dall'immediata copertura da parte di 'Abû Mâlik della carica di governatore della Sicilia, tenuta sino all'878. Ma le due fonti latine sin qui citate tendono ovviamente a volgere a favore dei Cristiani la conclusione dell'intera vicenda. Nello stesso stile di Leone Marsicano, sottolineato per la conclusione della vicenda del saccheggio delle basiliche romane (vedasi l'annata 846), Erchemperto introduce il motivo del prodigio divino (l'appparizione di una meteora) e della tempesta, che vanifica qualunque speranza di ritorno a casa per i Saraceni: *Prius enim quam fugam arriperet nefanda gens, huiusmodi signum de coelo Deus multis ostendit: faculam igneam permaximam praepete cursu in medio navium iecit, quam mox secuta est tempestas, quae cunctas liburnas frustatim dirrupit* (Erchem., *Hist. Lang.*, cap. 35, p. 252). Quasi lo stesso si legge nel *Chronicon* (*ChSal*, cap. 118, p. 533), con l'aggiunta del particolare che i Saraceni, spaventati dal prodigio, abbandonano parte del bottino, costituito da *non modica suppellectile et immensa tritici ordeique modia*. Rinvenutolo, i Salernitani, mossisi nel frattempo all'inseguimento degli Arabi in fuga, lo danno alle fiamme, considerandolo forse ormai contaminato da mani sacrileghe.
[255] *Cod. Dipl.*, tomo I, parte II, pp. 148-149.
[256] *Cod. Dipl.*, tomo I, parte II, pp. 149-151.

di Salernah, e l'esercito di Basil ci ammazzò una quantità assai grande di gente. Abbandonammo quela città, e si prese da noi il cammino per ritirarci o nella città di Turant (Taranto), o in qualche altra.

Nel giorno 10 del mese di Almohar 259» (giugno 873?), «mentre che stavamo nellacittà di Turant, comparve l'esercito di Luduviku, che ci attaccò, e ci ammazzò una assai grande quantità di gente. Noi siamo fuggiti, e andammo nella marina della città di Rivah (Reggio) e si destinò una barca in Zanklah (Messina) per dire all'Emir di questa città, che ci avesse mandato tutte le barche, che si trovavano in quella marina per trasportarci in Sicilia: quell'Emir subito ce l'ha spedito, ed essendoci imbarcati, siamo arrivati in salvamento, e vivi in Zanklah.

Di tutta la gente, tanto di quella, che mandò il nostro Mulei in terra ferma, quanto dell'esercito, che mi ha dato la sua Grandezza, siamo restati vivi solo novemila e settantaquattro uomini; gli altri sono tutti morti.

Dopo ciò non ho altro cosa dire alla sua Grandezza, da cui aspetto li comandi, perché io sappia quello, che debba fare, e con la mia faccia per terra le bacio le mani, e mi segno così: l'Emir Busa ben Kagebis, per la grazia di Dio, servo della Grandezza dell'Emir Cbbir di Sicilia Ahmed ben Jakob. Città di Zanklah li 15 del mese di Muharram 259 di Maometto» (luglio 873?).

Negli anni successivi Busa ben Kagebis sarà destinato al comando del'esercito che assedia Siracusa. Nient'altro invece si sa della sorte subita dal comandante africano ad Ancona[257]. Per quel che riguarda l'esito dell'intera spedizione, per quanto risoltasi con una sconfitta in termini di perdite umane, è sicuramente stata molto utile nell'ottica della raccolta di notizie sulla percorribilità delle strade dell'Italia centrale, la distribuzione dei punti fortificati, i tempi di risposta dei dispositivi militari, il grado di disponibilità delle risorse nei vari territori, le possibilità di fuga e gli eventuali alleati. Il tutto, in particolare secondo i piani degli emiri africani, in vista del più massiccio attacco sferrato all'Italia a partire dall'876[258].

anno 875: papa Giovanni VIII si lamenta con l'imperatore Ludovico II della recrudescenza degli assalti saraceni contro le coste del Lazio. Fondi e Terracina, i centri cioé sulla stessa direttrice per Roma percorsa nell'846, "ospitano" ormai stabilmente nuclei di Musulmani e le navi a disposizione del papa hanno catturato 18 imbarcazioni avversarie, uccidendo parte degli equipaggi e liberando 600 prigionieri[259]. Nello stesso periodo i maggiori porti costieri compresi tra il promontorio caietano e la foce del Sele hanno stretto alleanze o patti di non aggressione con i Saraceni, rendendo il litorale laziale particolarmente vulnerabile e iniziando anzi essi stessi a promuovervi nuove incursioni[260].

Nelle fonti non viene specificato da dove sia partita l'iniziativa di questi accordi, ma è probabile che gli stessi Arabi si siano mostrati disponibili alla trattativa dopo preventivi incontri d'esplorazione, in previsione delle operazioni su ampia scala previste per gli anni successivi.

anno 876: il *Chronicon* di Benedetto reca la notizia di un pesante saccheggio saraceno, subìto da Roma per colpa dei suoi cittadini, che avevano richiamato in Italia il *Rex Babylonie*, alla morte di Lotario (peraltro avvenuta nell'855)[261]. La confusione riscontrabile in questa fonte[262] e il mancato rispetto di ogni consequenzialità cronologica ha indotto spesso a rifiutare o ad accettare in modo acritico l'attendibilità delle notizie riportate dall'opera, ricondotte comunque al sacco dell'846, come lascia intendere la menzione di papa Sergio II[263].

Che l'autore dia un quadro poco chiaro è innegabile, ma non si possono riportare tutti gli elementi del testo a quell'unico evento, poiché vi è una vistosa incongruenza: l'attacco dell'846 parte da Ostia e Porto, risalendo il Tevere. Il monaco, invece, parla chiaramente di *Centumcellae* e, contro ogni cronologia, fissa come ulteriore termine di datazione la successione a Lotario di Carlo il Calvo[264], avvenuta nell'875. Sembrerebbe un errore, ma non lo è, se non in parte, poiché Benedetto pone in apertura di narrazione le parole *nuntius missus (est) a Lodouicus rex* (sic), *filius Loduici Pii memorie, ut veniret et defenderet ecclesia Sancti Petri et Romanum regni.*

Partendo dal presupposto che la fonte riporti un dato reale, il re Ludovico, figlio di Ludovico il Pio, non è, come vuole il Zucchetti[265], Ludovico II (figlio di Lotario), ma lo stesso Carlo il Calvo. Addirittura, procedendo alla lettera, sarebbe Ludovico il Germanico, figlio di primo letto di Ludovico il Pio, ma questi nell'875 ha messo fine alle sue aspirazioni sull'Italia, accontentandosi della corona di Germania e delle terre ad E del Reno e della Mosa.

---

[257] *Cod. Dipl.*, tomo I, parte II, pp. 151-154.

[258] Analogamente in chiave esplorativa, oltre che, dove possibile, di conquista, potrebbe essere stata concepita la spedizione in Calabria partita da Messina il 25 Shawwal (aprile?) 867, con 20.000 uomini guidati da Muhammad 'ibn Hafâgah, all'epoca emiro della base portuale e poi di tutta la Sicilia. In un anno, dopo avere conquistato Reggio, Cosenza e Catanzaro, lasciandovi delle guarnigioni, raggiunge Bari. Minacciato da vicino da un'armata di 70.000 soldati mandati dall'imperatore Ludovico II, il 28 Shawwal (aprile?) 868 si ritira a Taranto, dopo avere chiesto invano rinforzi. Tra maggio e luglio l'esercito arabo ripercorre a ritroso il cammino sino a Reggio, dove si imbarca l'8 Ausah (agosto?) per la Sicilia, con le truppe intatte e il bottino accumulato sino a quel momento (*Cod. Dipl.*, tomo I, parte II, p. 90, 92, 95, 104-110).

[259] MGH, *Epist.*, tomo VII, Berolini 1928, p. 303, n° 49: *omnia littora nostra depredata sunt, etiam et in Fundis et in Terracina velut in domo propria multos Sarracenos invenimus residere; [...] Deo adiuvante cepimus naves decem et octo. Sarraceni autem multi occisi sunt, captivos autem fere sexcentos liberavimus.* Il Tucciarone (Tucciarone 1991, pp. 50-51), confondendo le epistole papali, afferma che negli anni 876-877 Giovanni VIII, nonostante abbia catturato le 18 navi di cui nel testo, non riesce comunque ad impedire al grosso dell'esercito arabo di muovere verso la Sabina. Come rivelano, però, le fonti, questa idea è priva di fondamento.

[260] *Salernum, Neapolim, Gaietam et Amalfim pacem habentes cum Saracenis, navalibus Romam graviter angustiabant de populacionibus* (Erchem., *Hist. Lang.*, p. 253).

[261] Questo luogo comune, che però aveva un riscontro reale nelle accuse mosse da re Carlo (poi Carlo Magno) nel 776 (vedasi l'annata relativa), è già noto nella storiografia classica, dove ad esempio viene usato dagli autori grei e romani per spiegare le ragioni della calata in Italia dei Galli agli inizi del IV secolo a. C.; ma lo si ritrova anche nel *Liber Pontificalis* (*Lib. Pont.*, tomo I, p. 305, ll. 1-3), ammettendo la responsabilità del generale Narsete per aver chiamato nella penisola i Longobardi, avendo i Romani dichiarato di preferire la propria sudditanza ai Goti piuttosto che ai Bizantini (*Tunc egressus Narsis de Roma venit Campania et scripsit genti Langobardorum ut venirent et possiderent Italiam*).

[262] Notizie pertinenti ad avvenimenti ed anni differenti sono, infatti, giustapposte sulla base di omonimie dei personaggi coinvolti; si viene perciò a creare da situazioni vere, se prese singolarmente, un racconto nel complesso caotico e non sempre vicino alla realtà.

[263] *ChBen*, pp. 149-150 e note relative.

[264] *ChBen*, p. 148 ll. 12-14.

[265] *ChBen*, p. 150 n. 2.

Il secolo IX

Si può quindi agevolmente pensare, senza forzare troppo il testo, che Benedetto, nella confusione dei dati raccolti e di nomi uguali ricorrenti per persone diverse, abbia scambiato Carlo per Ludovico. Anzi, il monaco doveva aver avuto accesso diretto agli archivi epistolari pontifici, riportando così informazioni riservate e sconosciute ai più.

All'anno 876 risale un gruppo numeroso di lettere, scritte quasi ogni giorno da Giovanni VIII a Carlo il Calvo, nelle quali si prospetta e poi è dato per accaduto un secondo pesante saccheggio saraceno del suburbio di Roma. Infatti, il 21 aprile il papa relaziona il contenuto del sinodo tenuto a Roma due giorni prima e rivolto ai prelati di Gallia e Germania[266].

Uno dei temi trattati è la messa in stato di accusa di Formoso, vescovo di Porto[267], responsabile, assieme ai suoi collaboratori Gregorio e Costantino, *nomenculatores*, Stefano, *secundicerius*, e Sergio, *magister militum*, di aver stretto accordi con i Saraceni, o comunque di aver cercato di favorirne l'ingresso a Roma.

Il settore di campagna e delle mura urbane maggiormente esposti sono quelli occidentali, dalla parte di Porta S. Pancrazio sulla Via Aurelia, sguarnita di ogni protezione, e costoro *noctis silentio cum adulteris clavibus portam Urbis quae vocatur sancti Pancratii aperuerunt et cum suis complicibus cumque omnibus thesauris sanctae Dei ecclesiae Sarracenis undique populantibus diffugerunt portasque patentes relinquentes multis margaritis fugiendi et Sarracenis ingrediendi aditum, nisi nos divina custodia tueretur, procul dubio reliquerunt*[268].

Un secondo tentativo di far entrare i Saraceni si ripete poco dopo, ad opera di Gregorio, *quos per suos familiarissimos Sarracenos iam invitaverat intra Romanam urbem* e che in un'altra occasione apre nuovamente *portas huius sacrae Urbis Sarracenis circumquaque imminentibus*[269].

Ammettendo che il saccheggio della Campagna Romana, nella parte delimitata dalla riva destra del Tevere, rispecchi la direttrice seguita dagli attaccanti per raggiungere la città e, di conseguenza, il punto nel quale è avvenuto lo sbarco, quest'ultimo va cercato sulla costa NO e deve corrispondere al porto di *Centumcellae*, come rivelano gli eventi successivi.

A settembre, infatti, una minaccia maggiore incombe su Roma e Giovanni VIII scrive a Bosone, genero di Carlo il Calvo, conte di Vienne e *dux Provinciae*[270], con la supplica di preparare rapidamente un efficace dispositivo di difesa del litorale laziale, avendo il papa appreso da fonti attendibili: *certa relatione didicerimus [...] che stolum amplissimum in proximo ad expugnandam Urbem venturam, id est centum naves, ex quibus cum equis sunt quindecim grandes*.

Contemporaneamente richieste di aiuto vengono inviate, inutilmente, a Carlo il Calvo[271] e, poco dopo, di nuovo a Bosone[272]; il carteggio continua almeno fino al 15 novembre[273] per poi cessare nei due mesi successivi. A questo punto subentra il *Chronicon* di Benedetto, con le sue notizie relative al tempo di Carlo il Calvo e ai tragici avvenimenti di *Centumcellae*.

Il monaco ricostruisce la vicenda grazie alla lettura delle diverse epistole di Giovanni VIII (alcune delle quali senza dubbio perdute, come quella relativa alla conquista di *Centumcellae*), riprendendone il contenuto e talora copiandone le espressioni più suggestive.

La sequenza degli avvenimenti proposta dall'autore[274] mette in primo piano, come si è annunciato in apertura di annata, il motivo del tradimento da parte dei Romani, desiderosi di sottrarsi all'autorità del Sacro Romano Impero e quindi aperti a qualunque trattativa con i Saraceni[275]; subito dopo[276] *tanta denique Aggareni in Italia ingressi a Centucellensis portus, sic impleverunt faciem terre, sicut locuste velut segetem in campo*.

Verisimilmente si tratta della flotta di 100 navi annunciata da Giovanni VIII nel mese di settembre e, come lascia intendere l'impiego dell'etnico Agareni, proveniente dall'Africa o dalla Sicilia. La scelta di approdare a *Centumcellae* deve essere stata dettata dalla possibilità di bottino nelle terre intorno[277], dalla conoscenza che ormai i marinai musulmani hanno acquisito delle acque del porto,

---

[266] MGH, *Epist.*, tomo VII, Berolini 1928, pp. 326-329 (n° 9).

[267] E' il futuro papa Formoso (891-896).

[268] MGH, *Epist.*, tomo VII, Berolini 1928, p. 327 (n° 9), ll. 8-12. Gli *Annales Bertiniani* riportano la notizia di una richiesta, avanzata da papa Giovanni VIII nell'878, di conferma ai vescovi della Gallia e del Belgio del provvedimento di scomunica emanato contro *Landbertum, et Adalbertum, Formosum quoque et Grecorum nomenculatorem, ac complices illorum Romae* (Ann. Bert., p. 141). Nel discorso però non emerge alcun riferimento a questi tragici avvenimenti, né si spiega in che cosa le suddette persone siano state complici di Formoso.

[269] MGH, *Epist.*, tomo VII, Berolini 1928, p. 328 (n° 9), l. 31.

[270] La Provenza svolge in questo periodo un ruolo strategico nell'organizzazione della difesa del Mediterraneo centrale contro le incursioni musulmane, essendo più vicina dell'Italia al cuore del Sacro Romano Impero e avendo al tempo stesso un numero di porti sufficiente per poter controllare le rotte dalla Spagna per la Sardegna e la Corsica e respingere, al bisogno, qualunque attacco proveniente dall'Africa e dalla Sicilia.

[271] MGH, *Epist.*, tomo VII, Berolini 1928, p. 6 (n° 7).

[272] MGH, *Epist.*, tomo VII, Berolini 1928, pp. 1-2, n° 1. In questa lettera se ne sollecita il pronto intervento *pro maxima necessitate huius nostre regionis, quam Sarraceni pene totam depopulati sunt*.

[273] MGH, *Epist.*, tomo VII, Berolini 1928, pp. 19-21 (n° 22).

[274] ChBen, p. 148.

[275] Tale motivo, già visto nella denuncia di Carlo Magno del 776, è presente nella relazione papale del 21 aprile dell'876.

[276] ChBen, p. 148, ll. 12-14.

[277] Secondo una suggestiva ipotesi avanzata dall'amico Maurizio Ghigi, tra gli obbiettivi dei Saraceni vi potrebbe esservi stato anche l'accertamento di voci, magari riportate in Africa dai mercanti musulmani, sull'esistenza di affioramenti di filoni di allume (sulla loro importanza nel commercio altomedievale nei porti musulmani e occidentali vedasi Cahen 1965, p. 431). Data la loro dimestichezza con questo minerale e l'intensa attività estrattiva nei giacimenti siriani, erano infatti in grado di riconoscerlo facilmente. Il ricordo di questi ritrovamenti si potrebbe poi essere mantenuto nei secoli, venendo raccolto e verificato intorno al 1460 da Giovanni da Castro. Alla scoperta delle Allumiere sui Monti della Tolfa avrebbe certo contribuito l'agrifoglio, come vuole la tradizione, ma la sua ricerca sarebbe stata avviata dietro indicazioni abbastanza precise raccolte dal medesimo Giovanni in Anatolia. In via del tutto ipotetica si potrebbe persino pensare che la località La Bianca, cuore della prima area mineraria, situata 1000 m a SE di Allumiere, debba la propria origine all'arabo *al bayda* (propriamente 'la Bianca'). Il toponimo (qui attestato solo a partire dal secolo XV) è noto in Spagna e in Sicilia, presso Palermo ('Ibn Hawqal, *Kitab 'al masâlik*, § 2, in Amari 1880-1881, vol. I, p. 17, 23), dove è rimasto nella forma Baida ad indicare uno dei sobborghi dell'abitato, in posizione elevata (Pellegrini 1961, p. 157). Sui Monti della Tolfa, dove è dubbia anche l'interpretazione da dare al non lontano Monte Turco, la denominazione potrebbe essere stata introdotta nel IX secolo proprio dai mercanti o da nuclei arabi, stanziatisi subito dopo sulla costa, e lasciata come segno per rintracciare nell'area i filoni di allume affioranti. Ritradotta in italiano, sarebbe rimasta nel tempo quasi ignorata, venendo riconosciuta solo da chi come Giovanni da Castro era in grado di intuire l'effettiva portata del toponimo (Del Lungo 1999, pp. 41-48).

preventivamente frequentate all'inizio dell'anno, e infine dal bisogno di proteggersi le spalle contro eventuali sbarchi di truppe franche provenienti dalla Provenza[278]. L'entità dellaspedizione appare dai termini in cui sono enunciati i danni apportati al territorio circostante e, senza dubbio, alle campagne estendentesi sui due lati della Via Aurelia sino a Roma:

facta est Tuscie provincia desolata, et civitates in opprobrium, Romani afflicti merore apostolicus[279].

Queste stesse affermazioni sono contenute nella lettera spedita da Giovanni VIII a Carlo il Calvo nel mese di settembre, quando cioé si paventava il pericolo e si era a conoscenza dell'approssimarsi minaccioso di una flotta nemica[280]:

Quapropter nimis dolentes gementesque iterum iterumque dilectionem tuam monemus, hortamur et obsecramus, ne differas ultra, nec patiaris populum Domini ab illis divinitus fulminandis Agarenis discerpi, qui operuerunt universam superficiem terre sicut locuste, ita ut pene cuncte habitatoribus inde sublatis et in predam et gladium traditis, redacta sit in solitudinem et in cubilia bestiarum.

Da notare soprattutto il breve passaggio sulle «locuste», sugli effetti delle «distruzioni» compiute dai Saraceni e sulle popolazioni colpite, costrette a rintanarsi nei rifugi degli animali, cioé né più né meno di quanto il biografo di Leone IV aveva scritto parlando degli abitanti di *Centumcellae* all'indomani del saccheggio dell'813[281]. Alle razzie dei Saraceni partecipano anche bande locali, responsabili forse dell'estendersi degli attacchi a zone anche distanti dalla direttrice seguita dagli invasori[282].

In una lettera della seconda metà di novembre indirizzata a Carlo il Calvo il papa definisce desolante lo spettacolo lasciato da Cristiani e Agareni nelle campagne[283]:

Redacta est terra in solitudinem et ablatis ab illa hominibus ferarum saltus effecta est; civitates, castra et ville subverse nec, ubi earum fuerint edificia, innuunt; sed et venerabilia loca destruentes altarum Domini suffoderunt, ministros et servos eius occiderunt.

Tale situazione è in qualche modo confermata alcuni anni più tardi da Hâroun 'ibn Yahya, il quale, in visita a Roma, evidenzia come «la sua popolazione è esposta alle scorrerie per mare dei Berberi di Spagna e Tâhurt (Marocco), provenienti dai paesi di 'Idrîs 'Ibn 'Idrîs (Tunisia) e Tâhurt superiore»[284].

Da qui diventa difficile distinguere nel testo del *Chronicon* quanto su Roma sia relativo all'846 e all'876, compresa la vicenda del conte, duca o marchese Guido di Spoleto e del pronto intervento degli eserciti della Sabina[285]. Sicuramente vanno escluse le parti relative ai combattimenti entro la città papale, che, come risulta da una lettera di Giovanni VIII a Carlo il Calvo del 10 febbraio 877, in questo periodo è rimasto il solo baluardo sano contro i Saraceni, circondato da totale devastazione[286]; mentre è logico considerare pertinenti le righe sulla conclusione precipitosa della spedizione:

Aggareni antecedenter et fugientes, sicque venerunt a Centucellensis portus; verumtamen decima pars ex eis non remansit. In nave ascensis Aggarenis, cum omnes decore Ecclesie sancte in mari ingressi sunt[287], senza incontrare altra opposizione, essendo *Centumcellae* in parte disabitata, soggetta a frequentazione periodica e permanenza temporanea da parte dei pirati, affiancati da una colonia di mercanti locali o di altre zone della penisola, interessati alla ricettazione dei beni razziati.

anno 877: il papa non fa nemmeno in tempo a dare all'imperatore un resoconto dettagliato dei danni subiti[288] che contemporaneamente si prospetta una nuova minaccia,

---

[278] La stessa tattica si è vista adottata da re Astolfo nel 749 (vedasi l'annata relativa).
[279] *ChBen*, p. 149, ll. 11-13.
[280] MGH, *Epist.*, tomo VII, Berolini 1928, p. 7 (n° 8), ll. 24-31.
[281] Su suggerimento del Dott. Eugenio Susi, il motivo del drago a Blera e dello scontro con s. Senzia potrebbe anche essere frutto della trasposizione di una battaglia combattuta dagli abitanti dell'abitato fortificato contro una banda musulmana, addentratasi nella Valle del Mignone e proveniente da Civitavecchia alla fine del secolo IX. Il dato rimane tutto da verificare, con confronti anche del binomio santo-drago nell'Umbria sud-orientale (l'esempio di s. Mauro e s. Felicita a Terni), aggiunto proprio nei secoli IX-X ad alcune vite di santi (scritte in precedenza) in memoria della frequentazione araba di quei luoghi e dei danni arrecati. Se questo risultasse veritiero, l'idea del drago come metafora dei Musulmani-Pagani, secondo l'ottica cristiana, si associerebbe bene alla circostanza che pone il culto dell'Arcangelo s. Michele in funzione protettrice delle popolazioni esposte agli attacchi saraceni (Del Lungo 1996, vol. II, pp. 175-176).
[282] Tanto, alla conclusione di tutto nessuno avrebbe potuto distinguere le devastazioni compiute dai Saraceni da quelle di ladri del posto. Si pensi, ad esempio, alla vicenda dell'abbazia di Farfa, a quanto sembra conquistata ma salvaguardata dai Musulmani, che la volevano trasformare in propria base di operazioni, e distrutta da banditi provenienti dal non lontano paese di Catino (*ChF*, vol. I, pp. 28-32).
[283] MGH, *Epist.*, tomo VII, Berolini 1928, p. 35 (n° 36), ll. 20-23.
[284] L'affermazione sembra essere completata da 'al Himyarî che nel suo *Kitâb 'al Raud 'al mi'târ fi khabar 'al aqtâr*, proprio in riferimento al mare dice:«fra Roma e il Mediterraneo ci sono 12 miglia e così fra essa e il Mar settentrionale. La popolazione di Roma è la più codarda delle creature di Dio altissimo» (Stasolla 1973, p. 237). Per la citazione completa e gli opportuni riferimenti bibliografici si rinvia al capitolo VII, paragrafo 2 di questo volume.
[285] La strada seguita dagli eserciti dei duchi o dei re, delegati dall'imperatore alla difesa delle coste tirreniche e degli abitati sino a Spoleto, usciva a S di questa città e, dopo aver percorsa a mezzacosta l'angusta Val Serra in direzione di Terni (evitando così il duro valico della Somma, superato dalla Flaminia), sboccava in pianura in corrispondenza di Rocca S. Zenone. Da qui, volendo evitare le paludi della Conca Ternana, si innestava sulla via pedemontana ben fortificata dalla Rocca a Cesi e sino a S. Gemini, dove si immetteva nel ramo occidentale della Flaminia, agevole e in collegamento diretto con Narni e Otricoli, oltre che, tramite diverticoli, all'Amerina. Il credere nella scelta di un percorso più lungo di quanto non fosse altrimenti consentito dai luoghi, ma quasi sempre transitabile nell'arco dell'anno a differenza di altri, è supportato dalla denominazione *Via de Tussi* avuta da questa strada nel 1027 (*RF*, vol. IV, pp. 173-174, n° 766) e mantenutasi ancora nel secolo XIV nell'appellativo della chiesa di S. Martino de Tussi e infine in quello di S. Biagio delli Tozzi presso Cesi (C. Perissinotto, *Il territorio ternano nel Medioevo: note per uno studio storico-topografico*, e id., *Cesi. Il Medioevo*, in *I Centri Minori dalla storia al recupero dell'identità*, (*La più grande Terni*), Perugia 1992, pp. 19-37 (in particolare p. 28), 55 e n. 10). La parola *Tussi* è con buona probabilità erede del nome geografico *Tuscia*, rimasto in uso nell'Alto Medioevo dopo la perdita del secondo elemento della denominazione originaria (*Tuscia et Umbria*). L'idea è confermata dalle fonti, in cui ad esempio proprio Guido di Spoleto è definito *qui illo in tempore Tuscis praeerat*, sebbene poi si distingua tra *Tusci plane necnon Spoletinque* (*ChSal*, 82, p. 509; vedasi anche Erchem., *Hist. Lang.*, 17, p. 247 e 25, p. 249). Venendo alla strada, sarebbe anomalo pensare alla sopravvivenza di un appellativo di così ampio respiro geografico, se quello non fosse il percorso seguito di preferenza dalle truppe provenienti da Spoleto nei momenti di maggiore crisi.
[286] MGH, *Epist.*, tomo VII, Berolini 1928, pp. 29-30 (n° 31).
[287] *ChBen*, p. 151 ll. 16-19.
[288] Lettera del 10 febbraio 877, in MGH, *Epist.*, tomo VII, Berolini 1928, pp. 29-30 (n° 31).

proveniente questa volta non da *Centumcellae*, ma da SE e avente come obbiettivo non Roma, sebbene le arrivino molto vicino, ma il cuore dell'Italia. Truppe saracene provenienti dall'Africa e dalla Sicilia[289] sono sbarcate con molta probabilità alla foce del Garigliano[290] e, risalite le valli del Liri e dell'Aniene, dopo aver oltrepassato Tivoli dilagano per la Campagna Romana, tenendosi sempre presso il corso del fiume.

Giunti poi alla confluenza con il Tevere toccano marginalmente Roma, deviando verso N e invadendo la Sabina[291]. Il *Chronicon* di Benedetto[292] specifica che essi *ceperunt tota Campania ferro, igne, vastare; territorio Ciculano, et Savinensis, et civitas Narnienses, et civitas Ortana, et civitas Nepisina in suis dominiis redacte sunt* [293], ossia parte di quelle città, come ad esempio Orte, che Leone IV, intorno agli anni 850-853, aveva provveduto a dotare nuovamente di fortificazioni[294], prevedendo forse quali sarebbero stati i probabili obbiettivi di una profonda incursione araba, condotta sfruttando proprio il fiume Tevere come asse di penetrazione nell'entroterra laziale[295].

Gli effetti del recente passaggio saraceno sulle suddette terre vengono brevemente ma efficacemente descritti dal papa tre giorni dopo il precedente comunicato, in una nuova missiva a Carlo il Calvo, nella quale si ribadisce la direttrice seguita dagli aggressori e la condizione in cui appare la campagna a N e a NE di Roma[296]:

illi saepe usque ad muros Urbis quamvis clandestinis horis pervenerint, sed et Tiberinum fluvium, qui olim Albula dicebatur, iuxta Sabinorum confinia pertransierint, et isti, qui nobis vicini sunt, ea autem parte ita seviant et debacchentur, ut non nominem, non agrum, non iumentum, non pecus, non quicquam ex his, que sancti Petri iuris existunt, dimittere patiantur, sed omnia, que oculo vident, manu diripiant et mala, que cogitant, sine mora perficiant.

La drammatica situazione, aggravata probabilmente dalla costante presenza di una flotta ai limiti sud-orientali delle coste pontificie, trova parziale soluzione nel mese di aprile[297], grazie all'arrivo *in partes Beneventanorum* di un esercito e di un cospicuo numero di navi da guerra bizantine, mandate dall'imperatore Basilio I.

Poiché però lo scopo della missione non sembra essere la riconquista delle città occupate dai Musulmani ma la sola difesa delle terre ducali della penisola, contro eventuali penetrazioni nemiche lungo le vie di transumanza e attraverso la catena appenninica, Giovanni VIII chiede *ut vel decem bona et expedita chelandia ad portum nostrum trasmittas ad litora nostra de illis furibus et pyratis Arabibus expurganda.*

Poco dopo, alla fine del mese, per consolidare i rapporti diplomatici con i ducati e i principati campani invita i rispettivi rappresentanti a riunirsi a Traetto[298]. Lo scopo è di dissuaderli dall'intrattenere rapporti commerciali con i porti arabi e dall'ospitare imbarcazioni o addirittura flotte provenienti da quei paesi, circostanza evidentemente

---

[289] Benedetto (*ChBen*, p. 152, ll. 3-5), ricorrendo al luogo comune del tradimento compiuto dai Romani contro i Franchi, afferma che costoro *miserunt legationes a Palermo et Africe, ut venirent et possiderent Italico regno*. Significativo è il riferimento a Palermo e all'Africa, cioé alle zone dei domini arabi maggiormente coinvolte nella conquista dell'Italia in questi anni.

[290] Questo particolare lo lascia intendere l'abate Ugo, di Farfa, nella sua *Destructio monasterii Farfensis* (*ChF*, p. 32), dove si legge che il nucleo di partenza di tutte le incursioni nella penisola era *ad flumen Lirim, quod vulgo Garilianum dicitur, ubi habebant navigia* e in coincidenza di queste si ebbe l'abbandono dell'abbazia, che durò per 48 anni, ossia per tutto il tempo della permanenza saracena in Italia (ma l'abate non tiene conto della resistenza ad oltranza attuata nel periodo fra l'891 e l'898 dal suo predecessore Pietro) calcolato a ritroso a partire dall'inizio del regno di Ugo nel 926. Ciò porta avere la data dell'878 come inizio delle ostilità, molto vicino all'anno 877 delle lettere papali.

[291] L'itinerario seguito dai Saraceni è riportato minuziosamente da papa Giovanni VIII nella stessa lettera del 10 febbraio sopra citata (MGH, *Epist.*, tomo VII, Berolini 1928, p. 29, n° 31): *quia tota Campania ab ipsis Deo odilibus Saracenis funditus devastata iam fluvium, qui a Tiburtina urbe Romam decurrit, furtim transeunt et tam Sabinos quam sibi adiacentia loca praedantur. Sanctorum quoque basilicas et altaria destruxerunt, sacerdotes et sanctimoniales, alios quidem captivos destruxerunt, alios autem variis mortibus necaverunt et omnem Christi sanguine redemptum populum in circuitu deleverunt.*

[292] *ChBen*, p. 153, ll. 2-4.

[293] Anche Benedetto pone come punto di partenza di questo attacco il Garigliano (*ChBen*, pp. 152-153), ma sovrappone questa notizia a quella della creazione della base musulmana alla foce del fiume, avvenuta circa quattro anni più tardi.

[294] Il *Liber Pontificalis* esprime in maniera piuttosto esplicita il compito di difendere Roma e il suo patrimonio, che il pontefice si assume di fronte allo sconcerto e all'emozione provata di fronte all'attacco musulmano dell'846: *Cumque pari devotione communione consilio universi Romani proceres de futuro cogitarent pontifice, ut quis esset qui tam sanctum et inviolabilem locum cum omnipotentis Dei timore regere vel gubernare potuisset, confestim fama beatissimi praesulis simul et meritum ab omnibus patefacta est, totamque per urbem diffusa* (*Lib. Pont.*, tomo II, p. 107, ll. 1-4).

[295] *Lib. Pont.*, tomo II, p. 127. Questa capacità di previsione permette al papa, particolarmente attento a far tesoro dell'esperienza passata e di quelle recenti, di cogliere i minimi accenni e le avvisaglie, comunicategli anche, forse, da mercanti e viaggiatori in contatto con i principali porti dell'Africa settentrionale.

[296] MGH, *Epist.*, tomo VII, Berolini 1928, pp. 31-32 (n° 32). Tra le ripercussioni immediate del profilarsi del pericolo di saccheggi si ha il trasferimento delle reliquie di molti santi dalle chiese rurali al riparo delle cinte fortificate dei centri maggiormente difesi. Un provvedimento del genere era stato consigliato nell'846 al papa Sergio II dal *comes* Adelberto, ma senza successo (vedasi l'annata relativa). Diversa è invece la reazione delle popolazioni umbre tra l'876 e il 914. Infatti, nel corso di uno scambio di idee con il Dott. Eugenio Susi, che colgo l'occasione per ringraziare degli utili suggerimenti, da un confronto tra testimonianze topografiche e agiografiche è emersa per questo periodo l'emigrazione di molte reliquie e dei relativi culti di santi dalla Valnerina all'alta Valtiberina, tra Fossato di Vico, Gubbio e Città di Castello (per esempio San Secondo, in movimento da Amelia a Gubbio; E. Susi, *Strade e culti dell'Umbria meridionale nell'Alto Medioevo*, in *Beato Antonio Vici "Frate Devoto". Atti del VI incontro di Studio* (Stroncone, 29 novembre 1997), (Il beato Antonio da Stroncone, III), Assisi 1999, pp. 232-237). Le terre lasciate libere coincidono proprio con le aree dell'Umbria sud-orientale che, secondo le fonti latine coeve, sono occupate e maggiormente soggette a scorrerie da parte degli Arabi. Per le possibili analogie di movimento di culto nell'Italia meridionale bizantina si rimanda al contributo di E. Follieri, *I santi dell'Italia greca*, in *Oriente Cristiano e santità. Figure e storie di santi tra Bisanzio e l'Occidente*, catalogo della mostra, a cura di S. Gentile, Roma 1998, pp. 93-106.

[297] Lettera del 17 aprile 877, in MGH, *Epist.*, tomo VII, Berolini 1928, p. 45 (n° 47). A questa accenna Hincmaro, vescovo di Reims e continuatore degli *Annales Bertiniani* dopo Prudenzio di Troyes a partire dagli eventi dell'862. Avendo evidentemente letto direttamente o tramite copie riassunte le epistole papali, le usa per descrivere in breve la pericolosa situazione in cui si trova Roma e il suo territorio nell'877 e per sottolineare come *tam verbis quam litteris eum* (l'imperatore Carlo) *apostolicus Iohannes* (Giovanni VIII) *Romam vocavit, quatenus, sicut promiserat, sanctam Romanam ecclesiam a paganis quibus infestabatur eriperet atque defenderet* (*Ann. Bert.*, pp. 134-135).

[298] MGH, *Epist.*, tomo VII, Berolini 1928, pp. 48-49 (nn¹ 51-52).

verificatasi anche nel febbraio di quest'anno[299].

Le delegazioni si riuniscono dal 24 al 27 giugno ma i lavori non giungono ad alcun risultato concreto a causa di interessi economici, che vedono nelle navi musulmane un veicolo di merci pregiate e, in caso di rovesciamento o rottura di alleanze, un potenziale pericolo negli uomini già impegnati in campo come mercenari dai diversi potentati locali[300].

anno 878: la richiesta del pontefice avanzata il 17 aprile dell'anno precedente all'imperatore è rimasta senza risposta né effetti concreti. L'urgenza però di prevenire e impedire nuovi sbarchi di truppe musulmane, che possano dare manforte a quanti si sono già insediati nel cuore della penisola, si traduce in due lettere che Giovanni VIII scrive nei mesi di gennaio-febbraio a Waiferio, principe di Salerno, e a Landolfo, vescovo di Capua, chiedendo un sostegno nel sollecitare gli Amalfitani a mettere in atto il dispositivo marittimo di difesa locale precedentemente concordato[301].

Il piano prevede che la città pattugli costantemente con le sue imbarcazioni il litorale *a Traiecto* (Minturno e la foce del Garigliano) *usque Centumcellas*, ossia i due punti maggiormente interessati negli ultimi anni da sbarchi e violenti attacchi saraceni, fra i quali si trovano Ostia e Porto, implicitamente comprese. A tal fine la Chiesa ha già versato, tramite gli abati Giovanni I, di Farfa, e Anastasio, di S. Salvatore Maggiore[302] un compenso *in decem milium mancusorum*, senza però vedere risultati concreti[303].

anno 879: mentre la flotta imperiale sconfigge nelle acque antistanti Napoli una squadra saracena[304], Giovanni VIII è ancora impegnato nella causa contro gli Amalfitani inadempienti.

A settembre chiede a Waiferio un incontro a *Traiectum*, per trattare la spinosa questione *de mancosis, quos pro defensione terre sancti Petri* (cioé da Traetto a *Centumcellae*) *dedimus te presente Amalfitanis*.

Considerate le proteste sollevate dalla città marinara, sentitasi ingiustamente chiamata in causa, il papa vuole che, per evitare ulteriori "calunnie", una rappresentanza di navi di Amalfi si rechi *usque in portum urbis Romane* e restituisca il denaro ricevuto, ponendo fine ad ogni malinteso[305].

La questione sembra rimanere in sospeso, a seguito dell'aggravarsi di altri eventi. A Napoli Atanasio, ucciso il fratello Sergio, diviene il nuovo duca e, stabilita immediatamente una pace con i Saraceni (*pace cum saracenis firmata*), si offre di ospitarli nel suo territorio (*eos iuxta Neapolim collocavit*, quindi a Miseno o più probabilmente alle pendici del Vesuvio)[306] in cambio di appoggio militare ai danni degli altri ducati concorrenti.

L'attività di scorreria, che per i Musulmani coincide anche con l'accertamento dei luoghi utili, sui quali fissare i punti di appoggio principale per una successiva conquista stabile dell'entroterra peninsulare centro-meridionale, comincia quasi subito con attacchi rivolti sistematicamente contro i territori di Benevento, Capua e Salerno, e quelli di Roma e Spoleto, da soggiogare per evitare il pericolo di vedere riorganizzata una reazione anti-saracena con ampia partecipazione imperiale:

tam Beneventum quam Capuam atque Salernum, Romam quoque nec non Spoletium devastare cum esi acriter cepit, multaque tunc temporis monasteria et ecclesie cum villas et urbibus incensa ac desolata ab eis sunt[307].

anni 880-881: un conflitto sorto tra Docibile, duca di Gaeta, e Pandenolfo, principe di Capua, induce il primo a ricorrere al sostegno militare dei Saraceni, nel frattempo stanziatisi ad Agropoli, a SE di Salerno, punto fortemente strategico ai margini meridionali del golfo omonimo[308]. La loro marcia di avvicinamento alla città del nuovo alleato viene presa a pretesto per i saccheggi, a spese degli abitati e delle popolazioni più esposte:

primo conduxit eos marino itinere ad lacum Fundanum, in locum ubi sancta Anastasia vocatur[309], *et inde per fluvium ascendentes usque Fundis*, ripetendo le devastazioni dell'846[310]; da qui poi *Caietam perveniunt, et in Formianis collibus sua castra componunt*[311], scegliendo una posizione simile a quella assunta, sempre nell'846, a conclusione della scorreria contro Roma.

---

[299] Il Tucciarone pone proprio al mese di febbraio la prima comunicazione scritta dal pontefice al vescovo di Traetto, Domenico, per annunciargli la scelta della sua città come sede del prossimo incontro diplomatico (Tucciarone 1991, p. 55).

[300] Cilento 1971, p. 144; Tucciarone 1991, pp. 55-59. Sui contatti commerciali (compresa la tratta e la vendita degli schiavi) tra ducati bizantini, principati longobardi e emirati arabi vedansi le indicazioni contenute in Cilento 1971, pp. 142-143 e F. L. Ganshof, *Note sur un passage de la vie de S. Gérard d'Aurillac*, in *Mélanges N. Jorga*, Paris 1933, pp. 295-307.

[301] MGH, *Epist.*, tomo VII, Berolini 1928, p. 75, n° 79; p. 81 (n° 86). L'accordo era stato raggiunto alla fine del cosiddetto 'congresso di Traetto', di cui si accenna nell'annata precedente.

[302] Scelta non casuale, se si pensa al timore suscitato dalla minaccia di avere nuclei saraceni stanziati o frequentanti i territori e le vallate limitrofe a quelle abbaziali. Farfa e S. Salvatore sono quindi, in questo momento, le istituzioni ecclesiali maggiormente interessate a che si impediscano ulteriori infiltrazioni saracene.

[303] Anche in momenti di forte pressione, come quello attuato dai Saraceni, non si ha alcuna interruzione della navigazione regolare nel Tirreno, e di conseguenza non vengono meno i traffici commerciali da e per le isole maggiori e i principali approdi della penisola (*Ann. Fuld.*, p. 332).

[304] MGH, *Epist.*, tomo VII, Berolini 1928, p. 214 (n° 245); pp. 232-233 (n° 263).

[305] MGH, *Epist.*, tomo VII, Berolini 1928, p. 192 (n° 214). In generale sulla questione del trattato con gli Amalfitani vedasi Leggio 1987, pp. 61-62.

[306] Agropoli, oltre che troppo lontana, si trova nel cuore del principato salernitano e verrà alla ribalta solo negli anni seguenti, mentre del Vesuvio si parla come sede già occupata nell'883 dai Saraceni alleati di Atanasio (vedasi l'annata relativa).

[307] *Chron. Mon.* I, 40, p. 110. Leone Marsicano pone direttamente i nomi dei centri abitati, senza specificarne il circondario, quasi che gli obbiettivi fossero costituiti solo dalle città; ma in realtà il testo va interpretato in senso lato. Ancora una volta, poi, Spoleto (come nell'846) si presenta quale punto strategico in cui re imperatori concentrano truppe ed eserciti per proteggere l'Italia centrale e le vie di transito dall'Adriatico al Tirreno, al centro degli interessi e degli attacchi musulmani.

[308] Un primo sbarco a Punta Licosa, presso Agropoli, sarebbe già avvenuto nell'846, in contemporanea con l'occupazione di Miseno e i preparativi per l'attacco contro Roma (*Arabi in Italia* 1979, p. 113; vedasi anche l'annata 883).

[309] Ora Canale S. Anastasia, 8700 m a ONO di Sperlonga.

[310] Forse è questa l'occasione in cui viene deciso dal tribuno Platone lo spostamento delle reliquie di s. Magno a Veroli, nella cattedrale di S. Andrea, prima del loro secondo ed ultimo trasferimento ad Anagni, a seguito dell'occupazione araba della bassa valle del Sacco (M. C. Celletti, voce *Magno, vescovo di Trani*, in *Bibliotheca Sanctorum*, a cura di AA. VV., vol. VIII, Roma 1967, coll. 552-554).

[311] *Chron. Mon.*, I, 43, pp. 112-113.

Il secolo IX

Papa Giovanni VIII, preoccupato dell'eventualità di avere una base saracena ad una distanza relativamente ridotta dal Tevere, esercita pressioni sui Caietani affinché raggiungano un accordo con il duca Pandenolfo e, pertanto, si liberino dei pericolosi alleati. Docibile risponde presto all'invito, aprendo le ostilità contro i Musulmani e dopo un duro scontro, *in quo bello Caietanorum plurimi et cesi et capti sunt*, riesce ad averne la meglio[312].

Costoro, preoccupati più di perdere le posizioni vantaggiose acquisite nel territorio che delle perdite subite, chiedono di poter stringere un secondo patto con il duca e di ricevere una nuova sede; la scelta cade *in Gariliano*[313], o meglio sul *Mons Garelianus*, corrispondente non tanto all'odierno Monte d'Argento, in posizione dominante rispetto all'abitato di Marina di Minturno e ultimo rifugio nel 915[314] ma, molto probabilmente, alle rovine dell'antica *Minturnae* e ad una delle alture e ai luoghi intorno alle terme di Suio[315].

La provenienza del nucleo arabo ivi trasferito viene dichiarata dall'Annalista Saxo e ripresa da altre fonti successive:

Sarraceni ex Affrica a rege suo[316] *missi in Italiam sub ditionem illius Apuliam et Calabriam fortiter redegerunt, et Romam versus girantes, Galerianum montem sibi muniunt, unde multas Italiae urbes debellant*[317].

Le loro aggressioni, guidate da un certo *Allik* o *Ullaiq*[318], interessano da questo momento soprattutto i principati di Salerno e Benevento, i ducati costieri bizantini, le principali abbazie (S. Vincenzo al Volturno viene attaccata il 10 ottobre 881 e Montecassino il 4 settembre 883)[319] e i centri abitati dell'entroterra laziale e campano, offrendo all'occorrenza manforte anche ai nuclei di Sabina, Reatino e Piceno, e sovrapponendosi alle profonde incursioni compiute dal consistente nucleo saraceno ospitato da Atanasio a Napoli[320].

A questo periodo va ricondotto anche l'incendio del monastero di S. Benedetto a Subiaco, nel cuore della valle dell'Aniene e quindi lungo la via più diretta, per i Musulmani provenienti dal Lazio meridionale, per penetrare nella Campagna Romana, aggirando le vaste Paludi Pontine, e dirigersi in Sabina e sul medio corso del Tevere, in una sequenza già sperimentata con successo nell'876.

Gli estremi per circoscrivere la data del tragico avvenimento sono costituiti da un atto di donazione del 21 agosto 883, in cui Subiaco è investito fra l'altro dei diritti su buona parte del corso del fiume sottostante[321], e, dopo un vuoto documentario di circa 40 anni, da una transazione del 4 febbraio 923, dove ottiene la restituzione di alcuni terreni in territorio di Affile[322]. Per i decenni intermedi se ne hanno altri quattro, che però riguardano solo privati cittadini e due monasteri di Roma.

Il primo risale al 20 agosto 897 ed è di S. Erasmo al Celio, che si impegna per un terreno posto al VI miglio della Via Latina[323]. Il monastero, essendo rimasto in abbandono, viene concesso da Leone VII ai Sublacensi il 9 febbraio 938 *pro refugio et utilitate congregationis fratrum. In eodem venerabili loco laudes domino Deo nostro exsolvere debeatis Imperpetuum ne quod absit a persecutione paganorum vel ab iniquis hominibus supradictum monasterium Sancti Benedicti destruatur*[324].

Nonostante l'intervento tardivo del pontefice è lecito supporre che, considerato il motivo della donazione, la chiesa romana fosse già stata usata quale estremo rifugio dai monaci, scappati dalla valle dell'Aniene di fronte agli attacchi musulmani. Ivi saranno rimasti anche dopo il 915 e la definitiva distruzione della base sul Garigliano, attendendo un intervento deciso di Giovanni X e di Leone VII per avviare la ricostruzione del complesso di Subiaco e il recupero dei suoi beni[325].

<u>anno 881</u>: negli *Atti di San Magno*, citati dal Pantanelli[326],

---

[312] L'Aurigemma e il De Santis, fraintendendo probabilmente questo avvenimento, accennano brevemente ad una vittoria che Gaeta da sola avrebbe conseguito sui Saraceni a Traetto nell'882 (Aurigemma-De Santis 1968, p. 4).
[313] *Chron. Mon.*, I, 43, pp. 112-113.
[314] Per una breve ma completa disamina delle fonti, della bibliografia di maggiore interesse e i primi dati sulle indagini archeologiche condotte sul monte si rimanda ai contributi di Torre 1988, pp. 432-440 e Torre 1998, pp. 183-206.
[315] Il Tucciarone (Tucciarone 1991, pp. 116-121) ha già correttamente spostato in questa direzione l'attenzione verso il possibile sito del campo.
[316] Cioè l'emiro tunisino 'Ibrahîm 'ibn 'Ahmad 'ibn Muhammad (anni 875-902).
[317] *Ann. Saxo*, p. 590. Sigeberto riproduce esattamente questi termini ma li pone all'anno 910 (*Chron. Sig. Gembl.*, p. 345).
[318] *Arabi in Italia* 1979, p. 128. Suoi successori sono un certo *Musa*, o *Mamuca*, e per ultimo, *Trierah*, sconfitto definitivamente nell'agosto del 915 con i suoi sul Garigliano.
[319] *Chron. Mon.*, I, 43, pp. 113-114.
[320] *Athanasius, praesul Neapolis magister militum praeerat; qui, ut praemisimus, exulato fratre proprio cum saracenis pacem iniens, ac primum infra portum aequoreum et urbis murum collocans, omnem terram Beneventanam simulque Romanam necnon et partem Spoletii dirruentes, cunctaque monasteria et ecclesias omnesque urbes et oppida, vicos, montes et colles insulasque depredarunt* (Erchem., *Hist. Lang.*, p. 255; vedasi anche *ChSal*, cap. 126, pp. 536-537).

[321] *RS*, pp. 11-13 (n° 6).
[322] *RS*, p. 246 (n° 205).
[323] *RS*, pp. 163-164 (n° 116). Gli altri tre, rispettivamente del 901, del 911 e del 913, pur riguardando vendite e giudicati su proprietà a Roma, Albano e Tivoli, ignorano completamente Subiaco e il problema saraceno (*RS*, pp. 162-163, n° 115; 179-180, n° 129; 201-202, n° 154). Il che può essere interpretato in due modi: la presenza musulmana è stata episodica e limitata a rapide incursioni, ma ciò non giustifica la lontananza dei monaci per almeno trent'anni dalla loro sede. Oppure, dopo le devastazioni è iniziata una penetrazione lenta ma pacifica avviata dai mercanti, con la custodia della via attraverso la valle affidata non ad armati quanto a nuclei misti di popolazione. Uno di questi potrebbe essere stato il paese di Saracinesco (21 luglio 1005, assegnazione a Subiaco del *Monte in integro qui vocatur Serracinesco*; *RS*, pp. 52-53, n° 19), dalla storiografia moderna erroneamente considerato il luogo dell'ultimo rifugio degli Arabi superstiti della battaglia del Garigliano (Tucciarone 1991, pp. 76-79, 109-110). Lo sbaglio deriva dall'omonimia del paese con S. Biagio Saracinisco, all'epoca indicato come *castello, quod Saraceniscum vocatur, in confinio Cominensi*, non lontano da Sora, dove realmente Leone Marsicano pone il rifugio dei Musulmani fuggitivi, nel bacino del Fibreno e non in quello dell'Aniene (*Chron. Mon.*, II, 87, p. 338). Anche per quest'ultimo Saracinesco, comunque, si può ipotizzare, al di là degli aspetti suggestivi suggeriti dalla fonte, il ruolo di agglomerato commerciale, prima ancora che militare (su questa attività sul Garigliano vedasi *Maometto in Europa* 1982, pp. 103-104). Per lo stesso valore, attribuibile a *Centumcellae*, Terracina e Fondi, vedansi le annate 875 e 882.
[324] *RS*, pp. 63-64 (n° 24). Proprio in questo documento si parla in modo chiaro dello stato di abbandono in cui giace da tempo S. Erasmo al Celio.
[325] Il 27 maggio 939 Leone VII dona all'abate Leone di Subiaco numerose proprietà fondiarie nella valle dell'Aniene giustificandole sempre come destinate alla *restauratione eiusdem sancti loci et substentatione monachorum* (*RS*, pp. 52-53, n° 19).
[326] P. Pantanelli, *Notizie storiche della Terra di Sermoneta*, Roma 1908-1909, vol. I, pp. 212-213. I tre successori di Giovanni, e cioè Marino I,

si legge che papa Giovanni VIII, avvertito di un possibile attacco contro Roma ma non avendo ottenuto alcun aiuto da Carlo il Grosso, appena incoronato imperatore, *ut ab imminenti Saracenorum vastatione Urbem liberaret, pacta annua viginti quinque millium mancusorum argenti &c pensitatione tributi, barbaros dimisit. Saracenii igitur statuto sibi pontificis tributo, alias Latii atque Campaniae civitates suo iuri subdere, et sibi tributa praestare coegerunt &c*[327].

Questo tributo, a cui sono sottoposte le città del Lazio e della Campania, sembra corrispondere bene alla *gizîah*, imposta dagli Arabi alle popolazioni colpite in sostituzione del bottino. L'intera notizia, poi, si adatta pienamente alla situazione prodottasi nell'anno successivo. Quasi contemporaneamente il pontefice assegna a Gaeta *terras quasdam et silvas in confiniis Aquini huic monasterio* (di Cassino) *antiquitus pertinentes*[328].

La cessione, confermata poi da Giovanni X, ha evidentemente lo scopo di far sì che i Caietani impediscano ai Saraceni di trasformare le selve, attraversate dalle strade colleganti Montecassino alla costa, in un luogo di agguati e di rifornimento di legname per le proprie navi ed edifici[329].

anno 882: in coincidenza con la morte di Giovanni VIII il Calisse pone una generale ritirata dei Saraceni da Roma e dalla Tuscia[330]. In realtà non si tratta di un vero abbandono, poiché sulla costa compresa fra la foce del Tevere e il promontorio dell'Argentario non si è, fino a prova contraria, mai avuto, salvo che nel caso di *Cosa*-Ansedonia e, forse come si può vedere di seguito nel testo, di *Centumcellae*, una base operativa stabile musulmana.

Anzi, si può parlare di ricorrente frequentazione dei porti e degli approdi più favorevoli con lo stabilirsi di colonie, fase che nella dinamica dell'espansione araba di questi secoli precede sempre l'occupazione definitiva di una certa zona.

Nel caso della Tuscia, la momentanea sospensione delle ostilità e il periodo di relativa tranquillità che la caratterizza in questo decennio dipende da un cambiamento di direttrice degli sbarchi navali, essendo state temporaneamente interrotte le missioni dalla Spagna, mentre dall'Africa e dalla Sicilia[331] le attività si concentrano sul rafforzamento della testa di ponte del Garigliano.

Di un generale ridispiegamento militare da parte degli Arabi nel settore centro-occidentale del Mediterraneo parla in modo chiaro, pur anticipando alcuni avvenimenti, la *Chronica* di Sigeberto[332], sottolineando che da qualche tempo l'Italia è oggetto non più di aggressioni casuali e incontrollate, ma di un programma sistematico di invasione, condotto manovrando gli attacchi con la tattica della tenaglia, *a Fraxineto* (in Provenza) *et Gareliano monte exeuntes*.

Il testo accenna anche ad una città, inserita in un gruppo di *Romanorum quoque urbes* e curiosamente divisa in modo tale che *mediam Romani, mediam Saraceni tenerent*[333]. Questo tipo di ripartizione netta la si riscontra solo a Civitavecchia, che nel 1072 viene ceduta all'abbazia di Farfa proprio per metà, e quindi in modo anomalo, da Sassone, figlio di Rainerio, conte di Civita Castellana:

medietatem Civitatis Vecclae ex integro cum omnibus sibi pertinentibus, intus et extra, videlicet domos, casas, casalina, terras cultas et incultas, prata, silvas, fontes et rivos, portum et redditus eius, aecclesias, monasteria omnia cum cellis suis. Excepta aecclesia sancti Lustri et quae attinent ei, quam pater meus tradidit in sancto Angelo sub ripa[334].

E' possibile che tale genere di ripartizione della città, per la quale non si hanno altri raffronti in Occidente, risalga alla fine del secolo IX e sia riconducibile proprio ad un accordo particolare stabilito dai Romani (e quindi dal papa) con i Saraceni.

Un esempio analogo di divisione viene riportato dai testi arabi per Palermo. Nel 977 il mercante 'Ibn Hawqal, originario di Baghdad, la dice composta da due città, adiacenti l'una all'altra ma ben distinte e separate, e tre quartieri[335]. La prima «è la città grande, propriamente detta Palermo, cinta d'un muro di pietra alto e difendevole, abitata da' mercatanti. Quivi (è) la moschea *gâmi'* (cioé principale) che fu un tempo chiesa dei Rûm» nel senso di Bizantini.

Si tratta pertanto del nucleo pre-arabo dell'abitato, dal quale si distingue «l'altra città che ha nome 'Al Hâlisah (l'Eletta)»[336], la quale «cingesi anch'essa d'un muro di pietra, ma non tale che s'agguagli al primo [...]»[337]. Soggiorna nella Hâlisah il Sultano co' suoi seguaci: quivi non (vi sono) mercati, non fondachi; v'ha due bagni; una moschea (*gâmi'*), piccola, ma frequentata; la prigione del Sultano; l'arsenale (di marina) e il *dîwân* (gli uffici pubblici). Ha quattro porte a

---

Adriano III e Stefano V, piuttosto che pagare un tributo si impegnano tra l'883 e l'887 nel riscatto dei Cristiani catturati dagli Arabi nelle loro azioni e tenuti prigionieri in Sicilia (vedasi al riguardo il capitolo VII, paragrafo 5).

[327] Secondo Erchemperto il pontefice si sarebbe reso conto dell'accresciuto pericolo di invasione araba solo a seguito di un'ambasciata dell'abate Bertario, di Cassino, e di Leone, *venerabilis praesul Teanensis*, nella quale gli viene comunicato come *Beneventana tellus et ipsa Romana a Saracenis funditus depopulata sit* (Erchem., *Hist. Lang.*, pp. 256-257).

[328] *Chron. Mon.*, II, 35 (p. 234).

[329] Nel 1014 Gaeta, dopo avere ancora rivendicato i diritti su questi territori, li concederà definitivamente all'abbazia di Montecassino, in occasione del celebre Placito di Monte d'Argento (L. Fabiani, *Il Placito di Castro d'Argento*, in BullIstSt, IV, 1966, pp. 49-62).

[330] «Abbandonarono i Saracini i dintorni di Roma, abbandonarono le stazioni navali: e così pur Centocelle» (Calisse 1936, p. 71).

[331] Nelle fonti, infatti, si parla sempre di Saraceni o di Agareni e non di Mauri.

[332] *Chron. Sig. Gembl.*, pp. 345-346. Considerando la menzione di Frassineto come di una base già operativa, il quadro proposto da Sigeberto (ed erratamente attribuito al 916), dell'attacco simultaneo condotto dalla Provenza e dal Garigliano contro la Calabria, la Puglia, il Beneventano e le città romane, è collocabile tra l'889-891 e il 914, ma nel caso di *Centumcellae* si è ritenuto di poterlo in via ipotetica anticipare all'876-877.

[333] La stessa affermazione è contenuta nella contemporanea cronaca di Liutprando, nella quale si legge, in riferimento proprio a questi anni (*Antap.*, II, 44-45): *Saraceni ab Africa ratibus exeuntes, Calabriam, Appuliam, Beneventum, Romanorum etiam poene omnes civitates ita occupaverunt, ut unamquamque civitatem mediam Romani obtinerent, mediam Africani. In monte quippe Gareliano munitionem constituerant.*

[334] *RF*, vol. V, pp. 91-92 (n° 1096).

[335] Uno è l'Harat 'as Saqâlibah, o Quartiere degli Schiavoni, più grande e popoloso persino delle due città e corrispondente al porto (sull'etnico Saqâlibah, riferito anche a diverse località e popoli dell'Europa centrale, orientale e settentrionale, vedasi Lewicki 1965, p. 467, 468, 478). L'abbondanza d'acqua sorgiva e di rivo lo distingue da quello detto Harat 'as Masgid (Quartiere della Moschea), ospitante la moschea d'Ibn Siqlâb; il terzo e ultimo è chiamato 'Al Harat 'al gadîdah, cioé il Quartiere nuovo.

[336] Ora il moderno quartiere de la Kalsa.

[337] Erchemperto, specificando brevemente le caratteristiche della colonia saracena insediata da Atanasio a Napoli nell'880, accenna proprio a due elementi fondamentali:, ossia la propria cinta di mura e il bacino del porto per il ricovero delle navi: *primum infra portum aequo reum et urbis murum collocans* (Erchem., *Hist. Lang.*, p. 255).

mezzogiorno, tramontana e ponente: a levante un muro senza porte»[338].

Sigeberto, notata questa stessa ripartizione nell'anonimo insediamento di cui fa cenno, potrebbe averla interpretata e adattata al modello urbano occidentale, ponendo così all'interno dell'abitato un quartiere arabo ed uno romano, divisi esattamente per metà da una o più cinte di mura[339].

Se questo schema si prova a riportarlo proprio alle due "metà" di *Centumcellae*-Civitavecchia dei secoli X-XI, supponendola pertanto erede di un insediamento misto saraceno, impostatosi nella seconda metà del secolo IX e coesistente con il nucleo romano originario[340], si ottengono le seguenti aree: il porto con le sue strutture di servizio, la città traianea, rimasta entro le vecchie mura restaurate da Gregorio III, e l'ipotetico quartiere musulmano, separato dal precedente ma adiacente ad esso e beneficiante con la darsena di un proprio approdo (tav. 4 fig. 3).

Il tutto sarebbe da cercarsi proprio a fianco della cinta medievale, in direzione della superficie chiamata in precedenza il Prato del Turco, dove nel secolo XIX si è sviluppato il grande carcere pontificio denominato sulle carte Bagno Penale, 1000 m a NO del centro della città moderna e a soli 350 m a N del porto e dei quartieri circostanti[341]. Quindi, per riassumere, nel 1072 con l'atto della donazione a Farfa i conti di Civita Castellana avrebbero ceduto all'abbazia (tramite la sua cella di S. Maria del Mignone) il porto, ossia quello che poi è conosciuto come Darsena (e non il vero e più ampio bacino di approdo) e la metà della città o meglio l'insediamento sorto alle spalle di essa, a fianco dell'abitato medievale, e periodicamente o per fasi più o meno lunghe dimora degli Arabi.

In un'eventuale e auspicabile indagine archeologica nell'area non bisognerebbe cercare tanto strutture murarie, salvo forse per la possibile moschea, ma materiali di reimpiego quali le tegole, assieme a ceramica e ai segni di strutture in legno o realizzate con materiale di spoglio.

anno 883: Atanasio, dovendo far fronte alla minaccia del suo concorrente Pandenolfo, chiama a raccolta i propri alleati musulmani e, inviati ambasciatori in Sicilia, si mette personalmente in contatto con *Suchaymum*, il capo del nucleo che aveva ospitato alle pendici del Vesuvio a partire dall'879, almeno considerando quanto si deduce dal confronto delle fonti[342].

La situazione volge però subito al peggio per il duca, il quale deve presto affrontare l'aperta rivolta dei suoi alleati, forse tenuti a freno per troppo tempo e insofferenti ad obbedire agli ordini di qualcuno che non sia il loro capo riconosciuto. I soldati si danno immediatamente al saccheggio delle campagne che si estendono dalle propaggini occidentali del vulcano alla città, e solo il pronto intervento di Guaimario, principe di Capua, e della sua flotta, richiamati dal duca, a sua volta sollecitato da una scomunica papale, evita il peggio.

L'incidente induce Atanasio a spostare altrove i soldati saraceni, indirizzandoli alla base di Agropoli[343], nel

---

[338] 'Ibn Hawqal, *Kitab 'al masalik*, in Amari 1880-1881, vol. I, pp. 10-24. Questa stessa divisione è considerata valida a Palermo ancora alla fine del secolo XII, in piena dominazione normanna, come testimonia il dizionario geografico di Yâqût, *Mu'gam 'al buldân* (in Amari 1880-1881, vol. I, pp. 182-185, 192-193), dove nell'elenco alfabetico delle principali città della Sicilia si trovano distinte Balarm (Palermo) e Hâlisah (La Kalsa), essendo ritenute due entità autonome e a sé stanti.

[339] Il fenomeno si riscontra anche nelle fonti musulmane. Avvezzi a frequentare città conquistate e ricolonizzate, gli Arabi tendono ad estendere la visione di un duplice nucleo urbano (l'antico a cui si è affiancato quello dei conquistatori) anche ai centri posti al di fuori dei confini del mondo islamico. 'Ibn Hurdâdbah, ripreso poi da 'Ibn 'Idrîs, ripropone questa immagine per Roma. Ignorando infatti l'esistenza di una continuità per l'intero circuito delle Mura Aureliane, l'autore considera la città divisa in due non solo dal Tevere, ma anche dalle difese («Roma è città di perimetro esteso, dicesi che giri intorno nove miglia. La cingono doppie mura di pietra; il muro interno è grosso dodici braccia ed alto settantadue, quello esterno è grosso otto braccia ed alto quarantadue. Nello spazio fra le due mura corre un fiume coperto di lastre di rame, ognuna delle quali è lunga quarantasei braccia»). Tale ripartizione è ulteriormente sancita dalla differente natura attribuita a ciascuna delle due metà: quella occidentale, ospitando «il palazzo del sovrano chiamato il Papa», è il fulcro politico, mentre quella orientale, con il Foro Romano, è soprattutto a vocazione mercantile (Amari-Schiaparelli 1883, p. X, 87).

[340] La stessa anomala divisione in due metà si ha anche per il porto di S. Severa (*medietatem de porto Sanctae Severae*; *RF*, vol. IV, p. 370, n° 990), attestata nel 1066, contemporaneamente a quella di *Centumcellae*-Civitavecchia. E guarda caso proprio sui primi contrafforti dei Monti della Tolfa che sovrastano il castello e il porto sono attestati i toponimi Fosso del Moro e Pian Sultano (rispettivamente 3500 m a NE e 4600 m a NNE di S. Severa, attorno ai resti di un punto fortificato detto il Castellaccio, e, se è giusta la soluzione proposta, il Favaro, da ricondursi non al valore di «campo di fave», ma di «sorgente», dall'arabo *fawwara*, che in Sicilia ha come esito la forma femminile Favara (Pellegrini 1961, p. 134) e che qui potrebbe alludere alle vicine *Aquae Ceretanae* (Piano della Carlotta, 6300 m a NE di S. Severa; R. Cosentino, *Aquae Caeretanae: il sito e le terme*, in Bollettino di Archeologia, 7, 1991, pp. 75-80). In questa località il Seri ha rinvenuto abbondante materiale fittile e residui che lasciano pensare all'esistenza di una fornace (E. Seri, *Centumcellae tra il V e VI secolo d. C.*, in BollAssArch, I, 1993, pp. 27-28). Messi tutti insieme questi elementi potrebbero essere usati per sviluppare, come ipotesi di lavoro, l'idea per l'882 e gli anni successivi di una presenza mista musulmana e cristiana a S. Severa e su tutta la valle del Fosso del Moro, paragonabile a quanto già accade nella piana del Garigliano.

[341] Trasponendovi anche la toponomastica urbana palermitana si otterrebbero nell'ordine l'Harat 'as Saqâlibah, per il porto, la G.b.t b.kkah di 'Ibn 'Idrîs (Amari-Schiaparelli 1883, p. 86) o *Civitatis Vecclae* delle carte farfensi (e non più *Centumcellae*, essendo stato trasferito il nome alla città di Leopoli-Cencelle nella forma *castrum Centumcellarum*), per il settore romano, e infine la Hâlisah (*l'Eletta*) o Harat 'al gadîdah (*Quartiere o Città Nuova*), ossia la parte che, se è corretta l'interpretazione data alla *Chronica* di Sigeberto, sarebbe stata colonizzata dai Musulmani del Garigliano e di Sicilia, e quindi corrisponderebbe, secondo l'ottica araba, al quartiere o Città Nuova.

[342] Erchem., *Hist. Lang.*, cap. 49, p. 256: *missis apocrisariis Siciliam, Saracenis ad radicem montis Vesuvii residentibus Suchaymum regem exposcit, illisque veniens praefecit*. Forse il nome latinizzato del capo musulmano potrebbe essere assimilato all'antroponimo Sulaymân (l'accostamento si svolge però solo sulle assonanze). Quanto alla localizzazione della colonia i commentatori dei *Monumenta Germaniae Historica* sono propensi a vederla nell'area compresa tra i centri di Portici, S. Giorgio a Cremano e Torre del Greco, nel secolo XIX conosciuta con il toponimo *Saraceni*.

[343] Erchem., *Hist. Lang.*, cap. 49, p. 256: *Set (sic) iusto Dei iudicio primo omnium super eum insurgens, coepit Neapolim graviter affligere, et devorare omnia exterius, ac puellas equos et arma vi expetere. Hac turbine exactus, et ut apostolicum anathema, quo erit invocatus, a se et urbe expelleret, Guaimarium principem omnesque Capuanos ex urbibus et oppidis cunctosque maritimos suum in adiutorium advocavit, et Saracenos ab eodem loco vi repulit. Illi autem abeuntes, Agropolim castrametati sunt*. Il *Chronicon Salernitanum* ricopia quasi per intero queste parole ma modifica il finale. Intanto a fianco di Guaimario vengono fatti scendere anche soldati di Salerno e di Capua e la destinazione delle truppe arabe al termine del conflitto non è tanto Agropoli quanto il Garigliano, da cui muovono per colpire principalmente i territori di Capua, Benevento,

frattempo lasciata libera dal contingente stabilitosi sul Garigliano[344].

anni 884-885: nell'884 Guaiferio, alleato di Atanasio, entra in contatto con un componente della dinastia aghlabita, detentrice dell'emirato sull'Africa, e lo invita a prendere il comando delle forze congiunte riunitesi nelle basi del Garigliano e di Agropoli. Questi accetta, marciando verso la Calabria centrale in aiuto dei musulmani assediati dai Bizantini a S. Severina (KR).

L'azione ha successo, concludendosi con la liberazione dell'abitato e la conquista anche dell'importante centro costiero di Amantea (CS), sulla costa tirrenica[345], che si aggiunge alle altre due basi quale punto strategico di appoggio per le flotte di incursione provenienti dall'Africa e dalla Sicilia e dirette verso Roma, la Puglia e la parte settentrionale della penisola.

Lo stanziamento però dura appena un anno, poiché circa alla fine dell'885 (anno 271 dell'hagira) «venne di Costantinopoli, con grande esercito, un patrizio per nome Niceforo; il quale, posto il campo sotto Santa Severina, assediolla, e strinse i Musulmani che la teneano; tanto ch'essi resero la città a patti, e se ne andarono in Sicilia. Quindi Niceforo mandò un esercito alla città di Amantea, la quale fu assediata e costretto il presidio a renderla a patto, e (tornarsene) a Palermo, in Sicilia»[346].

L'intera vicenda presenta tre aspetti di un certo interesse: il primo è l'identità dell'agareno d'Africa *regia de stirpe generi sui procreatum*, che riesce ad essere riconosciuto senza obiezioni quale comandante dai soldati e dai capi delle due basi del Garigliano e di Agropoli.

Potrebbe forse trattarsi di 'Abû 'al 'Abbâs, meglio noto conosciuto come 'Abd 'Allâh, figlio dell'emiro 'Ibrahîm 'ibn 'Ahmad e suo successore in Africa, dopo essere stato al comando della spedizione di quegli anni in Calabria e per breve tempo anche emiro di Sicilia. Questi negli anni precedenti a tale impresa militare ha avuto modo di approfondire la sua conoscenza del territorio calabrese e si è trovato ad esercitare più volte il comando ponendosi al di sopra degli emiri e degli altri capi via via incontrati, forse anche dietro precise istruzioni date preventivamente dal padre[347]. Il che spiegherebbe come mai non abbia avuto alcuna difficoltà per portare dalla sua parte le truppe stanziate nell'Italia centro-meridionale, ottenendone subito l'obbedienza.

Il secondo punto verte sulla direzione presa dai soldati saraceni vinti dall'esercito di Niceforo. Nonostante, infatti si sappia che la spedizione contro la Calabria fosse compiuta, secondo Erchemperto, dagli Arabi del Garigliano e di Agropoli, questi si sarebbero poi rifugiati in Sicilia.

Il dato è interpretabile in vario modo: il principe africano può essere giunto con alcuni distaccamenti, che sarebbero rimasti a presidio dei centri di Santa Severina e Amantea sino alla riconquista bizantina. Di conseguenza le truppe raccolte nelle basi italiane devono essere tornate indietro nei propri quartieri nel corso dell'inverno tra l'884 e l'885; oppure, rimaste a fianco degli alleati, si sarebbero ritirate con essi in Sicilia una volta arresisi, per poi essere reimbarcate verso i loro quartieri d'origine. Delle due è forse probabile la prima, sebbene comunque manchino elementi per poter decidere in un modo o nell'altro.

Il terzo e ultimo punto deve rispondere alla domanda se e su quanti uomini siano rimasti a presidio delle due basi, apparentemente sguarnite durante l'impegno in Calabria. Per quanto riguarda il Garigliano il duca di Gaeta Docibile, preoccupato dall'improvvisa partenza degli Arabi, *habeuntibus Saracenis Calabriam illucque pereuntibus*, trattiene circa 150 uomini. Di questi ne invia 120 a Teano, ma la popolazione, esasperata da precedenti abusi subiti da altri contingenti, esce in massa dalla città trucidandoli[348].

Quanto ad Agropoli Atanasio ha già provveduto a spostare una parte dei soldati *iuxta rivum Lanii non procul a Suessula* (Arienzo, CE). Da qui li richiama per inviarli contro Capua, ma anche in questo caso la forte resistenza degli abitanti del territorio impedisce ai Saraceni di procedere con i saccheggi, obbligandoli a rientrare nei loro accampamenti[349].

Nel frattempo, ritornati dalla spedizione calabrese, i Musulmani del Garigliano si trovano ad affrontare l'aggressione di Guido II di Spoleto, diretto a Capua per cercare di guadagnare il favore degli abitanti contro Atanasio. Il conte, trovandosi in prossimità della base sul fiume,

---

Salerno e Napoli (*ChSal*, cap. 130, p. 538: *Agareni namque in unum sunt coacti et Garelianum properarunt, et ibidem prolixa tempora nimirum morarunt, et undique Capuam, Beneventum, Salernum, Neapolim affligebant*). Evidentemente però l'anonimo monaco benedettino autore dell'opera ha confuso questo evento con il trasferimento, avvenuto circa 3 anni prima, della colonia araba poi stanziatasi sul Garigliano. Pensando si trattasse dei medesimi uomini ne ha sovrapposto le vicende, attribuendo così ai secondi quanto in realtà hanno commesso i primi, mantenendo la base di Agropoli pienamente in efficienza contro le città campane.

[344] Intorno a questi anni papa Marino I instaura rapporti epistolari con l'emirato della Sicilia, avviando il riscatto di una parte dei prelati prigionieri e degli schiavi cristiani, presi in Sicilia e a Malta nelle diverse spedizioni compiute dagli Arabi (per il testo delle lettere si rinvia al capitolo VII, paragrafo 5 di questo volume).

[345] Erchem., *Hist. Lang.*, cap. 51, p. 257: (Guaiferio) *Tunc nutu Dei, a quo omne procedit bonum, quendam Agarenum ab Africa evocans, regia de stirpe generi sui procreatum, Agropolim, inde Garilianum, quo residebant agmina Hismaelitica, misit, atque omnium illorum mentem accendens, eius hortatus* (sic) *universi Saraceni tam de Gariliano quam de Agropoli, communiter collecti, Calabriam, qua residebat Graecorum exercitus super Saracenos in sancta Severina commorantes, properarunt; ubi et omnes Graiorum gladiis extincti sunt. Dehinc Amanteum castrum captum est. Deinde et dictae beatae Severinae oppidum apprehensum est.*

[346] 'Ibn 'al 'Atîr, *Kâmil 'at tawârîh*, in Amari 1880-1881, vol. I, pp. 399-400. Il Cilento estende l'appartenenza musulmana delle basi di Amantea, Tropea e S. Severina agli anni 839-885 (Cilento 1971, pp. 152-162), considerando quasi continuata una presenza in realtà rinnovata periodicamente da ripetuti sbarchi di uomini. Tale principio è ipotizzabile e applicabile anche per il porto di *Centumcellae*, dove negli anni 813-914 gli Arabi, se non costituiscono una base permanente, sanno comunque di trovare un porto ben attrezzato, pronto ad accoglierli senza incontrare la minima resistenza, e dove i mercanti provenienti dall'Africa e dalla Spagna possono intrattenere traffici e scambi con l'entroterra.

[347] Nell'agosto dell'897, ad esempio, viene mandato dal padre in Sicilia col compito di sedare una ribellione degli isolani. «Mosse quindi [da Palermo per Messina]; passò lo Stretto; venne alle mani coi Rûm [in Calabria], dove uccise i combattenti, fece cattivi i bambini e ritornò in Sicilia, dopo aver menata grande strage dei Rûm» ('An Nuwayrî, *Nihâyat 'al 'arib*, in Amari 1880-1881, vol. II, pp. 148-149; vedasi anche l'annata 901-906).

[348] Erchem., *Hist. Lang.*, cap. 55, p. 257.

[349] *Nam et Saracenos Agropolitanos, qui nuper de illius magnatibus iuxta rivum Lanii non procul a Suessula [...] clam evocavit et Capuam misit; ubi tunc egredientes Capuani, valde resisterunt eis; ob hoc et absque praeda ad castra repedarunt* (Erchem., *Hist. Lang.*, cap. 56, p. 258; vedasi anche *ChSal*, cap. 134, p. 539). I *castra*, a cui si accenna nel testo di Erchemperto, potrebbero essere le istallazioni create sfruttando le rovine dell'antica Suessula.

muove rapidamente il suo esercito, cogliendo di sorpresa i Saraceni. Una parte riesce probabilmente a rinchiudersi nel campo principale, mentre i rimanenti cercano rifugio nelle altre postazioni minori, sparse nella piana e sulle alture vicine.

La rapidità di spostamento dell'eserciso spoletino, diviso forse in più corpi, non consente però a molti di trovare riparo. Gli apprestamenti difensivi vengono distrutti e gli uomini di vedetta o di guarnigione, ivi attestati, uccisi. L'intera operazione dura però poco, forse lo spazio di un solo giorno, dovendo l'esercito raggiungere Capua.

Erchemperto parla in toni quasi trionfalistici di questo inaspettato colpo di mano di Guido ma, considerando la tattica solitamente utilizzata dagli Arabi e dagli Arabo-Berberi, improntata a grande velocità negli spostamenti, con improvvise aggressioni seguite da rapidi allontanamenti dal luogo saccheggiato, sfruttando il disorientamento delle vittime e approfittando dei ritardi nell'organizzazione dell'inseguimento, l'attacco del conte deve essere andato a segno solo contro i piccoli campi e i drappelli colti alla sprovvista.

La stessa espressione usata in segno di vittoria dall'autore, paragonando la fuga dei Saraceni alla velocità con cui l'acqua viene assorbita dal terreno, può essere anche interpretata in chiave non del tutto negativa per questi ultimi, essendosi dileguati sui monti per non cadere nelle mani degli aggressori, ma facendo presto ritorno ai luoghi di residenza non appena cessato il pericolo[350].

anni 887-888: Teutone, abate di Farfa, concede ad un certo Donato l'usufrutto di un appezzamento di terra compreso nelle pertinenze della cella di S. Maria del Mignone, impegnandolo sia al versamento annuo, nel mese di luglio, di un compenso pari a 18 denari d'argento in moneta di S. Pietro, sia a fare, *si necesse fuerit, guaitas ad mare*[351].

Compare perciò nuovamente, anche se in questo caso dal punto di vista di chi lo esegue, il piano di vedette predisposto nell'808 e riconfermato ufficialmente fino all'813 (vedansi per questo periodo le annate relative) da Carlo Magno sulle coste atlantiche e mediterranee del Sacro Romano Impero, contro le incursioni di Normanni, a Nord, e di Saraceni, a Sud.

La mancanza di riscontri documentari, analoghi a quello appena visto, impedisce di appurare se il servizio di vedetta della costa sia stato richiesto localmente dai Benedettini della cella tramite l'abate, per meglio proteggere le parti più esposte delle pertinenze di S. Maria del Mignone, come il porto e le terre della *Ripa Albella*, dominanti le pianure acquitrinose ai lati del tratto finale del corso del Mignone, oppure rientri in una serie di obblighi, pertinenti la prevenzione di scorrerie maure e saracene e demandati dagli imperatori franchi a popolazioni locali ed enti ecclesiastici, più direttamente occupati nella tutela dei litorali su cui hanno degli interessi[352].

16 maggio 888 - 5 maggio 889 (anno 275 dell'hagira): «Le gualdane dei Musulmani corsero fino alla Gran Terra (l'Italia) dove fecero dei prigioni e ritornarono addietro»[353]. Purtroppo rimane per il momento difficile specificare ulteriormente l'obbiettivo e l'entità di questa spedizione.

Per questo stesso periodo le fonti latine riportano solo la pesante sconfitta navale subita dai Bizantini nello Stretto di Messina, con conseguente scorreria saracena sulle coste calabresi[354], e l'accordo stretto da Guido II di Spoleto con la colonia musulmana stanziatasi a Sepino (CB), determinante per una recrudescenza dei saccheggi in tutto il Molise[355].

La situazione peggiora ulteriormente con la partenza del conte per candidarsi al trono imperiale, essendo morto Carlo il Grosso. La mancanza, infatti, di un'autorità centrale, che agisca da deterrente e imponga il rispetto dei patti appena sottoscritti, viene colta come un segno favorevole per poter scatenare le devastazioni:

Beneventi quidem tellus a Graecis capitur, Spoletium

---

[350] *Guido, filius Guidonis senioris, super Saracenos in Gariliano castrametatos [...] hostiliter irruens, castra eorum dirrupta depraedavit, et aliquantos eorum gradiis interfecit; reliqui montis per opaca ut aqua diffusi sunt* (Erchem., *Hist. Lang.*, cap. 58, p. 258; vedasi anche *ChSal*, cap. 135, p. 539). Tutto ciò viene dal Gregorovius (*Rom. Med.*, vol. II, pp. 123-124) spostato agli anni 886-887 ed è ripreso poi dal Tucciarone (Tucciarone 1991, pp. 95-96). Il solo elemento coincidente con quanto esposto da questi autori è la proposta che nell'887 Atenolfo avanza a Stefano V, promettendo di indurre la propria comunità e ancor più i Caietani al giuramento di fedeltà verso il pontefice, con conseguente indebolimento dei Saraceni. In cambio chiede un fattivo sostegno delle forze della Chiesa nella lotta contro di loro, ma l'accordo non viene raggiunto (*Hic etiam Atenulfus eidem pape Stephano iam dudum per Maionem abbatem sancti Vincentii suggesserat ut si ei contra Saracenos Gariliano residentes ferret auxilium, ipse et Caietanos omnes quos nuper ceperat, redderet et ei fidelitatem firmissimam faceret. Sed quia papa nequivit implere, quod ille petiverat, neque ipse quoque fecit, quod pape mandaverat; Chron. Mon.*, I, 47, p. 125).

[351] *LL*, vol. I, pp. 61-62, n° 60; Del Lungo 1994, pp. 35-36. Sulla pratica delle guaite e scaraguaite vedasi A. A. Settia, *Castelli e villaggi nell'Italia padana. Popolamento, potere e sicurezza fra IX e XIII secoli*, Napoli 1884, pp. 157-161.

[352] Proprio negli anni 882-888 o immediatamente successivi viene posto un saccheggio della cella di S. Maria del Mignone. L'analisi della documentazione farfense ha però rivelato quanto sia fasullo e sia stato creato dalla lettura errata delle carte relative, confondendo quanto viene riferito all'abbazia con la storia della cella. Unico accenno credibile, ma cronologicamente incollocabile, è quello contenuto in una conferma di papa Giovanni XVIII al monastero romano dei SS. Cosma e Damiano in Mica Aurea, rilasciata nel 1005: *ecclesiam, que est edificata in honorem sancte Dei genitricis Marie, que supra Minione fluvio sita est, et aliquanto tempore a barbaricis gentibus destructa fuit* (*Acta Pontificum Romanorum inedita*, edidit J. von Pflugk Harttung, vol. II, Stuttgart 1884, p. 58, n° 93); distruzione che peraltro sarebbe avvenuta quasi sotto gli occhi della popolazione di Leopoli-Cencelle e che, visti anche altri precedenti e nell'analisi complessiva della storia della cella, potrebbe anche essere avvenuta ad opera di banditi cristiani, nel periodo di piena contesa tra Farfa e il monastero di SS. Cosma e Damiano in *Mica Aurea* (fine X-inizi XI secolo; sulla questione delle incursioni saracene ai danni di S. Maria del Mignone vedasi Del Lungo 1994, pp. 60-63). Dubbi maggiori si hanno anche su una paventata aggressione araba di Tarquinia (Pian di Civita, circa 1500 m a E dell'attuale Tarquinia). Le uniche prove addotte verrebbero da segni di incendio scoperti nel 1829 tra le rovine di un impianto termale all'interno dell'antica città etrusca e romana, ma da soli non hanno alcun valore, essendo potenzialmente riconducibili a moteplici cause e periodi (S. Del Lungo, *La città e il castello di Tarquinia*, Bollettino della Società Tarquiniense di Arte e Storia, 23, 1994, pp. 37-38).

[353] 'Ibn 'Adârî, *Kitâb 'al Bayân*, in Amari 1880-1881, vol. II, p. 18.

[354] Erchem., *Hist. Lang.*, cap. 81, pp. 263-264.

[355] *Guido iunior Spoletium et Camerinum suscipiens, cum saracenis in Sepino castrametatis pacem fecit, obsidibus datis et acceptis; cuius etiam tempore supradicta coenobia* (si intendono S. Vincenzo al Volturno e Montecassino), *urbes, et oppida omnia a Saracenis capta et exusta sunt* (Erchem., *Hist. Lang.*, cap. 79, p. 263; vedasi anche *ChSal*, cap. 142, p. 542). Da notare che Erchemperto ha attinto queste e altre informazioni pertinenti alle medesime circostanze dalla popolazione del Garigliano, se così si vuole intendere l'espressione *Unum illius narro factum haud indissimile, quod in Gariliano gestum est*.

depraedatur ab Agarenis[356].

anni 889-891: secondo quanto riferisce dettagliatamente Liutprando, nel corso dell'anno truppe arabo-berbere inviate dal califfo spagnolo 'Abd 'Allâh (888-912) occupano quello che poi diventa l'*oppidum vocabulo Fraxinetum, quod in Italicorum provintialiumque confinio stare manifestum est*[357].

La strategica posizione della località, corrispondente all'altura attualmente chiamata la Garde Freinet, dominante rispetto al golfo di Saint-Tropez, e alla vicina Foret des Maures, viene subito notata, a causa della relativa facilità con cui può essere difesa, essendo protetta su tre lati da rupi e dal mare e sul quarto da passaggi difficilmente accessibili ad un esercito, oltre che da una barriera di folta vegetazione.

Nelle fonti arabe, a partire da 'al 'Istahrî, essa diventa il *Gabal 'al qalâl*, ossia la «Montagna dalle vette», e per Liutprando il *Mons Maurum*[358], nome che ne sancisce la piena presa di possesso da parte dei Mauri, le cui fila vengono ingrossate dal pronto invio di rinforzi da parte del califfo spagnolo.

Le prime vittime dei nuovi venuti sono, ovviamente, gli abitanti dei villaggi, della città di Frejus e delle terre circostanti il monte, ma i piani prevedono azioni su più vasta scala[359]. Pertanto si è ormai compiuto l'accerchiamento delle coste italiane dalla parte del Mar Tirreno, strette, come nota la *Chronica* di Sigeberto[360], nella morsa di due basi temibili, quale questa e l'analogo stanziamento alla foce del Garigliano.

Un punto di appoggio intermedio potrebbe essere il porto di *Centumcellae*, se fosse realmente provato quanto ipotizzato fra gli eventi dell'annata 882[361].

anno 890: verso la fine del mese di agosto il re di Provenza Ludovico III, chiamato in causa per ufficializzare la successione al titolo del possesso di Arles, rimasto vacante dopo la morte del suo vassallo Bosone, sottolinea la particolare precarietà in cui versano in generale le terre dell'impero, continuamente sottoposto, a partire dalla morte di Carlo Magno, a violenze e saccheggi, compiuti, da notare, *non modo a propriis incolis, quos nulla dominationis virga cohercebat*[362], *sed etiam a paganis: quoniam ex una parte Normanni cuncta penitus devastantes insistebant, ex alia vero Sarrazeni* (sic) *Provinciam depopulantes terram in solitudinem redigebant*[363].

La riflessione riprende in pieno quanto sostenuto dall'imperatore Ludovico il Pio nel dicembre dell'828 (vedasi la relativa annata), dimostrando come nella pratica nessuno fosse stato ancora in grado di garantire la sicurezza sui mari del Nord come nel Mediterraneo. Parlare della Provenza quale oggetto di attacchi ripetuti da parte dei Saraceni, intesi nel senso generico di Arabi, senza alcuna specifica sulla loro provenienza (e siamo nel momento di piena operatività di Frassineto, base spagnola in terra franca, e della spinta degli emiri siciliani alla conquista di nuovi spazi in queste zone), non significa automaticamente sancire la relativa tranquillità goduta dalle rotte sui mari vicini e in particolare sul Tirreno, un tratto di passaggio quasi obbligato, che vede direttamente coinvolte le coste delle isole maggiori, della Campania, del Lazio, della Toscana e della Liguria nel rischio di attacchi[364].

Il 9 Rabi' 'al akhir (ottobre?) viene recapitata a Palermo una lettera dell'emiro di Siracusa, dai contenuti particolarmente significativi per mostrare quanto tutt'ora non sia garantita la sicurezza in questa parte del Mediterraneo:

«'Al Hasan'ibn 'al 'Abbâs, per grazia di Dio, Emir Chbir di Sicilia, l'Emir Muhammad 'ibn Suleiman con la fronte per terra bacia le mani della sua Grandezza, e le notifica, che nel dì 20 di Mars» (marzo?) «277 ricevei la lettera della sua Grandezza, scritta il dì 15 dello stesso Mars, ed insieme con la lettera della sua Grandezza giunsero venti chelandie; e nel dì 10 del mese di Shawwal» (aprile?) «arrivarono in Sarkusah» (Siracusa) «quindici altre chelandie, e diciotto barche, che mandò l'Emir di Kamarinah.

Dopo due giorni, che erano arrivate le barche, e le chelandie, le ho fatte partire, e nel giorno 3 del mese di Rabi' 'al akhir tornarono in Sarkusah le nostre chelandie, e barche con una ricca preda; perché hanno portato tredici barche cariche di frumento, olio, miele, ferro, ed altresì quattro

---

[356] Erchem., *Hist. Lang.*, cap. 80, p. 263.

[357] *Antap.*, I, 1-2, p. 275. Per la precisione Liutprando nomina come mandante *Abderahamem*, ossia 'Abd 'ar-Rahmân III (912-961), successore di 'Abd 'Allah. La discrepanza però è facilmente giustificabile se si considera che l'autore, essendo contemporaneo di 'Abd 'ar Rahmân, celebrato per la lunga durata del suo califfato, e ignorando l'identità di chi lo aveva preceduto, abbia ritenuto possibile ricondurre ad esso tutti gli atti di cui era a conoscenza sulla base di Frassineto, distrutta dai Franchi nel corso del suo governo.

[358] *Antap.*, I, 3, p. 275. Per alcuni aspetti le descrizioni fatte al suo riguardo si equivalgono, qualunque sia la provenienza dei loro autori. 'Al 'Istahrî, ad esempio, (*Kitab 'al 'aqâlim*, in Amari 1880-1881, vol. I, pp. 7-8; vedasi anche 'Ibn Hawqal, *Kitab 'al masalik*, in Amari 1880-1881, vol. I, pp. 26-27), contemporaneo di Liutprando, riferisce che «il Gabal 'al qalâl era deserto», nel senso di abbandonato «da lunga età, ma aveva acque, buone terre, colture e seminati da fornire sussistenza a chi vi riparasse. Capitatavi una mano di Musulmani», (Liutprando parla di appena 20 *Saraceni* provenienti dalla Spagna; *Antap.*, I, 3, p. 275) «presero ad abitarlo e vi si mantennero a fronte de' Franchi; i quali, atteso la fortezza del luogo, non poterono nulla contro di essi. Il monte è lungo circa due miglia», calcolate forse secondo il computo locale.

[359] Il Luppi, che della colonia di Frassineto ha raccolto una ricca e dettagliata documentazione, ricostruendo nei particolari le spedizioni compiute dai suoi occupanti, è incline a definire il primitivo insediamento della base il frutto della casuale occupazione da parte di una piccola flotta di navi arabe, trascinate sulla costa provenzale da una tempesta (Luppi 1973, pp. 100-106).

[360] *Chron. Sig. Gem.*, p. 345.

[361] Su tale evenienza vedasi anche l'annata 963. Completamente fuori luogo e inammissibile appare l'idea, peraltro già smentita dai più recenti studi sull'argomento (Toti 1992, pp. 48-49), di un ritorno a Civitavecchia il 15 agosto 889 degli abitanti, nel frattempo stabilitisi in Leopoli-Cencelle. Il Calisse, sostenitore della ricorrenza, pone quale condizione del recupero della città distrutta la fine totale di ogni ostilità da parte dei Saraceni (Calisse 1936, pp. 71-74). Ma, come si dimostra per queste annate e quelle successive, non solo il pericolo non è affatto passato, ma si è fatto pure più vicino, con la costituzione della base del Garigliano e degli emirati in Sardegna e Corsica. Civitavecchia si viene a trovare al centro della morsa impostata sullo stanziamento del Lazio meridionale e su Frassineto.

[362] Affermazione che riflette in pieno quanto affermato nell'877 da Giovanni VIII (vedasi l'annata relativa), assistendo con rammarico al pieno coinvolgimento delle popolazioni locali nei saccheggi e nel traffico degli schiavi verso le navi musulmane.

[363] *Hludowici regis Arelatensis electio*, in MGH, *Legum sectio II. Capitularia Regum Francorum*, tomo II, pars I, Hannoverae 1890, p. 377 (n° 289). Un'incursione in Provenza, partita dalla Sicilia, è documentata per l'892 (vedasi l'annata reativa). Non meravigli questo interesse rivolto allo stato generale dell'impero da parte di un sovrano locale. Questi infatti è nipote per parte materna di Ludovico II e nel 901 verrà incoronato imperatore a Roma mantenendo lo stesso nome ricevuto all'inizio.

[364] Per quanto *e silentio*, bisogna comunque ammettere una volta di più, alla luce di queste parole, l'impraticabilità dell'idea del raggiungimento di un grado di tranquillità tale, sul Tirreno centrale, da indurre nell'889 addirittura la popolazione riparatasi in Leopoli-Cencelle a fare ritorno alla troppo esposta e vulnerabile *Centumcellae*.

Il secolo IX

chelandie assai grandi, che avevano il carico di panni, e telerie, che si dirigevano per Bendekiah (Venezia).

Ho armato bene e chelandie, e le barche, e le ho spedite per Balirmu (Palermo) con questa lettera. La gente delle nostre chelandie, e barche tutta si è vestita bene, ed ha guadagnato molto con li vari sbarchi, che ha fatto nella Spiaggia Romana. Insieme con la preda ho mandato sei chelandie per accompagnarla, e ho spedito il Grande Capitano», la cui identità resta al momento sconosciuta, «per consegnarla alla sua Grandezza.

Della gente nostra non è morto alcuno; di gente sopra quelle barche erano trenta uomini per ciascheduna, e sopra le chelandie erano cinquanta uomini per ognuna, li quali sono prigioni in Sarkusah coi ferri ai piedi, non essendosi ammazzata quella gente, perché era tutta francese.

Le barche, che erano venute da Kamarinah, e le chelandie le ho mandate a svernare nella marina di Kamarinah, e quelle che devono stare in Sarkusah sto facendole disarmare»[365]. Il riferimento al carico di ferro potrebbe essere un segno importante per inserire il porto di *Centumcellae* e il settore costiero dei Monti della Tolfa fra le località della spiaggia romana (quindi da Terracina a Montalto di Castro) oggetto degli sbarchi.

<u>anni 891-898</u>: si acuisce la pressione ai danni delle regioni dell'Italia centrale. Secondo il quadro delineato dall'abate Ugo, di Farfa, *precipue in Valeria provincia habitabant, quam magni montes occupant, in quibus confugia semper faciebant. Ibant denique a mari Tirreno usque ad Hadriaticum et usque ad Padum in predam, et semper ad ipsos montes revertebantur; inde autem ad flumen Lirim, quod vulgo Garilianum dicitur, ubi habebant navigia*[366].

Il nucleo principale delle operazioni viene quindi gestito dall'insediamento del Garigliano, con diramazioni nelle istallazioni militari create nelle valli fluviali interne, come ad esempio i campi a *Trebula Mutuesca*, lungo la Cassia presso la Valle di Baccano, e nei territori di Nepi, Orte e Narni[367].

Il monastero di S. Andrea *in Flumine* ai piedi del Soratte è conquistato assieme alla sua dipendenza di S. Silvestro[368]. La stessa abbazia di Farfa viene stretta d'assedio, resistendo per ben sette anni grazie all'impegno dell'abate Pietro; il suo abbandono e conseguente distruzione avvengono fra il giugno dell'897 e l'aprile dell'898[369], nello stesso periodo del saccheggio di Acqui (odierna Acqui Terme, AL) da parte delle truppe di Frassineto[370] e del tentativo di occupazione di Salerno ad opera di *Agareni*, quindi provenienti direttamente dall'Africa o dalla Sicilia[371].

<u>anno 892</u>: a partire dal mese di febbraio l'emiro di Sicilia 'Al Hasan'ibn 'al 'Abbâs ordina alle flotte di stanza a Palermo, Kamarina, Zancle (Messina) e Siracusa di prendere il largo sotto il comando unificato di Murat 'ibn 'Alî, per seguire le rotte tirreniche, battere le coste e catturare navi mercantili.

Secondo il rapporto inviato agli inizi di gennaio 893, la prima a rientrare, in agosto, è la squadra di Kamarina, proveniente dai «mari di Zurik», con al traino 8 navi aventi a bordo 35 uomini di equipaggio ciascuna, cariche di cotone grezzo «e di filo tinto rosso, e turchino»[372]. Nel mese di Rabi' al-akhim (ottobre?) ritornano le altre tre, a pochi giorni di distanza le une dalle altre.

Il 3 approdano a Palermo le 30 chelandie inviate, con 5 navi franche al seguito, quantità di frumento ed orzo, venticinque pezzi di argento e un discreto numero di prigionieri (seicento uomini, quaranta donne e cento giovani), catturati con uno sbarco effettuato in una località non specificata della Provenza[373].

Il 7 è la volta delle 25 navi siracusane, che, secondo il resoconto di Muhammad 'ibn Saleiman, emiro della città portuale, «hanno portato cinque bastimenti carichi di frumento, che furono predati lungo quache tratto non specificato della «Spiaggia Romana»: sopra ogni bastimento di quelli vi sono quaranta uomini, che ho fatto mettere prigioni»[374].

Infine il 28 torna, con due sole imbarcazioni al seguito, la squadra di 22 chelandie e 15 barche di Zancle comandata da Rundan 'ibn 'Alî. L'emiro locale, Sufîân 'ibn Hafâgah, fornisce un resoconto piuttosto dettagliato della missione, avente come obbiettivo la Corsica: «la gente della squadra ha fatto sbarco in quell'isola, e fece schiavi mille settecento e ottanta persone tra donne, figliuoli, ed uomini. Hanno portato poi una cassa piena di danaro di argento, che avendolo contato ho trovato essere quarantasettemila pezzi di argento, ed una cassa più piccola, entro cui sono cinquemila pezzi di moneta di oro. Li due bastimenti sono carichi di orzo. La gente della squadra ha guadagnato bene in quello sbarco» e anzi, come viene specificato qualche riga dopo, «vogliono di nuovo andare a fare sbarchi, nella Sardiniah, non avendone fatto nessuno in quell'isola: io loro ho promesso che ve li manderò»[375].

Tutta la merce viene venduta poco dopo ai Pisani e ai Genovesi e il ricavato, tolte le ricompense versate ai comandanti delle navi e agli uomini che hanno preso parte agli attacchi, messo da parte per sovvenzionare l'armamento dell'esercito che dovrà negli anni prossimi conquistare Catania e Taormina, le ultime roccaforti controllate ancora dai Bizantini.

<u>13 marzo 894 - 1 marzo 895</u> (anno 281 dell'hagira): il 5 Giamad 'al awwal (novembre?) 894 l'emiro di Zancle (Messina) Sufîân 'ibn Hafâgah relaziona al suo signore a Palermo 'Al Hasan'ibn 'al 'Abbâs l'esito della spedizione navale inviata, come promesso negli anni precedenti, in Sardegna e in Corsica e ritornata appena il giorno prima in Sicilia con un discreto bottino[376]:

«mille cento e sessantaquattro fra uomini, donne, e figliuoli cattivati in uno sbarco, che quelle squadre hanno fatto in Sardiniah, ed hanno recato due casse piene di denaro, che sono suggellate col nome del Grande Capitano, dell'armata», dall'identità non specificata, «il quale morì in Sardiniah di

---

[365] *Cod. Dipl.*, tomo I, parte II, pp. 290-292.
[366] *ChF*, vol. I, p. 32.
[367] Gli ultimi due prossimi alla confluenza del Tevere con il Nera e delle gole di accesso al cuore dell'Umbria attraversate dalla Flaminia e dalla Amerina. Su *Trebula* e la Valle di Baccano vedasi anche l'annata 914.
[368] *ChBen*, pp. 167-168: *desolationis ex monasterio Sancti Andree apostoli et Sancti Silvestri in monte Syrapti, que ab Agarenis captum fuerat*.
[369] Per maggiori particolari su questa e altre devastazioni, verificatesi nella Sabina e nel Reatino in questi anni, vedasi Leggio 1987, pp. 62-63.
[370] *Antap.*, II, 43, p. 296.
[371] *ChSal*, p. 547.

[372] *Cod. Dipl.*, tomo I, parte II, pp. 307-308, 317-318.
[373] *Cod. Dipl.*, tomo I, parte II, pp. 315-316.
[374] *Cod. Dipl.*, tomo I, parte II, pp. 309-310, 316-317.
[375] *Cod. Dipl.*, tomo I, parte II, pp. 310-313, 316-317.
[376] *Cod. Dipl.*, tomo I, parte II, pp. 337-338.

morte naturale, e fu sepolto in quell'isola. Hanno ancora fatto sbarco nell'isola di Korsika, ma senza profitto, perché tutta la gente dell'isola se ne fuggì dentro terra».

Dal seguito della relazione si capisce come l'esito negativo dell'impresa abbia spinto l'emiro a sminuire quest'ultima notizia, cercando di tacitare le eventuali critiche da Palermo e da 'Al Qayrâwan sull'operato proprio e dei suoi comandanti. L'espediente risulta particolarmente visibile confrontando le ultime affermazioni con la successiva proposta di costituire una flotta e un'armata da inviare almeno in Sardegna, essendosi incontrata comunque scarsa resistenza e risultando perciò relativamente facile sottometterla.

«Dico alla sua Grandezza <...> mandare un picciolo esercito per impadronirsi di quell'isola, giacché con poca gente potrà ciò eseguirsi, e se la sua Grandezza darà a me i comandi per andare a fare la conquista di quell'isola, io sono pronto ad andarvi <...> il mio valore».

Nel predisporre i piani di navigazione dell'andata, per evitare di vanificare l'effetto sorpresa, allertando le città costiere di una presenza ostile nelle loro acque, si sarà preferita, provenendo dalla Calabria e tenendosi al largo di Palermo, la rotta lungo la costa orientale sarda, meno popolata di quella occidentale, superando così indisturbati le Bocche di Bonifacio.

«Le squadre non restarono più lungo tempo in Sardiniah, perché quando morì il Grande Capitano, li primi Capitani delle altre squadre», giunte da Kamarina, Siracusa e Palermo, «risolvettero di ritirarsi in Zanklah per ricevere gli ordini della sua Grandezza.

Dico alla sua Grandezza, che e squadre cominciarono il loro corso con fare prima uno sbarco nella Kalafra (Calabria)[377]; ma la gente nemica essendosi accorta dell'armata nostra, si fortificò bene, e perché il grande Capitano era un uomo di molto giudizio non ha fatto sbarcare la gente delle squadre, per risparmiare a quelli la morte <...> perduta molta gente senza profitto, avendomi così detto li primi Capitani delle squadre <...> ciò, che si debba ordinare ai Capitani delle armate, o di trattenerle nella marina di Zanklah, o farle partire, o mandarsi alle loro rispettive marine».

Il 13 Giamad 'al awwal (novembre?) viene spedita la risposta dell'emiro di Sicilia 'Al Hasan'ibn 'al 'Abbâs, con la quale si conferma l'ordine di rientro alle rispettive basi delle varie imbarcazioni e si apprezza la proposta di procedere con il piano per l'occupazione della Sardegna: «La mia Grandezza ti dice, che nell'anno nuovo ti darà il comando di un esercito di dodicimila uomini, e ti manderà a fare quella impresa, e se vorrai maggior numero di uomini la mia Grandezza te li manderà. Mi hai suggerito un ottimo pensamento, perché nel tempo, che siamo in tregua colla gente Greca abitante in Sicilia», nei territori di Catania e Taormina, «si tenterà di potere fare altre conquiste»[378].

L'offerta del contingente viene subito accettata e, valutando la nomina di Sufîân 'ibn Hafâgah a comandante delle operazioni navali e di terra in Sardegna, si predispone il trasferimento ad altra persona della carica di emiro di Zancle, non volendo lasciare la città, così vicina alle terre bizantine di Calabria, troppo esposta agli eserciti imperiali e priva di un capo[379].

Dietro poi indicazione dell'emiro africano 'Ibrahîm 'ibn 'Ahmad 'ibn 'Ibrahîm 'ibn 'al 'Aglab, informato dei prossimi piani con lettera del 3 Ragiab 281 (gennaio 895?), il denaro raccolto con il saccheggio (25.000 pezzi d'argento) viene destinato al finanziamento della spedizione[380].

Come ultimo atto si dirama alle squadre dei porti militari di Zancle, Kamarina e Siracusa l'ordine di tenersi pronti a salpare, ciascuna con destinazione diversa, in funzione di copertura per la flotta diretta in Sardegna. Tre lettere vengono inviate il 20 Sha'ban 281 (febbraio 895?) ai relativi emiri delle basi con le seguenti istruzioni[381]:

«Alhasan ben el Abbas, per la grazia di Dio, Emir Chbir di Sicilia, ti bacia la fronte, ti saluta, e ti ordina la mia Grandezza, o Emir Safian ben Kafagia», prossimo a divenire responsabile della conquista della Sardegna, ma al momento ancora emiro di Zancle, «che dovessi fare armare la squadra della marina di Zanklah, e farla partire per il mese di Shawwal» (aprile?), «e ti dice la mia Grandezza di dare ordine, che facessero qualche sbarco nella Kalafra, e dopo andassero in Korsika, ché ivi troveranno altre nostre squadre per poi partire unitamente in Sardiniah. La mia Grandezza non ha che dirti di più; ti bacia la fronte, ti saluta assai, e si segna così: Alhasan ben el Abbas, per la grazia di Dio, Emir Chbir di Sicilia, tuo Signore. Imedina di Balirmu li 20 del mese di Sciahaban 281, di Maometto».

Le altre due lettere recano istruzioni leggermente diverse, lasciando supporre diversi tempi di esecuzione degli ordini:

«Alhasan ben el Abbas, per la grazia di Dio, Emir Chbir di Sicilia, ti bacia la fronte, ti saluta, e ti dice la mia Grandezza, o Emir Ali ben Amar, che devi dare ordine di armarsi tutta la squadra di Kamarinah e partire per il mese di Shawwal, e andare a fare delle scorrerie nella Korsika, e poi in Sardiniah, perché ivi s'incontreranno con altre nostre squadre, colle quali si dovranno unire. La mia Grandezza non ha per ora che dirti di più; ti bacia la testa, e si segna così: Alhasan ben el Abbas, per la grazia di Dio, Emir Chbir di Sicilia, tuo Signore. Imedina di Balirmu li 20 del mese di Sciahaban 281, di Maometto».

E infine: «Alhasan ben el Abbas, per la grazia di Dio, Emir Chbir di Sicilia, ti tocca la testa, ti saluta assai, e ti ordina la mia Grandezza, o Emir Muhammad ben Saleiman, che dovessi fare armare la squadra di Sarkusah, e farla partire nel mese di Shawwal, dando ordine a quella squadra di andare in Korsika a fare degli sbarchi, come faranno le altre squadre alle quali ho dato lo stesso destino, per passare poi tutte insieme in Sardiniah. Dopo ciò la mia Grandezza non ha che dirti di più; ti bacia la fronte, ti saluta assai, e si segna così: Alhasan ben el Abbas, per la grazia di Dio, Emir Chbir di Sicilia, tuo Signore. Imedina di Balirmu li 20 del mese di Sciahaban 281, di Maometto».

Ricostruendo la sequenza logica dei movimenti, la copertura navale data al corpo principale della flotta di invasione comandato da Sufâgân 'ibn Hafâgah prevede intanto la partenza con la mezza stagione (forse la primavera) delle navi di Kamarina in avanscoperta, colpendo con azioni rapide i centri principali della Corsica, probabilmente con preferenza per quelli dotati di un porto e ospitanti imbarcazioni in grado di costituire una minaccia. Da lì devono passare in Sardegna ed effettuare lo stesso, alla ricerca di dispositivi di difesa marina da neutralizzare.

In successione si muovono poi le squadre di Siracusa e Zancle, con il compito di completare in Corsica, seguendo

---

[377] Al momento, di questo passaggio in Calabria non si hanno altre indicazioni nelle fonti.
[378] Cod. Dipl., tomo I, parte II, pp. 338-339.
[379] Cod. Dipl., tomo I, parte II, pp. 339-340.
[380] Cod. Dipl., tomo I, parte II, pp. 340-343.
[381] Cod. Dipl., tomo I, parte II, pp. 334-335.

rotte distinte l'una dall'altra, l'opera di distruzione già avviata, per poi passare, una volta riunitesi, in Sardegna, dove troveranno la flotta di Kamarina ad attenderli, per impedire, infine, tutte insieme qualunque genere di reazione da parte degli isolani o di eventuali gruppi di navi, mandati dai porti tirrenici a contrapporsi agli aggressori.

<u>2 marzo 895 - 18 febbraio 896</u> (anno 282 dell'hagira): contemporaneamente all'attivazione del dispositivo di copertura marittima, il 3 Shawwal 282 (aprile 895?) l'emiro di Sicilia 'Al Hasan'ibn 'al 'Abbâs invia a Zancle 30 navi da guerra, di cui solo 10 rimarranno poi a disposizione delle truppe, una volta avvenuto lo sbarco; un corpo di 12.000 uomini, formati da «gente Siciliana, e Musulmana», e un sostituto di Sufîân 'ibn Hafâgah alla guida della città, fino a quando non saranno pervenute ulteriori notizie sull'esito della spedizione[382].

Come si apprende dallo scambio epistolare del mese successivo, la partenza è stata fissata al 21 Dhu 'al qa'da (maggio?). L'esercito conta ora 3000 unità in più e le navi a disposizione sono 56, con circa 270 uomini a bordo di ognuna. Il comandante in capo Sufîân 'ibn Hafâgah raccomanda all'emiro 'Al Hasan la cura della propria famiglia, alla quale, in caso di morte durante i combattimenti, lascia tutti propri averi[383].

Nonostante non siano ancora rientrate le squadre mandate in avanscoperta in Corsica e in Sardegna, per evitare in futuro interferenze con l'eventuale governo musulmano delle isole, si dirama ai porti di Siracusa e Kamarina la disposizione che a partire dal 23 Dhu 'al qa'da, salvo nuovi messaggi le loro navi potranno esercitare la pirateria su qualunque tratto delle coste tirreniche, salvo che nelle due isole[384].

Il buon esito di tutta l'operazione viene descritto dettagliatamente in un rapporto che il 20 Muharram 282 (luglio 895?) giunge a Palermo dalla Sardegna[385]:

«Alhasan ben al Abbas, per la grazia di Dio, Emir Chbir di Sicilia, l'Emir Safian ben Kafagia con la faccia per terra bacia le mani della sua Grandezza, e le notifica, che a dì 21 del mese di Dhu 'al qa'da 282 partii da Zanklah con cinquantasei chelandie, sopra le quali era imbarcato l'esercito di quindici mila uomini.

A dì 26 dello stesso mese di Edilkadan giunsi con tutte le chelandie nella marina della Imedina di Sardiniah: avendo sbarcato ho dato ordine che non mettessero a terra le provvisioni prima di vedere se le forze della Sardiniah fossero maggiori delle nostre.

Nel giorno 27 dello stesso mese c'incamminammo per assalire la Imedina di Sardiniah; ci avanzammo verso quella città, entrammo anche in essa senza opposizione, perché la gente della Città quasi tutta se ne fuggì dentro terra. Appena entrati in quella Città ho dato ordine alla gente dell'esercito, che chiunque avesse ardire di toccare qualche cosa di quelle abitazioni della Imedina, subito, si farebbe morire sotto il bastone.

Quella poca gente, che abbiamo trovato nella Città, piangeva per la paura, ed io le ho detto, ed ho fatto dire, che non dovessero avere timore, giacché io li avrei trattati come tanti figli, e che perciò dovessero andare nelle campagne a cercare coloro, che erano fuggiti, e farli ritornare alle loro abitazioni, perché non sarebbero stati molestati dal loro padre, sempre che fossero obbedienti.

Quando quella gente ha inteso questo parlare cominciò ad alzare grida di allegrezza: andarono nelle campagne a cercare quei della Imedina, e dissero loro li miei sentimenti, che io non avrei fatto fare loro alcun danno, ma molto bene. In pochi giorni tutta quella gente si ritirò alle sue abitazioni, ed è assai contenta di noi, perché ai poveri ho dato delle limosine, e a tutti ho fatte delle carezze.

Mi sono impadronito del Castello, che era abbandonato: lo sto facendo accomodare, e si renderà assai forte, essendo situato in luogo alto, come lo è parimenti la Imedina, la quale è piccola, ma bella, girata di bastioni, che sono al presente quasi diroccati, e che io li sto facendo ristorare.

Tutte quelle provvisioni, che la sua Grandezza mi ha mandato sopra le trenta chelandie, quando era in Zanklah, per servirmene allorché sarei stato in Sardiniah, le ho fatte sbarcare, e trasportare nella Imedina, e spero che mi basteranno per un anno, non volendo per ora che la gente del paese pagasse alcuna cosa, acciocché li prendano affetto.

Sono dunque al presente nella Imedina di Sardiniah, mi sto fortificando bene per andare poi dentro terra a fare delle conquiste senza combattere, perché la gente di quest'isola è assai buona; non ci ha dato fastidio, non ci ha ammazzato gente, e meschini ci hanno ricevuto come se fossimo stati padroni loro da cento anni. Perciò è, che bisogna usare tutta la carità con questa gente così dabbene.

A dì 5 del mese di Muharram 282 ho fatto partire le chelandie», che in pratica hanno impiegato il triplo del tempo dell'andata per percorrere la distanza tra la Sardegna e la Sicilia, «e intanto non le ho fatte subito partire appena arrivato, perché in vedere, che eravamo padroni di quella Imedina senza combattere, le ho trattenute, acciocché li marinari di quelle chelandie mi accomodassero un poco la marina, per quanto si potessero disarmare dieci chelandie, che ho ritenuto. Dunque venti chelandie si spediscono per Balirmu insieme con questa lettera, e ventisei si mandarono in Zanklah a tenore degli ordini, che mi ha dato la sua Grandezza.

Non ho per ora che dire di più alla sua Grandezza; con la fronte per terra bacio le mani alla sua Grandezza, e mi segno così, Emir Safian ben Kafagia, per la grazia di Dio, servo dell'Emir Chbir di Sicilia. Imedina di Sardiniah li 5 del mese di Muharram 282 di Maometto».

Volendo proporre un'ipotesi di identificazione della Imedina di Sardiniah, si hanno a disposizione più elementi, che possono offrire una traccia utile. In primo luogo nella lettera si parla di un abitato posto sulla costa ma privo di strutture portuali, quali banchine, moli ed altre istallazioni, che consentano alla flotta di attraccarvi. Anzi, una delle disposizioni del comandante Sufîân 'ibn Hafâgah, data ai marinai delle navi palermitane, per il breve periodo in cui si trattengono in Sardegna, è di risistemare un tratto di spiaggia, dove poter tirare in secca le imbarcazioni.

L'abitato si estende su un'altura ed è controllato da un fortilizio posto a quota più alta. Sull'esempio poi di Palermo, capitale dell'emirato siciliano, definita Medina o Imedina nell'epistolario che compone il *Codice Diplomatico di Sicilia*, anche in questo caso si è di fronte ad un centro ritenuto il più importante della Sardegna. Inoltre si potrebbe supporre che, per quanto la flotta araba giunga dalla Corsica, si trovi sulla costa meridionale dell'isola, in posizione facilmente raggiungibile dalla Sicilia.

Alcune di queste caratteristiche spingono ad optare per Cagliari, alla quale bisogna pure aggiungere la disponibilità

---
[382] *Cod. Dipl.*, tomo I, parte II, p. 343.
[383] *Cod. Dipl.*, tomo I, parte II, pp. 344-345.
[384] *Cod. Dipl.*, tomo I, parte II, p. 345.
[385] *Cod. Dipl.*, tomo I, parte II, pp. 346-347.

di un entroterra facilmente accessibile (il Campidano), nel quale si distribuiscono agglomerati rurali che potrebbero rispondere alla definizione di Casale, utilizzata nei testi musulmani per intendere un insediamento di discrete dimensioni, inferiore ad una città ma dotato di un territorio produttivo.

Questa viene specificata nel successivo resoconto dei tentativi di penetrazione interna portati avanti dal comandante, immediatamente dopo l'avvio dei lavori di ripristino delle mura e del castello della Imedina di Sardiniah.

Il 26 Muharram da Palermo viene inviata in Sardegna una lettera di congratulazioni dell'emiro 'Al Hasan, per la facilità con cui sono state condotte le operazioni, assieme a viveri e rifornimenti, caricati su sei chelandie e, come risulta in un rapporto preparato il 2 Ragiab 282 (gennaio 896?) per il Mulei di 'Al Qayrâwan, sufficienti «per due anni per servire sino a tanto, che quella gente coltiverà la terra, che non è di padroni, la quale ancora non si è divisa, ma col nuovo anno darò ordine a quell'Emir che la distribuisse»[386].

Si conferisce a Sufîân il «titolo di Emir di Sardiniah, con l'autorità di potere fare i Governatori in tutti quei luoghi de' quali sarai padrone» e con l'offerta e la disponibilità all'invio della famiglia sua e dei suoi soldati, per colonizzare definitivamente le terre acquisite[387].

Per la risposta bisogna attendere il 27 Ausah 282 (agosto 895?)[388]:

«Alhasan ben al Abbas, per la grazia di Dio, Emir Chbir di Sicilia, l'Emir Safian ben Kafagia con la fronte per terra bacia le mani della sua Grandezza, e le notifica che ha ricevuto la lettera scritta il dì 26 del mese di Almoharoan 282 e sono giunte le sei chelandie cariche di frumento, di orzo, e di olio per provvisione dell'esercito, del che molto ringrazio la sua Grandezza.

Dico alla sua Grandezza, che non voglio per ora la mia famiglia: quando passeranno altri anni, pregherò allora la sua Grandezza di mandarmela, ma non è ancora tempo. Prego la sua Grandezza, che quando sia per fare l'Emir di Zanklah in mio luogo, dovrà farmi la carità di fare venire in Balirmu la mia famiglia, e quel danaro, che ho conservato, dovrà prenderlo la sua Grandezza, e ne comprerà una casa per abitarvi la mia famiglia, e quello, che sopravvanzerà, la sua Grandezza dovrà farlo impiegare in compra di terra, e giardini.

A tenore dei comandi della sua Grandezza, ho detto ai Siciliani, che sono nell'esercito, se volessero le loro donne e figli, e mi hanno risposto volerli, ed io ho loro promesso, che la sua Grandezza per l'anno nuovo le manderà; ho detto lo stesso ai nostri, e costoro ancora vogliono le loro famiglie. Perciò è, che la sua Grandezza nell'anno nuovo potrà mandarle, e quando sarà tempo di fare venire la mia gente pregherò la sua Grandezza a mandarmela.

Dico alla sua Grandezza, che la gente di Sardiniah è assai contenta di noi, e siamo padroni di tutti li luoghi, perché la nostra gente va dentro terra a trattare con la gente di quei casali, e la gente di quei casali viene nella Imedina, e pare come se fossimo stati padroni loro da cent'anni. Sono tutti gente assai buona, ed io cerco di aiutarli più che posso per farci amare da essi.

Io con la mia faccia per terra rendo grazie alla sua Grandezza di avermi dato il nome di Emir di Sardiniah coll'autorità di deputare per Governatori coloro, che io voglia in tutti li Casali della Sardiniah, che siano a me soggetti.

Dico alla sua Grandezza che al presente si stanno ancora accomodando li bastioni della Imedina, ed il castello è quasi finito. Faccio presente alla sua Grandezza, che tutti gli Emiri, che sono lontani dalli Grandi Emiri, possono fare battere moneta col loro nome, e perciò prego la sua Grandezza, che tutta la moneta della gente di Sardiniah si liquefaccia, e se ne faccia danaro col mio nome, se mi permetterà dalla sua Grandezza, e dalla Grandezza del nostro Mulei; acciocché il mio nome resti alla memoria de' posteri come conquistatore della Sardiniah.

Dico alla sua Grandezza, che nell'anno nuovo farò partire le chelandie, che ho in Sardiniah», in tutto 16 navi, comprese quelle appena giunte da Palermo, «per mandarle nella Korsika a vedere, che forze abbia quella gente, e se possa prendersi quell'isola; perché se quell'isola si potrà prendere lo scriverò subito alla sua Grandezza, per mandarmi una buona spedizione di gente, come si è fatto con la Sardiniah, e così renderci padroni di quell'isola. Quando poi quell'isola sarà conquistata dall'Emir, che la sua Grandezza manderà con l'esercito, ci potremo scambievolmente aiutare; perhé se la gente nemica vorrà prendere la Korsika non si potrà ricoverare in Sardiniah, e nessuno ci potrà più cacciare da queste due isole.

Questo sarebbe il mio sentimento; la sua Grandezza però, che è il padrone, ordinerà quello, che giudicherà meglio; a me però sembra, che ciò sarebbe cosa assai buona. Non ho che dire di più; con la fronte per terra bacio le mani alla sua Grandezza, e mi segno così: L'Emir Safian ben Kafagia, per la grazia di Dio, servo della Grandezza dell'Emir Chbir Alhasan ben el Abbas. Imedina di Sardiniah, li 22 del mese di Ausah 282 di Maometto» (agosto 895?).

Alle richieste, riferite dall'emiro 'Al Hasan al Mulei 'Ibrahîm il 2 Ragiab 282 (gennaio 896?), viene data il 12 Sha'ban (febbraio?) una risposta parziale. Non si fa alcun accenno all'opportunità o meno di avviare nell'isola il conio di monete. Quanto al ricongiungimento dei soldati con le famiglie, dato l'elevato numero di persone non si vuole dimezzare o comunque ridurre di troppo la popolazione della Sicilia musulmana. Infine, viene dato l'assenso alla spedizione in Corsica, da predisporsi con il nuovo anno[389].

<u>19 febbraio 896 - 12 febbraio 897</u> (anno 283 dell'hagira): l'esercito destinato alla conquista della Corsica, con un numero di 15.000 effettivi, pari a quello impegnato l'anno precedente in Sardegna, viene costituito rapidamente tra la fine di febbraio e la metà di marzo dell'896 e posto al comando dell'emiro 'Ibrahîm 'ibn Mustafa. Per il trasporto e l'espletamento degli incarichi di difesa delle coste dell'isola contro imboscate da parte di navigli dei porti italici e provenzali, molto più vicini che non alla Sardegna, sono destinate 50 chelandie, radunate probabilmente nella base di Zancle (Messina)[390].

Alle squadre di Siracusa e Kamarina sono demandate mansioni di pattugliamento e sorveglianza delle rotte tirreniche, raccomandando una maggiore efficacia ai loro spostamenti di quanto non abbiamo saputo fare al momento della partenza di Sufîân.

Dell'esito dello sbarco si apprende solo il 19 Muharram 283 (luglio 896?), dalle parole contenute nella relazione

---

[386] *Cod. Dipl.*, tomo I, parte II, pp. 355-357.
[387] *Cod. Dipl.*, tomo I, parte II, pp. 348-349.
[388] *Cod. Dipl.*, tomo I, parte II, pp. 349-354.

[389] *Cod. Dipl.*, tomo I, parte II, pp. 355-357.
[390] *Cod. Dipl.*, tomo I, parte II, pp. 358-359.

giunta a Palermo con una nave dalla Corsica[391]:

«Alhasan ben al Abbas, per la grazia di Dio, Emir Chbir di Sicilia, l'Emir Ebrahim ben Mustafà con la faccia per terra bacia le mani della sua Grandezza, e le notifica, che nel dì 25 del mese di Shawwal 283» (aprile 896?) «sono arrivato con l'armata in Sardiniah: ho consegnato la lettera all'Emir Safian ben Kafagia, dimorai ivi alcuni giorni, e nel dì 2 del mese di Dhu 'al Qa'da 283» (maggio 896?) «partii da Sardiniah con tutta l'armata, e ai 3 dello stesso Dhu 'al Qa'da arrivai in Korsika.

Dopo che feci sbarcare tutta la gente dell'esercito l'ho fatto accampare. A dì 4 dello stesso Dhu 'al Qa'da incamminatici per la Imedina di quell'isola, si diede da noi alla medesima un grande assalto, il quale ci riuscì assai bene: tutta quella gente, che non poté fuggire, fu passata a fil di spada, a riserva delle donne, e de' figliuoli, e ci rendemmo padroni di quella Imedina; tre ore prima di calare il sole già ne eravamo Signori; ci siamo accampati per riposarci della fatica.

A dì 5 dello stesso mese ho fatto raccogliere la gente morta in quell'assedio, che furono trecento e quarantasette uomini, e li feci seppellire; ho fatto ancora raccogliere la gente del paese, che morì, e si trovò al numero di cinquecento e settantuno: non la feci bruciare, ma sotterrare. Ordinai, che si facesse ricerca per tutte quelle case, e che fosse portata la roba alla mia presenza: mi fu portata, ma fu assai poca; di danaro non si trovò quasi niente, e quel poco che si trovò feci dividerlo alla gente dell'esercito.

La roba, siccome era poca, non la feci distribuire, ma fatte venire avanti di me tutte quelle donne abitanti, ho dato ad esse la loro poca roba, e ne restarono assai contente, e ad esse ho detto: "Perché li vostri uomini hanno combattuto con noi?" Esse hanno risposto: "Perché hanno avuto timore, che li avreste uccisi, e perciò hanno combattuto". Io dissi: "Sentite, o buone donne, io sono venuto per farvi del bene, e non per danneggiarvi; ho fatto ammazzare quella gente, perché ha combattuto con noi; che se non combatteva l'avrei trattato (sic) come figli: ma dimentichiamoci di ciò, ch'è accaduto. Sapete che cosa dovete fare? Li vostri mariti non sono tutti morti, perché scapparono; andate voi nelle campagne a cercarli, e dite che vengano alle case loro, che non farò offenderli, ma li tratterò come figli".

Quelle povere donne piangendo di consolazione andarono a cercare li loro uomini, e a dì 10 dello stesso mese coloro, che erano fuggiti si ritirarono alle case loro sull'assicurazione delle loro donne. A proporzione che quelli uomini si ritiravano alle proprie case, li faceva venire in presenza mia, mi rallegrava con essi, e faceva dar loro da mangiare per cinque giorni per essi, e per le loro famiglie, dello che restarono tutti assai contenti.

Nel giorno 13 dello stesso Edilkadan ho fatto venire avanti a me alcuni di quelli abitanti, e ho detto: "Sentite, o uomini buoni, io penso di andare a fare la conquista della Città, e Casali di dentro terra. Che gente è quella, che li abita?" Essi mi hanno risposto così: "Senti, o nostro grande Padrone, la gente di dentro terra è cattiva assai, perché sono tutti ladri, e non dovrai andare ad affrontarli, perché ti ammazzeranno una quantità di gente, e nulla otterrai. Le Città, li Casali convicini potrai averli senza combattere, perché sono abitati da gente buona assai". Io ho detto loro: "Sentite, o figli miei, andate ad avvisare gli abitanti di quei luoghi, perché vengano nella Imedina, e si presentino al loro nuovo padrone, il quale li consolerà, e rallegrerà con essi". E li ho licenziati.

Nel dì 15 venne una quantità di gente da quei luoghi, ed io ho consolato tutti: ho mandato tosto colà alquanti dei miei, per avere distinte notizie di tutto, e mi hanno riferito, che quelli abitanti sono tutti gente buona assai, e dal presente li nostri vanno in quei luoghi, e quelli vengono nella Imedina. Ora comincierò a proporre di voler mandare uno dei miei a governarli, perché siccome quella gente è avvezza a non avere Governatore, così bisogna maneggiar tutto con prudenza, e dolcezza.

Nella Imedina dove sono di residenza vi è un bel Castello, e molto grande, nel quale abito. Al presente mi occupo a fare fabbricare le case, dove deve abitare la gente dell'esercito, non avendo stimato opportuno togliere le loro agli abitanti. La Imedina è grande, ma niente bella. Intanto dico alla sua Grandezza, che mi ho ritenuto quindici chelandie, come mi ha comandato la sua Grandezza, e le altre trentacinque le ho spedite insieme con questa per venire in Balirmu a tenore degli ordini, che mi ha dato la sua Grandezza prima, che partissi da Balirmu.

Non ho che dire di più per ora alla sua Grandezza; con la mia faccia per terra le bacio le mani, e mi segno così: l'Emir Ebrahim ben Mustafà, per la Dio grazia, servo della Grandezza dell'Emir Chbir di Sicilia Alhasan ben el Abbas. Imedina di Korsika li 12 del mese di Muharram 283 di Maometto».

Sull'identità di questa imedina non si hanno indicazioni particolari, salvo la mancanza di difese attorno all'abitato e la mole del castello che lo controlla. Quanto al porto, sebbene si affermi che lo sbarco sia avvenuto a qualche distanza, è possibile che ci sia ma, contando sull'effetto sorpresa, l'emiro abbia preferito evitarlo, consentendo così alle truppe di giungere alle prime case senza incontrare resistenza. Dato il particolare utilizzo del termine 'medina' nelle carte dell'emirato di Sicilia, si propende per identificare in via ipotetica questo centro con Ajaccio o con Porto Vecchio.

Appena comunicata a Palermo la notizia dell'avvenuta conquista anche della Corsica l'emiro 'Al Hasan provvede immediatamente a nominare 'Ibrahîm 'ibn Mustafa «Emir di Korsika», con il potere di nominare Governatori laddove ritenga opportuno. Il conferimento della carica si accompagna anche all'augurio che la sottomissione di quanto rimane dell'isola possa avvenire senza ulteriore spargimento di sangue[392].

A poca distanza di tempo segue la nota di ringraziamento da parte di 'Ibrahîm, con la specifica che «sin oggi però non ho fatto alcun Governatore, ma sto governando io solo, perché quando l'ho proposto alla gente delle diverse popolazioni, mi hanno risposto, che essi vogliono essere governati da me solo, onde io fin ora non ho detto loro più niente: quando però sarà passato un poco di tempo, ed io sarò bene stabilito, ed avrò acquistato una maggiore autorità sopra quella gente, glieli farò; ma per ora non conviene disgustarla»[393], e soprattutto provocarla, considerati gli ammonimenti che gli abitanti del territorio intorno alla Imedina hanno dato intorno ai pericoli dell'entroterra.

---

[391] *Cod. Dipl.*, tomo I, parte II, pp. 359-362.

[392] Lettera del 23 Muharram 283 (uglio 896?) in *Cod. Dipl.*, tomo I, parte II, pp. 362-363.
[393] Comunicazione del 18 Ausah 283 (agosto 896?) in *Cod. Dipl.*, tomo I, parte II, pp. 363-364. Un rapporto complessivo viene steso dall'emiro 'Al Hasan il 4 Ragiab 283 (gennaio 896?), ricevendo riposta da Kairuan il 12 Sha'ban 283 (febbraio 896?; *Cod. Dipl.*, tomo I, parte II, pp. 365-366).

13 febbraio 897 - 27 gennaio 898 (anno 284 dell'hagira): in un punto del rapporto dell'8 Ragiab 284 (gennaio 898?) inviato dall'emiro 'Al Hasan in Africa sullo stato dei territori affidati alla cura sua e dei suoi sottoposti si legge: «Ho avuto nuove dall'Emir di Sardiniah, e da quello di Korsika, che colà tutto va bene assai, perché essi sono amati da quei popoli, ed hanno già distribuito quelle terre, che non avevano padrone, alla gente dei loro eserciti. Questa notizia me l'hanno data nel mese di Dhu 'al Qa'da 284» (maggio 897?), «avendo ognuno di essi mandato un messo per ragguagliarmi di tutto»[394].

anno 898: un piccolo gruppo navale, proveniente dalla Tunisia e inviato direttamente dall'emiro africano 'Ibrahîm 'ibn 'Ahmad 'ibn 'Ibrahîm 'ibn 'al 'Aglab, allo scopo di saccheggiare le coste tirreniche dell'Italia centrale, viene intercettato da imbarcazioni franche o attirato a terra con uno stratagemma e neutralizzato. Gli equipaggi sono catturati e ridotti in schiavitù[395].

anni 898-899: in un periodo incerto ma di seguito alla distruzione di Farfa gli Arabi ampliano il proprio raggio d'azione verso N ed E, dalla conca reatina al Cicolano. In base alle notizie sparse in varie pergamene del *corpus* farfense, si apprende di devastazioni arrecate a Rieti, dove viene massacrato il gruppo di monaci farfensi rifugiatisi in città con parte del tesoro abbaziale; al monastero di S. Salvatore Maggiore, alle chiese di S. Angelo in Gualdo, S. Maria di Cànetra e S. Silvestro in Falacrine, con i relativi agglomerati, e a molti altri centri nella valle del Velino e lungo la Salaria verso il Piceno[396].

17 gennaio 899 - 6 gennaio 900 (anno 286 dell'hagira): non essendosi ancora trovato adeguato riscontro nelle fonti latine circa la vicenda dell'occupazione di Corsica e Sardegna alla fine del IX secolo, né del suo esito, risultano una volta di più particolarmente utili alcune delle carte raccolte nel *Codice Diplomatico di Sicilia*.

L'esatta sequenza della vicenda, che porta le due isole ad essere tolte rapidamente al dominio arabo, è offerta non tanto da singole lettere, quanto dalla relazione, purtroppo lacunosa in alcuni punti essenziali, mandata dall'emiro 'Al Hasan alla corte di 'Al Qayrâwan il 2 Ragiab 286 (gennaio 900?)[397].

Il testo riunisce informazioni desunte da altri documenti, non inseriti però nel *Codice* al momento della sua costituzione.

«Dico alla sua Grandezza <...> andarono con sessanta bastimenti in Korsika, e distrussero la nostra povera gente, della quale poterono fuggire <...> sopra sei chelandie <...> relazione, che li Francesi hanno ammazzato tutta la gente Musulmana, che non <...>, la gente però Siciliana non fu ammazzata, perché quando li Francesi <...> in Korsika li Siciliani si unirono subito <...> l'Emir di quella isola è stato pure <...>».

Tenendo conto dell'esiguo numero di imbarcazioni scampate e della ribellione o tradimento dei Siciliani, costituenti forse la metà, secondo il piano adottato già per la Sardegna, delle truppe mandate nell'isola, il numero degli Arabi superstiti deve essere stato di poco superiore ale 1500 persone.

Il contrattacco, probabilmente portato da soldati raccolti nei diversi centri tirrenici, imbarcati su navi pisane e genovesi, che, nonostante i buoni rapporti commerciali con la Sicilia, avranno considerato negativamente la conquista musulmana delle due isole, deve avere avuto luogo nel mese di settembre.

Il 15 Rabi' 'al akhir 286 (ottobre 899?) l'emiro 'Al Hasan ordina al figlio Ya'qûb 'ibn 'al Hasan, comandante della base di Zancle (Messina), l'invio di «venti chelandie bene armate in Sardiniah, in soccorso della nostra gente di quel'isola, perché li Francesi passeranno certamente da Korsika in Sardiniah, e se la nostra gente vorrà fuggire non può, non avendo altro, che dieci chelandie, e la tua persona dovrà scrivere all'Emir di quell'isola, che dovesse abbandonare quell'isola, e ritornare con la sua gente in Sicilia»[398].

Ma la spedizione di soccorso giunge troppo tardi, avendo sottovalutato la rapidità di movimento e la forza degli attaccanti.

«Alhasan ben el Abbas, per la grazia di Dio, Emir Chbir di Sicilia, l'Emir Jakob ben Alhasan con la faccia per terra bacia e mani dela sua Grandezza, e le notifica, che a dì 24 del mese di Rabi' 'al akhir ho fatto partire da Zanklah venti chelandie, e sopra ognuna di esse ho imbarcato 200 uomini, e l'ho mandate in Sardiniah a tenore delli ordini datimi dalla sua Grandezza con lettera de' 15 del mese di Rabi' 'al akhir.

A dì 19 de mese di Giamad 'al awwal 286» (novembre?) «vennero in Zanklah tre chelandie, e mi hanno portato nuova, che li Francesi hanno preso la Sardiniah, ed hanno distrutto tutta la nostra gente, che era in quell'isola, non si sa però se fosse stata tutta passata a fil di spada, o se sia fuggita per dentro terra.

Appena giunsero le nostre chelandie in Sardiniah, uscì da quella marina l'armata francese, e prese diciassette di quelle chelandie, che aveva io spedito da Zanklah, e per sorte ne sono scappate tre, che mi hanno portato questa notizia tanto infausta.

Dico alla sua Grandezza non essere stata saggia risoluzione il mandare venti chelandie, sapendo, che li Francesi erano in quei mari con una armata così grande; ma ora è fatta e bisogna parlar di altro.

Non ho che cosa dire di più alla sua Grandezza; con la mia faccia per terra le bacio le mani, e mi sottoscrivo così: l'Emir Jakob ben Alhasan, per la grazia di Dio, figlio della Grandezza del'Emir Chbir di Sicilia Alhasan ben el Abbas. Città di Zanklah li 2 del mese di Giamad 'al awwal 286 di Maometto»[399] (novembre 899?).

---

[394] *Cod. Dipl.*, tomo I, parte II, pp. 369-371.
[395] Levi della Vida 1959, p. 41.
[396] Per riferimenti puntuali ai singoli luoghi toccati dalle incursioni si rimanda a Leggio 1987, pp. 63-64 e a *Saraceni nel Lazio* 1991, pp. 19-20, 26-28, 31, 51, 83.
[397] *Cod. Dipl.*, tomo I, parte II, pp. 380-381.
[398] *Cod. Dipl.*, tomo I, parte II, p. 379.
[399] *Cod. Dipl.*, tomo I, parte II, pp. 379-380. Stranamente, se è corretto il computo, questa lettera impiega ben ventiquattro giorni, per compiere il viaggio da Messina a Palermo, contro i quattro o cinque registrati di solito. All'emiro 'Ibrahîm di Kairuan la notizia viene trasmessa addirittura un mese e mezzo dopo. All'intera vicenda della conquista della Corsica e della Sardegna da parte degli emiri siciliani, dedica solo alcune parole di rammarico: «ha letto la mia Grandezza, che li Francesi si sono impadroniti di nuovo delle isole di Korsika e Sardiniah», nel senso che queste sono rientrate nella sfera economica, culturale e politica dell'impero carolingio, dato più apparente che oggettivo; «la quale notizia ha recato molta pena al cuoredela mia Grandezza, non tanto per la perdita di quelle due isole, quanto per la perdita di tanta gente, ma bisogna aver pazienza» (*Cod. Dipl.*, tomo I, parte II, pp. 382-383).

CAPITOLO IV

IL SECOLO X

Secondo le lettere e le relazioni raccolte nel *Codice Diplomatico di Sicilia*, tra il 900 e il 921 i maggiori centri dell'Italia meridionale tirrenica conoscono un periodo di occupazione da parte dei Musulmani, che hanno invaso in forze la Calabria e la Campania. Le fonti latine contemporanee parlano invece dell'alleanza dei signori di Capua, Benevento, Salerno e Napoli o della complicità degli Amalfitani con i capi di contingenti arabi, sminuendo o comunque riducendo all'esecuzione di saccheggi il peso da loro avuto nei molteplici conflitti che in questo periodo scoppiano in queste regioni.

La mancata certezza piena sulla cronologia dei documenti, unitamente alla difficoltà di orientarsi tra le molteplici omonimie di alcune figure chiave delle gerarchie musulmane e degli eserciti sul campo impedisce di stabilire quale possa essere la versione delle vicende più vicina alla realtà del tempo. Forse la sola difficoltà superabile è la discrepanza tra carte arabe e latine, nei cui contenuti vanno visti due modi diversi di intendere i medesimi avvenimenti, con "conquiste" che invece sono coabitazioni e "scaramucce" che invece sono veri e propri scontri.

Niente in apparenza sembra legare gli eventi del Garigliano e del settore centrale della penisola italica con quanto si verifica, a volte, persino a poche decine di chilometri di distanza, ma viene condotto con obbiettivi differenti e da soldati siciliani, non africani. In un simile quadro troverebbe conferma il mancato coordinamento tra le forze in campo e i servizi informativi degli emirati siciliano e africano, occasionalmente compensato da scambi di missive nelle quali si richiedono rinforzi e dove appare chiaro come il primo sia tenuto ad informare il secondo di qualunque piano voglia mettere in atto, nonché dei risultati, mentre ciò non si verifichi quasi mai al contrario.

Per la particolare situazione verificatasi nel primo decennio del X secolo tra la foce del Garigliano, Capua ed altri centri campani, con forze africane impegnate nei territori dal basso corso del fiume alle vallate dirette verso la costa adriatica, e le truppe siciliane distribuite su un largo fronte, subito al di là e fino a Reggio, sembra di avere nuovamente lo schema operativo di eserciti che muovono all'attacco ed altri che agiscono sui fianchi o in retraguardia, distogliendo le autorità locali dall'invio di aiuti al di fuori dei propri confini[400].

anno 900: nella seconda metà dell'anno l'emiro di Sicilia 'Al Hasan 'ibn 'al 'Abbâs, alla luce dei successi conseguiti dal comandante 'Abû 'al 'Abbâs[401] nel sedare i disordini scoppiati a Palermo decide, grazie anche all'approvazione ricevuta dal governo tunisino, di affidargli la conquista della Calabria, senza porre un limite preciso alla sua azione[402].

anni 901-906: la partenza della spedizione contro la Calabria, intendendo con questo nome le terre dall'estrema punta reggina al territorio capuano, è fissata nel mese di aprile del 901. 40.000 soldati sono valutati sufficienti per coprire le necessità di una campagna lunga e 50 navi da guerra sono messe a disposizione per effettuare il passaggio dello Stretto e poi controllare le rotte e le coste tirreniche.

Il 14 Almohar (giugno?) viene conquistata Reggio assieme ad altri centri del territorio, stabilendo una testa di ponte da rafforzare con l'arrivo di altri 10.000 soldati, previsti per l'anno successivo, e il potenziamento in città dei dispositivi difensivi, contro un'eventuale attacco dal mare; questa azione frutta al comandante il titolo di «Emir di Kalafra»[403].

Il 10 Dhu 'al qa'da 290 (maggio 903?) l'emiro muove da Reggio verso la parte alta della Calabria. A giugno sconfigge «vicino alla Città di Katansaru» un esercito bizantino, comandato dal «Generale Luka», e conquista la città, saccheggiandola, ma risparmiano gli abitanti e facendo «riparare il Castello».

Dopo avervi nominato come governatore un certo 'Alî 'ibn 'Abd 'Allâh e lasciato una guarnigione di 2000, muove alla volta di Cosenza, prendendola il 20 Ausah (agosto?). «Ho fatto accomodare il Castello, e al presente è assai bello: ho fortificato bene la Città, ed ora, che no resta altro da fare, ne dò conto alla sua Grandezza. Nel nuovo anno partirò da Kusinza, per seguitare il mio viaggio, e fare delle altre conquiste»[404].

Il proposito viene rispettato, con la conquista, nel dicembre del 903, di Salerno. L'attacco costa la perdita di quasi 2500 uomini, compensati però dalle migliaia di Calabresi attirati dalla possibilità di facili guadagni. Il saccheggio ha fruttato del denaro, distribuito ai soldati «senza che io avessi preso niente: ho pigliato soltanto le provvisioni per conservarle al nostro sostentamento. Io penso di stare alcuni mesi in Salernah, e poi passerò a Kapua», senza perdere tempo nel mirare al territorio, salvo che per esigenze strategiche immediate, e puntando direttamente alle capitali dei principati longobardi[405].

L'esito di questo piano si apprende nel maggio del 906, con la notizia che, avendo ancora in forze 40.000 sodati, l'emiro

---

[400] Date, comunque, le molte lacune e discrepanze esistenti, molto potrà essere compreso in maniera migliore con la lettura delle molte carte ancora inedite sicuramente racchiuse negli archivi spagnoli e tunisini.

[401] Nello stesso periodo il nome 'Abû 'al 'Abbâs è portato anche da un emiro africano e dal figlio di uno dei governatori della Sicilia e a quanto pare per entrambi vengono raccontate gesta particolari in molteplici battaglie, complicando già la narrazione degli storici arabi del pieno Medioevo. Supponendo, in mancanza di elementi contrari, che il *Codice Diplomatico di Sicilia* abbia ragione, nelle diverse annate di questo capitolo si espongono i dati così come sono presentati nella documentazione, cercando di trovare degli agganci con gli altri eventi selezionati.

[402] *Cod. Dipl.*, tomo I, parte II, pp. 405-408 (lettera dell'8 Giamadilaud 287); 408-410 (lettera del 25 Giamadilaud 287).
[403] *Cod. Dipl.*, tomo I, parte II, pp. 410-427.
[404] *Cod. Dipl.*, tomo I, parte II, pp. 433-436.
[405] *Cod. Dipl.*, tomo I, parte II, p. 457. La particolare scelta strategica lascia perplesso l'emiro 'Al Hasan, il quale, seccato anche per il tono sbrigativo con il quale gli è stato fatto rapporto, manda subito una lettera di protesta ad 'Abû 'al 'Abbâs: «la mia Grandezza ha letto, che ti sei impadronito della città di Salernah, e che pensi di passare appresso in Kapua a farne conquista. Ti dice però la mia Grandezza, che la tua lettera era scritta con poco rispetto, come se la mia Grandezza, e la tua Persona fossimo la stessa cosa, e perciò dovrai ricordarti, che ti sono Emir Chbir. Non hai scritto altro se non che ti sei impadronito di Salernah e niente più, senza dire la maniera come hai preso quella Città. La tua Persona partì con il suo esercito da Kusinza: da Kusinza a Salernah vi è un lungo cammino, e prima di arrivare a Salernah devi avere incontrato molte altre Città, e perciò la mia Grandezza non sa se quelle Città siano state o no prese da te» (*Cod. Dipl.*, tomo I, parte II, pp. 457-458; vedasi anche la risposta polemica di 'Abû 'al 'Abbâs, alle pp. 459-460).

«al presente si trova padrone di molte Città della Kalafra, e stà di residenza nella Imedina di Kapua, e che pensa di passare avanti. Dice di più, che ha guadagnato ingente somma di danaro, e che la gente di quell'esercito si è fatta tutta ricca; da ciò è che trova facilmente della gente paesana per unirsi con quella dell'esercito suo»[406].

Da questo momento e ancora negli anni 915-916 non si hanno altre notizie sulla sorte delle città occupate e delle guarnigioni, fino a che non viene mandato un nuovo esercito con il compito di rilevarle.

Da alcuni autori arabi l'intera spedizione viene attribuita non ad 'Abû 'al 'Abbâs, ma al padre 'Ibrahîm, emiro d'Africa, sovrapponendo così date ed avvenimenti e trattando un semplice viaggio di verifica dell'operato dell'«Emir di Kalafra» al pari di una spedizione militare[407]. Lo stesso capita anche in certe fonti latine, che evidentemente riprendono da questi.

anno 903: la situazione di grave incertezza in cui versano Roma, i centri costieri e dell'entroterra laziale e campano, in conseguenza della profonda penetrazione musulmana avviata negli anni precedenti, rinnovata dalle imprese arabe in Calabria[408] e intensificata grazie al supporto costante offerto dagli Arabi insediati nelle basi del litorale[409], induce Atenolfo I, principe di Capua e Benevento, e Gregorio IV, duca di Napoli, a tentare di ridurre la pressione nemica, almeno sui territori ai propri confini, e di rompere la morsa che attanaglia l'Italia centrale, attaccando direttamente i contingenti riuniti presso la foce del Garigliano.

Nel mese di giugno, messo insieme un forte esercito, marciano entrambi verso il fiume e, per rendere più agevole sia l'attraversamento sia un'eventuale ritirata[410], costruiscono a circa 5500 m a ESE di Minturno (l'altomedievale Traetto) un ponte di navi in località *Setra*[411], corrispondente all'odierna Setera, posta circa 5000 m a S di Casteforte, in prossimità della sponda destra del Garigliano. Superatolo appena ultimati i lavori, si scontrano con drappelli saraceni, giunti sul luogo a contrastare la pericolosa offensiva, e li sconfiggono.

Il calar della notte interrompe le ostilità e i soldati, fiduciosi della relativa facilità con cui si è riusciti ad avere la meglio sugli assalitori, non prendono alcuna precauzione a tutela di se stessi e del ponte.

I Saraceni, assieme ai loro alleati caietani, rifugiatisi in uno dei campi, presumibilmente fra le rovine della città romana di *Minturnae*, in attesa di ulteriori sviluppi, approfittano subito dell'occasione e, senza attendere lo spuntar del sole, muovono subito all'attacco.

La disfatta sembra completa, dato il gran numero di vittime fra le truppe campane, senonché i superstiti dell'esercito di Atenolfo e di Gregorio riescono comunque a riorganizzarsi e a respingere l'aggressione, obbligando i Saraceni a rifugiarsi al riparo dei propri campi, evidentemente posti sulla corona di colline che delimitano sul lato laziale la bassa valle del Garigliano[412].

Il luogo dello scontro è rimasto nella memoria locale tramite il toponimo Masseria Battaglia (circa 5500 m a ESE di Minturno; anno 1071, *campu de bataglia*)[413], e ciò a dispetto di quanto sostenuto precedentemente da chi ha preteso di ricondurlo allo scontro del 915, col quale si segna la fine della presenza musulmana sul Garigliano[414] e che però non avviene qui, ma, come riportano le fonti, tra la Via Appia, le rovine di *Minturnae* e Monte d'Argento.

anni 904-905: pur nell'incertezza delle testimonianze raccolte, il Luppi rileva nei primi mesi del 904 l'uscita da Frassineto di un corpo di spedizione, che aggredisce il Piemonte dopo essersi diviso in tre colonne. Una di queste il 24 marzo aggredisce il Vescovo di Asti, Eidulfo, trucidandolo assieme a suo seguito presso il torrente Pogliola (Mondovì, CU). La stessa nel 905 è responsabile del saccheggio di Acqui e dell'occupazione delle alture attorno a Tortona, con la creazione, ammessa dalle fonti ma ancora da provare archeologicamente, di alcune roccaforti, dislocate a controllo del collegamento della Via Emilia Scauri con la Postumia[415].

anno 905: secondo il *Chronicon* di Farfa, una nuova spedizione musulmana muove quest'anno dall'Africa, occupando sistematicamente i centri della Puglia e giungendo, attraverso il territorio beneventano, sino alle città del Lazio[416].

---

[406] *Cod. Dipl.*, tomo I, parte II, pp. 467-468.

[407] Secondo 'Ibn Haldûn, ad esempio, l'emiro d'Africa 'Ibrahîm 'ibn 'Ahmad 'ibn Muhammad negli anni 901-902, essendo stato deposto dal califfo di Baghdad, si imbarca per la Sicilia. La motivazione apparente è il volersi ritirare definitivamente dalla politica e dalla vita attiva. In realtà però si porta nell'isola per poter agire di proprio conto nella gestione degli affari locali e delle spedizioni ai danni dell'Italia, lontano dai freni che vorrebbe imporgli il governo califfale centrale Nell'agosto del 902, messi assieme una flotta e un'esercito passa lo Stretto di Messina e da qui raggiunge Cosenza, ponendola sotto assedio. Solo la sua morte mette fine alle ostilità e induce il nuovo comandante 'Abu Mudar, suo nipote, a ritornare indietro con il bottino, nel frattempo raccolto dalle truppe e dalla flotta, inviata a saccheggiare in rapida successione le coste tirreniche, e con la somma versatagli in pegno dagli abitanti della città ('Ibn Haldûn, *Kitâb 'al 'ibr*, § 6, in Amari 1880-1881, vol. II, pp. 185-188; vedasi per il medesimo evento anche 'An Nuwayrî, *Nihârat 'al 'arib*, in Amari 1880-1881, vol. II, pp. 149-153).

[408] Cilento 1971, pp. 145-146, 154-155.

[409] Il Tucciarone (Tucciarone 1991, p. 97), traendolo dall'opera dell'Amari (di cui si riproduce il riferimento bibliografico: M. Amari, *Storia dei Musulmani di Sicilia*, ediz. a cura di C. A. Nallino, Catania 1935, vol. II, p. 191), riferisce per il 902 il rafforzamento della colonia del Garigliano con elementi provenienti da Agropoli, in coincidenza con la spedizione dell'emiro africano Ibrahim in Calabria. Non viene però fornito alcun riferimento alle fonti.

[410] Il Garigliano, infatti, può diventare una trappola in caso di sconfitta o di fuga precipitosa dei soldati, incalzati da vicino dagli attaccanti che li respingono verso SE, al di là del fiume.

[411] *Chron. Mon.*, I, 50, pp. 130-131: *constructo de navibus ponte iuxta Traiectum in loco qui Setra vocatur*.

[412] *Chron. Mon.*, I, 50, pp. 130-131: *Ibi igitur illis* (cioé i soldati campani) *consistentibus, quadam nocte dum minus caute suas custodias agunt, repente Saraceni cum Caietanis super eos irruunt, deque illis plurimos sternunt, reliquos usque ad pontem acriter insequuntur. Sed ibi tandem nostris fortiter resistentibus, Saraceni terga vertere, et suis se castris tueri coguntur*. Altrove questa battaglia è ricordata come una sconfitta completa subita dalle truppe cristiane: *Quarto anno principatus domini Atenolfi gloriosi principis, mense Iunio sexta indictione, facta est maxima strages christianorum a Saracenis ad fluvium Traiectum* (*Chronica Sancti Benedicti*, in MGH, *Script.*, tomo III, Hannoverae 1839, p. 206).

[413] De Santis 1990, p. 22. Il Tucciarone (Tucciarone 1991, p. 110), adeguandosi alla tradizione storiografica, ritiene invece che la località ricordi la battaglia del 914-915.

[414] Fedele 1899, p. 194.

[415] Luppi 1973, p. 38, 67, 108-110.

[416] *ChF*, vol. I, p. 241, l. 13: *Sarraceni ab Africa ratibus eunt, Calabriam, Apuliam, Beneventum, Romanorum civitates occupare ceperunt*. Vedasi anche *Antap.*, II, 44, 45.

Confrontando il dato con quanto esposto nell'annata 901-906, è lecito supporre che nel *Chronicon* di Farfa, a causa della confusione creata dal toponimo Calabria, specifico della parte terminale della Puglia ed esteso nell'Alto Medioevo anche alla regione nota nell'antichità e, ancora, in epoca tardo-antica come *Bruttii* (l'odierna Calabria), siano state sovrapposte le informazioni su due incursioni diverse.

La prima avvenuta nel 902, nei termini descritti dalle fonti arabe, e la seconda intorno al 905, ad opera non degli emiri africani ma dei Saraceni insediatisi sul Garigliano, con movimento duplice e contrario rispetto all'ordine prospettato dal *Chronicon*, in direzione delle città più vicine al ducato di Gaeta, quali Terracina e Fondi, e del territorio beneventano, sino a raggiungere la Puglia.

Le "tappe" dell'itinerario prospettato dalla fonte farfense ricalcano infatti alla perfezione il tracciato della Via Appia, a partire dall'846 (vedasi l'annata relativa) asse privilegiato di spostamento per le truppe musulmane in movimento nell'Italia centro-meridionale. Ma un'altra soluzione viene suggerita dall'*Antapodosis* di Liutprando; il *Chronicon*, infatti, ne ha ripreso pedissequamente le parole[417]:

Saraceni ab Africa ratibus exeuntes, Calabriam, Appuliam (sic), *Beneventum, Romanorum etiam poene omnes civitates ita occupaverunt* (e successivamente[418] specifica che *Romam versus aciem giraverunt, montemque Garelianum maxima pro tuitione sibi vindicaverunt, multasque munitissimis civitates debellantes vi ceperunt*), nonostante il discorso fosse chiaramente riferito ai tragici avvenimenti dell'876 e degli anni successivi (vedansi le annate relative).

Se, quindi, il dato farfense non è stato prodotto da notizie vere su eventi realmente accaduti, magari esposte nella forma più suggestiva suggerita dalle parole di Liutprando, ma dalla errata lettura della sua opera, il ricordo di un'incursione saracena avvenuta nel 905 è falso e privo di fondamento.

anno 906: Berta, figlia di Lotario II re di Francia, vedova di Tebaldo, conte di Provenza e moglie di Adalberto, marchese di Toscana, invia in missione diplomatica direttamente alla corte di Baghdad il proprio eunuco 'Alî, facente parte della spedizione di saccheggio dell'898 e catturato[419].

Il motivo dell'ambasceria, come si apprende da fonti arabe della seconda metà del secolo X, è un'offerta di matrimonio e di alleanza rivolta direttamente al califfo 'al Mûktafi, in cambio di una sospensione delle aggressioni alle coste della Toscana e della concertazione di piani comuni di difesa e contrattacco nei confronti dell'emiro d'Africa, principale responsabile della continua instabilità in cui giace il Mediterraneo centrale in questo periodo.

Meno evidente e appena accennato è l'obbiettivo, ipotizzato dal Levi della Vida, di cancellare l'egemonia dei Bizantini su Roma e il loro dominio sull'Italia meridionale[420]. La risposta del califfo a questo duplice invito è positiva, ma purtroppo non è possibile sapere di più su come gli eventi si siano svolti successivamente. Si ha notizia unicamente che il califfo muore nel 912, assassinato da una congiura di palazzo, e Berta nel 925[421].

Nello stesso anno le abbazie di Novalesa e di Oulx vengono pesantemente saccheggiate da truppe provenienti da Frassineto[422], mentre sembra avvenuto in modo completo il ritiro del presidio e della flotta araba da Miseno. Nessun documento lo testimonia con precisione, salvo considerare la contestuale creazione delle basi ad Agropoli nell'879 e sul Garigliano nell'880, nonché la notizia, riferita da Giovanni Diacono, del recupero delle reliquie di s. Sossio tra i resti di un monastero abbandonato, nell'area di quanto rimane del *castellum Misenate*: *nam sexaginta evolutus iam pene per annos ab Hismaelitis erat demolitum oppidum illum, et ad solum usque prostratum*[423]. Il computo di 60 anni dalla supposta distruzione dell'abitato riporta all'846, nel corso della spedizione africana e spagnola contro Roma.

anno 910: da parte dei principi di Capua e Benevento vengono promosse una serie di azioni volte a ridimensionare drasticamente il peso assunto dai Saraceni stanziati sul basso corso del Garigliano. Gli attacchi si concentrano sulla piana, nell'area delle rovine dell'antica *Minturnae*, e sulle alture circostanti prossime a Traetto.

La pressione esercitata, forse non solo sul piano militare ma anche diplomatico, da Landolfo di Benevento, detto Antipatro, produce il distacco dal contingente musulmano di un cospicuo nucleo, guidato dal *califu eorum Alliku*, a cui sono state offerte le sedi di Siponto e Canosa, evidentemente in cambio di un'alleanza strategica.

I cittadini del principato, però, preoccupati della crescita del numero di Arabi presenti nel territorio e dell'eventualità che si verifichino saccheggi e devastazioni ad opera loro, come già era avvenuto per decenni nel secolo precedente, decidono di attaccare le diverse comunità esistenti nei territori e nei centri di *Venusiu, sanctu Angelu, Fricxento, Turacso, Abillinu, et etiam Benebento*, distruggendole. Per evitare divisioni all'interno del principato e ribellioni Landolfo è costretto a ritornare sui propri passi e ad assalire a sua volta i superstiti, riducendoli a mal partito[424].

In conseguenza di quanto accaduto è lecito supporre che gli uomini fuoriusciti dal Garigliano siano rapidamente rientrati nelle loro basi di partenza, senza nemmeno riuscire a raggiungere gli abitati pugliesi.

anni 911-913: riferendosi genericamente a questo periodo il cronista Liutprando lamenta la triste sorte dell'Italia, circondata da ogni parte da nemici, tanto che Roma è stata quasi del tutto disertata dai pellegrini, regolarmente presi in ostaggio e rilasciati solo dietro pesanti riscatti. Più pericolosi di tutti e responsabili di questi vili ricatti sono considerati gli

---

[417] *Antap.*, II, 44, p. 296.
[418] *Antap.*, II, 45, p. 296.
[419] Vedansi le notizie relative all'annata 898.
[420] Levi della Vida 1959, pp. 40-44.
[421] Levi della Vida 1959, pp. 26-44; *Arabi in Italia* 1979, pp. 131-132.

[422] Luppi 1973, pp. 23-25, 108-109, 121.
[423] Johanne Diacono, *Acta translationis S. Sosii*, cap. XXIV (citazione tratta dal contributo *Gli Acta Translationis Sanctii Sosii e la cattedrale perduta di Miseno*, a cura di F. Guidobaldi, in *Domum tua dilexi. Miscellanea in onore di Aldo Nestori*, Città del Vaticano, 1997, pp. 251-264). Di un precedente tentativo, portato avanti inutilmente dal principe longobardo Sicardo, l'autore fa riferimento nel capitolo XXVI, confondendo però tra gli anni che precedono l'arrivo arabo e i successivi.
[424] *Chronicon Comitum Capuae*, in MGH, *Script.*, tomo III, Hannoverae 1964, p. 208, ll. 46-51: *Post eum Landulph, dictus Antipatru, et Athnulph, filii sui, principati sunt in Benebento et Capue anni 28. Horum virili fortitudine pulsi et cesi sunt Agareni a Traiectu et Gariliano per indictione tercia. Qui nempe in partibus Apulie et Calabrie transmearunt, et predati sunt valde. His ad debellandum processit Landulph de Benebento, et contrivit eos cum califu eorum Alliku in Sepuntu et Canusiu. Sed brevi ecsinde non resisterunt eis Langobardi de Benebento, et Agareni dexpoliati sunt Venusiu, sanctu Angelu, Fricxentu, Turacsu, Abillinu, et etiam Benebento, a quo tandem repulsi, victi sunt a Landulph.*

Africani, cioé gli Arabi d'Africa, seguiti subito dopo dai Saraceni provenienti dalla base di Frassineto e in ultimo dagli Ungari[425].

Al di là del tono retorico di queste affermazioni, resta comunque evidente che nei primi decenni del secolo X la situazione è ancora ben lontana dall'essere ritornata alla normalità in buona parte dell'Italia e il particolare della parziale interruzione dei tracciati di pellegrinaggio ad opera dei Musulmani non riguarda ovviamente la Cassia, ma la Flaminia, transitante proprio nelle zone dell'Italia centrale tra Marche e Lazio maggiormente colpite dai Saraceni, l'Aurelia e l'Appia, prossime alle coste e in uso, nonostante le difficoltà, soprattutto per la seconda, create dai ricorrenti allagamenti.

anno 914: nel mese di marzo, in coincidenza con l'elezione pontificale di Giovanni X, si compiono con successo una serie di interventi, articolati in due momenti diversi e concertati preventivamente dal papa assieme ad Alberico, marchese di Spoleto e Camerino[426]. In primo luogo si compiono in successione alcune azioni militari, volte a contenere l'azione saracena in Italia centrale; poi si provvede a respingere i diversi contingenti musulmani arroccatisi nelle montagne del Reatino, della Sabina, dell'Agro Falisco, della media Valle del Tevere e del Cicolano verso il mare, cogliendo l'occasione di ritrovarli tutti concentrati sulla piana del Garigliano per affrontarli in campo aperto e sconfiggerli in modo definitivo, eliminando così un notevole pericolo per tutta la penisola.

La sola fonte di riferimento per questi eventi è il *Chronicon* di Benedetto, che pone come mossa di apertura il movimento a tenaglia di armati, provenienti dal territorio reatino (guidati da un certo *Akyprandus*)[427], da quello longobardo di Spoleto e sabino, e convergenti sulle rovine dell'antica città di *Trebula Mutuesca* (circa 1500 m a E di Monteleone Sabino -RI), quartier generale e base dei Saraceni[428]. La battaglia che segue vede questi ultimi sconfitti e, molto probabilmente, annientati, senza possibilità di ritirarsi lungo la Via Salaria[429].

Contemporaneamente gli abitanti di Sutri e di Nepi affrontano con successo i Saraceni sulla Via Cassia, all'interno della Valle di Baccano (all'altezza dei km 30 e 31), nella quale devono averli spinti dalle colline circostanti, dove evidentemente si erano annidati[430]. Lo scontro induce i gruppi musulmani distribuiti nei territori di Narni, Orte e nel Cicolano a riunirsi in un unico esercito, meno vulnerabile rispetto agli improvvisi attacchi da parte delle popolazioni locali, e a muoversi verso il mare. E' infatti inevitabile ormai la ritirata, sollecitata dal timore di vedere completamente preclusa ogni possibilità di fuga lungo le vie Amerina e Salaria, essendo caduti i presidi sopra la Cassia e quello di *Trebula*.

L'obbiettivo, messo peraltro immediatamente in atto con successo, è raggiungere la base sul Garigliano e porsi agli ordini del locale comandante[431], forte del tacito assenso accordatogli da Gregorio IV e Giovanni I, rispettivamente duca di Napoli ed ipata di Gaeta.

Ad aprile Guaimario II, principe di Salerno, Atenolfo II, di Capua, e Landolfo I, di Benevento, preoccupati di un simile concentramento di soldati musulmani e della possibilità che vengano utilizzati dai propri avversari a danno dei loro stati, muovono rapidamente verso il Garigliano con un esercito e, superato il fiume, creano presso la sponda destra una cerchia di posti di guardia e di piccoli accampamenti[432], con cui tenere sotto controllo i movimenti saraceni, impedirne qualunque fuoriuscita in direzione dei propri territori e ostacolare l'eventuale arrivo di rinforzi da Napoli[433].

Alla notizia papa Giovanni X, richiamato il marchese Alberico, si affretta a raggiungere con un secondo esercito la bassa valle del Garigliano e i presidi di Guaimario II; ivi, dispondendosi sulle alture tra Minturno e Scauri, chiude ai Saraceni anche il lato verso Gaeta, sbarrando il transito dell'Appia.

L'accerchiamento della piana che circonda il Monte d'Argento è ormai completato dal lato di terra e non sembra rimangano possibilità di fuga per gli assediati, privi di appoggio anche dal mare[434]. L'assedio viene mantenuto nei

---

[425] *Antap.*, II, 44: *Nemo etiam ab occasu, sive ab arcturo, orationis gratia ad beatissimorum apostolorum limina Romam transire poterat, qui ab his aut non caperetur, aut non modico dato precio dimitteretur. Quamvis enim misera Italia multis Hungariorum et ex Fraxeneto Saracenorum cladibus, nullis tamen furiis aut pestibus sicut ab Africanis agitabatur.* Sul tema degli Ungari in Italia vedasi Leggio 1987, pp. 64-65.

[426] ChBen, pp. 156-157: *successit Iohannes decimus papa. Consilio inito cum Albericus marchiones de Sarracenis.*

[427] Da confronti antroponimici il Leggio (Leggio 1987, pp. 73-74 n. 31) ha potuto appurare l'inesistenza del nome *Akyprandus* rispetto alla relativa diffusione di *Takeprandus*. In questa maniera il comandante delle forze reatine corrisponderebbe a *Takeprandus* figlio di *Scaptolfus*, cittadino di Rieti, proprietario di fondi nel territorio Amiternino. Aveva rapporti con l'abbazia di Farfa e il vescovato della sua città e sarebbe morto tra il 947 e il 950. Potrebbe persino essere l'artefice del restauro della chiesa di S. Silvestro in Falacrine *post vastationem Saracinorum*, celebrato in un'epigrafe recante la data del 924 (Leggio 1987, p. 73 n. 24).

[428] Probabilmente gli stessi responsabili dei saccheggi dei patrimoni delle abbazie di Farfa e di S. Salvatore Maggiore.

[429] ChBen, p. 157: *in ipso tempore exivit Akyprandus Reatino et alii plures Langobardis et Savinensi, et preparaverunt se a pugna cum Sarracenis, a moenie civitatis vetustate consumpta, nomine Tribulana. Et conflicta pugna, intercedente beato Petro apostolo, Sarracenis interfecti sunt.* Sull'identificazione della *civitas Tribulana*, menzionata nella fonte, con l'antica *Trebula Mutuesca* vedasi anche il commento dello Zucchetti al suddetto passo del *Chronicon*, p. 157 n. 2.

[430] ChBen, p. 157: *Alia pugna est facta inter Nepisinos et Sutrinos cum Saracenis in campo de Baccani, multosque Saracenos trucidati sunt et vulnerati.* Probabile che il covo di questo nucleo musulmano vada cercato non nelle stesse Nepi, Sutri, o addirittura Ronciglione, come vorrebbero le tradizioni locali, ma sul soprastante Monte Razzano, in posizione fortemente dominante rispetto alla sottostante strada consolare.

[431] ChBen, p. 157: *Audientes Sarracenis qui erat (sic) in Narnienses comitato, Ortuense, et qui erant in Ciculi, preparaverunt se omnes in unum ad dux eorum qui erat a fluvium Garilianu, iter bastantes maxime cognoscentes, in se ipsis interitus eveniret.* Secondo il Tucciarone (Tucciarone 1991, p. 108), che riprende le affermazioni del Gabrieli e dello Scerrato (*Arabi in Italia* 1979, pp. 103-104), il nome del comandante musulmano è *Trierah*, ma non viene menzionata la fonte da cui ha tratto la notizia.

[432] *Chron. Mon.*, I, 52, pp. 134-135: *castra super Saracenos iuxta Garilianum ex ista parte metatus est.* L'espressione *iuxta Garilianum ex ista parte*, usata nella *Chronica* di Cassino, lascia intendere che si parli della stessa riva del monastero, ossia la destra.

[433] Da notare che 1650 m a E di Minturno si trova il Poggio della Guardia, un'altura di 115 m dominante tutta la piana a S, sino al mare e alla foce del Garigliano, le rovine della città di *Minturnae* e il Monte d'Argento, rispetto al quale è collocato 3500 m verso NE. Tradizioni ottocentesche tendono a ricondurre il toponimo ad una presenza saracena (De Santis 1990, pp. 121-122), ma è più credibile pensare, considerato quanto viene riferito dalle fonti, al ricordo di uno degli accampamenti di Guaimario II.

[434] Rimane per il momento senza risposta l'ovvia domanda che sorge leggendo le fonti arabe: come mai né dall'Africa né dalla Sicilia vengono

tre mesi successivi[435], con il ricorso a vari stratagemmi per riuscire ad indurre i Saraceni ad affrontare lo scontro in campo aperto.

Fra questi vi è, proprio nel mese di aprile del 914, l'offerta da parte di un giovane musulmano a Giovanni X del proprio aiuto e di alcuni consigli per poter avere ragione della resistenza sul Monte d'Argento. La soluzione proposta consiste nel creare un corpo di 60 giovani e robusti soldati armati alla leggera, in grado di muoversi agevolmente sulle balze rocciose del rilievo e di percorrere gli stessi sentieri dirupati usati dagli assediati per entrare ed uscire indisturbati dal proprio campo[436]. Il piano viene presto realizzato con grande vantaggio degli attaccanti, ma non mancano poi litigi (per poter occupare le posizioni più avanzate e attribuirsi il merito della vittoria) fra *Latini*, cioé le truppe papali e spoletine, e *Greci*, con cui lo storico Liutprando chiama gli uomini agli ordini dei principi longobardi di Salerno e di Benevento[437], sopraggiunti nel frattempo per rafforzare il blocco anti-saraceno sul lato sud-orientale[438].

anno 915: ad agosto, stremati dall'assedio, i Saraceni tentano una sortita in massa, ma sono prontamente respinti dalle truppe di Giovanni X, di Alberico e di Landolfo. Ritiratisi precipitosamente sul Monte d'Argento, vengono inseguiti e bloccati sull'altura con la rapida erezione di un piccolo campo fortificato, posto a chiusura della via da loro solitamente percorsa in entrata e in uscita[439].

L'esito di tutta la vicenda è raccontato in modo diverso dalle fonti: Liutprando vuole che nell'ultimo assalto al monte i Saraceni siano stati massacrati, senza alcun superstite, e che alcuni abbiano visto partecipare alla battaglia i santi Pietro e Paolo[440]; mentre la *Chronica* di Cassino riferisce che, dietro consiglio dei duchi Gregorio IV e Giovanni I, impossibilitati ad inviare soccorsi di alcun genere, i Saraceni, ridotti allo stremo e alla disperazione, abbiano incendiato le proprie case sul monte e, discesi precipitosamente a valle, abbiano attraversato tutta la pianura, disperdendosi sulla corona di rilievi che la delimitano tra Scauri e la sponda del Garigliano e cercando riparo nei boschi.

Essendo però andati a cadere nei campi distribuiti su di essi agli inizi del 914, vengono presi e uccisi quasi tutti[441]. Qualunque sia la versione più attinente al vero, è comunque improprio sostenere che la sorte della base saracena del Garigliano sia stata decisa in un unica battaglia campale[442], opinione confermata solo dai brevi accenni di fonti molto posteriori agli avvenimenti descritti, come gli *Annales Casinates*, della seconda metà del secolo XI, che liquidano la faccenda affermando come *hoc anno* (cioé il 914) *dispersi sunt Saracini de tota Italia, cuius habitatio fuit in Gareliano*[443] e gli *Annales Beneventani*, della seconda metà del secolo XII, che per il 916 riportano: *Saraceni eiecti sunt de tota Gaeta et Garillano*[444].

5 luglio 916 - 23 giugno 917 (anno 304 dell'hagira): in un lungo rapporto datato 19 Mars 305 (marzo 918?) al califfo fatimita «Almohadi» l'emiro di Sicilia «Al Hasan ben Ahmed ben Abi Kafarrir» illustra nei dettagli la spedizione guidata nelle terre di Calabria, per rilevare le guarnigioni distribuite nelle città principali, «cercare Abu el Abbas, e vedere che cosa ha fatto»[445], accogliendo, forse, anche i superstiti della base sul Garigliano, ormai distrutta.

---

inviati rinforzi a protezione di una base importante come quella del Garigliano e ancor più non si pensa ad allestire una flotta per evacuare i soldati e le loro famiglie.

[435] *Chron. Mon.*, I, 52, pp. 134-135: papa Giovanni X e il marchese Alberico *cum valida pugnatorum manu supervenientes, ex altera nichilominus parte consedit, et ita eos hinc inde per tres menses continuos obsidentes, ad extremitatem ultimam perduxerunt.*

[436] *Antap.*, II, 50, p. 297.

[437] Nell'ambito di queste operazioni va inserita la notizia, riferita nel testamento di Docibile II di Gaeta, del maggio 954, dei restauri compiuti dal duca alla *Curte de Aralectum* (localizzabile tra Castelforte e S. Lorenzo), *postquam ab ipsi Graeci dissipata fuit* (*Codex Diplomaticus Caietanus. Tabularium Casinense*, tomo I, Montecassino 1887, p. 90, n° LII).

[438] *Antap.*, II, 54, p. 298. Per questa annata il Tucciarone (Tucciarone 1991, pp. 100-101) considera i diversi eventi come episodi isolati, sintomo di una sollevazione delle popolazioni locali avvenuta in mancanza di un deciso intervento esterno. Unico rilievo è dato all'intervento dell'imperatrice Zoe che, per poter inviare una flotta in Italia, ottiene da 'Ibn Qurhub, emiro di Sicilia (913-915), dietro il versamento di un tributo di 22000 bizanti d'oro, la promessa che gli Arabi non invaderanno la Calabria e la Puglia.

[439] *Antap.*, II, 52-53, p. 298: i Saraceni *in Gareliani montis summitatem confugiunt, angustasque tantum vias defendere moliuntur. Ex parte vero illa, qua difficilior erat ascensus Poenisque ad fugiendum aptior, Greci castrum die ipsa constituunt; in quo residentes, Poenos, ne fugerent, observabant, cottidieque oppugnantes non mediocriter trucidabant.*

[440] *Antap.*, II, 54, p. 298: *Poenorum nec unus quidem superfuit, qui non aut gladio trucidaretur, aut vivus continuo laperitur. Visi sunt autem a religiosis fidelibus in eodem bello sanctissimi Petrus et Paulus apostoli, quorum christianos credimus prelibus* (sic) *meruisse, quatinus Poeni fugerent, et ipsi victoriam obtinerent.* Lo stesso si legge in Sigeberto, sebbene riferito erroneamente al 923 (*multis testantibus, apostolos Dei Petrum et Paulum in illo bello visos fuisse ad auxilium Christianorum; Chron. Sig. Gembl.*, p. 346). La partecipazione di s. Pietro si è vista già l'anno precedente nella battaglia combattuta fra le rovine di *Trebula Mutuesca* (vedasi la nota relativa al 914).

[441] *Chron. Mon.*, I, 52, pp. 134-135.

[442] Fedele 1899, pp. 181-211. Il Tucciarone (Tucciarone 1991, pp. 111-115) discute sulla data della battaglia del Garigliano, propendendo per il 916 a causa di alcune contraddizioni che avrebbe riscontrato nel testo di Leone Marsicano, dove si pone la terza indizione imperiale (915) e il terzo anno di pontificato di Giovanni X (917). Il 916 lo trae da molti autori moderni e contemporanei, che però non si sa da dove abbiano attinto le proprie notizie, gonfiando magari errori precedenti. Come riprova cita poi il *Breve Chronicon rerum in Regno Neapolitano gestarum ab anno 860 usque ad 1102*, meglio conosciuto anche col titolo di *Annales*, di Lupo Protospatario. L'opera risale agli inizi del secolo XII, molto lontana quindi dagli eventi fin qui esposti rispetto ad altre fonti quasi contemporanee, quindi più affidabili. Inoltre Lupo, fissando al 916 la data in cui *exierunt Agareni a Garaliano*, aggiunge che sono trascorsi 350 anni dall'entrata dei Longobardi in Italia al seguito di Alboino, il che coinciderebbe con il 566, mentre in realtà è il 568, con uno scarto di due anni rispetto alla data del 914-915 affermata concordemente dalle fonti. La scarsa affidabilità dei calcoli cronologici di Lupo, paragonabile a quella del *Chronicon* di Sigeberto, è comprovata dalle righe immediatamente successive del suo testo, dove all'anno 919 afferma: *explentur octoginta anni, ex quo Agareni introierunt in Italiam* (Lupi Protospatarii, *Annales*, in MGH, *Script.*, tomo V, Hannoverae 1844, p. 53), intendendo così l'839 mentre normalmente le fonti danno l'813 o l'827, coincidente con lo sbarco in Sicilia. La valutazione del Tucciarone non trova quindi sostegno. In generale sull'intera questione della datazione della battaglia è ancora valido il contributo di G. Arnaldi, *Le fasi preparatorie della battaglia del Garigliano del 915*, in AnnFacLettNap, IV, 1954, pp. 123-145.

[443] *Ann. Cas.*, p. 172 l. 3.

[444] *Ann. Ben.*, p. 175, ll. 15-16. L'espulsione da Gaeta è priva di fondamento e si basa solo sull'incerta memoria di eventi precedenti (come quelli dell'846-847). Ugualmente falsa è la notizia di un attacco arabo contro Cuma, in genere ammesso per il 915 da diversi autori moderni, a cominciare dal Maiuri (A. Maiuri, *I Campi Flegrei*, Napoli 1958), ma mai avvenuto né documentato in modo sicuro.

[445] *Cod. Dipl.*, tomo II, parte I, p. 112.

La difficoltà di far quadrare cronologicamente la figura dell'emiro, corrispondente forse ad 'Al Hasan 'ibn 'Ahmad 'ibn 'abi Hinzîr, inviato nell'isola dal califfo 'Ubayd 'Allâh 'al Mahdî intorno a 910 ma ucciso due anni dopo da una sollevazione popolare[446], impedisce di apprezzare con certezza i contenuti.

In attesa di maggiori riscontri con altre fonti e della rilettura del documento negli originali del *Codice Diplomatico di Sicilia*, se ne riproduce comunque il testo, nelle parti relative alla suddetta spedizione[447]. Scandendo per punti i diversi spostamenti delle truppe e dopo avere specificato l'entità del tributo annuale inviato al califfo, l'emiro, al secondo passaggio del rapporto comincia con l'affermare:

«Dico alla sua Grandezza, che a dì 17 del mese di Sciaual» (17 aprile) «partii da Balirmu, come scrissi alla sua Grandezza con lettera del giorno 15 del mese di Shawwal 304» (forse anno 916, per coerenza con il calendario arabo e l'esposizione dei paragrafi seguenti) «e portai meco diecimila uomini, per unirmi poi con altri ventimila uomini, che mi aspettavano in Zanklah» (Messina).

«Terzo. Nel dì 28 del mese di Shawwal arrivai in Zanklah con li diecimila uomini, che condussi da Balirmu, li quali ho unito con li ventimila uomini, che già erano pronti nella Città di Zanklah.

Quarto. Nel giorno 6 del mese di Dhu 'al Qa'da 304» (maggio?) «ho cominciato da Zanklah a mandare in Rivah» (Reggio) «la gente del'esercito: non l'ho mandata tutta con me, perché in Zanklah non vi erano tante barche, e chelandie da potersi imbarcare in una volta, e perciò l'ho mandato in diverse partite.

Quinto. Dico alla sua Grandezza, che dopo avere mandato tutta la gente con le necessarie provvisioni di guerra, e di viveri, nel dì 10 del mese di Dhu 'al Qa'da 304 partii io da Zanklah, e in poche ore sono passato nella Città di Rivah, dove dimorai con l'esercito cinque giorni.

Sesto. Nel dì 15 del mese di Edilkadan giunsi in Salernah, ed ivi trovai novemila uomini di guarnigione, lasciativi dal'Emir Abu el Abbas. Mi fermai colà quattro giorni, e nel dì 1 di Almohar» (giugno?) «partii da Salernah, avendo saputo <...> uomini mandati dalla sua Grandezza, quanto la gente, che aveva Abu el Abbas erano nella Città di Kapua.

Ottavo[448]. A dì 8 del mese di Almohar arrivai col mio esercito nella Città di Kapua, trovai tutta la gente, come ne aveva avuto notizia, ma trovai che non avevano più Emir, perché l'Emir Abu el Abbas nel dì 6 del mese di Ragiab 304» (gennaio?) «era morto, edera rimasto a governare <...> ben Mustafà, ch'era stato mandato con li <...> uomini della sua Grandezza, e non voleva prenderealcuna risoluzione, se prima non avesse avuto gli ordini dela sua Grandezza.

Mi fermai quindici giorni nella Città di Kapua, e prima della mia partenza ho eletto mio figlio Asthel ben Al Hasan Emir di Kapua, a cui ho lasciato settantamila uomini, dandogli ordine, che dovesse andare a fare conquiste. Ho mandato dodicimila uomini nella Città di Skillag», solitamente identificato con l'abitato di Squillace, presso Catanzaro, «per unirsi alla gente ch'era di guarnigione in quella Città, ed al Governatore di quella ho dato il titolo di Emir della Città di Skillag, e gli ho ordinato, che dovesse continuare a fare delle conquiste nelle parti vicine a Skillag.

Ho mandato a dire, che <...> ben Alì Emir di Skillag, quando faccia delle conquiste, dovesse scrivere tutto a mio figlio Asthel ben Al Hasan Emir di Kapua, ch'egli poi mi avrebbe dato notizia di tutto ciò, che si sarebbe fatto.

Nono. Nel dì 23 del mese di Almohar 304» (giugno?) sono partiti da Kapua <...> e nel giorno 3 del mese di Muharram» (luglio?) «arrivai un ora di cammino lungi dalla Città di Barisanah» (Bari), «mi accampai con il mio esercito e non diedi assalto a quella Città; ma feci ripartire la gente in quei luoghi, per li quali dovevano passare li soccorsi, che potessero essere mandati alla gente, che abita in quella Città», con un riferimento, quindi, all'occupazione di punti forti intermedi, in grado di controllare agevolmente le vie di comunicazione, ma troppo piccoli per essere menzionati almeno in questo testo.

«Nel dì 20 del mese di Ausah 304» (agosto?) «li Grandi di quella Città vennero a trovarmi, e mi hanno riconosciuto per loro padrone, e dissero che non volevano combattere con noi; ma anzi dichiararono, che quello, che pagavano al loro Imperatore, lo avrebbero pagato a me. Io mi sono contentato di questo, e li ho assicurati sulla mia parola, che li avrei lasciati padroni delle loro case, e beni.

Finito questo discorso c'incamminammo verso la Città: quando entrai dentro di questa, tutto il popolo alzò voci di allegrezza. Li Grandi mi consegnarono il Castello, ch'è assai bello. Dimorai in quela Città diciannove giorni, e prima della mia partenza da Barisanah vi ho lasciato ventimila uomini, e feci Emir dell'esercito, e della città Ghosran ben Mustafa con ordine di proseguire a fare conquiste nelle parti vicine a Barisanah, e gli ho comandato ancora che dovesse scrivere tutto quello, che sarà per fare, all'Emir di Kapua Asthel ben Al Hasan, il quale poi ne farebbe me consapevole.

Decimo. Nel dì 10 del mese di Stnbr 304» (settembre?) «partii daBarisanah con ventimila uomini, e nel di 17 del mese di Stnbr 304 arrivai con la mia gente nella Città di Kosenzah, dove ho trovato ottomila uomini di guarnigione, comandati da Ibrahim ben Ofian, a cui ho dato il titolo di Emir.

Mi fermai in quella Città tredici giorni: prima di partire, delli ventimila uomini, che aveva meco, ne ho lasciato quattro mila, colli quali ho compiuto il numero di dodicimila uomini, da stare al comando di quell'Emir, a cui ho dato ordine, che dovesse impadronirsi dei luoghi vicini a Kosenza, e gli prescrissi, che di tutto ciò, che sarà per fare, dovesse darne conto all'Emir di Kapua, perché quegli ne scrivesse poi a me.

Undecimo. Partii da Kosenza il dì 1 del mese di Rabi' 'al akhir 304» (ottobre) «con sedicimila uomini, e nel giorno 4 dello stesso Rabialkem giunsi nella Città di Katanzaro: entrai in quella Città, e vi trovai quattromila uomini di guarnigione: dimorai in quella Città fino ai 3 del mese di Sha'ban 304» (febbraio 917?) «perché non poteva andare più avanti, tanto per le cattive strade, quanto per gli intensi freddi. Prima di partire da Katanzaro lasciai seimila uomini di quei sedicimila, che mi avanzavano, e compii il numero di diecimila uomini; lasciando per Emir il Governatore, che trovai in quella Città, di nome Alì ben Rukba, con ordine, che procurasse d'impadronirsi dei luoghi vicini alla Città di Katanzaro, e che di tutto quello, che farà, ne debba dare conto all'Emir di Kapua, perché quelli ne dovesse poi scrivere a me.

Duodecimo. Nel dì 3 del mese di Sciahaban 304 partendo da Katanzaro con diecimila uomini, giunsi a dì 8 del mese di Sciahaban con la mia gente nella Città di Rivah: ordinai con mia lettera al'Emir di Zanklah di mandare la sua squadra nella Città di Rivah, per poter passare in Sicilia; il quale avendola

---

[446] Ibn 'al Atîr, *Kâmil at tâwarîh*, in Amari 1880-1881, vol. I, p. 408.
[447] *Cod. Dipl.*, tomo II, parte I, pp. 126-131.
[448] Manca del tutto il settimo punto.

fatta preparare, nel dì 10 del mese di Sha'ban» (febbraio?) «la mandò in Rivah. Prima della mia partenza da Rivah ho lasciato in quela Città cinquemila uomini di quei diecimila, che aveva meco, e così ho compiuto il numero di diecimila uomini da stare al comando del Governatore di quella Città, a cui ho dato il titolo di Emir (egli si chiama Muhammed ben Eulebi), con l'ordine, che dovesse conquistare i luoghi vicini alla Città di Rivah, che ancora non sono nostri, e che di tutto ciò, che farà dovesse scriverne all'Emir di Zanklah, perché poi quegli me ne dia conto, e ne debba ancora scrivere all'Emir di Kapua, come Emir di tutta la Kalafra, e ricevere da lui gli ordini per ciò, che dovrà fare.

Decimoterzo. Nel dì 11 del mese di Sha'ban 304 partii da Rivah con li cinquemila uomini, che mi sopravanzavano, e in poche ore giunsi nella Città di Zanklah.

Dico alla sua Grandezza, che fra poco tempo saremo padroni di tutta la Kalafra, perché ho diviso la gente in vari luoghi, essendo un luogo distante assai dall'altro, ed ho creato vari Emiri, perché possano fare delle conquiste; giacché colui, che non è Emir non può fare conquiste senza il permesso dell'Emir, e perciò ho fatto vari Emiri, e ad ognuno ho lasciato quel numero di gente, che ho avvisato alla sua Grandezza, acciocché mostrino il loro valore.

Dico alla sua Grandezza, che in tutto quel tempo, che manco dalla Sicilia ho faticato assi, perché ho girato tutta la Kalafra. Da Kapua a Salernah è lungo cammino. Da Kapua a Barisanah è molta distanza. Le Città, che sono vicine l'una all'altra, sono Kosenza, e Katansaro, e perciò ho camminato, e travagliato assai, e spero, che la sua Grandezza in leggere questa lettera si rallegrerà il cuore»[449].

Tra le altre discrepanze vi è anche quella del numero di effettivi al comando dell'emiro, non essendovi parità tra i soldati distribuiti tra le città della Calabria, in aggiunta a quelli diverse guarnigioni, e il quantitativo di uomini con i quali viene effettuato all'inizio lo sbarco a Reggio.

<u>3 giugno 919 - 12 maggio 921</u> (anni 307 e 308 dell'hagira): la sorte del contingente arabo rimasto a presidio di Capua, Bari, Salerno e delle città calabresi è dettagliatamente illustrato da una lettera spedita dall'emiro Asthel a Palermo il 3 Sciaual 308 (aprile 921?)[450]. Anche qui si evidenziano una serie di mancate rispondenze temporali tra calendario arabo e anno dell'hagira, tali da rendere necessario qualche aggiustamento in sede di trascrizione.

«Al Hasan ben Ahmed ben Abi Kafarrir, per bontà diDio, Emir Chbir di Sicilia, l'Emir Asthel ben Al Hasan con la faccia per terra bacia le mani della sua Grandezza, e le fa sapere quanto segue:

Primo. Dico alla sua Grandezza, che a dì 18 del mese di Dhu 'al qa'da 307» (dovrebbe essere del 919 o il 920) «la gente nemica andò nella Città di Salernah, e se neimpadronì. L'esercito dei nemici tagliò a pezzi tutta quella gente Musulmana, che era di guarnigione in Salernah insieme coll'Emir.

A dì 26 del mese di Dhu 'al qa'da 307 venne un esercito assai grande dei nemici di Kapua: io uscii con il mio esercito fuori della Città di Kapua, e combattei con l'esercito della gente nemica, e si stiede combattendo tutto il giorno: quando calò il sole l'esercito nemico si ritirò, ed io col mio esercito ritornai in Kapua.

A dì 27 del detto Edilkadan la mattina comparve di nuovo l'esercito dei nemici; io non uscii dalla Città col mio esercito, perché vidi, che quello dei nemici era molto più oneroso del mio, ma restai a difendere la Città.

L'esercito nemico mi attaccò la Città, e diroccò un bastione: quasi la metà dell'esercito entrò in Città, e si venne alle mani. Al calare il sole quella gente nemica, che rimase viva uscì dalla Città, e si unì con l'altra gente, che non era entrata in Città, ma stava fuori in osservazione.

A dì 28 dello stesso Edilkadan l'esercito dei nemici non ci attaccò, ma ho veduto, che la gente nemica era come le formiche. Io feci far rassegna, e trovai, che mi erano morti settemila quattrocento e trenta uomini, e cento settanta restati storpi[451]. Abbiamo consigliato col mio Kadì, e gli ho detto: "Senti, o Kadì, quello che io ho pensato: delli sessanta mila uomini, che io aveva, ne ho mandato quindicimila in Skillag» (forse Squillace) «per soccorso: settemila quattrocento e trenta uomini sono morti in queste due battaglie, che abbiamo fatto coi nemici: cento settanta uomini sono restati storpi, ed in istato di non poter fare servizio; quindi è, che ci resta il numero di trentasettemila e quattrocento uomini. L'esercito nemico è il doppio del nostro, e ciò si vede cogli occhi. La gente nemica è comandata da Kostanzo, che è uomo assai valoroso, e perciò la gente nemica taglierà tutti a pezzi, e s'impadronirà di Kapua. Dunque questa sera quando spunterà la luna daremo fuoco alla città, l'abbandoneremo, ed andremo a Skillag ad unirci colla gente di quella Città, e dimani al fare del giorno i nemici troveranno la Città di Kapua rovinata".

Il Kadì mi disse, che il mio sentimento era molto saggio. A quest'oggetto ho fatto preparare la mia gente, e quando fu notte, feci dare fuoco al castello, e a quelle case, dove abitava la nostra gente: li paesani cominciarono a scappare dalla Città, temendo, che da noi sarebbero stati uccisi. Io diedi ancora ordine, che si desse fuoco a tutte quelle case, dentro le quali non fosse gente: queste si trovarono tutte vuote, perché la gente abitante per la paura se ne fuggì in quella notte, e rifuggissi all'esercito di Kostanzo, e noi durammo faticando fino a due ore prima di giorno.

Quando conobbi, che il fuoco si era bene appiccato in Città, uscii colla mia gente da quella due ore avanti giorno, e nel dì 8 del mese di Almohar» (giugno?) «giunsi colla mia gente a Skillag, dove sono al presente.

A dì 14 del mese di Mars 308» (marzo 921?) «ho ricevuto una lettera da Salernah, che mi mandò Eustati, Governatore della Kalafra, nela quale mi diceva così: "Eustazio Governatore della Calabria ti saluta assai, e ti dice, o Emir Asthel ben Al Hasan, che sarebbe giusto che stessimo in quiete senza farepiù morire gente; onde ci dovremmo accomodare. Io non ti scrivo questo, perché forse abbia timore di te; perché il mio Imperadore non teme di nessuno: ma vorrei, che noi ci accomodassimo, perché quando tu vedi, che non puoi resistere ai nostri eserciti metti fuoco alle Città, dove ti trovi con la tua gente, e ti allontani; rovinando così non solo le Città, ma anche a povera gente abitante, come hai fatto nella Città di Capua, nella quale, vedendo che l'esercito di Costanzo ti avrebbe certamente passato a fil di spada con tutta la tua gente, hai dato fuoco a una Città tanto bella, e ti allontanasti.

Poco danno però fu recato a quella Città; poiché Costanzo

---

[449] La risposta del califfo 'Al Mahdî a questo lungo resoconto si trova in *Cod. Dip.*, tomo II, parte I, pp. 136-138.
[450] *Cod. Dip.*, tomo II, parte I, pp. 170-177.

[451] Secondo l'Airoldi questi scontri precederebbero la distruzione dela base del Garigliano, ma appaiono evidenti i problemi di conciliabilità cronologiche (*Cod. Dip.*, tomo II, parte I, pp. 171-172 n. 1).

col suo esercito appena fatto giorno ha smorzato il fuoco della Città, onde nulla hai profittato; hai però indurito non solo il cuore della gente dell'esercito, ma degli abitanti di Capua, li quali da amici te l'hai fatti nemici, e si conteranno essere tagliati a pezzi piuttosto, che rendersi a te. Tu hai già visto bene i nostri eserciti quanto siano numerosi, e non pensare, che noi abbiamo solo quell'esercito di Costanzo; ma sappi, che abbiamo tre eserciti in Calabria di ugual numero di gente, che quello.

Per altro si conosce, che dal tempo, che sei Emir della gente Musulmana in Calabria, hai fatto del danno, è vero, ma non ti sei reso padrone di alcun luogo; anzi che hai perduto quello, che avevano acquistato gli Emiri, che erano venuti in Calabria prima di te.

Dunque dovrai pensare a quanto ti ho detto, e scrivere all'Emir Grande di Sicilia per accomodarci, e restare amici. Io darò frattanto ordine ai Generali degli eserciti, che sono nella Calabria, di non fare ostilità, fino a tanto che mi farai sapere quali siano i sentimenti tanto tuoi, quanto del tuo Grande Emir. Per ora non ho che dirti di più, ti saluto, e mi segno di questa maniera: Eustazio Governatore della Calabria. Città di Salerno li 8, del mese di Marzo 921 di Cristo".

Dico alla sua Grandezza, che io in risposta gli ho mandato una lettera di questo tenore: "Asthel ben Al Hasan, per bontà di Dio, Emir della Kalafra ti saluta, e ti dice, o Eustati, che ho ricevuto la tua lettera, data del dì 8 del mese di Mars 308, della quale, avendola letta, ho mandato copia all'Emir Chbir di Sicilia mio Padre, perché possa egli risolvere quello, che stimerà opportuno: poiché di quello, che hai scritto presentemente non posso far niente; ma farò tutto quello, che mi comanderà mio Padre.

Per ora darò ordine agli Emiri, che sono nella Kalafra, di non uscire a fare conquiste, se prima io non dia loro nuovo ordine. Senti, o Eustati, è vero che hai molta gente nella Kalafra, ma io ne posso avere quanta ne voglio, e perciò di questa cosa non ho paura; perché le armi dei Musulmani hanno fatto tremare, e faranno tremare tutto il mondo: ma ti ho mandato la risposta, per farti vedere, che io ancora voglio la quiete. Non ho che dirti di più, ti saluto, e mi segno così: Asthel ben Al Hasan, per bontà di Dio, Emir della Kalafra. Città di Skillag li 17 del mese di Mars 308 di Maometto".

Dico alla sua Grandezza, che se ci accomoderemmo sarà ciò molto vantaggioso; perché li nemici possono avere gente quanta ne vogliono; non è però lo stesso di me, a cui prima, che venga quella gente, che domanderò alla sua Grandezza, devono passare dei mesi, e perciò la sua Grandezza sopra di questa cosa dovrà consigliatamente pensare, e dovrà darmi sollecitamente i comandi per sapere, che cosa abbia a fare.

Dopo ciò non ho altro da dire per ora alla sua Grandezza; con la faccia per terra le bacio le mani, e mi soscrivo di questa maniera: Asthel ben Al Hasan, per bontà di Dio, Emir, figlio della Grandezza dell'Emir Chbir di Sicilia Al Hasan ben Ahmed ben Abi Kafarrir. Città di Skillag li 3 del mese di Sciaual 308 di Maometto».

Tramite un fitto scambio di lettere tra l'emiro Asthel, la sede palermitana, il governo califfale in Tunisia, Salerno e la corte imperiale bizantina, si arriva all'accordo, in base al quale Eustazio, per conto dell'imperatore d'Oriente, si impegna a pagare annualmente nel mese di settembre un pegno di 30.000 pezzi in oro, contro la minaccia della rapida mobilitazione in Africa di un esercito di 100.000 uomini, pronti ad invadere la Calabria tirrenica[452].

Nel frattempo il 29 agosto del 921 giunge agli emiri sparsi nei vari territori l'ordine di smobilitazione e di rientro in Sicilia, avendo come successiva destinazione la città di Suda, a Creta[453].

<u>anni 921-923</u>: le diverse formazioni arabo-berbere stanziate a Frassineto presidiano i passi alpini maggiormente soggetti al traffico dei mercanti e dei pellegrini. Le prime vittime registrate dagli *Annales* di Flodoardo, contemporaneo agli avvenimenti e particolarmente attento alle voci riportate in patria dai devoti in viaggio per Roma, sono nel 921 un gruppo di Inglesi, sorpresi in una gola e uccisi a colpi di pietre[454].

Apparentemente l'evento si ripropone negli stessi termini due anni dopo, ma deve trattarsi di una duplicazione compiuta dall'autore, suggestionato da un racconto ormai passato di bocca tra i viandanti e ogni volta ripropostogli come se fosse un tragico avvenimento nuovo[455].

Nei due anni seguenti vengono attaccati e danneggiati i principali centri dell'entroterra marsigliese, determinando l'avvio del trasferimento di alcuni vescovi in sedi più sicure[456].

<u>29 marzo 925 - 18 marzo 926</u> (anno 313 dell'hagira): «Quest'anno l'esercito di Sicilia, capitanato dal suo emiro Sâlim 'ibn Râsid, insieme con un esercito che il Mahdî avea mandato dall'Africa[457], assalì la terra di Longobardia; espugnò caverne e torri, e riportò gran preda»[458]. Qui dovrebbe trattarsi della Puglia nord-occidentale, visto che dopo si parla di Taranto in Calabria e di Otranto.

<u>anni 928-929</u>: nella *Cronica di Cambridge*, nome col quale si indica convenzionalmente l'opera dal titolo *Târîh gazîrat Siqillîah*, di anonimo della seconda metà del secolo X, si fa menzione della scorreria compiuta da un certo Sâyn o Sâbir, proveniente dall'Africa, «in 'Al 'Ankabardah» (Longobardia, nel senso di Principato di Benevento; distinto dalla Calabria, ossia Capua, Salerno, Bari, Cosenza, Catanzaro e Reggio), «dove fe' molti prigioni, senza impadronirsi d'alcuna città»[459].

I centri interessati da questa spedizione, che muove il 13 giugno 929 da Messina con 40.000 soldati, provenienti da varie fortezze della Sicilia, sono in primo luogo Benevento e Termoli, conquistata nel novembre del 929 e tenuta per circa un mese[460].

Contemporaneamente il transito sui passi alpini occidentali viene pesantemente ostacolato dagli Arabi spagnoli di

---

[452] *Cod. Dipl.*, tomo II, parte I, pp. 177-191

[453] *Cod. Dipl.*, tomo II, parte I, pp. 185-186, 187-191 e anche pp. 171-173, 288-294. Su Creta si rinvia al contributo di G. C. Miles, *Byzantium and the Arabs: relations in Crete and the Aegean area*, in DOP, 1964, pp. 1-32.

[454] *Flod. Ann.*, p. 369: *Anglorum Romam proficiscentium plurimi inter angustias Alpium lapidibus a Sarracenis sunt obruti.*

[455] *Flod. Ann.*, p. 373 (a. 923): *Multitudo Anglorum limina sancti Petri orationes gratia petentium inter Alpes a Sarracenis trucidatur.*

[456] Nel 925 è Odalrico, arcivescovo di Aix-en-Provence, a dover abbandonare la propria città per Reims (Luppi 1973, pp. 119-121).

[457] Queste dovrebbero essere le truppe che il Gabrieli (*Arabi in Italia* 1979, pp. 129-145) dice guidate dal visir fatimita Gia'far 'ibn 'Ubaid e che nel 925 sono responsabili della presa di Bruzzano (RG) e di Oria (BR).

[458] 'Ibn 'al Atîr, *Kâmil at tâwarîh*, in Amari 1880-1881, vol. I, pp. 411-412. Vedasi al riguardo anche la versione d'Ibn Haldun (*Histoire de l'Afrique* 1841, p. 162).

[459] Amari 1880-1881, vol. I, p. 284.

[460] *Cod. Dipl.*, tomo II, parte I, pp. 271-295.

Frassineto⁴⁶¹.

anno 931: da Frassineto muove un'incursione, capeggiata da un certo *Sagittus Saracenus*⁴⁶², che raggiunge Acqui⁴⁶³. In generale la base musulmana appare ormai legata alla madrepatria spagnola solo da deboli rapporti e i suoi organici vengono molto probabilmente integrati non solo da elementi arabo-berberi, ma anche cristiani rinnegati e banditi di ogni genere, rifugiatisi sulla montagna⁴⁶⁴. Alcune loro navi sono inseguite dai pirati greci sino ai ripari del promontorio provenzale, sfuggendo alla cattura. I Greci, vista l'impossibilità di proseguire oltre, si rivolgono alla costa ligure e, sbarcati, raggiungono i primi valichi alpini, compiendo qualche saccheggio ma in maniera superficiale, per poi riprendere il mare⁴⁶⁵.

Nello stesso anno le cronache liguri, traendo la notizia da fonti arabe non meglio specificate, parlano di una scorreria ai danni di Genova e delle coste circostanti e la dicono sostenuta da una flotta di 30 navi e 100 galee, guidata dall'emiro siciliano Safian, lo stesso ritenuto responsabile dell'attacco di quattro anni dopo⁴⁶⁶.

Il dato coincide con i contenuti delle lettere raccolte nel *Codice Diplomatico di Sicilia*, le quali fissano al gennaio 930 la preparazione di piani per l'anno successivo «per impadronirsi della Città di Genuah, avendo saputo la mia Grandezza» (cioé il califfo fatimita 'Ubayd 'Allâh), «che quella Città sia ricca assai, e perciò la mia Grandezza darà ordine che l'armata partendo dall'Africa dovesse venire in Marset Allah» (Marsala) «ad unirsi coll'armata di Sicilia, acciocché quando siano unite le due armate vadano insieme ad assalire la Città di Genuah»⁴⁶⁷.

Presto vengono allertate le basi navali di Messina, di Siracusa e di Marsala, comandate dagli emiri «Khorab ben Muhammed», «Zizid ben Theni» ed «Euledi ben Muhammed ben el Fawares», e incaricati di fornire rispettivamente 20, 10 e 30 navi da guerra. Le forze sono però valutate eccessive per l'impresa in preparazione, «perché ad espugnare la Città di Genuah basta la terza parte dell'armata di Sicilia; quindi è che se la sua Grandezza ha notizia, che l'armata dell'Africa non sia ancora pronta, potrà la sua Grandezza dare ordine, che non si preparasse, o quando anche si trovi in ordine potrà spedirla per altra parte»⁴⁶⁸.

Intanto, allestite altre 40 navi a Palermo e soppraggiunte 20 di rinforzo dall'Africa, alla fine di marzo del 931 l'intera flotta viene raccolta a Marsala, al comando dell'emiro Safiân 'ibn Qâfim, e pronta per raggiungere l'obbiettivo designato⁴⁶⁹.

Una relazione dettagliata della spedizione viene scritta l'8 agosto a Marsala, al ritorno delle navi, e inviata a Palermo⁴⁷⁰:

«Al Hasan ben Ahmed ben Abi Kafarrir, per bontà di Dio Emir Chbir di Sicilia⁴⁷¹, l'Emir dell'armata Safian ben Kafim con la faccia per terra bacia le mani della sua Grandezza, e le notifica:

Primo. Che nel giorno de' 5 del mese di Dhu 'al Qa'da» (maggio?)⁴⁷² «partii da Marset Allah, e nel dì 13 dello stesso Dhu 'al Qa'da arrivai vicino alla marina di Genova, ed ivi mi fermai per due giorni colla mia armata. Ho appreso, che se avessi fatto sbarcare la gente dell'armata nella marina di Genova, non solo l'avrei tutta perduta, ma tutte le chelandie ancora sarebbero state danneggiate, perché la marina di Genova è assai forte, ed è piena di uomini, li quali erano messi in armi per impedire il nostro sbarco.

Secondo. Nel giorno de' 16 partiti dalle vicinanze della marina di Genova con tutta l'armata, e dal luogo dove si aveva dato fondo, andammo trentasei miglia lontano da Genova», una distanza che, se calcolata in miglia marine, porta ad Albenga, sulla Riviera di Ponente, o ad alcuni centri minori verso La Spezia, su quella di Levante; «ivi si fece sbarcare la gente dell'armata.

Vi era un Casale, e fu predata la roba di tutti quegli abitanti, la quale era molta: tanto della roba, che del danaro, che si trovò, se ne impadronì la gente dell'armata, ed io ho dissimulato; solamente ho voluto, che tutto l'oro, e l'argento, che non è in moneta, si dovesse consegnare a me per conservarsi a nome della sua Grandezza.

Ho riempito una cassa dell'oro, e argento, che mi hanno consegnato. Partendo da quel Casale mi allontanai per più di venti miglia, ed ivi fatta sbarcare la gente dell'armata s'incontrò molto numero di case belle, e le feci spogliare.

Erano colà due Casali vicino alla marina, e li feci ancora spogliare, e diedi ordine, che la gente dell'armata potesse impadronirsi del bottino, ma che il danaro, oro, argento, e rame nessuno potesse appropriarselo, ma si dovesse consegnare a me, e se alcuno fosse scoperto essersi occultato qualche moneta, o pezzo di oro, o di argento, non solo ne sarebbe privato, ma gli si prenderebbe tutto quello, che avesse guadagnato nel primo sbarco.

La gente obbedì a' miei ordini, giacché tutto il danaro, argento, ed oro che ha trovato l'ha presentato a me, tanto che ho riempito una cassa grande di moneta di oro, ed argento, otto casse di moneta di rame, e cinque casse sono piene di

---

⁴⁶¹ *Flod. Ann.*, p. 378 (a. 929): *Viae Alpium a Sarracenis obsessae, a quibus multi Romam proficisci, volentes, impediti revertuntur.*
⁴⁶² Evidentemente si tratta della traduzione latina di un nome proprio arabo dal significato di «freccia» o «arciere».
⁴⁶³ *Antap.*, IV, 4, p. 316.
⁴⁶⁴ Negli scontri sui valichi trova la morte anche Roberto, Arcivescovo di Tours (Luppi 1973, p. 121).
⁴⁶⁵ *Flod. Ann.*, p. 378: *Graeci Sarracenos per mare insequentes usque in Fraxinidum saltum, ubi erat refugium ipsorum, et unde egredientes Italiam sedulis praedabantur incursibus (sic), Alpibus eciam (scil. etiam) occupatis, celeri Deo propitio internetione proterunt, quietam reddentes Alpibus Italiam.* Secondo il Luppi (Luppi 1973, pp. 124-125) i Greci in questione sarebbero gli equipaggi di una flotta bizantina, incaricata del pattugliamento delle acque liguri e provenzali. L'idea però contrasta con il connotato ostile che alcune fonti, come si è appena visto, danno a questa azione nei confronti delle popolazioni rivierasche.
⁴⁶⁶ Secondo queste fonti, l'attacco, affidato all'ammiraglio Safian, prevede la partecipazione congiunta delle flotte tunisina e siciliana. L'intero contingente salpa i 3 maggio 931 e raggiunge Genova qualche settimana dopo. La città è assediata per terra e per mare, ma le difese erette dai suoi abitanti e un audace colpo di mano notturno, che produce l'affondamento di 17 navi musulmane, riducono l'impeto degli assalitori. Tre ulteriori mesi di scontri non producono alcun risultato e alla fine Safian è costretto a rientrare in Africa (Luppi 1973, p. 125).
⁴⁶⁷ *Cod. Dipl.*, tomo II, parte I, p. 299.

⁴⁶⁸ *Cod. Dipl.*, tomo II, parte I, p. 300-301, 303-304.
⁴⁶⁹ *Cod. Dipl.*, tomo II, parte I, p. 304-305.
⁴⁷⁰ *Cod. Dipl.*, tomo II, parte I, p. 307-309.
⁴⁷¹ Mentre nella realtà si dovrebbe avere, secondo lo schema compilato dall'Amari, Sâlim 'ibn Rasîd (Amari 1880-1881, vol. II, p. 725).
⁴⁷² E non il primo del mese, come era stato ordinato, essendo le condizioni del mare proibitive per la navigazione (*Cod. Dipl.*, tomo II, parte I, p. 306).

cose di oro, e di argento assai belle.

Partiti da quel luogo, dove si fece quest'ultimo sbarco, ritornammo vicino alla marina di Genova per scorgere meglio, che forze avesse quella Città.

Appena avevamo dato fondo poco lontano da Genova, fattasi notte, uscì inaspettatamente da quella marina un gran numero di bastimenti bene armati, li quali avendoci assalito all'improvviso s'impadronirono di diciassette delle nostre chelandie con tutta la gente, e noi non prendemmo che un solo bastimento di quelli, che ci vennero ad attaccare.

Predate dunque avendo quelle chelandie, nella stessa notte si ritirarono in Genova. Io non mi discostai da quel luogo, aspettando, che fosse tornata quell'armata nemica, e stando notte, e giorno in guardia, allorché quando fossero venuti i Genovesi all'improvviso come la prima volta, ci avessero trovati preparati. Essi però vedo, che sono uomini di giudizio, perché non sono più venuti.

Nel dì 28 del mese di Muharram 319» (luglio 931?) «si fece mare assai grosso, e non si poté stare più colà dove avevamo dato fondo, perché il mare, e il vento ci avrebbe fracassato l'armata, onde diedi ordine che si tirasse il ferro da mare, e si drizzassero le prore a far ritorno in Sicilia, come abbiamo fatto, e avanti di pigliare porto in Marset Allah abbiamo molto sofferto: con quel tempo così cattivo si rovesciarono due chelandie, e si perdettero con tutta la gente.

Dunque nel giorno 6 del mese di Ausah 319» (agosto 931?) «arrivai con l'armata in Marset Allah, e nel dì 7 ho fatto sbarcare coloro, che furono fatti schiavi in quei luoghi presso Genova, li quali erano duemila settecento e quarantacinque fra uomini, donne, e figliuoli.

Feci sbarcare la gente dell'armata per riposarsi un poco, e le ordinai, che non dovesse allontanarsi da Marset Allah. Intanto aspetto il comando della sua Grandezza, per sapere quello, che debba eseguire; e con la faccia per terra le bacio le mani, e mi sottoscrivo di questa maniera: L'emir dell'armata Safian ben Kafim, per bontà di Dio, servo della Grandezza dell'Emir Chbir di Sicilia Al Hasan ben Ahmed ben Abi Kafarrir. Marset Allah li 8 del mese di Ausah 319 di Maometto».

L'ordine di smobilitazione per l'intera flotta giunge appena quattro giorni dopo l'invio del rapporto e precede di qualche mese la formulazione di un nuovo piano di attacco contro Genova, con navi più grandi per poter contenere un maggior numero di soldati. Ma dal governo fatimita in Tunisia giunge l'ordine di sospendere qualunque ostilità per l'anno seguente, inducendo così la città ad abbassare la guardia. I prigionieri vanno restituiti, per favorire il rientro in patria dei Musulmani, catturati nell'agguato alle navi[473].

anno 933: per quest'anno viene nuovamente lamentato lo sbarramento dei passi alpini ad opera dei soldati di Frassineto, con il saccheggio delle terre vicine[474].

22 dicembre 933 - 10 dicembre 934 (anno 322 dell'hagira):

«'Al Mahdî[475] spedì con le navi dalle parti di Genova un esercito, capitanato da Ya'qûb 'ibn 'Ishâq, il quale diè il guasto e tornò addietro»[476]. L'ideazione di questa impresa è attribuita da 'Ibn 'al Atîr e dalla cosiddetta *Cronica di Cambridge*, della seconda metà del secolo X[477], ad 'al Qâym, figlio e successore del califfo 'Al Mahdî, immediatamente dopo o quasi la morte del padre[478].

Forse si tratta anche della medesima spedizione di cui si ha notizia per l'annata 931, oppure, come poi emerge anche per il paragrafo seguente, del resoconto desunto da fonti d'archivio africane, che parlano solo della propria parte di missione, escludendo le notizie sulla contemporanea operazione condotta dalla flotta alleata, e al tempo stesso concorrente, dell'emirato siciliano.

11 dicembre 934 - 29 novembre 935 (anno 323 dell'hagira):
«'Al Mansûr 'ibn 'al Qâym, 'al 'Alawî, principe dell'Africa propria, spedì da 'Al Mahdîah un'armata che, toccata Genova, la espugnò. I Musulmani, piombati addosso a' Sardi, fecero prigioni in quest'isola e bruciaron molte navi. Distrussero Genova e fecero preda di quanto v'era»[479].

Nelle pagine successive di 'Ibn 'al Atîr la notizia viene ripetuta, con l'aggiunta del particolare che dopo Genova e la Sardegna, dette appartenenti alle «regioni dei Franchi», al pari della Campania e della Calabria odierne, per distinguerle dalla Longobardia dell'Italia meridionale, l'esercito «traghettato in Corsica, arse le navi di quell'isola»[480].

'Ad Dahabî, un autore del secolo XIII, conferma questa notizia, attribuendo però erroneamente l'iniziativa al califfo fatimida 'Al Mansûr 'Isma'îl (945-952)[481], e facendo compiere alle navi un percorso particolare[482], dovuto probabilmente alla divisione della flotta in due parti, dirette contemporaneamente, l'una, contro la Corsica, al fine di colpire le eventuali basi franche, e, l'altra, contro Genova e la Sardegna.

Il comandante della spedizione è Ya'qûb 'ibn 'Ishâq, inviato

---

[473] *Cod. Dipl.*, tomo II, parte I, pp. 309-310, 312-316.
[474] *Flod. Ann.*, p. 381: *Sarraceni meatus Alpium occupant, et vicina quaequae loca depraedantur*. Naturalmente queste chiusure valgono solo per i piccoli gruppi di viaggiatori (il Luppi ricorda l'uccisione di gruppi di francesi; Luppi 1973, p. 122), perché quando nel 924 sono transitati gli Ungari, reduci dal saccheggio di Pavia e diretti in Gallia, non hanno incontrato ostacoli di sorta. Anzi, pur essendo stati intrappolati da re Rodolfo e da Ugo di Vienne in una vallata, sono riusciti comunque a passare, dirigendosi verso la Gallia Renana o Gothia (*Flod. Ann.*, pp. 373-374, a. 924).

[475] E' lo stesso califfo fatimida 'Ubayd 'Allah, talvolta chiamato in causa per gli avvenimenti del 931 e chiamato comunemente Obeid nelle cronache occidentali.
[476] 'Ibn Haldûn, *Kitâb 'al 'ibr*, § 1, in Amari 1880-1881, vol. II, p. 191.
[477] 'Ibn 'al Atîr, *Kâmil at tâwarîh*, in Amari 1880-1881, vol. I, p. 412; *Cronica di Cambridge*, in Amari 1880-1881, vol. I, p. 284.
[478] Delle tre fonti citate solo la *Cronica* è la più vicina cronologicamente agli avvenimenti genovesi. La diversa attribuzione ai califfi è dovuta alle incertezze degli autori arabi sulla successione di 'al Qâym, avvenuta nello *stesso* anno 322 dell'hagira (tra marzo e agosto del 934), quando forse la flotta musulmana era già salpata verso il Tirreno settentrionale.
[479] 'Ibn 'al Atîr, *Kâmil at tâwarîh*, in Amari 1880-1881, vol. I, p. 358; 'Abu 'al Fada', *Kitâb 'al muhtâsir*, in Amari 1880-1881, vol. II, p. 88. Vedansi anche 'Ibn 'Adârî, *Kitâb 'al Bayân 'al Mugrib*, in Amari 1880-1881, vol. II, p. 29; 'An Nuwayrî, *Nihârat 'al 'arib*, in Amari 1880-1881, vol. II, p. 128; e 'Abû 'al Mahâsin, *'An Nugûm 'az zâhirah*, in Amari 1880-1881, vol. II, p. 706.
[480] 'Ibn 'al Atîr, *Kâmil at tâwarîh*, in Amari 1880-1881, vol. I, p. 412.
[481] Non è escluso che anche questo califfo abbia promosso azioni contro Genova, nell'intento di fiaccarne la crescente potenza navale. Le fonti al momento disponibili non consentono di affermarlo e solo 'Ibn Haldûn lascia aperta tale possibilità, sostenendo che «'Abû 'al Qâsim 'as Sî'î», altrimenti noto come 'Al Mansûr 'ibn 'al Qâym, 'al 'Alawî, «e suoi discendenti mandarono parecchie volte in corso le armate da 'Al Mahdîah contro l'isola -sic- di Genova, donde [i Musulmani] ritornarono con trionfo e preda» ('Ibn Haldûn, *Kitâb 'al 'ibr*, § 1, in Amari 1880-1881, vol. II, p. 165).
[482] La conferma viene da 'Ibn Haldûn ('Ibn Haldûn, *Kitâb 'al 'ibr*, § 1, in Amari 1880-1881, vol. II, p. 167).

«con un'armata di trenta navi da guerra[483] dalle parti dei Franchi. Quest'armata prese la città di Genova, e passata dalla città di Sardegna, combatté gli abitanti, fece prigionieri donne e fanciulli, arse molte navi ed uccise coloro che le montavano. Si affrettò poi ad andare contro Genova. Bruciò le navi della Corsica; ruppe le mura di Genova; si impadronì di questa città, e, fatte prigioniere mille donne, ritornò in 'Al Mahdîah con tutta la preda»[484].

Estremamente più dettagliato e di diverso tenore è il resoconto stilato dal comandante della flotta siciliana, concentratasi solamente su Genova senza deviare, al pari dell'alleato africano, verso le isole maggiori del Tirreno centro-settentrionale.

Essendo state armate nell'arco di due anni 180 navi, di cui 100 a Palermo, 30 a Marsala, 20 a Messina e 10 a Siracusa, oltre alle 20 rimaste dalla precedente spedizione, contro le sole 60 componenti la squadra in movimento dalla Tunisia, l'intera flotta viene riunita nell'aprile del 934 a Marsala e posta nuovamente al comando di Safiân 'ibn Qâfim.

Verificati i rifornimenti di acqua e viveri necessari per affrontare il viaggio, vengono imbarcati gli equipaggi di 200 uomini per ogni imbarcazione, composti per metà da Musulmani e per il rimanente da Cristiani[485].

L'ordine di partenza viene diramato il 7 maggio, dopo di che occorre attendere sino al 19 settembre per avere notizie dell'esito della spedizione, descritto in ogni particolare dal comandante, residente al momento a Genova:

«Al Hasan ben Ahmed ben Abi Kafarrir, per bontà di Dio Emir Chbir di Sicilia, l'Emir dell'armata Safian ben Kafim con la faccia per terra bacia le mani della sua Grandezza, e le notifica:

Primo. Che nel dì 7 del mese di Dhu 'al Qa'da 322» (forse maggio 934, e non 933) «partii da Marset Allah con tutta l'armata, e a dì 13 dello stesso Edilkadan arrivai due miglia lontano dalla marina di Genova: diedi ordine, che ogni chelandia, e bastimento dovesse dar fondo ed ebbi la sorte di avere il mare in bonaccia per 19 giorni.

A dì 3 del mese di Almohar 322 si fece cattivo il tempo, onde alzando il ferro da mare si salpò, e si andò a dare fondo quindici miglia in distanza da Genova, per situarsi a ridosso del vento.

A dì 10 del mese di Muharram» (luglio?) «tornammo altra volta due miglia lungi dalla marina di Genova, dove si diede di nuovo fondo per impedire, che potesse entrare alcun bastimento in Genova.

Nel giorno 20 del mese di Almoharoan 322 ordinai, che si accostassero alla marina di Genova sessanta chelandie, e che la gente dovesse sbarcare, per vedere, che forze avesse quella Città. Sbarcarono adunque quelli uomini, ma nula poterono eseguire, avendone la gente Genovese ammazzato duemila cento e venti; coloro che restarono vivi tornarono ad imbarcarsi, e vennero a ricoverarsi dove avevamo dato fondo. Ho dato ordine, che ogni barca tirasse il ferro da mare e cominciammo a girare per la costa di Genova.

A dì 20 del mese di Ausah» (20 agosto) «comparvero venti bastimenti, e quaranta chelandie bene armate, che ha mandato il nostro nuovo califfo[486], e da questi ebbi la nuova, che il nostro Emir Almimenin era morto il dì 3 del mese di Mars.

Quando dunque quelle chelandie, e bastimenti, che vennero dall'Africa, si unirono con l'armata, ho dato ordine di dirizzarci tutti verso la marina di Genova, e di fatti nel dì 26 del mese di Ausah alzato il ferro da mare c'incamminammo verso la marina di Genova; si sbarcò, e con impeto grande, si entrò in Città ammazzando tutti coloro, che ci si presentavano: poco prima di calare il sole già eravamo padroni di Genova.

La gente della Città quasi tutta se ne fuggì, e a quella, che restò viva ho fatto mettere li ferri ai piedi. Ordinai, che la gente pigliasse riposo, ma essa non perciò ha riposato, anzi per tutta la notte non fece altro, che girare per le case di Genova, e pigliare tutto quello, che incontrava.

Quando spuntò il giorno ho dato ordine, che si spogliassero tutte le chiese, e che mi si portasse tutto quell'oro, ed argento, che si fosse trovato: mi fu portato, ed ho riempito cinquanta casse con quell'oro, ed argento, ch'era nelle chiese; le casse sono suggellate, e conservate a nome della sua Grandezza. Ho raccolto sette casse di moneta di oro, e quindici di moneta di argento, che sono egualmente conservate a nome della sua Grandezza. La gente dell'armata tutta si è fatta ricca, perché l'uomo più poltrone avrà guadagnato almeno il valore di mille Krus.

Dico alla sua Grandezza, che ho fatto di gente schiava, che non poté fuggire, il numero di tre mila uomini, quattromila seicento e ventuna donna (sic), mille figliuole, e ottocento figliuoli. Abbiamo ammazzato di gente Genovese in tutto cinquemila uomini. I nostri uccisi dalla gente Genovese nel primo, e secondo sbarco sono stati seimila quattrocento e sessanta tre uomini.

Dico alla sua Grandezza non essere conveniente, che l'armata dovesse dimorar più in Genova, poiché se venisse un esercito grande da dentro terra ci passerebbe tutti a fil di spada; quindi è, che se la Grandezza sua giudica, che dovessi restare in Genova, mi dovrà mandare un esercito da potere difenderci, e fare altre conquiste; o pure ordinandomi di spogliare tutta la Città, e fare ritorno in Sicilia. Aspetto adunque i comandi della sua Grandezza più sollecitamente, che si può, per sapere ciò, che abbia a fare.

Infine non ho che dire di più alla sua Grandezza; con la mia faccia per terra le bacio le mani, e mi segno così: L'emir dell'armata Safian ben Kafim, per bontà di Dio, servo della Grandezza dell'Emir Chbir di Sicilia Al Hasan ben Ahmed ben Abi Kafarrir. Città di Genova li 10 del mese di Stnbr 322 di Maometto».

Dalla Sicilia viene spedito undici giorni dopo l'ordine di rientro, caricando sulle navi tutto quello che risulti trasportabile, ma non al punto di comprometterne la stabilità nel viaggio; «un'altra volta si penserà a mandare un esercito con l'armata per ripigliare di nuovo Genova, e fare delle altre conquiste»[487].

Riprendendo le parole del comandante Safiân 'ibn Qâfim, avendo appreso le disposizioni impartite da Palermo, «ho dato ordine, che fosse preso da Genova tutto ciò, che si potesse imbarcare, e perciò si strapparono tutti li ferri delle case di Genova, e fu spogliata tutta la Città, non avendo lasciato atro, che quello, che non si poteva imbarcare.

A dì 2 del mese Giamad 'al awwal 322» (novembre 934?) «partii da Genova con tutta l'armata, e a dì 11 del detto Giamadilaud giungemmo a salvamento in Marset Allah. Dico però alla sua Grandezza, che abbiamo molto sofferto nel viaggio, perché le barche erano assai cariche. Io intanto non

---

[483] Le cronache genovesi parlano invece di 200 imbarcazioni, comandate da Safian, emiro di Sicilia (Luppi 1973, pp. 125-126).
[484] 'Ad Dahabî, *Târih 'al 'Islâm*, in Amari 1880-1881, vol. II, p. 161.
[485] *Cod. Dipl.*, tomo II, parte I, pp. 327-337.
[486] Si tratta di 'Abû 'al Qâsim 'al Qâym, succeduto ad 'Ubayd 'Allâh.

[487] *Cod. Dipl.*, tomo II, parte I, pp. 340-344.

farò scaricare niente, se prima non riceva gli ordini della sua Grandezza»[488], in merito alla smobilitazione delle navi, al computo del bottino e al risarcimento delle famiglie dei caduti[489].

La maggior parte delle fonti latine, in altre circostanze ricche di particolari utili, non è nemmeno lontanamente così ricca di particolari o addirittura tace del tutto questo attacco[490]. Liutprando ne parla, accennando alla città di Genova come protesa sull'*Africanum mare*, trasposizione del toponimo arabo *Bahr 'as Shâm* ('Mare di Siria') e segno tangibile dell'egemonia marittima stabilita nel secolo X dagli Arabi dell'Africa settentrionale e della Sicilia[491].

Poi ricorda alcuni prodigi, tipo l'improvviso sgorgare di una sorgente di sangue, che annunciano la prossima conquista e distruzione dell'abitato, e infine il saccheggio, descritto nel modo seguente: una flotta si para all'improvviso all'imboccatura del porto e la blocca, impedendo alle imbarcazioni ormeggiate di prendere il largo; la popolazione, ignara di tutto, si rende conto dell'accaduto quando già gli Arabi sono penetrati in città ed ormai è troppo tardi; tutti gli edifici vengono depredati di ogni bene e dalla strage si salvano solo donne e bambini. Al termine, la flotta, carica di molta preda, ritorna in Africa[492].

La grande impressione suscitata dagli effetti devastanti di questo attacco, assieme alla perdita di prestigio sul mare, indurranno i Genovesi ad operare di fantasia, inserendo in seguito nelle loro cronache, per il 936, una terza aggressione araba contro la città, conclusasi però con la disfatta del nemico, ad opera della ricostituita flotta locale, con la liberazione dei prigionieri e il recupero del bottino sottratto la volta precedente[493].

anni 939-940: in questo biennio il raggio d'azione dei drappelli di Frassineto si è esteso alla Svizzera, giungendo ad occupare il *vicus monasterii sancti Maurici* (odierna St. Moritz) e ad interessare con le scorrerie e i taglieggiamenti tutto l'arco alpino nord-occidentale, partendo dal litorale ligure[494].

anni 941-942: deciso ad eliminare dalle coste tirreniche dell'Italia settentrionale il pericolo di incursioni, Ugo di Provenza, re d'Italia, decide di intraprendere una spedizione contro i Mauri spagnoli di Frassineto. Il piano prevede un duplice attacco, compiuto dalla parte di terra dalle sue truppe, e dal mare da una flotta bizantina[495] composta da navi armate del terribile «fuoco greco», il solo in grado di poter distruggere o, perlomeno, bloccare all'attracco le navi musulmane. In un primo momento la strategia ha successo e i Mauri sono obbligati a ritirarsi nelle zone meglio protette del monte, lasciando il campo agli attaccanti.

Solo l'incertezza e il pensiero di utilizzare a proprio vantaggio le risorse umane del nemico inducono Ugo a sospendere le ostilità e a proporre un patto: contro la clausola di garantire salva la vita agli assediati, il re pretende il giuramento che essi non attaccheranno più le coste italiane e si impegneranno a svolgere servizio di sorveglianza sui valichi alpini, dalla parte della Francia e della Svevia. Le condizioni vengono accettate e, come dice Liutprando, *ipseque cum Saracenis hac ratione foedus iniit, ut in montibus qui Sueviam atque Italiam dividunt starent; ut si forte Berengarius exercitum ducere vellet, transire eum omnimodis prohiberent*[496].

Questo atto, visto di seguito alla distruzione della base del Garigliano, nonostante non sia definitivo[497], sancisce in qualche modo la riduzione del pericolo musulmano nel Tirreno centro-settentrionale ad un'eventualità poco probabile e coinvolgente solo ad alcune località. Se quindi per il porto di *Centumcellae*, duramente colpito alla fine del secolo IX, vi può essere un momento di ripresa, con il ritorno di parte degli abitanti sulla costa e il recupero di quanto è andato in rovina o è stato manomesso, questo è l'occasione buona.

---

[488] *Cod. Dipl.*, tomo II, parte I, pp. 344-345.

[489] *Cod. Dipl.*, tomo II, parte I, pp. 345-348. Per conoscere invece la destinazione delle 60 navi africane, che al ritorno, seguendo rotte diverse, sono responsabili dell'incursione in Sardegna e Corsica, bisognerà rifarsi a documenti degli archivi della corte califfale.

[490] Senza citare la fonte da cui ha tratto la notizia, il von Vacano afferma che la città romana di *Rosellae* «fu conquistata, saccheggiata e completamente distrutta nel 935 dai pirati saraceni al comando di Abul Kassem» (O. W. von Vacano, *Gli Etruschi a Talamone*, Bologna 1985, p. 214). Se questo dato fosse vero (ma lo Schneider non lo riporta; Schneider 1975, pp. 122-125), l'aggressione a *Rosellae* potrebbe essere inserita tra le imprese minori compiute dalla flotta africana in rotta verso Genova.

[491] Significativamente 'Ibn Haldûn, accennando alla Corsica in relazione a questa aggressione, parla di «Qarqaysâ delle costiere di Siria» ('Ibn Haldûn, *Kitâb 'al 'ibr*, § 1, in Amari 1880-1881, vol. II, p. 167).

[492] Antap., IV, 5, p. 314: *Per idem tempus in Ianuensi urbe, quae est in Alpibus Cotzie, octingentis stadiis Papia distans, supra Africanum mare constituta, fons sanguinis largissime fluxit, subsecuturam cunctis patenter ruinam insinuans. Eodem quippe anno Poeni cum multitudine classium illo perveniunt; civibusque ignorantibus, civitatem ingrediuntur, cunctos, pueris exceptis et mulieribus, trucidantes; cunctosque civitatis et ecclesiarum Dei thesauros navibus imponentes, in Africam sunt reversi.* Non è però escluso che una parte del bottino sia stata portata a Frassineto. Per il 936 infatti Flodoardo riporta la notizia di un bottino dalla provenienza incerta portato dagli Arabi in Germania per essere venduto e dei taglieggiamenti da loro compiuti sulla via del ritorno ai danni dei pellegrini diretti a Roma (*Flod. Ann.*, p. 383: *Sarraceni in Alamanniam praedatum pergunt, et revertentes multos Romam petentes interimunt*). Quanto a Genova, è forse in conseguenza di questo disastro l'erezione della prima cinta di mura, attribuita dal Di Fabio al IX secolo, su impulso dei Carolingi. Nel medesimo quadro di attività rientrerebbe anche il completamento del trasferimento della cattedrale dalla sede suburbana di S. Siro a quella meglio difesa di S. Lorenzo, così come la realizzazione di una nuova sede vescovile fortificata sul colle di Castello. La sua prima menzione risale al 987 (C. Di Fabio, voce *Genova*, in Enciclopedia dell'Arte Medievale, vol. VI, Roma-Istituto dell'Enciclopedia Italiana 1995, p. 499).

[493] Luppi 1973, pp. 125-127.

[494] *Collecta diversorum hominum, quae Romam petebat, a Sarracenis pervasa et interempta est* (*Flod. Ann.*, p. 386, a. 939); *Collecta Transamarinorum, sed et Gallorum, quae Romam petebat, revertitur, occisis eorum nonnulli a Sarracenis; nec potuit Alpes transire propter Sarracenos, qui vicum monasterii sancti Maurici occupaverant* (*Flod. Ann.*, p. 388, a. 940). La distruzione del *vicus*, dato da essi alle fiamme, avviene poco dopo (Gerhardi, *Vita sancti Oudarici episcopi*, cap. 15, in MGH, Script., tomo IV, Hannoverae 1841, p. 404). Per maggiori dettagli sulle incursioni nelle vallate alpine e nelle pianure piemontesi di questi anni si rinvia a Luppi 1973, pp. 127-128.

[495] Se ne ignora la provenienza.

[496] Antap., V, 17, p. 331 (vedasi anche *Flod. Ann.*, p. 389, ll. 39-40). L'autore aggiunge con amarezza che di questo accordo ne fecero le spese soprattutto i pellegrini, provenienti dall'Europa centrale e settentrionale e diretti a Roma; molti di essi proprio nel passare le Alpi vennero infatti depredati o addirittura uccisi, dai Musulmani e dai banditi unitisi ad essi. Nel 951 poi si ha persino la fissazione di punti in cui questi fanno pagare ai viaggiatori un pedaggio (*Sarraceni meatum Alpium obsidentes, a viatoribus Romam petentibus tributum accipiunt, et sic eos transire permittunt; Flod. Ann.*, p. 401).

[497] La definitva dissoluzione della colonia di Frassineto avviene nel 975 dopo tre anni di combattimenti, volti a bonificare dalla presenza dei pirati le terre della Provenza (*Maometto in Europa* 1982, p. 104).

anno 963: l'ultimo evento di un certo rilievo, per quanto attiene l'argomento del presente contributo, è costituito dalla notizia comunicata nel mese di febbraio da papa Giovanni XII all'imperatore Ottone I, secondo cui Adelberto, figlio di Berengario e suo principale alleato, ha intenzione di richiedere l'intervento dei Mauri di Frassineto a sostegno della Chiesa[498].

Poco dopo il pontefice chiede un incontro ad Adelberto e questi, che si trova, non a caso, in Provenza, raggiunge Roma seguendo una rotta e un itinerario ben noto ai navigli musulmani e cioé *a Fraxineto rediens, Centumcellas advenit; dein Romam*[499].

Il porto di *Centumcellae* è pertanto nuovamente attivo e pienamente inserito nelle direttrici di navigazione tirreniche. Inoltre è da notare come ancora la denominazione della città non sia cambiata nella successiva *Civitas Vetula*[500].

L'affievolirsi del traffico militare musulmano sulle rotte tirreniche e le ultime fasi di vita della base di Frassineto, tra il 972 e il 979[501] determinano per questo, come per altri centri della costa tirrenica la ripresa della propria attività oppure il definitivo abbandono, a favore di nuovi centri, come, ad esempio, nel caso degli abitati di *Minturnae*, di *Traectum* e della *Civitas Noba Leopolis* o *Kastrum Leopolim*, coinvolti nelle vicende dello stanziamento musulmano del Garigliano[502].

---

[498] Teoricamente l'ultimo avvenimento di cui dare notizia sarebbe l'attacco compiuto nel 964 dai Musulmani, forse di Frassineto, al porto delle Murelle o di Regisvilla, situato 3400 m a SO del km 106,300 della Via Aurelia, a S di Montalto di Castro, e pertinente al probabile abitato altomedievale di Vulci. Su questa azione non si hanno fonti, salvo una tradizione settecentesca. Ne è portavoce l'Annibali, che nel 1817 scrive: «Verso la metà del 10° secolo fu distrutta la Città di Volci, o Volcia, non dai Saracini, o da altri Barbari, ma dai Romani in occasione, che i Volcesi dopo aver trucidato, e respinto i Saracini sbarcati al loro porto, detto delle Murella, vicino a Montalto per assaltare la loro Città, ubbriachi per la Vittoria si uccisero in gran parte tra loro stessi, onde rimasta Volci con pochi abitatori, i Romani loro nimici presero motivo dalla debolezza, in cui avevano ridotto la loro patria, di assaltarla, e distruggerla» (P. Flaminio M. Annibali, *Notizie storiche della Casa Farnese*, Montefiascone 1817, pp. 124-125). Purtroppo la mancanza di ulteriori riscontri o conferme impedisce di verificare l'attendibilità del testo. Va sottolineata solamente la presenza in zona del toponimo Caligine (100 m a S del km 113,500 della Via Aurelia; F. 136 III SO), ai limiti settentrionali della vecchia laguna di Pescia Romana e circa 8000 m a ESE della località Puntone del Turco. Le carte IGM sono le sole a riportarlo, lasciando intendere che si tratti di una denominazione affermatasi di recente, con richiamo all'umidità che si innalza dal terreno nelle ore più calde, offuscando la visuale dell'osservatore. Il raffronto però con il toponimo pisano Fosso Caligi (tra Marciana e Coltano, PI) del secolo XII, corrispondente ad un canale di drenaggio della pianura acquitrinosa circostante, fa balenare anche un'altra possibile interpretazione. Il Pellegrini riconduce l'etimologia del termine al vocabolo arabo *halig*, ossia 'golfo', 'abisso marino', 'fiume', 'affluente' e 'canale', e ne addebita la diffusione alla particolare attenzione mostrata da Pisa nei confronti anche delle tecniche di regimazione delle acque e di irrigazione, messe a punto dagli Arabi in condizioni ambientali spesso difficili o addirittura estreme (Pellegrini 1956, pp. 171-175).

[499] *Lib. reb.*, p. 340, ll. 37-41.

[500] Vedansi i riferimenti contenuti nell'annata 882.

[501] Luppi 1973, pp. 143-154.

[502] Vedasi il capitolo successivo.

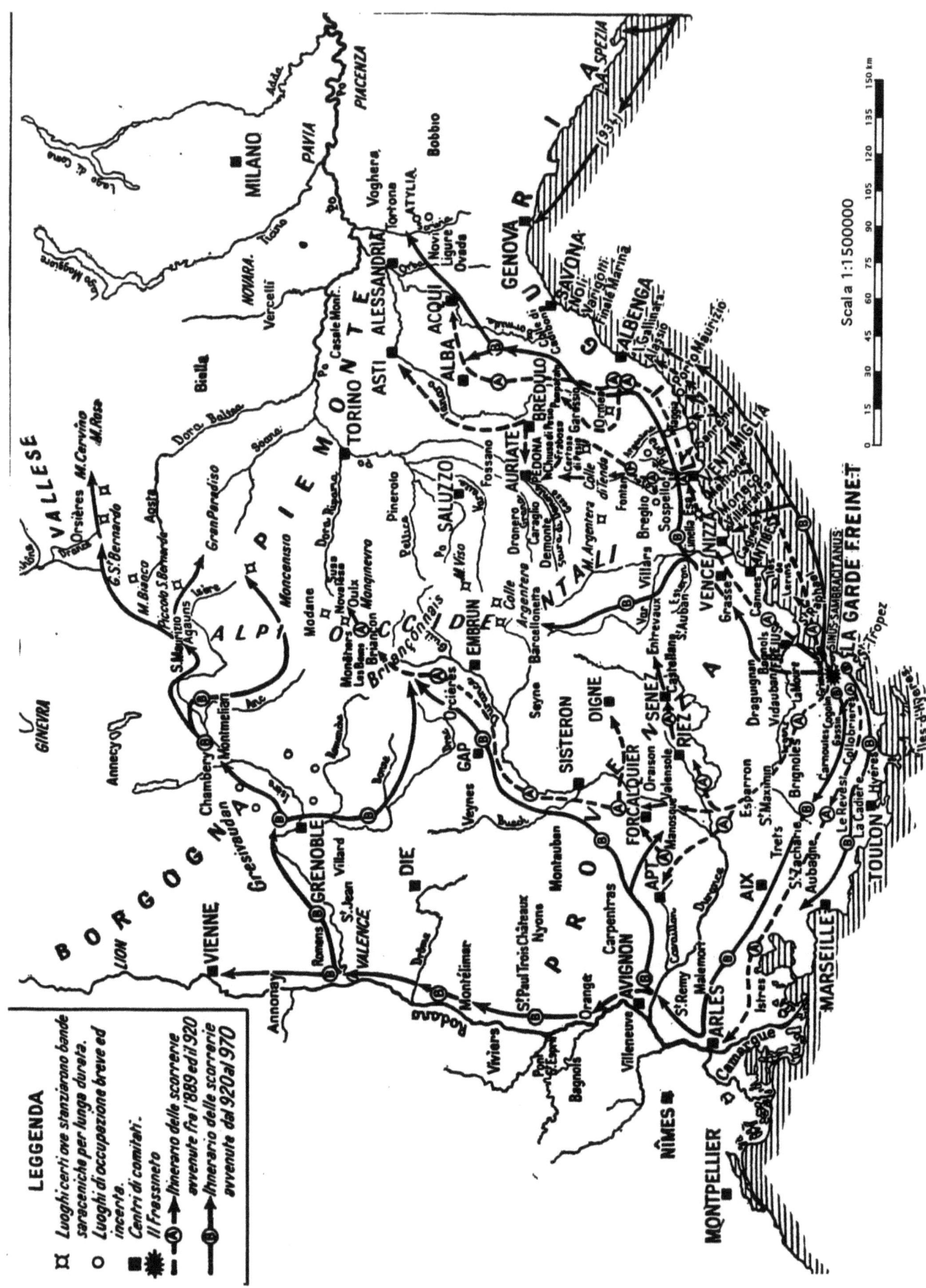

Tavola 3 - La base di Frassineto e le direttrici di attacco musulmano in Provenza, Liguria e Piemonte (da Luppi 1973, tavola allegata).

CAPITOLO V

LA *CIVITAS NOBA LEOPOLIS* O *KASTRUM LEOPOLIM* (LAZIO MERIDIONALE)

Il dibattito sulla localizzazione e il ruolo da attibuirsi alla Leopoli del Garigliano è introdotto nel 1779 dal Gattola e ripreso nel 1796 dal Federici. I punti chiave attorno a cui ruotano le diverse identificazioni, proposte a partire da quel momento, sono costituiti dai due centri di *Minturnae* e di Traetto (l'odierna Minturno -LT-, dal 1879), variamente considerati gli eredi di Leopoli o collocati nelle sue immediate vicinanze.

L'attenzione rivolta a questa città di fondazione ha però portato gli autori a perdere di vista l'esatto quadro topografico della zona, supponendo progressivamente la distruzione o la comparsa di uno degli abitati sulla base di notizie non suffragate da prove documentarie.

Il Federici, prendendo spunto dal toponimo e dall'uso, tipico di molti pontefici del secolo IX, di attribuire il proprio nome ad insediamenti urbani e monastici sui quali fossero intervenuti personalmente, potenziando le difese e avviando piani edilizi, assegna la realizzazione di Leopoli, attestata per la prima volta nell'830, al papa Leone III. Lo scopo sarebbe stato quello di ricostituire la diocesi di Minturno, accorpata nel 590 da Gregorio Magno a Formia[503] e successivamente sottoposta all'influenza di Gaeta, scelta dal vescovo formiano come sede di residenza. Il governo della nuova città, opportunamente protetta da mura e torri, sarebbe stato attribuito ad elementi della nobiltà romana, inviati espressamente dal papa per sancire il diritto della Chiesa sulle terre al confine tra Lazio e Campania[504]. Infine, il luogo scelto per la fondazione corrisponderebbe, secondo il suggerimento del Gattola, a quello «dove ora (1779) è Traetto», con nome acquisito dalla pratica di «traghettare il vicino fiume Garigliano» e ufficialmente introdotto nell'861 dal vescovo Giorgio (*Episcopus Trajectanus*) nel concilio organizzato da papa Niccolò I[505].

Il Giustiniani, nei primi anni del secolo XIX, riprende queste posizioni, ricordando la prima ipotesi, avanzata da autori precedenti, di cercare Leopoli presso Fratte (l'attuale Ausonia, FR) e considerando maggiormente credibile quella che la pone «nelle vicinanze di Traetto», essendosi poi «nella sua distruzione unita ad essa terra, e perdendo la sua denominazione» a favore di «quella di Traetto»[506]. Alcuni dettagli sono aggiunti dal Ciuffi nel 1854, affermando che «questo Castro Leopoli [...] era distinto dall'antico Traetto (sic), benché in piccolissima distanza esistesse, e può senza errore immaginarsi essere stata quella parte dell'odierno Traetto, che ora la Porta di sopra o Porta nuova si appella». Il toponimo sarebbe stato esteso anche al passaggio sul fiume «forse perché parte di quel fabbricato», ossia di Leopoli. Il fondatore sarebbe stato papa Leone III «o almeno dir si potrà, che per averla di mura, e di torrini circondato gli dette il nome di Castro [...] e vedendolo di popolazione e di splendore aumentato, vi eresse il Vescovado, esistente prima in Minturno»[507].

La sequenza, poi, degli avvenimenti precedenti vede, secondo l'autore, in primo luogo il trasferimento della sede episcopale a Formia, dopo la distruzione di *Minturnae* ad opera dei Longobardi, ammessa proprio nel 590, poco prima della lettera di Gregorio Magno a Bacauda. Leone III crea il nuovo centro di *Castrum Leopoli*, per ridare dignità e autonomia alla diocesi, e prevede di intitolare la cattedrale, corrispondente alla Collegiata dell'ottocentesca Traetto, nonché dell'attuale Minturno, a S. Pietro[508]. Infine nell'861, al tempo del vescovo Giorgio, il titolo di *episcopus Sanctae Ecclesiae Minturnensis* viene mutato in quello di *episcopus Traiectensis*, a seguito dell'assorbimento del *Castrum* nella Traetto, ampliatasi di recente[509].

Gli studi compiuti successivamente hanno aggiunto ben poco ai dati sin qui esposti, apportando solo lievi modifiche[510]. Per il VI secolo si parla già di *patrimonium Traiectanum*, comprendente molte *massae* e *domuscultae* sulle due sponde del Garigliano[511]; dell'ospitalità offerta da *Minturnae* ai senatori esiliati da Roma nel 546 o 548, all'atto dell'occupazione da parte di Totila[512], e di una serie di scorrerie messe a segno dai Longobardi contro *Minturnae*, con taglio dell'acquedotto e saccheggio della città tra il 580 e il 590[513]. L'abbandono provoca la fondazione di Traetto, «che si chiamò così dal fatto che dové stabilirsi un traghetto (*traiectus*) o scafa dopo il crollo del ponte sul fiume», evento

---

[503] Greg. Magni, *Epist.*, I, 8.
[504] Federici 1796, pp. 509-510.
[505] Federici 1796, p. 511. In rapporto però all'ultima menzione conosciuta di Leopoli, del 945, l'autore sostiene «che il fiume chiamato nel tragitto, e per qualche tratto sopra, Traetto, subito dopo prendeva la denominazione di Garigliano; e che la Città di Leopoli era fondata non solo a' piedi del monte vicino, ma eziandio prossima al luogo, in cui comunicava la denominazione di Garigliano al fiume Traetto» (Federici 1796, p. 200). In questo modo, pur cercando di risolvere i molti interrogativi suscitati dall'avere una città acquisito il nome Traetto, pertinente ad una porzione di fiume abbastanza distante da essa, attraversata dalla Via Appia, complica eccessivamente la questione, contraddicendosi con le pagine successive e ipotizzando una Leopoli su altura affiancata da un centro omonimo di pianura (vedasi anche Federici 1796, pp. 95-96).
[506] Giustiniani, *Dizionario*, tomo IV, p. 376.
[507] Ciuffi 1854, pp. 12-14, 92.
[508] Una lapide marmorea, apposta dal vescovo di Gaeta Gennaro Carmignano il 7 novembre 1745 e murata sul lato destro dell'ingresso della chiesa, appena entrati, ricorda questa circostanza: *istaec basilica saeculo nongentesimo / post christum natum a minturnarum ruinis exorta, / septimus idus nouembris salutis anno septincentesimo/ quadragesimo quinto viro patricio ep(iscop)o caietano / solemni ritu apostolorum principi fuit dicata* (Raus 1974, p. 141). Un secolo prima questa stessa iscrizione era stata citata dal Ciuffi mutila e datata al 1045 (Ciuffi 1854, pp. 107-124).
[509] Ciuffi 1854, pp. 107-124; Federici 1796, p. 511.
[510] Per una breve rassegna dei principali autori che si sono occupati dell'argomento si rinvia a L. Ermini Pani, *Prospettive di ricerca per l'archeologia medievale nel territorio di Latina*, in Studi in onore di Arturo Bianchini. Atti del 3° Convegno di studi storici sul territorio della provincia (Terracina, 26 novembre 1994), Latina-SocStPatLat, 1998, 155 e nn. 26-28
[511] Arthur 1989, p. 184.
[512] Arthur 1989, p. 186.
[513] A. Maiuri, G. Chierici, voce *Minturno*, in Enc. Ital, vol. XXIII, Roma 1934, pp. 409-410; Aurigemma-De Santis 1968, p. 41. Il Federici è forse tra i primi a sostenere questa idea, attribuendo però la devastazione ai Goti (Federici 1796, p. 92). L'ipotesi non si fonda su alcun elemento o prova concreti ma solo sul pensiero che, data la posizione di *Minturnae*, sulla strada da Roma a Napoli e considerati i danni subiti dal territorio delle due città con la guerra greco-gotica, anche la colonia romana ne avrà sofferto. Gli autori del secolo XIX e XX non hanno verificato la fondatezza o meno di tale affermazione e si sono limitati a riportarla come evento realmente accaduto, duplicandolo al tempo dei Longobardi.

considerato evidentemente uno degli effetti degli attacchi longobardi[514]. A parte, a fianco o nello stesso luogo viene fondata Leopoli, forse non tanto ad opera di Leone III quanto del vescovo minturnese Leone, menzionato nell'839[515]. Il suo ruolo di sede diocesana viene riconosciuto sino all'861, quando si registra per la prima volta il cambiamento di nome, con conseguente inglobamento del centro in Traetto.

Un quadro diverso, invece, emerge dall'analisi delle fonti e dei dati topografici e archeologici disponibili, rendendo evidente come molte delle aggiunte o "correzioni" sin qui apportate alla storia di *Minturnae* e del successivo *Castrum Leopoli* siano frutto di congetture o della citazione secondaria di informazioni mai verificate alla sorgente. Cominciando proprio dal VI secolo, non si ha alcun ricordo di un esilio di senatori romani a *Minturnae*. Procopio di Cesarea e il *Liber Pontificalis*, infatti, pongono nel 546 la loro fuga in direzione di Costantinopoli e, solo per Cetego, eminente rappresentante della classe senatoria, a *Centumcellae*, da cui poi quattro anni dopo si imbarcherà, raggiungendo gli altri nella capitale bizantina[516].

Quando nell'ottobre del 590 Gregorio Magno decide di accorpare la diocesi di *Minturnae* a Formia, la sua azione è dettata solo dallo stato di decadenza in cui giace la colonia romana. Forse i Longobardi ne hanno corso il territorio ma non si ha alcun elemento, salvo congetture, per sostenre l'idea di un assedio dell'abitato, con taglio dell'acquedotto per privare la città del rifornimento idrico, e successivo saccheggio[517].

Secondo una serie di circostanze già viste per alcuni centri tardo-antichi gravitanti sulla Laguna Veneta, da Altino ad Aquileia, l'abbandono di un insediamento urbano o la drastica riduzione della sua popolazione e la quasi totale interruzione delle attività mercantili sono principalmente dovute a cause naturali (allagamento delle zone pianeggianti, interramento degli antichi approdi fluviali e lagunari con spostamento della linea di costa), sovrapposte ad una generale perdita di coesione tra autorità centrale e territorio, al maggiore peso dato al potenziamento di alcuni centri, meglio protetti, a scapito di altri (spostamenti da Aquileia a Grado, da *Concordia Sagittaria* a Caorle e Porto Gruaro, da Altino a Torcello, da Asolo a Iesolo), e ad una nuova distribuzione e organizzazione degli interessi economici[518]. Ma se sulla costa veneta il movimento avviene verso il mare, per *Minturnae* lo spostamento è in direzione opposta, verso le colline che delimitano a settentrione la piana del Garigliano. Il trasferimento non è però contemporaneo all'allontanamento della diocesi, nel 590.

Il processo è piuttosto lento, "trattenuto" dalla Via Appia, che ancora svolge un ruolo fondamentale di collegamento tra Roma e la Campania, e dal suo ponte sul Garigliano. L'abitato della *Minturnae* tardo-antica, come ha rivelato l'analisi della fotografia aerea, si è concentrato sulle due sponde del fiume, recuperando l'antica cinta in opera poligonale della primitiva colonia (296 a. C.) come perimetro difensivo, compreso l'adiacente nucleo costituito dal teatro, dal *macellum*, dalle terme e dalla principale area templare, nei pressi della quale è stata edificata una piccola basilica, e avendo nel ponte (il ciceroniano *Pons Tirenus*)[519] una notevole risorsa economica[520].

L'impaludamento delle depressioni retrostanti la duna costiera, l'aver tralasciato la cura della selva sacra alla dea Marica, il cui santuario giace in abbandono a 400 m dalla foce del fiume[521], e il parziale insabbiamento dell'estuario rendono difficilmente agibili alle navi da carico i vecchi punti di approdo.

Nelle campagne la divisione per centurie di epoca romana rimane forse in uso, ma solo come ripartizione interna di proprietà molto più vaste, alcune delle quali già nel IV secolo sono state concesse alla Chiesa. E' ancora improprio parlare di *patrimonium Traiectanum*, attestato, come si vedrà, solo nella seconda metà del secolo IX[522]. La sua anticipazione al periodo della guerra greco-gotica costituisce solo un elemento di confusione, inducendo ad ammettere l'esistenza di Traetto (l'attuale Minturno) in contemporanea con *Minturnae*, senza però chiarirne la posizione e il perché una località posta tanto distante dal fiume riceva un nome relativo ad un traghetto, punto ben preciso e limitato nello spazio.

Non si conosce la data esatta del crollo del ponte della Via Appia o della sua parziale rovina, con conseguente riduzione del traffico e trasferimento dei carichi pesanti (merci, bestiame) su barche, con il compito di fare la spola da una riva all'altra del Garigliano. Considerato che la prima attestazione documentata (e non ricostruita) del toponimo *Traiecto* risale all'anno 830, in contemporanea con la comparsa ufficiale di Leopoli, si può restringere ai secoli VII-VIII il periodo in cui porre la dismissione del ponte e l'impianto del traghetto. Gli interessi economici mantengono ancora in vita l'agglomerato di *Minturnae*, ma il nome,

---

[514] Aurigemma-De Santis 1968, p. 41. Simile è anche la posizione espressa da P. Capobianco, *I vescovi di Minturno e di Formia entro il Mille*, in *Dall'Astura al Garigliano. Un antico itinerario*. Atti del 1° Convegno di studi storici sul territorio della provincia (Latina, 14 dicembre 1991), a cura della Società per la Storia Patria della Provincia di Latina, Latina 1992, pp. 138-141.
[515] F. Marazzi, *Le "città nuove" pontificie e l'insediamento laziale nel IX secolo*, in *La storia dell'Alto Medioevo italiano (VI-X secolo) alla luce dell'archeologia*. Atti del Convegno Internazionale (Siena, 2-6 dicembre 1992), Firenze 1994, p. 265 n. 43.
[516] Proc. Caes., *Bell. Goth.*, III, 13 e 20; *Lib. Pont.*, tomo I, p. 298 ll. 12-17, 301 n. 26.
[517] I termini della lettera di Gregorio al vescovo formiano Bacauda (*Epist.*, I, 8) sono molto chiari. Il proposito è *ut destitutis ecclesiis salubri ac provida debemus dispositione succurrere*. *Minturnae* è un centro che giace nella desolazione, privo di una popolazione e di un clero che ne amministri i sacramenti (*ecclesiam Minturnensem funditus tam clerus quam plebis destitutam desolatione cognovimus*). Rispetto però a Formia, ugualmente in crisi, ha ancora un ragguardevole patrimonio in rendite fondiarie. L'accorpamento delle diocesi vuole quindi compensare i problemi delle due città, dando all'una, ancora popolata, le risorse dell'altra, ridottasi ad un semplice agglomerato, con un vescovo privo di fedeli. Dei Longobardi non si fa mai menzione e ciò non può ritenersi una dimenticanza del pontefice, considerato, ad esempio, il caso di Populonia, per la quale viene prontamente riportato il particolare del saccheggio e della fuga del vescovo verso l'isola d'Elba.

[518] Schmiedt 1974, pp. 506-535.
[519] Cic., *ad Att.*, XVI, 13a.
[520] F. Coarelli, *Lazio*, (Guide Archeologiche Laterza, 5), Roma 1984, pp. 369-370; M. de' Spagnolis, *Minturno*, Itri 1981, p. 59.
[521] Va segnalato il ritrovamento nelle sue vicinanze, durante gli scavi, di 4217 monete, di cui una del VII secolo (Coarelli, *Lazio* cit., p. 380).
[522] *Tab. Cas.*, tomo I, p. 246 (n° CXXX).

ripreso comunque dalla diocesi e, in un primo periodo, anche dal territorio, muta progressivamente nell'aperto richiamo al *traiectum* ('traghetto'), il mezzo che consente ad un nucleo di popolazione di vivere nella sede dell'antica colonia.

Agli inizi del IX secolo i cospicui patrimoni terrieri accumulati dalla Chiesa sulle due rive del Garigliano, in aree fertili aperte al pieno sfruttamento agricolo, e la pressione esercitata in esse da Gaeta, allo scopo di attrarle maggiormente nella propria sfera di influenza, inducono molto probabilmente papa Leone III[523] a progettare la fondazione di un nuovo centro. In qualità di *castrum* avrà una vocazione principalmente agricola, essendo preposto alla gestione delle terre coltivabili presenti nella pianura. Come *civitas* sarà difeso da mura e, per ridurre l'ingerenza di Gaeta, che nel frattempo ha offerto rifugio al vescovo formiano, sarà sede della ricostituita diocesi di *Minturnae* (da cui la variante *Civitas Noba*)[524]. Come datazione si ipotizzano gli anni immediatamente successivi al viaggio compiuto dal pontefice, tra il novembre 804 e il gennaio 805, alla corte di Carlo Magno, al fine di ricevere, fra l'altro, la conferma di una serie di carte che debbono porre fine a lunghe contese territoriali con potenti famiglie, come i capostipiti degli Aldobrandeschi nella Tuscia[525] e gli ipati di Gaeta al confine con il territorio capuano.

L'impegno papale in un piano di non piccole proporzioni per la riorganizzazione di quest'ultima zona, con la progettazione e l'attuazione di un nuovo impianto urbanistico, in altura[526], senza preesistenze che possano condizionarlo in tutto o in parte, non è una circostanza eccezionale in questo periodo. A Roma, infatti, già con Adriano I (772-795) sono stati messi in atto numerosi interventi di restauro, inquadrati in un più ampio progetto di recupero urbano. Leone III, dal canto suo, non diminuisce l'impegno e nei danni arrecati dal terremoto dell'801[527] trova anzi un incentivo ulteriore ad intervenire[528]. La fondazione però della *Civitas Noba Leopoli* o *Kastrum Leopoli*, come viene chiamata nell'830, costituisce l'apice di questa attività del pontefice. La volontà di consolidare il proprio potere sul territorio trova rispondenza nel bisogno per la popolazione di *Minturnae* di avere una nuova sede da abitare, meno malsana e meglio organizzata a livello infrastrutturale di quanto non si sia riusciti ad avere dal riattamento o dal cambiamento d'uso degli edifici della colonia romana.

La scelta del sito potrebbe essere stata forse influenzata anche dal modello del *burgus civitatis* o *castellum civitatis* di altre città del Lazio meridionale, come Ferentino, Alatri, Anagni e Veroli, dove l'acropoli antica è divenuta sede per il vescovo e per il *dominus castri* o un suo rappresentante[529]. Pur mancando per Leopoli un precedente tessuto urbano di innesto, la necessità di regolarizzare la vetta del rilievo scelto per il suo impianto suggerisce la creazione di un'ampia platea artificiale.

Le sue difese sono costituite dai muraglioni di sostruzione, costruiti in parte con la pietra cavata dal monte, e dai dislivelli creati dalla stessa attività estrattiva[530]. Un punto di appoggio è poi offerto dal vicino colle di Monticchio (400 m a E dal centro di Minturno), in cui le strutture superstiti di una grande villa romana[531] possono essere rapidamente riattate a scopo abitativo o protettivo della popolazione[532]. Il fulcro dell'intero abitato è costituito dalla chiesa principale (poi cattedrale), edificata quasi al centro della spianata, e, almeno nei primi tempi, dai *dominicalia* del *rector Patrimonii*

---

[523] Del vescovo omonimo, ritenuto dalla Marazzi il possibile fondatore di Leopoli, si ha notizia solo 9 anni dopo la prima menzione ufficiale della città. A meno di ammetterne la permanenza nella sede diocesana minturnese per almeno 11 anni e di escludere qualunque relazione logica tra il nome Leopoli e analoghe iniziative promosse a Roma e nella Tuscia dai pontefici nel secolo IX, appare molto difficile sostenere, in mancanza di prove consistenti, la partecipazione del vescovo Leone alla creazione della nuova città.

[524] Il recupero e la conservazione del nome della sede diocesana originaria da parte di un abitato chiamato in maniera diversa si incontra spesso nella storia degli episcopati italiani ed ha un termine di raffronto diretto in Leopoli-Cencelle (Tarquinia, VT). Infatti Leopoli, consacrata da Leone IV il 15 agosto dell'854, è anche sede della diocesi di *Centumcellae*, recuperando sul piano religioso ufficiale la denominazione della città portuale abbandonata dalle istituzioni ecclesiali a seguito degli attacchi arabi.

[525] E' il caso del conferimento dei diritti sul Monte Argentario e l'Arcipelago Toscano, dopo la presa di Cosa (vedasi l'annata 801), all'abbazia delle Tre Fontane. In questo periodo la Chiesa non è più in grado di riottenere da Carlo Magno le terre della Tuscia centrale e meridionale che le appartenevano prima della conquista longobarda (ultimi anni del VI secolo), comprese tra Populonia e la Valle del Mignone. Pertanto cerca di aggirare l'ostacolo, facendo concedere dall'imperatore parte di questi beni ad un monastero o ad un'abbazia, divenendone così detentrice indiretta dei diritti. Un fenomeno analogo, ma invertito a favore del Sacro Romano Impero, si è notato per la cella farfense di S. Maria del Mignone (Del Lungo 1994, pp. 9-16).

[526] Il fenomeno dell'abbandono completo di centri romani a favore di migliori posizioni in altura conosce un'intensificazione proprio nei secoli VIII-IX. Esempi rilevanti sono offerti da Otricoli, rispetto alla romana *Ocriculum*, e da Leopoli-Cencelle, in rapporto alla traianea *Centumcellae* (Ermini Pani 1999, pp. 648-653).

[527] E' lo stesso ipotizzato per gli avvenimenti di *Cosa* (vedasi l'annata relativa).

[528] Pani Ermini 1992, pp. 506-507.

[529] Pani Ermini 1992, pp. 526-530; L. Ermini Pani, *Ferentino dalla tarda antichità al medioevo*, in *Ambrogio centurione patrono di Ferentino. Agiografia, storia, arte, devozione*. Atti delle giornate di studio (Ferentino, Centro di Studi Giuseppe Ermini, 1-2 luglio 1995), Roma 1998, pp. 22-47.

[530] E' possibile l'esistenza di torri, ma al momento manca qualunque riscontro oggettivo. Un utile raffronto per questo potrebbe forse essere stabilito con la *Civitas Leoniana* a Roma, il cui parziale primo impianto è opera di Leone III, e con la Leopoli-Cencelle di Leone IV (Pani Ermini 1992, pp. 514-523).

[531] Le indagini di superficie compiute nel 1989 hanno accertato l'esistenza di un «grosso muro di terrazzamento in opera poligonale di calcare. Di tale muro si conserva lo spigolo occidentale originato da due bracci ortogonali: l'uno con orientamento E-O (misurabile per una lunghezza di circa m 30), l'altro con orientamento N-S (lungo m 6,40). Sono individuabili attualmente, su un'altezza massima di m 3,30, quattro filari di blocchi dalla facciavista rozzamente sbozzata. I giunti sono irregolari e gli interstizi riempiti di scaglie». I materiali ceramici recuperati contestualmente, durante alcuni sbancamenti, non hanno rivelato alcuna rioccupazione stabile dell'area in epoca tardo-antica e medievale (*Minturnae*, a cura di F. Coarelli, (Studi e ricerche sul Lazio antico II), Roma 1989, pp. 90-91, n° 4).

[532] Anche per Leopoli-Cencelle (tav. 4, figg. 3-4) nell'854 viene scelto un colle, ben difeso su ogni lato da rapidi pendii e poco distante (appena 300 m a S) da un'altura lievemente più bassa, attualmente denominata Uliveto di Cencelle, la cui vetta e i fianchi sono contornati da una serie di cinte murarie a secco, pertinenti ad un abitato fortificato protostorico, rioccupato poi in epoca etrusca (*Leopoli-Cencelle. Una città di fondazione papale*, a cura di AA.VV., 1, II, (TardoAntico e Medio Evo - studi e strumenti di archeologia, 1, II), Roma 1996, p. 117, nn^i 30-31; 127, nn^i 13-15).

Kaietani[533], rappresentante del pontefice nella gestione degli interessi ecclesiastici in un territorio coincidente non tanto con i limiti del ducato di Gaeta quanto, evidentemente, con quello riunito delle diocesi di Formia, Gaeta e *Minturnae*[534]. Infine un'iscrizione, applicata alla porta principale di accesso allo spazio fortificato, celebra l'opera del pontefice.

La continuità di vita di Leopoli, ridenominata Traetto nella seconda metà del secolo IX e, dopo il 1879, Minturno, impedisce di apprezzare nel dettaglio questo impianto. Un'idea si ricava comunque dalla lettura della planimetria dell'abitato e dalle foto aeree[535], con l'aggiunta dei frammenti marmorei altomedievali con decorazione a treccia, pertinenti al primo impianto della cattedrale, intitolata a S. Pietro[536].

Per quanto riguarda i suoi primi decenni di vita, particolarmente significative sono le informazioni che si possono ricavare dalla pergamena cassinese contenente la prima menzione nota di Leopoli. Il documento, databile al mese di dicembre dell'830[537], è un *memoratorio* redatto da *Petrus venerabilis presbyter scriba Kastri Leopoli* su incarico di *Gregorius, rector Patrimonii Kaietani*[538]. Il suo contenuto riguarda le fasi finali di una contesa iniziata negli anni precedenti, dove il Vescovo di Gaeta, Giovanni, difende i diritti della sua diocesi su una *vinea de Statilianum et vinea seu aquimolum qui ponitur in Scauri et terra qui ponitur sub Monacha et ipse horatorium Veati Angeli qui ponitur in Monte Altinum*, distribuiti tra gli attuali Scauri e Monte Altino (7100 m a NE di Formia), nel versante occidentale del bacino idrografico del Rio S. Croce.

Non viene mai specificato direttamente chi costituisca la parte avversa, ma alcuni particolari possono aiutare a capirlo. Papa Gregorio IV, chiamato a dirimere la questione, invia come proprio rappresentante *in Leopoli Civitatem* il rettore del locale patrimonio, che evidentemente al momento si trovava altrove. La cerimonia avviene al cospetto di 11 persone della valle del Garigliano, provenienti da centri posti tra Leopoli e Suessa (Sessa Aurunca), e di cittadini di Gaeta. E' lecito dunque pensare che la causa coinvolga direttamente la città papale e che le proprietà rivendicate, tutte in terra formiana ma comprese nella diocesi caietana, si trovino ai margini occidentali del territorio di Leopoli, in una fascia ritenuta di primario interesse per l'espansione di questo abitato[539].

Non si esclude una responsabilità di Leone III nella nascita di questo contenzioso, avendo magari attribuito alla *Civitas Noba Leopoli* i diritti su parte della vecchia diocesi di Formia, senza tener conto del suo avvenuto assorbimento da parte di Gaeta. I tre sacerdoti protagonisti della vicenda, appoggiati nella perorazione e nella discussione dal vescovo Giovanni, sono detti *sancte Gaietane ecclesie*, e uno di essi, Leone, è *presbyter deserbito* (sic) *Beati Herasmi*[540], ossia del monastero di S. Erasmo di Formia, che gode i diritti sulla

---

[533] La posizione di questa sede del rettore coincide forse con il successivo castello baronale, per il quale si rimanda alla monografia di L. Capuano, *Il Castello Baronale di Minturno*, (Studi storico-archeologici, 4), Minturno 1985.

[534] Di fatto questo accorpamento era avvenuto, soprattutto dal punto di vista politico, con la forte influenza esercitata da Gaeta sul territorio formiano, culminata proprio nel secolo IX con il trasferimento del suo vescovo nella città portuale, meglio difesa ed economicamente più ricca (*Italia Pont.*, p. 90). Tutto questo smentisce l'opinione dell'Arthur, che proprio per i primi anni di vita propone Leopoli come possibile «centro amministrativo del *patrimonium Traiectanum*» (Arthur 1989, pp. 184-185), peraltro ancora inesistente. Altrimenti, infatti, sarebbe stato il suo rettore e non quello di Gaeta a risiedere nella città papale.

[535] Regione Lazio, Centro Regionale per la Documentazione dei Beni Culturali e Ambientali - Scala media 1:20.000, Serie 64, stereogramma 1-3 (Conc. n° 124 del Ministero della Difesa - Aeronautica del 3/04/1982).

[536] Aurigemma-De Santis 1968, pp. 58-59. Il Raus nel 1974, riprendendo la notizia dal Ricciardelli e dallo storico ecclesiastico Luigi Parascandolo, afferma che la cattedrale venne completata il 29 giugno 905, «con l'intervento dei vescovi di Traetto, di Formia e di Sessa e con il legato di papa Sergio», senza però specificare nel dettaglio la provenienza di queste notizie né dare il riferimento dei documenti che le riportavano. Per quanto riguarda la posizione della chiesa primitiva, l'autore ritiene che vada cercato «sotto il pavimento di quella attuale e della Cappella del Rosario, che fu nel secolo XIV costruita a ridosso ed in continuazione dell'attuale Basilica». La cripta di questa cappella, «come del resto molta parte sotterranea della stessa Cattedrale, furono usate come sepoltura» sino ai primi anni del secolo XIX. Al momento della parziale ispezione del 1975 tutti gli ambienti ipogei risultano ingombri di macerie (Raus 1974., pp. 141-149).

[537] L'intestazione della pergamena reca la seguente espressione: *In nomine Domini Dei Salvatoris Nostri Ihesu Christi mense indictione nona*. In chiusura si trova invece ripetuta due volte l'indicazione *mense et indictione supradicta*. Se ammettiamo che il redattore della carta abbia ragione, avendo già specificato in apertura il mese di stesura, bisogna ritenere che questo non sia stato segnato nel modo solito, ricorrendo ad una delle forme abituali del calendario latino. La soluzione sarebbe quindi contenuta nelle parole che seguono l'invocazione *In nomine Domini Dei*, con espresso riferimento al mese della Natività di Nostro Salvatore Gesù Cristo, ossia dicembre. Il dato trova conferma nell'inizio della IX indizione, coincidente con settembre dell'830.

[538] *Tab. Cas.*, tomo I, pp. 5-6 (n° III).

[539] Per quanto riguarda la determinazione dei limiti settentrionali e orientali del territorio di Leopoli, possono essere considerate valide le provenienze di alcuni dei testimoni, chiamati dal rettore a presenziare alla conclusione della causa. Nell'ordine sono citati sei abitanti di *Traiecto*, della quale si dà notizia nelle righe successive di questo contributo; poi, *Siceramit de Bentosa*, l'attuale Ventosa, 800 m a O di Castelforte; *Gregorius filio Lupi de Albiniano*, un prediale da tempo scomparso, che però potrebbe avere determinato l'attrazione del culto di S. Albina o essere un toponimo alludente alle pertinenze della chiesa intitolata a questa santa, situata alla periferia orientale di Scauri e attestata per la prima volta nel luglio 981 (*Tab. Cas.*, tomo I, pp. 148-149, n° LXXX; A. De Santis, *La toponomastica del Comune di Minturno*, in BullIstSt, III, 1965, p. 125); *Negrotius filius Gentili de Casale*, ossia uno dei cinque cosiddetti Casali (SS. Cosma e Damiano, Sellitti, Boccasacchi, Cupa e Cuparella) che nel 1820 sono riuniti nel Comune di SS. Cosma e Damiano (A. De Santis, *Le chiese del territorio di Castelforte e SS. Cosma e Damiano nel basso Garigliano*, in BullIstSt, III, 1965, p. 35 n. 7); *Casa Molara*, di incerta localizzazione, a cui è detto provenire un certo *Tudinu*; e infine *Tedulo de Garilianum*, corrispondente forse ad un abitato sorto entro la *massa Gargiliana, territurio Suessano* (IV secolo d. C.; Arthur 1989, p. 184), e sviluppatosi probabilmente nel centro di Foro Garigliano, menzionato nel 1032 assieme alla chiesa di S. Giovanni nella bolla di conferma dell'arcivescovo di Capua, Atenolfo, a Benedetto, vescovo di Sessa (A. De Santis, *Centri del basso Garigliano abitati nel medioevo e abbandonati nei secoli XVI e XVII*, in BollIstMur, 75, 1963, p. 403). Riunendo tutte queste località e aggiungendo quanto si conosce per il IX secolo dei confini del terre dell'abbazia di Montecassino sulla catena aurunca, si ricava che il territoio di Leopoli doveva all'epoca comprendere quasi per intero i comprensori degli attuali comuni di Minturno, SS. Cosma e Damiano e Castelforte, oltre ad un settore delle campagne della sponda casertana del Garigliano, con profondità di circa 2 o 3 miglia dalla riva del fiume. Prima della fondazione di Leopoli tutta questa vasta zona rientrava nella giurisdizione di Gaeta.

[540] Gli altri sono *Iohannis archipresbyter sancte Gaietane ecclesie* e *Agnellus presbyter*.

chiesa di S. Michele Arcangelo su Monte Altino, elencata non a caso tra le proprietà contese. Quindi, sul piano ecclesiale e politico Gaeta, alla fine del secolo VIII, aveva esteso la propria autorità anche sul territorio formiano. Leone III, riconoscendo solo l'atto con cui Gregorio Magno aveva accorpato le diocesi di *Minturnae* e di Formia e non le vicende seguenti, ha forse voluto ripristinare la situazione del 590, trasferendo però ogni potere a Leopoli.

Dei suoi successori solo Gregorio IV pone attenzione alla questione e, probabilmente già nell'829 o all'inizio dell'830, concede udienza al vescovo Giovanni. Dopo avere riconosciuto la legittimità delle richieste e dietro l'assicurazione che i tre presbiteri siano pronti a giurare la veridicità delle proprie affermazioni, invia loro dei messaggi e incarica il rettore Gregorio di recarsi, come si è detto precedentemente, *in Leopoli Civitatem* per organizzare e presiedere la cerimonia, in veste di rappresentante dell'autorità pontificia. Ivi, *hante ipsa sua dominicalia*, al cospetto dei *nobiles iudices Kaietani huna* (sic) *cum Iohannem episcopum et sacerdotes suos*, vengono recati da *Formosus clerico nepoti Palumbi archipresbyteri* i Vangeli. Di seguito i tre prelati sfilano davanti al rettore, baciando i Testi e, postavi sopra una mano, giurando *quia ipsa suprascripta vineam de Statilianum et ipse aquimolum set vinea de Scauri et terra qui ponitur sub Monacha semper de nostro episcopato fuit et ipse horatorius Beati Angeli ab initio semper noster fuit et noster episcopus eandem ecclesiam edificavit*. Il passaggio si conclude con il verdetto del rettore che dice: *Sufficit nobis. Tantum rogamus gloriosa nobilitatem vestram hut* (sic) *sicut actum est nobis per scriptis gesta conficiatur*, dando poi subito a *Petrus presbyter* il compito di stendere l'atto ufficiale.

Desta perplessità l'assenza in tutto questo del vescovo di *Minturnae*, il quale, sebbene sia presente la sua controparte di Gaeta, non figura mai a fianco del rettore. Il particolare suggerisce l'ipotesi che nell'830 non esista ancora la diocesi di *Minturnae* e che Leopoli sia stata fondata principalmente per ridare alla valle del Garigliano un polo economico, finora troppo sbilanciato verso Gaeta e il suo porto. A livello di piano urbanistico programmatico è già stata prevista la destinazione di una parte del centro della città a sede della cattedrale, ma la ricostituzione effettiva della diocesi è data solo in prospettiva.

Altro elemento significativo è la menzione contemporanea di *Traiecto*. Non si tratta, come sinora si è sostenuto, per l'innegabile attrazione suscitata dal nome medievale Traetto, di parte dell'attuale Minturno, ma molto probabilmente del nucleo residuo della stessa colonia romana di *Minturnae*, sopravvissuta ancora dopo la fine del VI secolo sui due lati del ponte della Via Appia sul Garigliano. Come lo stesso toponimo *Traiecto* rivela, la struttura è divenuta malsicura o è addirittura crollata. Considerata però l'importanza del passaggio, al suo posto è stato impiantato un traghetto e un servizio di trasbordo per merci e animali con chiatte, al quale alludono sei degli undici testimoni convocati a Leopoli, e cioé *Merulum conductorem, Sassus conductor, Petrus conductor, Martinus bicarius et Petro de Traiecto* [...] *et Albinus frater Sassi conductoris*[541].

Quanto alla denominazione *Minturnae*, sino alla metà del IX secolo rimane alla diocesi, secondo un meccanismo identico a quello che con la fondazione di Leopoli-Cencelle nell'854 produce anche il trasferimento della sede episcopale e del suo nome *Centumcellae* dall'omonimo porto, colpito dagli attacchi musulmani e non più in grado di offrire al vescovo un rifugio sicuro[542]. Il 30 novembre 839[543] *Leo sanctus episcopus sancte Menturnensibus cibitatis et Kastri Leopoli*[544] concede in locazione al presbitero *Trasaro* e ai suoi fratelli, *abitatores in locum qui appellatur Masurianu famuli vero veati* (sic) *Petri apostoli in Episcopiu*, ossia la cattedrale di Leopoli, la porzione del loro zio Agnuzio, al quale nel frattempo è scaduto evidentemente il contratto. La proprietà, di pertinenza del vescovo e parte di un possibile *patrimonium Menturnense*[545], è rapidamente descritta nelle sue componenti principali (*cum campis, silvis, montibus, vallibus, paludibus, pascuis, ribis, paritenis* -scil. *parietinis*-, *adpendicibus omnia et in omnibus ad se pertinentibus*) che consentono forse di localizzarla tra le rovine di *Minturnae* e il corso del Garigliano.

Nel concilio riunito a Roma da Leone IV nel dicembre dell'853, avente all'ordine del giorno la condanna definitiva di Anastasio, cardinale del titolo di S. Marcello, per gravi episodi di disobbedienza verso l'autorità papale, risulta ancora un *Talarus, episcopus Minturnensis*, mentre nell'861 per il successore Giorgio è noto l'epiteto di *episcopus Traiectanus*[546]. Lo spostamento del nome dal fiume all'altura, impropriamente ricondotto in passato al secolo XVII[547], è dovuto probabilmente alla rapida decadenza dell'agglomerato di *Traiecto*, sul Garigliano, conseguente alla crisi dei trasporti lungo la Via Appia, legata anche al progressivo acuirsi della pressione araba sulla non lontana valle del Volturno e sulla costa campana[548]. Per l'intitolazione dell'episcopato si verifica quanto già era avvenuto con *Minturnae*. Ancora una volta, infatti, un abitato decaduto viene comunque ricordato da almeno una delle istituzioni che lo amministrava o su cui aveva giurisdizione.

Come ulteriore passaggio, secondo il cosiddetto Placito di Monte d'Argento del luglio 1014[549], Giovanni VIII, negli anni 873-875[550], concede a Gaeta, in cambio di formale alleanza e impiego della flotta a protezione delle coste papali,

---

[541] *Glossarium*, tomo II, p. 524 (s. v. *conductor*).

[542] La forma *Civitas Vetula*, evolutasi poi nell'odierna Civitavecchia, risulta introdotta solo nella seconda metà del secolo X.

[543] *Tab. Cas.*, tomo I, pp. 11-12 (n° VI).

[544] In entrambi i casi con il toponimo *Minturnae* o *Centumcellae* si intende la diocesi e con il secondo, Leopoli, la sua sede. Non vale l'ipotesi che si abbiano due circoscrizioni episcopali distinte, una delle quali, più antica, associata all'altra di recente costituzione.

[545] Tenuto conto della particolare attenzione mostrata all'epoca nell'uso dei nomi, soprattutto in merito a questioni ufficiali, appare improprio parlare già di un *patrimonium Traiectanum*, come pretende di fare l'Arthur (Arthur 1989, pp. 184-185), quando ancora viene riconosciuta una diocesi con l'antico nome della colonia d'origine.

[546] Federici 1796, p. 511; Ciuffi 1854, pp. 107-124.

[547] Giustiniani, *Dizionario*, tomo IX, p. 221.

[548] L'Arthur ritiene che ancora in questo periodo parte dell'abitato di *Minturnae-Traiecto* si è raccolta nell'antico anfiteatro, fortificato forse alla fine del VI secolo (come proverebbe l'essere stato chiamato *Borlasi*), in coincidenza con la probabile fissazione della frontiera del Ducato di Benevento al Garigliano (Arthur 1989, p. 186).

[549] *Tab. Cas.*, tomo I, pp. 244-252 (n° CXXX).

[550] *Italia Pont.*, p. 98.

pieni diritti sulla *civitas et terra Fundana* e sul *patrimonium Traiectanum*, ripristinando la situazione territoriale della fine del secolo VIII, antecedente alla fondazione di Leopoli, e con Gaeta che riporta i propri confini alla riva destra del Garigliano e ai limiti con le terre dell'abbazia di Montecassino.

Per parlare di *patrimonium Traiectanum* bisogna ammettere la sparizione del nome Leopoli, sostituito da quello di *Traiecto*, che dalle rive del Garigliano (detto nel 939 *flumine Traiecto* e nel 991 *flumen Garilianum*)[551] si sposta di 3 km verso NO dal luogo che lo ha prodotto e mantenuto per qualche tempo[552]. La cancellazione avviene però solo sul piano ufficiale e legale, ma non a livello locale. Nonostante infatti l'espansione della città sull'intera collina, al di là del perimetro fissato al momento della fondazione, rimane ancora all'interno della nuova Traetto la denominazione *Civitas Leopolim*[553], attestata nel febbraio 945 nella definizione dei limiti della terra donata dal duca Docibile II di Gaeta[554] a suo figlio Marino, duca di Fondi[555].

---

[551] *Tab. Cas.*, tomo I, pp. 68-69 (n° XLI), 161-163 (n° LXXXVIII).

[552] Secondo questa ricostruzione della vicenda, il nome Leopoli si mantiene per circa 65 anni, prima di essere sostituito da *Traiecto* e dai suoi derivati. Lo stesso sembra essere accaduto per l'omonima Leopoli nella bassa valle del Mignone, che quasi al termine del medesimo lasso di tempo cambia in Cencelle la propria identità. Più breve è, invece, il periodo di durata per i corrispondenti esempi romani di Giovannipoli (basilica di S. Paolo fuori le Mura) e Gregoriopoli (borgo di Ostia). G. M. De Rossi, *Torri medievali della Campagna Romana*, Roma 1981, p. 125 (n° 102), 130 (n° 114).

[553] Analogamente a Roma si conserva per tutto il Medioevo e i secoli successivi il toponimo *Civitas Leoniana*, pertinente all'intera area compresa nelle fortificazioni del colle Vaticano e avente il suo fulcro nella basilica di S. Pietro (Pani Ermini 1992, pp. 514-518).

[554] *Tab. Cas.*, tomo I, pp. 76-78 (n° XLVI). Nella pergamena si legge che uno di questi limiti, muovendo dalla zona di Scauri sale *a mare in sursum usque ad Triminzolum* (odierna Tremensuoli, 1800 m a O di Minturno) *et quomodo badit* (sic) *directe per pedemontis Civitatis Leopolim* (ossia alle pendici occidentali dell'altura di Traetto-Minturno, dalla parte della cattedrale di S. Pietro) *et directe mittit in flumine de Garilianu et deinde quomodo descendit usque ad litore maris*.

[555] Nel 981 si parla di un secondo *Marinus glorioso duci huius civitatis Traiectane* (*Tab. Cas.*, tomo I, p. 148, n° LXXX). Quanto alla diocesi Minturnense-Traiectana, viene unita a quella di Gaeta alla conclusione dell'episcopato di Andrea, nel 999 (*Tab. Cas.*, tomo I, p. 189, n° C; *Italia Pont.*, p. 98).

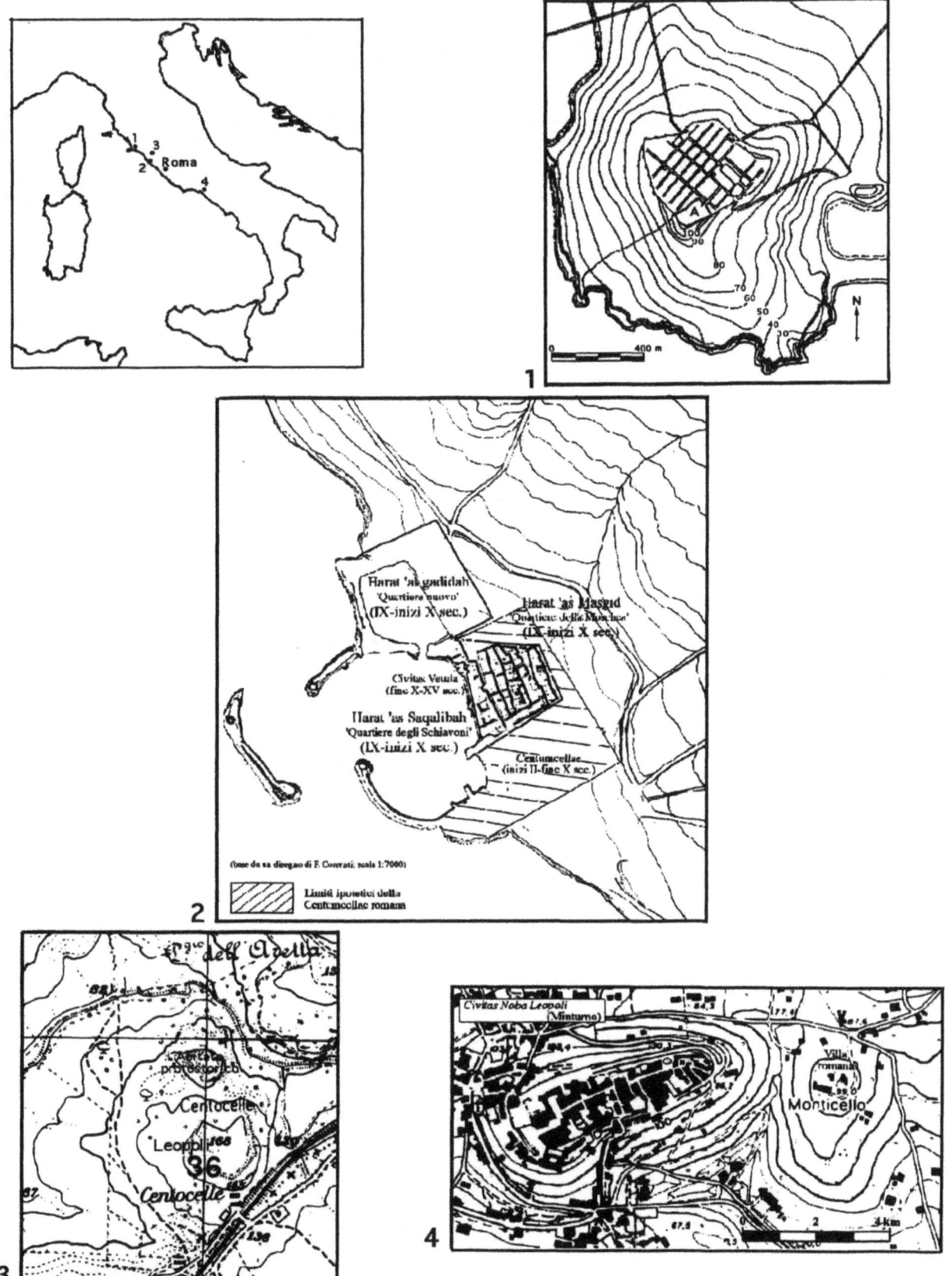

Tavola 4 - Dalle basi arabe in Italia alle città di fondazione papale. Alcuni esempi: 1. *Cosa*-Ansedonia, A. area del *castrum* altomedievale (da M. Torelli, *Etruria*, = Guide Archeologiche Laterza 3, Bari 1985, p. 196); 2. Ipotesi sull'eventuale organizzazione di *Centumcellae* al tempo degli Arabi; 3. L'abitato di *Leopoli*-Cencelle (Tarquinia, VT; da O. Toti, L. Caloi, M. R. Palombo, A. Maffei, M. Conti, *La "Civiltà Protovillanoviana" dei Monti della Tolfa. Società ed economia tra XI e IX secolo a. C.*, Civitavecchia 1986, p. 31); 4. La *Civitas Noba Leopolis* ossia Minturno (LT).

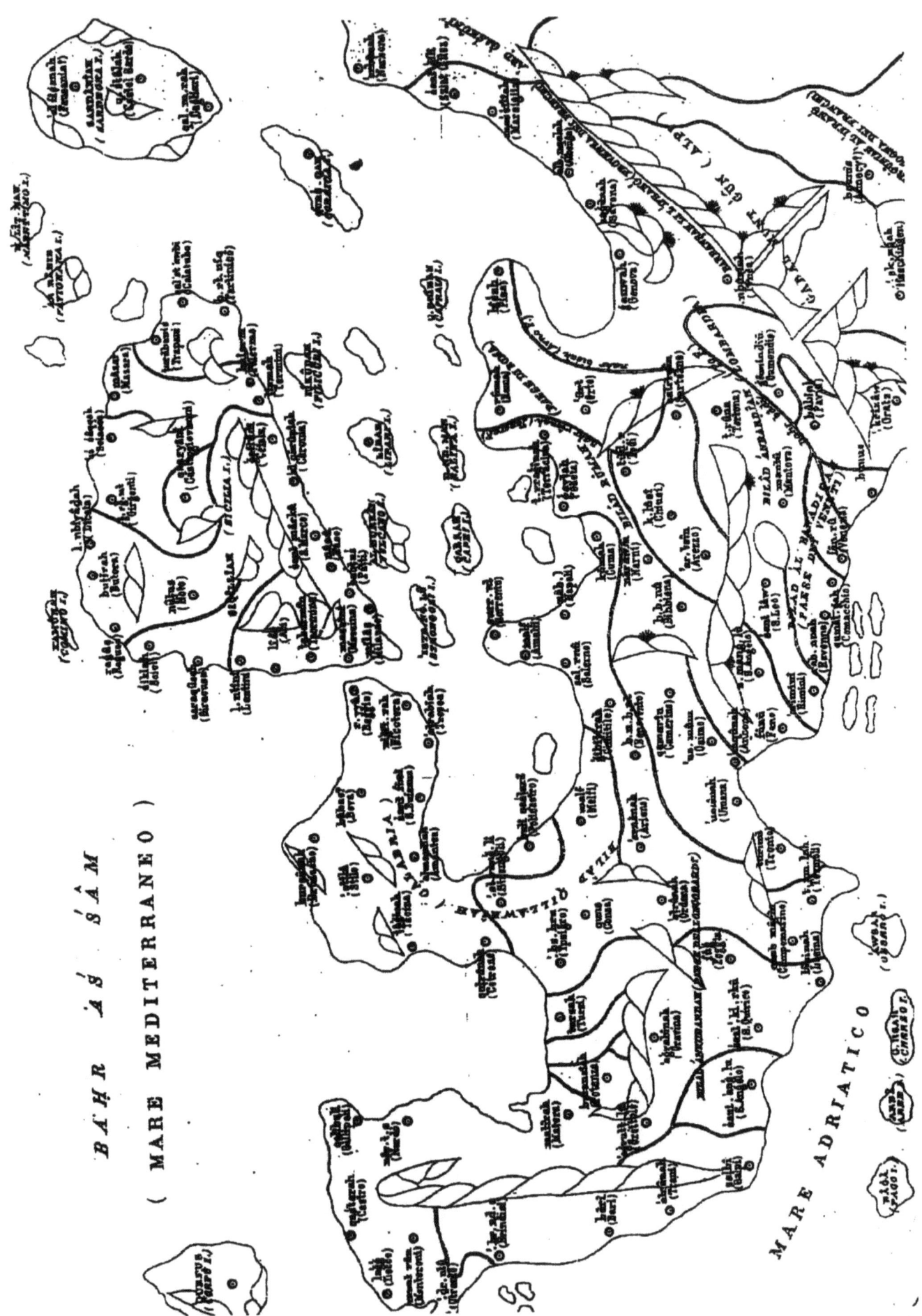

Tavola 5 - L'Italia secondo 'Ibn 'Idrîs (da Amari-Schiaparelli 1883, tavola allegata)

CAPITOLO VI

QUADRO GENERALE DEGLI AVVENIMENTI

VI.1 - *Gradualità di occupazione*

Come si pensa di essere riusciti a dimostrare nel contenuto di questo lavoro, la scelta di un ambito geografico ristretto di cui parlare in relazione all'espansione musulmana, avente in primo piano le coste bagnate dal Mar Tirreno, nel settore centrale e settentrionale, non è da considerarsi una limitazione. Semmai costituisce il modo per avere dei punti fermi di partenza, coi quali iniziare a cercare elementi di connessione tra eventi locali e azioni condotte altrove, ma rientranti in un medesimo schema strategico.

Il confronto tra fonti diverse nella lingua e nello stile consente di mettere in evidenza incursioni vere e false, queste ultime create per scopi di propaganda o, più frequentemente, per la mancata verifica delle informazioni, che un'autore possedeva, o ancora per errata lettura dei testi. Inoltre permette di verificarne l'intensità e la profondità e di trovarne persino alcune nuove, mai ammesse ufficialmente o persino confuse tra le altre e inserite in documenti cronologicamente distanti dal momento in cui erano avvenute.

Mettendo tutte assieme le date dei diversi avvenimenti raccolti emerge l'opportunità di inquadrarli nell'ottica del *Dar al-harb* ('sede di guerra')[556], essendo le coste italiane situate immediatamente al di là delle frontiere degli emirati e costituenti un unico campo di battaglia, dove affrontare e vincere il nemico, in vista di un bottino, di un ampliamento territoriale o del compimento del principio della *jihad* (solitamente negato per questo teatro bellico, data la frammentarietà delle operazioni e la parziale esclusione dalle fonti arabe)[557].

La *gizîah* ('compenso'), la tassa sulla sicurezza e l'incolumità personale a cui sono sottoposti i non-musulmani delle terre aggredite o invase[558], costituisce un mezzo sicuro per garantirsi l'egemonia sulle località poste ai margini dell'intera area di operazioni[559], ancora troppo lontane per poter essere frequentate in modo costante ma ritenute meta di prossima espansione.

Un'eccellente esemplificazione di tutti questi concetti si ha nel dialogo ricostruito che secondo lo Pseudo-Wâqidî avrebbe avuto luogo, forse nell'827, tra un ambasciatore arabo e il patrizio di Sicilia, rappresentante il potere dell'imperatore bizantino. Alla domanda sul motivo della visita e sulle intenzioni avute dagli Arabi nei riguardi dell'isola, viene data la seguente risposta:

«Sappi che il solo scopo al quale veniamo qui è di farvi abbracciare la nostra religione; farvi credere in Dio e nel suo apostolo; farvi far la preghiera; farvi pagare la *zakâh*» o tassa sui beni mobili, dovuta da tutti i Musulmani; «farvi obbedire ai precetti ed ai divieti di Dio: [nel qual modo] sarete sicuri nelle vostre case e nei vostri beni, e vi manderemo alcun di noi che v'insegni le leggi della nostra religione. Se ricusate di convertirvi ad essa, accettate il nostro imperio e la nostra protezione; pagateci la *gizîah* e rimarrete nelle vostre case [parimenti] sicuri.

Se poi ricusate queste nostre profferte, siate avvertiti ed ammoniti, e sappiate che dopo ciò non rimarrà altra via che la spada. Se noi cadremo [in battaglia], noi sappiamo, per l'evidenza [delle parole] del Signore, che sarà nostro soggiorno il Paradiso; e voi, se vi uccideremo, avrete per soggiorno il fuoco, sì come ha detto il nostro profeta Maometto»[560].

VI.2 - *Le direttrici di incursione*

Grande rilevanza ha lo stabilire una differenziazione nella provenienza dei diversi attacchi, nella quale trova spazio e giustificazione la rivalità e il distacco esistente tra la dinastia omayyade di Spagna e gli Aghlabiti (poi sostituiti dai Fatimidi) dell'Africa settentrionale, ancora formalmente legati al governo califfale.

La supremazia dei *Mauri*, ossia degli Arabo-berberi spagnoli secondo le fonti in latino, appare in pieno nel secolo VIII e nei primi decenni del successivo, con un raggio d'azione che, seguendo una rotta d'alto mare, appoggiata solo alle isole

---

[556] Gli si contrappone il *Dar al-Islam* ('terra dell'Islam' o 'della fede'), valido per i luoghi conquistati, pacificati e stabilmente inseriti nei domini del califfo (F. Gabrieli, *Gli Arabi e l'Islam: una fede e una civiltà*, in G. Crespi, *Gli Arabi in Europa*, (le Grandi Stagioni), Milano 1982, pp. 5-11).

[557] Al riguardo ritengo opportuno citare testualmente le parole con cui il Gabrieli e lo Scerrato spiegano la differenza tra occupazione stabile e semplice frequentazione di un luogo da parte degli Arabi, riprendendo un punto di vista parzialmente espresso, già nel secolo XIII, da 'Ibn Haldûn (Ibn Haldûn, *Kitâb 'al 'ibr*, § 1, in Amari 1880-1881, vol. II, pp. 164-167): «dove gli Arabi arrivarono a fissarsi al suolo», come in Sicilia, «ivi fiorì civiltà; dove rimasero nomadi [...] si sfrenarono allo stato puro le innate qualità beduine di violenza e rapina. Dagli Arabi dell'Italia peninsulare non ci è giunto un verso, uno scritto qualsiasi, un ricordo di vita intellettuale e religiosa, oltre la costruzione qua e là di qualche effimera moschea. Di agricoltura si interessarono certo, ma più nella forma sbrigativa del raccogliere e magari distruggere gli altrui seminati [...], che col farsi come in Sicilia seminatori e coltivatori essi stessi. Qualche contributo al commercio certo dettero, là dove non fu loro possibile la forma più spiccia e comoda di acquisto, cioè la rapina, ma i loro scambi e i loro *dinâr* non raggiunsero certo il volume di quelli di Napoli e Amalfi, delle monete carolinge e bizantine. In conclusione, questi Saraceni della Penisola furono essenzialmente degli uomini d'arme, cercanti nelle armi il pane e companatico quotidiano, e destreggiantisi fra quelle forze "infedeli" (latini, longobardi, bizantini) tra cui, in teoria, avrebbero dovuto diffondere il verbo dell'Islam. [...] Questa sostanziale sterilità della presenza araba in Italia ha la sua riprova nel disinteresse della storiografia musulmana stessa, che considera la Gran Terra non più che teatro avanzato di una *jihâd* marginale alle forze attive dell'Islam» (*Arabi in Italia* 1979, pp. 145-146; si confronti con F. Gabrieli, *Greeks and Arabs in the Central Mediterranean area*, in DOP, XVIII, 1964, p. 59). Tali considerazioni rispondono allo stato attuale delle conoscenze, ma non possono essere considerate definitive. Manca infatti l'essenziale apporto della ricerca archeologico-topografica, condotta nelle possibili sedi di stanziamenti musulmani nella penisola, suggeriti dalle fonti latine. Inoltre non può considerarsi concluso lo spoglio dei testi arabi. Come già evidenziato nelle note precedenti molti manoscritti, conservati nelle biblioteche e negli archivi distribuiti nel bacino del Mediterraneo, attendono infatti di essere letti, tradotti e confrontati nei contenuti con quanto si conosce già dall'edito.

[558] Alcuni esempi significativi sono noti dalle fonti arabe per Siracusa nel 740 e la fortezza siciliana chiamata Qal'at 'al Kurrât (la 'Rocca dei Porri') nell'827 ('Ibn 'al 'Atîr, *Kâmil 'at tawârîh*, in Amari 1880-1881, vol. I, p. 361, 366), ma anche per altri luoghi, di cui si dà notizia nel testo.

[559] Il principio di rendere evidente la sottomissione di un popolo o di una comunità tramite l'imposizione fiscale, più che con le armi, era già in uso in epoca imperiale romana e trova larga applicazione ancora nell'Alto Medioevo, anche sul piano strettamente locale.

[560] Pseudo-Wâqidî, *Futûh 'as Sâm wa Misr*, in Amari 1880-1881, vol. I, pp. 334-335.

maggiori del Mediterraneo occidentale[561], comprende le Baleari (occupate nel 798-799), la Corsica (attaccata nell'806, 807, 809, 810, 812, 813), la Sardegna (nel 710-711, 735-736, 752-753, 807, 812, 813), la costa laziale e toscana (Ansedonia nell'804-805; Centumcellae e poi Nizza nell'813) e persino obbiettivi prossimi alle coste africane (Pantelleria nell'807 e 812; Lampedusa, Ponza e Ischia nell'812), con la concorrenza o la complicità dei *Greci* (*Centumcellae* nel 776; il Mar Tirreno centro-settentrionale nel 788; Populonia nell'809; Marsiglia nell'848).

Nello stesso momento i contingenti africani (chiamati *Agareni* e soprattutto *Saraceni*), nonostante siano maggiormente attratti dalla Sicilia, percorrono dai porti di Susa (presso Monastir, Tunisia), Bona (Tunisia) e Marsa 'al Haraz (odierna La Celle, al confine tra Ageria e Tunisia) la rotta detta «delle Isole»[562], agendo nelle medesime zone e, nell'813, con un attacco contro la Sardegna contemporaneo a quello dei *Mauri*, ripetuto poi nell'816-817 (ma potrebbe trattarsi anche della medesima operazione, differita dalle fonti arabe rispetto a quelle latine) e nell'821-822.

La pesante ritorsione compiuta nell'828 da Bonifacio, *comes Corsicae*, sulle coste dell'Africa, unita al nuovo sforzo militare richiesto dalle operazioni in Sicilia, iniziate l'anno precedente con lo sbarco a Mazara, produce come effetto la sospensione temporanea delle ostilità e un cambiamento di strategia, con un coinvolgimento della penisola italica a tutto campo.

In questo stesso periodo la Spagna interrompe le azioni, dovendo fronteggiare alcune crisi interne e, intorno alla metà del IX secolo, un pericolo inaspettato proveniente dal mare. Nell'844, infatti, una flotta di 54 navi danesi, dopo avere saccheggiato Nantes e tentato di sbarcare a Lisbona, si porta alla foce del Guadalquivir. Qui si divide in due squadre, prendendo con la prima Cadice e Medina-Sidonia, e con la seconda, più numerosa, Siviglia.

Dopo sette giorni di saccheggio le truppe di soccorso inviate dall'emiro 'Abd 'ar Rahmân II riescono a sopraffare gli assalitori, uccidendone la gran parte, salvo coloro che hanno accettato di convertirsi. La prevenzione contro nuove incursioni viene affidata ad una serie di punti di osservazione sulla costa (i *ribàt*) custoditi da volontari (i *murabitùn*), sistema che ha successo contro i nuovi attacchi sferrati dai Danesi nell'859 e nei decenni successivi, nonostante le sconfitte e gli incendi subiti[563].

L'impegno richiesto alle forze arabe nella difesa della penisola iberica obbliga un cambio di strategia, adottando anch'essi la tattica dello stanziamento d'appoggio, frequentabile periodicamente e utile per l'accoglienza di rinforzi. Ciò consente loro di partecipare alle missioni portate a compimento dagli emiri africani nell'Italia meridionale e, negli anni dall'846 all'849, contro Roma, le coste laziali e campane e le isole tirreniche minori, dove si pongono le premesse proprio per delle basi fisse. Quando poi nell'869 le navi cominciano a muoversi nuovamente dalla Spagna verso E, lo fanno con nuovi obbiettivi.

La maggiore affermazione degli Aghlabiti nel Mediterraneo centrale forse impedisce loro di avventurarsi in Sardegna e Corsica, spingendoli a cercare nuovi punti di espansione nelle terre della Francia meridionale, da essi conosciute e frequentate nella prima metà del secolo VIII.

La costituzione di una base alla foce del Rodano e, trent'anni più tardi, a Frassineto consente di bilanciare l'espansione africana nell'Italia centro-meridionale e insulare (al culmine nel periodo dall'876 al 914), comprendendo nella propria sfera di incursione la Provenza, l'arco alpino, la Svizzera, la Pianura Padana e la Liguria[564]. E quando nel 915 i contingenti fatimidi, subentrati nel 909 agli Aghlabiti, devono ritirarsi forzatamente dalla piana del Garigliano, sconfitti dal papa Giovanni X e dai suoi alleati, Frassineto ha ancora davanti a sé ben sei decenni di attività, prima di essere distrutta dalla lega costituita da Guglielmo, conte di Arles[565].

I saccheggi compiuti in Calabria e Basilicata muovendo dalla Sicilia, con i ripetuti assalti a Reggio, Cosenza e Catanzaro, nel 900-921, 950-952, 1004 e 1070, a Gerace nella Locride, nel 952, a Brindisi e Otranto, nel 959, a Capua, nel 977, assieme alle devastazioni arrecate in Liguria nel 931 e 934, a Genova nel 934-935, al colpo di mano sulla costa a SE del Monte Argentario nel 963, alla vittoria nell'982 dell'emiro kalbita 'Abû 'al Qâsim sull'imperatore Ottone II a Capo Colonne (Punta Stilo) e all'aggressione a Pisa nel 1004 e a Luni nel 1016, non servono agli africani per recuperare le posizioni irrimediabilmente perdute.

La stessa spedizione di Mugâhid 'al 'Amirî, principe spagnolo di Denia e signore delle Baleari, che negli anni 1015-1016 conquista parte della Sardegna, e gli sforzi compiuti nel 1017-1018 dalle flotte di Palermo e Rades (Tunisi) sulla costa cagliaritana e in Corsica, per contrastare l'attività dei corsari locali ai danni delle navi dell'emirato siculo[566], sono da considerarsi le ultime spinte arabe contro la penisola italiana e le terre meridionali del Sacro Romano Impero.

Ormai città marinare quali Genova e Pisa hanno potenziato i propri arsenali navali, realizzando flotte in grado di rivaleggiare contro gli avversari musulmani e di pattugliare efficacemente il Mediterraneo centrale[567], stabilendo proprio in Sardegna e Corsica i punti di forza da cui esercitare pressioni sulla Spagna e sull'Africa, in un processo che si concluderà alla fine del secolo XI con la conquista normanna della Sicilia[568] e lo scambio dei ruoli di aggressore e vittima.

VI.3 - *Le basi*

Sulla tipologia delle basi e dei punti di appoggio musulmani, usati nella progressiva avanzata nel cuore dell'Italia, non si hanno ancora elementi certi e neppure

---

[561] Lewicki 1978, p. 464.
[562] Lewicki 1978, pp. 454-458.
[563] *Maometto in Europa* 1982, p. 195.

[564] Lewicki 1978, p. 463.
[565] *Maometto in Europa* 1982, p. 104.
[566] *Cod. Dipl.*, tomo III, parte II, pp. 356-357, 362, 369.
[567] L'ascesa di Pisa contro gli Arabi comincia l'anno dopo dell'attacco subìto. Nel 1005, infatti, le sue navi muovono su Reggio Calabria, nel 1016 contro la Sardegna, nel 1032 su Cartagine, nel 1051-1052 nuovamente su Sardegna e Corsica, nel 1062 su Palermo e infine nel 1113-1114 sono le principali artefici della fortunata spedizione contro le Baleari (Guidoni 1979, p. 594).
[568] *Arabi in Italia* 1979, pp. 129-145.

riscontri precisi sul piano archeologico, anche se tradizioni locali e riferimenti contenuti nelle fonti (come quelli per il Vesuvio, Amantea, S. Severina, Larino, Punta Licosa-Agropoli, il Garigliano, Capo Miseno, Ansedonia, il Rodano, forse *Centumcellae*) lasciano supporre un costante riutilizzo di sedi abbandonate (*Cosa*-Ansedonia, *Minturnae*, istallazioni di *Misenum*, *Trebula Mutuesca*-Monteleone Sabino; *Larinum*?; le fortezze megalitiche in Molise), con particolare predilezione per particolari tipi di edifici in rovina come gli anfiteatri e in generale antichi recinti fortificati.

Un esempio interessante si ha con la postazione temporanea stabilita tra la seconda metà del secolo IX e gli inizi del X sulle rovine di una villa romana e una necropoli, nell'area dell'attuale cimitero di Villetta Barrea (AQ) e vicino al monastero cassinese intitolato a *Sancti Angeli de Barregio*[569].

Il luogo si distingue, secondo le fonti[570], per avere ruderi imponenti e dominare il sottostante abitato e un tratto della valle del Sangro con la relativa viabilità:

Nam ex eo tempore quo Saraceni a Marsis Pelignisque superati atque fugati[571], *ibidem se contulerunt, seque ibi aliquandiu quoniam locus excelsis valde edificiis munitus erat tutati sunt, sed ab iis qui eos insequebantur unacum monasterio et ipsi pariter conflagrati sunt, per diversa exinde fugientibus monachis, ita succrescentibus undique silvis horridum omnino fuerat et inhabitabile redditum, ut vix ibi pauci admodum fratres iuxta parvam ecclesiolam antiquam que ignem evaserat pro venerabilis loci commanere paterentur.*

Tali requisiti si aggiungono a quelli registrati per altri insediamenti simili, come la possibilità di controllare le fonti di approvvigionamento idrico, la viabilità costiera e i percorsi di penetrazione per l'entroterra, occupando posizioni elevate o centrali in pianura, a ridosso di corsi d'acqua o di insenature particolarmente favorevoli all'approdo[572].

Di questi avamposti, *mahras* (recinti ospitanti una guarnigione) o *ribàt* (piccoli fortilizi il cui nome si è evoluto dal significato di 'attacco contro gli Infedeli', derivato dal termine *rabat*, 'dedicarsi con zelo ad una causa')[573], ospitanti veri e propri soldati o volontari in armi, nonché rappresentanti religiosi musulmani, incaricati, una volta consolidatasi la testa di ponte o una linea di confine, di distribuire gli approvvigionamenti, nonché le terre appena occupate tra i cittadini invitati a stabilirsi e a colonizzarle[574], non sembra vi siano tracce rilevanti e visibili nel territorio.

La ricerca topografica e archeologica è però solo agli inizi e, come hanno rivelato ad esempio i resti scoperti sull'acropoli di Selinunte nel 1989, può riservare ancora molte sorprese, obbligando a riconsiderare le vicende di un particolare abitato così come a rivedere quanto si conosce dalle sue strutture murarie e dagli edifici superstiti[575].

VI.4 - *I rapporti ufficiali sulle incursioni e gli itinerari.*

Informazioni molto dettagliate dei territori dai invadere possono essere acquisite grazie all'attività dei mercanti, in grado di spingersi nell'entroterra di una località senza quasi incontrare ostacoli, in cerca di acquirenti per i beni che portano con sé e prendendo dimestichezza con la rete viaria, i punti dove sostare, le sorgenti d'acqua e quant'altro possa risultare utile per rendere più sicuri gli spostamenti[576].

Le fonti latine altomedievali non menzionano mai per le città la presenza o meno di comunità giudaiche o musulmane, né si hanno ancora dagli scavi urbani dati sufficienti sulle importazioni di oggetti di produzione islamica nei secoli IX-X, che vadano al di là del recupero della moneta[577] e integrino gli spunti di ricerca offerti dal rinvenimento di

---

[569] G. Grossi, *Topografia antica del territorio del Parco Nazionale d'Abruzzo (III sec. a. C.-VI sec. d. C.)*, in *Il territorio del Parco Nazionale d'Abruzzo nell'antichità*. Atti del 1° Convegno Nazionale di Archeologia (Villetta Barrea, 1-3 maggio 1987), Civitella Alfedena 1988, p. 132 e n. 64.

[570] *Chron. Mon.*, II 34, p. 231.

[571] La critica tende a considerare tutt'uno questa battaglia con la vittoria conseguita dalle stesse comunità abruzzesi contro gli Ungari nel 937. Il 15 maggio 943, però, Ugo e Lotario, re d'Italia, *preceptum proprium monasterio sancti Angeli de Barregio facientes, idque ab Agarenis desolatum ad pristinum statum revocare volentes, universa ibique priores reges eidem regia donatione contulerant, firmaverunt* (*Chron. Mon.*, I 59 p. 148), sottolineando la nazionalità araba africana degli invasori. E' infatti inconsueto trovare l'etnico *Agareno* riferito agli Ungari, solitamente indicati nelle fonti come *Pagani*. Inoltre in un diploma del 967 dell'imperatore Ottone I al monastero di S. Benedetto a Subiaco figura la concessione del *Monasterium interea unum vocabulo sancti Michaelis archangeli quod Barreia dicitur, situm in finibus beneventanis supraflumen Sangrum, licet a Saracenis destructum ex integro*, con il ricorso all'etnico *Saraceni* (*RS*, p. 5 n° 3)

[572] In questa particolare distribuzione delle presenze musulmane il Guidoni (Guidoni 1979, p. 595) vede attuato un principio "moderno" di occupazione coloniale, con intere regioni controllate da pochi punti strategici e la selezione degli obbiettivi da distruggere (monasteri, chiese, abbazie, città decadute), in quanto meno difesi, ricchi o rappresentanti di un potere ostacolante (la Chiesa), e di quelli da preservare o con cui stabilire contatti e forse anche stipulare trattati (città, capitali di ducati e principati).

[573] Per un approfondimento del significato di questo vocabolo e di altri, entrati nell'uso della lingua italiana soprattutto a partire dal secolo XII e pertinenti alla marineria, al commercio e alla produzione di vasi, tessuti e oggetti di impiego comune, si rinvia all'articolo di G. B. Pellegrini, *L'elemento arabo nelle lingue neolatine con particolare riguardo all'Italia*, in *Occidente e Islam* 1965, tomo II, pp. 697-790.

[574] *Cod. Dipl.*, tomo I, parte I, pp. 328-330.

[575] M. Bernardini, voce *Ribat*, in Enciclopedia dell'Arte Medievale, vol. IX, Roma-Istituto dell'Enciclopedia Italiana, Roma 1998, pp. 940-943; Cilento 1971, p. 138, 151-152. Particolarmente significativa potrebbe risultare la ricerca a Reggio Calabria della moschea fondata tra il 952 e il 953, con l'impegno dei residenti di non impedirvi l'accesso, la libertà di culto e il diritto di asilo ad alcun Musulmano lo richiedesse ('Ibn Haldûn, *Kitâb `al `ibr*, § 8, in Amari 1880-1881, vol. II, p. 196), e distrutta il 10 agosto 954 da Basilio Protocarebo, in viaggio con una flotta di 60 navi verso Termini Imerese (*Cod. Dipl.*, tomo II parte II, pp. 252-278).

[576] Risulta utile al riguardo la lettura del capitolo dedicato da 'Ibn Hurdâdbah agli spostamenti nel Mediterraneo dei mercanti giudei denominati Radaniti (*Livre des Routes*, pp. 512-515; Cahen 1965, pp. 425-430; Lewicki 1978, pp. 449-450). E' fra l'altro importante non dimenticare la validità avuta dal binomio pirata-mercante, a cui l'Antichità aveva abituato e che è lecito supporre non sia venuto meno anche nell'Alto Medioevo, in concomitanza con il forte incremento avuto dal commercio degli schiavi. In generale su questo tema vedansi O. Citarella, *Il ruolo di Gaeta nel commercio mediterraneo dal IX al XII secolo*, in Atti del II Convegno di studi sul Medioevo Meridionale (Gaeta, Minturno, Fondi, 23-28 ottobre 1988), Montecassino 1990, pp. 64-65; Lopez 1965, pp. 433-460; e la monografia di A. Vasiliav, *Bysances et les arabes*, Bruxelles 1935.

[577] Per non parlare della compravendita di materie prime e di schiavi, difficilmente apprezzabili su piano oggettivo tramite un'indagine archeologica (Cahen 1965, pp. 413-417, 423-425).

edifici in stile orientaleggiante e di epigrafi arabe[578]. La discrepanza è ancor più evidente se si confronta questa scarsità di notizie con la particolare cura rivelata dai testi arabi nel descrivere anche le potenzialità commerciali dei maggiori centri italiani[579], colmando in qualche caso la lacuna appena evidenziata sul costituirsi di propri quartieri mercantili.

Come a Palermo sono note le chiese di S. Andrea de' Pisani, di S. Giorgio de' Genovesi e di S. Giovanni de' Napoletani, esistenti già nella seconda metà del secolo IX, in rappresentanza delle tre maggiori città marinare, così nei secoli XIII-XIV 'Al Himyari, linguista e cultore delle scienze originario di Ceuta (Marocco), alla voce *B.w.n.y.h* della sua opera *Rawd 'al Mi'târ* afferma[580]: «E' la più importante delle città longobarde. Costruita in pietra, mattoni e calce, è grandissima e popolosa. All'interno di essa scaturiscono delle sorgenti. Situata lungo un fiume, che alla distanza di mezzo miglio da essa confluisce in un altro corso d'acqua, *B.w.n.y.h* possiede un bel castello al cui ingresso è collocata la statua in bronzo di un cavaliere di proporzioni colossali. Questa statua era stata inviata in tempi antichi in Longobardia dal sovrano di Costantinopoli. In questa città risiedono trecento giuristi musulmani, dinanzi ai quali la gente del luogo porta le proprie controversie giuridiche; sono coloro inoltre a redigere i loro documenti di compravendita. A *B.w.n.y.h* risiedono ricchi mercanti musulmani -più di quattrocento- che possiedono edifici superbi ed una fiorente attività commerciale. Per questo motivo i mercanti ed i pellegrini che si recano a Roma fanno sempre tappa in questa città».

Identificata questa città con Pavia, sulla base delle corrispondenze toponimiche e geografiche, lascia perplessi sulla straordinaria concentrazione di musulmani impiegati in settori economici e legali importanti, non riscontrata negli stessi centri arabi di Sicilia o nella colonia federiciana di Lucera. Nella medesima opera le altre voci relative a *Gaytah* (Gaeta), *Gan.wah* (Genova), *Bîs* (Pisa) e *Rûmah* (Roma), non recano indicazioni di carattere simile[581]. Il che, prima ancora di portare a credere ad un errore dell'autore o all'enfasi data ad elementi in realtà inconsistenti, deve far riflettere sulla limitata quantità di fonti al momento disponibili, per ricostruire un quadro chiaro e dettagliato degli assetti economici e culturali nel Mediterraneo centro-occidentale nell'Alto Medioevo, che superi molti luoghi comuni ancora ben radicati.

Cominciando a valutare in maniera diversa la penetrazione economica orientale, va nello stesso tempo sottolineato il valore conoscitivo avuto dalle incursioni compiute nei diversi luoghi, dove il saccheggio, il massacro o la distruzione sono il complemento di azioni mirate anche all'esplorazione dei posti, saggiando la qualità delle strade, il grado di resistenza opposto dalle comunità e la loro capacità di risposta ad una aggressione, la dislocazione degli obbiettivi (villaggi, città, chiese, monasteri, fattorie) e delle loro difese[582], degli approdi favorevoli, delle fonti d'acqua e di quant'altro possa essere utile in vista di future operazioni militari su più ampia scala, volte all'occupazione stabile e non solo ad una maggiore frequentazione.

Il forte impiego di uomini, risorse e mezzi nelle diverse spedizioni autorizza a pensarne spesso una pianificazione anticipata, con l'obbligo per i comandanti delle squadre navali e delle truppe di produrre dettagliate relazioni sui movimenti compiuti, i punti toccati, il livello di resistenza incontrato, la disponibilità o meno delle autorità a trattare e le opportunità di approvvigionamento. Molto è ancora inedito dei documenti prodotti alla fine di ciascuna impresa e depositati negli archivi degli emirati (lettere, relazioni, rapporti alle autorità, taccuini, mappe). Fra questi si possono inserire anche gli itinerari, in apparenza semplici successioni di località, con appena qualche notizia di tipo generico, destinata al viaggiatore, ma con utili indicazioni celate anche nei nomi dei luoghi scelti come tappa[583].

Di particolare interesse appare la lettera scritta e inviata il 23 Mars 342 dell'hagira (marzo 954?) da 'Ammâr 'ibn 'Alî 'ibn 'abî 'al Husayn[584], comandante delle truppe che l'anno precedente avevano invaso la Calabria, attaccando Reggio, Cosenza e Catanzaro, all' Emir Chbir di Sicilia 'Abû 'al Hasan 'Ahmad 'ibn 'al Hasan, suo nipote e signore[585]. Si tratta di una richiesta di permesso ad effettuare un viaggio in alcune città siciliane e nelle terre della penisola italica percorse con il proprio esercito, prima di stabilirsi a Palermo: «Faccio presente alla sua Grandezza, che io prima di ritirarmi in Balirmu vorrei andare a vedere la Città di Tauramanah (Taormina), appresso quella di Kassarianah, indi la Città di Katine (Catania), e ritornare in Zanklah (Messina); da Zanklah poi passare nella Kalafra (Calabria) a fare un piccolo giro, e quando lo avrò compiuto ne verrò in Balirmu. Spero, che la sua Grandezza voglia darmi ta permesso, tanto più che in questi tempi non abbiamo guerre».

Il 28 dello stesso mese 'Abû 'al Hasan, da Palermo, concede l'autorizzazione[586], motivandola in un modo utile per comprendere le vere ragioni che hanno motivato in origine la stesura di certi scritti, divenuti poi, opere letterarie, da leggersi magari in momenti di riposo: «Questo tuo pensiero è saggio, e la mia Grandezza ha piacere, che tu vada girando, perché così ti renderai pratico della Sicilia. Vuole però la mia Grandezza, che quando anderai in Kalafra girassi con giudizio, ed accortezza, e ciò ti servisse per istruirti della situazione dei luoghi, acciocché se accadesse, che si rompa la pace con la Kalafra, e tu dovessi tornar ivi a guerreggiare, sapessi ben dirigere, e condurre l'esercito, che comanderai: anziché andando in Kalafra adesso che vi è pace, potrai osservare le cose meglio di quello, che le avevi osservate quando vi dimorassi in tempo di guerra». Come scorta avrà 100 cavalieri, in ostentazione del suo rango e per potere essere

---

[578] Ad esempio quelle rinvenute a partire dal 1800 a Pozzuoli, a Napoli e in Sardegna (Assemini), datate generalmente al pieno secolo XI e talora messe in relazione sd eventi traumatici come la conquista normanna della Sicilia e la fuga di alcuni dei cittadini più influenti (C. A. Nallino, *Di alcune e pigrafi sepolcrali arabe trovate nell'Italia meridionale*, in Miscelanea di Archeologia, Storia e Filologia dedicata al Prof. Antonio Salinas, Palermo 1907, pp. 243-253; *Assemini, storia e società*, a cura di AA.VV., Assemini 1986, p. 46).
[579] Lopez 1965,.p.. 435.
[580] Rispettivamente in De Simone 1984, p. 40, 44, 66, 70-77.
[581] De Simone 1984, p. 25.

[582] Guidoni 1979, p. 594.
[583] Alcune esemplificazioni sono date nel sesto paragrafo del capitolo successivo.
[584] *Cod. Dipl.*, tomo II parte II, pp. 236-237.
[585] *Cod. Dipl.*, tomo II parte II, pp. 181-232; *Cronaca di Cambridge*, anni 6463-6464, in Amari 1880-1881, vol. I, p. 291.
[586] *Cod. Dipl.*, tomo II parte II, pp. 237-238.

accolto dai rappresentanti del governo locale.

Della missione, di cui, una volta compiuta, verrà informato il 9 Mars del 344 dell'hagira (marzo 956?) anche il governo fatimita a Tunisi[587], giunge dalla Calabria un primo rapporto il 17 Muharram 343 dell'hagira (luglio 954?)[588]: «Abu Al Hasan Ahmed ben Al Hasan, Emir Chbir di Sicilia, l'Emir Aamar (sic) con la fronte per terra bacia le mani della sua Grandezza, e le dice, che al presente sono nella Città di Kasanah» (Cassano, tra Montesarchio e Benevento), «e che dal tempo che dimoro in Kalafra ho veduto sedici città, e ventotto casali. Da ciò argomenterà la sua Grandezza quanto ho girato. Dico alla sua Grandezza, che quando andai nella Città di Barisanah» (Bari) «trovai colà Marko Gianni, Karben, e Leone, li quali mostrarono molto piacere in vedermi, e per tutto il tempo, che ivi dimorai, mi tennero sempre a pranzo con essi, e mi hanno fatto osservare tutta la Città, e tutti i giardini, che sono fuori di quella. Assicuro alla sua Grandezza, che quei tre Generali, sono uomini molto buoni. Ora penso di andare a vedere la Città di Napoli, essendomi stato detto, che sia bella assai, e quando poi avrò veduto quella Città, passerò nella Città di Salernah» (Salerno), «e quindi in Sicilia. Non ho altro da dire alla sua Grandezza; con la mia faccia per terra le bacio le mani, e mi ripeto così: l'Emir Aamar ben Abu Al Hasan, per bontà di Dio, fratello del padre della Grandezza di Abu Al Hasan Ahmed ben Al Hasan, Emir Chbir di Sicilia. Città di Kasanah li 3 del mese di Muharram 343 di Maometto».

Di questa seconda parte del viaggio non si sa altro, salvo una lettera del 23 Muharram 344 dell'hagira (luglio 955?)[589], scritta direttamente da Messina, nella quale il comandante accenna alla scarsa accoglienza ricevuta a Salerno, dove si era trattenuto per una decina di giorni. Considerata la genericità dei contenuti di queste epistole, viene da pensare che una versione più dettagliata del percorso seguito e dei luoghi esplorati fosse redatta comunque da 'Ammâr, e consegnata a parte, in un secondo momento, alla cancelleria dell'emirato.

Questo genere di documentazione, se ancora si è conservata, è in gran parte inedita, ed è stata pubblicata occasionalmente in forme più innocenti, come gli itinerari. Al riguardo si avanza l'ipotesi che l'opera geografica *Nuzhat 'al mustâq fî ihtirâq 'al âfâq* (*Sollazzo per chi si diletta di girare il mondo*) di 'Ibn 'Idrîs, comunemente conosciuta come *Libro di re Ruggero*, sia stata scritta prendendo a modello gli *itineraria* romani e i portolani[590], ma raccogliendo anche i resoconti delle diverse spedizioni arabe in Italia, compiute nell'arco dei tre secoli antecedenti all'invasione della Sicilia da parte dei Normanni di Ruggero I d'Altavilla. Lo scopo sarebbe stato quello di sancire in qualche modo la piena supremazia del sovrano sulle terre appena conquistate, consegnandogli i piani e le direttrici di attacco elaborate acquistando sempre maggiori conoscenze delle regioni percorse dai contingenti musulmani.

Una di queste relazioni di carattere descrittivo, a fini non tanto estetici, come si è portati di solito a pensare, quanto e soprattutto strategici, è costituita dal *Kitâb 'al Masâlik wa 'al Mamâlik* ('Libro delle strade e dei reami' o 'delle province') di 'Ibn Hurdâdbah. Il volume, la cui versione originale risulta ora perduta, è stato scritto intorno all'846 e poi rivisto nell'885 dall'autore, che per la corte di Damasco svolgeva il compito di responsabile della rete postale e di spionaggio dell'intero califfato, dal Marocco al cuore del Vicino Oriente[591]. Tale incarico lo aveva portato a conoscere nel dettaglio l'intera rete di comunicazione dei paesi dominati dagli Arabi e le rotte di collegamento tra i principali porti del Mediterraneo, con i relativi approdi intermedi.

La descrizione di Roma, ricopiata poi da 'Ibn 'Idrîs, è stata evidentemente redatta poco dopo l'avvenuto ritorno delle navi musulmane della seconda flotta (vedasi l'annata 847) ai porti di partenza ed è stata realizzata raccogliendo testimonianze orali e ponendo l'accento su tre fattori: quello strategico-militare, quello topografico e quello descrittivo[592].

Il primo riunisce precise indicazioni sull'organizzazione delle difese e le possibilità di approdo sul Tevere[593]; il secondo racchiude un catalogo degli edifici e dei luoghi principali e più significativi della città[594]; e il terzo, ricavato, secondo il Barbier de Meynard, dalle voci di mercanti ebrei e musulmani[595], pone l'accento su un fenomeno ricomparso solo in tempi recenti a Roma: le migrazioni quotidiane degli storni. Colpisce anche l'attenzione prestata alla particolare tecnica di raccolta delle olive (una nel becco e due trasportate nelle zampe) messa a punto da questi uccelli, tuttora rilevata nelle colonie formatesi in città.

Altre prove del ricorso di 'Ibn 'Idrîs a tale genere di fonti devono essere cercate in diversi aspetti dell'opera, approfondendo in primo luogo il motivo per cui, a scapito di città vere e proprie, vengano citate molte località minori dell'entroterra italiano, peraltro prive di qualche importanza, e verificando quante di esse risultino essere state soggette alle devastazioni degli Arabi.

Un'altra particolarità è data dalla circostanza che vede l'autore

---

[587] *Cod. Dipl.*, tomo II parte II, pp. 249-250.
[588] *Cod. Dipl.*, tomo II parte II, pp. 237-238.
[589] *Cod. Dipl.*, tomo II parte II, pp. 251-252.
[590] Amari-Schiaparelli 1883, pp. XI-XII. Utili termini di raffronto vengono dal volume di A. Terrosu Asole, *Il portolano di Grazia Pauli. Opera italiana del secolo XIV trascritta a cura di Bacchisio R. Motzo*, (Studi Italo-Iberici, 12), Cagliari 1988, pp. IX-XL, 23, 103, 125, 127.

[591] Lewicki 1965, tomo I, p. 462 e n. 1.
[592] *Livre des Routes*, pp. 482-484 confrontabile con 'Ibn 'Idrîs in Amari-Schiaparelli 1883, pp. 86-88.
[593] Le mura: «la cingono doppie mura di pietra; il muro interno è grosso dodici braccia ed alto settantadue, l'esterno è spesso otto braccia ed alto quarantadue», intendendo così la cinta serviana e quella aureliana; «Nello spazio fra le due mura corre un fiume», quindi si è sovrapposta al dato precedente la particolare separazione esistente tra i tre quarti delle Mura Aureliane, sulla riva sinistra del fiume, le difese di Trastevere, e quanto rimane del baluardo di Leone III attorno alla basilica di S. Pietro, che per questo è detta «entro la città». Gli approdi fluviali: il fondale «è completamente rivestito con lastre di rame sì che è del tutto inutile gettarvi l'ancora: non arebbe presa. [...] Le navi con i loro carichi entrano navigando su questo fiume e continuano ad avanzare finché sostano davanti alle botteghe dei mercanti», i magazzini alle pendici dell'Aventino (per la citazione integrale si rimanda al paragrafo 2 del capitolo successivo).
[594] Sono infatti descritti il Foro Romano tra gli archi di Tito -la «porta orientale»- e di Settimio Severo -la «porta occidentale», con le basiliche e le colonne onorarie; poi S. Pietro, S. Giovanni in Laterano e la residenza papale, con accenno agli altri *fora*, alle milleduecento chiese minori, alle strade e ai «mille bagni» della città.
[595] *Livre des Routes*, p. 482 n. 2.

tenere il punto di vista proprio di chi viene dal mare, con notazioni ai centri attaccabili più o meno facilmente e a quelli in grado di ospitare una flotta, o rivelatisi particolarmente aggressivi nella lotta sui mari, oltre a riferimenti sui fiumi, navigabili o dove si può attingere acqua potabile, e agli abitati che ne difendono il corso, in prossimità della foce o nell'entroterra.

L'importanza data all'idrografia si rivela soprattutto nell'esposizione delle città considerate tappe intermedie nell'itinerario da Roma ad Ancona, con risalita della corrente del Tevere, del Nera e collegamento con il Chienti sino al Mare Adriatico[596]. Questo percorso ignora del tutto Perugia, Spoleto ed altri centri importanti dell'Umbria centrale, adattandosi pienamente al piano di spostamenti e di conquista di abitati seguito a partire dall'876 dalle truppe musulmane dirette in Sabina, nella media Valtiberina e nella Valnerina, verso la costa adriatica e la conca reatina.

Un terzo elemento importante è l'apparente contrasto tra il lungo periodo di stesura dell'opera, dal 1139 al 1153 con completamento nel 1154, e le notizie fornite su alcuni centri in pieno abbandono nel secolo XII, salvo il mantenimento della sede diocesana, e rispondenti al quadro positivo prospettato dall'autore, di floridezza e di abbondanza di navi, solo per i secoli VIII e IX, nel pieno degli attacchi musulmani valido[597].

L'accento va poi posto sui toponimi, in maggioranza riadattati dal latino alla pronuncia araba[598] ma in alcuni casi significativi, creati non tanto da 'Ibn 'Idrîs quanto introdotti direttamente dagli Arabi[599], quasi certamente (altrimenti non avrebbe senso) nel momento in cui potevano avvicinarsi o percorrere le coste italiane in maniera continua e ricorrente, da protagonisti[600], intezionati a sancire la presa di possesso

---

[596] «L'itinerario da Roma ad Ancona, posta sul Mare dei Veneziani, è il seguente: due giornate da Roma ad *'ûrt* (Orte)», il tempo di navigazione occorrente sul Tevere; «quest'ultima situata ad ovest del Tevere, è città di media grandezza, ha mercati ed una muraglia di terra», nel senso di tufo, secondo un'associazione rimasta nei dialetti laziali. «A monte di Orte» (ma in realtà è a valle; l'inversione è dovuta al particolare rovesciamento della carta geografica di riferimento di 'Ibn 'Idrîs, di cui si parla di seguito nel testo) «si ha la confluenza del *nahr Rûmah* ('fiume di Roma', il Tevere) con il *nahr Tûd.r* ('fiume di Todi', ma in realtà di Terni, poiché si tratta del Nera), il quale scorre nei pressi della città; Terni giace a ponente del suo fiume e le sta di fronte l'illustre città di *'.mâqah* (da *'Amâliâh*, ossia Amelia). Da Orte, seguendo il corso del Nera, si giunge a *Nârâwm* (Narni), sulla riva orientale di detto fiume. Presso Narni ma sulla sponda ovest del fiume», mentre nella realtà è est, «è situata *Rât* (Rieti), città popolata e bella. Da Narni si prosegue per *Qam.rîn* (Camerino), località tanto graziosa quanto importante; da qui per *'uz.mûm* (Osimo), centro prospero e popolato, quindi per *'Ankûnah* (Ancona)» (Amari-Schiaparelli 1883, pp. 88-89).
[597] La sovrapposizione tra dati relativi ai secoli precedenti e altri pertinenti ai tempi di 'Ibn 'Idrîs si può avere anche all'interno del medesimo capitolo, a distanza di poche righe. Ad esempio, nell'esposizione del percorso da Ancona alla penisola istriana, l'autore dice di «Fano, che dipende dal Doge di Venezia», a seguito del trattato fissato nel 1141 con il doge Pietro Polani, in base al quale l'abitato, in cambio del pagamento di 100 libbre d'oro, gode del diritto di commerciare nei porti della Laguna Veneta e della protezione veneziana contro le mire di Pesaro e Senigallia. Nelle righe seguenti però si legge che «Ravenna è la capitale dei Veneziani, che vi tengono cento navi; la popolazione, molto valorosa, è dedita alle incursioni sul mare» (Amari-Schiaparelli 1883, p. 80). Il particolare di Ravenna, che nel secolo XII lamentava già l'interramento del porto di Classe e che solo prima del 783 vantava diritti reali o nominali di controllo su Venezia, ci riporta al pieno secolo VIII. Aquileia compare indirettamente come detentrice del potere su un ampio territorio che da Trieste comprende tutta l'Istria (Amari-Schiaparelli 1883, pp. 82-83). Considerato lo stato di semi-abbandono in cui la città giace nella seconda metà del secolo VIII e i danni arrecati a distanza di due secoli dagli Ungari (Schmiedt 1974, pp. 513-515), il riferimento va visto in relazione all'estensione del Patriarcato e non di un'egemonia dell'abitato sull'intera costa. Infine, Luni (*Lûnah*) è definita come «città posta sul mare, con terreni coltivabili e borgate» (Amari-Schiaparelli 1883, p. 85), ma si sa che il centro, duramente colpito dagli arabi nell'849 e nel 1016, è ridotto a ben poca cosa ai tempi di 'Ibn 'Idrîs (Schmiedt 1974, p. 579; B. Ward Perkins, *Two Bizantine Houses at Luni*, in PBSR, 49, 1981, pp. 91-98). Pertanto questo dato deve essere anticipato almeno agli inizi del secolo IX.
[598] Scorrendo i molti toponimi contenuti nel testo di 'Ibn 'Idrîs si hanno, ad esempio, la *Burguniah 'al 'Ifrang* (Borgogna dei Franchi) e la *Gaskûniâh* (Guascogna) come ampie regioni, *Sagûnah* (Savona), *Qumâl.gah* (Comacchio), *Sant. Kl.qkû* (S. Quirico) e molti altri ancora.
[599] Si comincia con la definizione di *Bahr 'as Shâm* (Mar di Siria), per il Mare Mediterraneo e per «il mare chiamato in lingua barbara *T.rân.h* (Tirreno)» (Amari 1880-1881, vol. I, p. 48), espressione con la quale si sottolinea l'esistenza per molte località di un toponimo arabo a fianco e, a seconda della sorte politica del luogo, in sostituzione di uno latino. Seguono poi il *Marsâ 'al Kinzîrîyah* (Porto della Cinghialeria), identificato con Talamone oppure con l'antico bacino del Lago Prile, ai piedi di *Rosellae* (Amari-Schiaparelli 1883, p. 86), e che nell'itinerario lungo i paesi costieri del Mar di Siria precede *G.b.t B.kkah* (Civitavecchia); il «monte *Gar.ngu*, o com'altri dicono, *G.rgîr* (Circello o Circeo). Esso è chiamato *Qaytanah 'al 'Arab* (Cala degli Arabi): questo (vocabolo *Qaytanah*) significa 'fiume grande'», nel senso di bacino in grado di ospitare delle navi (Amari-Schiaparelli 1883, p. 94 e n. 1). Sul suo conto l'autore rinnova tra le righe l'invito a crederlo il vero nome del promontorio, affiancato poi dalla forma locale Circeo, privo di significati specifici. Da ultimo si ritiene utile citare gli esempi di *Gabal 'an Nâr* ('Monte del Fuoco'), per il Vesuvio, e del *Gawn 'al Wâdîayn* ('Golfo dei due fiumi'), da Punta Licosa a Castellammare (Amari-Schiaparelli 1883, p. 95, 96). Tutti questi toponimi coincidono con località toccate, frequentate o addirittura occupate dagli Arabi nei secoli IX e X, come si è visto nelle diverse annate dei capitoli successivi. L'autore li ha raccolti forse proprio da quei resoconti altomedievali di guerra mancanti, dei quali si è tentato di negare l'esistenza ma che evidentemente erano ancora consultabili nel secolo XII e che forse sono ancora sepolti in qualche biblioteca o archivio. Colpisce l'incisività con cui 'Ibn 'Idrîs li ha preferiti a quelli latini, molto più antichi e propri dei diversi luoghi, quasi fossero memoria di una presenza islamica stabile.
[600] Esempi se ne hanno in quantità sia nelle terre sottoposte ad una penetrazione araba profonda sia, ma in misura minore, in quelle sottoposte ad una frequentazione periodica o temporanea. La differente percentuale di attestazioni è dovuta più alle fonti che ad una carenza oggettiva. I testi musulmani sono anzi gli unici a dare testimonianza di questi toponimi, presto cancellati o sostituiti nei documenti latini e nell'uso comune da forme nuove, non solo più comprensibili ma anche svincolate dal ricordo scomodo di una passata presenza estranea e ostile. Talora queste trasformazioni sono solo parziali. Per esempio un nome tipo *Wadi Mûsâ* è ipotizzabile all'origine dell'odierno Fosso Ponte Musa, che scorre ai piedi della fortezza sannitica di Prima Croce, nel gruppo di Monte Mauro, dominante la valle del Biferno e la conca di Guardialfiera (CB; S. P. Oakley, *The Hill-forts of the Samnites*, (Archaeological monographs of the British School at Rome, 10), Rome-London 1995, p. 96). L'Isola Mortorio o Is Mortorios, tra Porto Cervo e Golfo degli Aranci (SS), ricorderebbe nel nome il massacro degli equipaggi di una flotta inviata nell'anno 409 dell'hagira (21 maggio 1018-8 maggio 1019) da Mugâhid e spinta sulla costa dal forte vento. Lo stesso luogo è chiamato da quel momento in poi dagli Arabi l'Isola dei Martiri (*Gazirât 'as Shuhada*; Arabi e Sardi 1988, pp. 38-39, 130-131). Altrove, invece, il mutamento è stato completo e, soprattutto se si tratta di una battaglia, il toponimo varia secondo l'ottica che lo esprime. La celebre battaglia di Poitiers (*Pictavis urbs*), ad esempio, vinta nell'ottobre del 733 da Carlo Martello contro l'esercito di 'Abd 'ar Rhamân I, ha prodotto da parte franca i toponimi Ravin de la Mort, Ferme de la Bataille, Tombelle du Chêneau e Fosse au Roi, mentre da parte araba

dei luoghi con l'attribuzione di nomi nuovi[601], e non da frequentatori occasionali che si muovono in un paese straniero, prendendo nota di quanto c'è già senza apportare cambiamenti.

Infine è curioso il rovesciamento dell'ottica di osservazione del bacino del Mediterraneo[602]. Non si tratta del semplice scambio dei punti cardinali, ben conosciuti dagli Arabi, ma della piena manifestazione dell'idea che avevano le popolazioni dell'Africa settentrionale delle terre a cui fino al secolo VII erano rimaste legate le attività politiche, economiche e militari.

L'attrazione costituita dalle capitali (Roma e poi Costantinopoli), poste a N, era stata mutata radicalmente con l'invasione araba e la creazione del nuovo centro di riferimento di tipo religioso (la Mecca, all'opposto di Roma) in direzione contraria, quasi in un "nuovo N", da porre in alto rispetto alle terre ad esso sottomesse. Questa visuale coincide tra l'altro con il modo arabo di osservare il Mediterraneo dalle basi distribuite sulle coste della Narbonese, della Provenza e dell'Italia, a chiusura dell'intero bacino, per metà dominato dalle loro terre.

E' pertanto un modo per sancire lo spostamento altrove della sorte del mondo, con ribaltamento delle prospettive: ciò che prima era una provincia diviene il territorio centrale, mentre le tradizionali sedi strategiche e dominatrici si trasformano in sudditi.

Tutto questo è ripreso da 'Ibn 'Idrîs, che per l'Italia beneficia sia delle notizie trasmessegli da re Ruggero II e fondate su esperienza personale del sovrano e dei suoi familiari[603], sia della documentazione raccolta e accumulata nei secoli dalle spedizioni musulmane, essendo costituita principalmente da taccuini di rotta e di viaggio[604], da cui sarebbero stati tratti i toponimi arabi, le notizie su città poi abbandonate e le distanze in miglia, chiamate a comporre itinerari che ovviamente nel secolo XII, a seguito della sparizione di molti abitati di riferimento e delle variazioni intervenute nel paesaggio, non coincidono più con la realtà di 'Ibn 'Idrîs, rimanendo però uno strumento prezioso per ricostruire quella del lungo periodo di incursioni.

E' difficile poter stabilire con quanta intenzione l'autore abbia evidenziato questi paticolari, allo scopo di celebrare le imprese del passato, e si ribadisce comunque l'ipotesi suggestiva e ancora da verificare nel concreto, che la sua idea sia stata quella di consegnare ai nuovi dominatori normanni i piani strategici dei contingenti arabi nelle terre da conquistare, simboleggiando così il trionfo completo della casata degli Altavilla sui Musulmani nel Mediterraneo centrale.

VI.5 - *Alcune caratteristiche delle spedizioni musulmane*

Un'idea particolarmente difficile da contrastare, sebbene la realtà dimostri spesso il contrario, è la straordinaria velocità attribuita all'aggressore. Le fonti latine e greche inducono a pensare che gli Arabi, trovandosi per terra o per mare, si muovano con grande rapidità, non dando nemmeno il tempo di reagire o di allestire delle difese e, una volta colpito, si ritirino all'improvviso. Laddove, però, si ha la possibilità di confrontare queste notizie con dettagliati resoconti di parte avversa, si percepisce un quadro completamente diverso, con l'attaccante che, rimasto padrone del campo, si trattiene per alcuni giorni o, addirittura, per qualche mese (per esempio in Sardegna nel 710-711, a Roma nell'846 e a Genova nel 934-935), in attesa di nuove istruzioni dalle basi di partenza, che specifichino se debba o meno procedere oltre, attendere rinforzi, o fare immediato rientro.

Nel disorientamento che coglie gli abitanti e le istituzioni locali, vittime dell'attacco, può anche capitare di assistere all'instaurarsi di una sorta di collaborazione con il nemico, dividendo quanto rimane. Ciò produce nelle diverse fonti notizie in apparenza discrepanti, con alcune che cercano di ridurre al massimo la durata dell'occupazione, riportando perciò all'idea accennata all'inizio, e altre che invece si soffermano sulla durata della permanenza delle truppe o danno per quell'anno una vera e propria conquista del centro.

Nelle spedizioni si hanno, poi, talora convergenze anomale: come ad esempio facevano i *Mauri* del Beneventano ad essere al corrente dell'attacco contro Roma nell'846? Cosa permetteva agli eserciti il coordinamento dei movimenti? Evidentemente esistevano contatti continui, anche via mare, con i luoghi propulsori dell'attività bellica (in primo luogo la Sicilia, per conto dell'Africa, e la Spagna). Questa rapidità è sintomatica di quano sia errata l'idea di avere dei mari sempre chiusi, dove ciascuno risiede nel proprio porto in attesa dell'aggressione esterna. I mercanti viaggiano e con essi gli uomini, i messaggeri e quant'altro di simile[605].

---

la denominazione *Balât 'as Shuhada*, ossia il 'Lastricato dei Martiri', dove per «lastricato» si intende la strada romana che attraversava il campo dello scontro. In entrambi i casi si tratta di toponimi attestati non prima del secolo XI (J. H. Roy, J. Deviosse, *La Bataille de Poitiers*, (Trente journées qui ont fait la France, 2), Paris 1966, pp. 196-203). Un esempio simile, ma solo di marca cristiana e conosciuto solo a partire dal secolo XIX, è dato presso S. Vincenzo al Volturno dalla denominazione Campo dei Martiri, posta circa 50 m a valle dell'attuale sbarramento dell'ENEL. Secondo la tradizione, ivi sarebbero stati sepolti in una fossa comune i monaci trucidati nella presa dell'abbazia nell'881 (A. Pantoni, *Tracce e avanzi dell'insediamento monastico primitivo a San Vincenzo al Volturno*, in *S. Vincenzo al Volturno* 1985, p. 211).

[601] Che la menzione su fonti islamiche di un toponimo propriamente arabo (e non una semplice traslitterazione di un nome latino o greco), attestato per zone non sottoposte alla dominazione diretta, possa essere messo in rapporto con una presenza, una frequentazione o un obbiettivo di prossimo attacco musulmano, sembra piuttosto plausibile. Per gli anni 717-718 'Ibn Hurdâbdah ricorda che presso Abydos, una città posta a 100 miglia da Costantinopoli, «si trova la sorgente alla quale Maslamah, figlio di 'Abd 'al Melik, lasciò il suo cognome, all'epoca in cui assediava Costantinopoli», impresa durata per un anno intero e conclusasi con la ritirata araba (*Livre des Routes*, pp. 471-472).

[602] Amari-Schiaparelli 1883, p. XI.
[603] Amari-Schiaparelli 1883, p. X.
[604] Amari-Schiaparelli 1883, p. X.

---

[605] Proprio questa rapidità di movimento, con comparsa in breve lasso di tempo di un aggressore in luoghi diversi e distanti tra loro, ha indotto nei secoli IX-X alcuni autori a vedere un piano generale preciso nelle azioni degli Arabi contro i territori dell'impero carolingio e ad associarle alle incursioni normanne. L'analogia dei sistemi di difesa (impostati sulle vedette) impiegati contro i pirati in tutto il Mediterraneo centro-occidentale e la coincidenza, spesso forzata, delle date di saccheggi, recati dai Normanni alle coste settentrionli e dagli Arabi a quelle meridionali (nell'813, nell'838 e nell'842), ha persino spinto, per esempio, Einhardo, Hincmaro e Prudenzio di Troyes ad immaginare l'esistenza di patti di alleanza segreti, stretti dai capi dei due popoli ai danni del Sacro Romano Impero e della Chiesa.

Dunque appare evidente come gli Arabi impostino il tutto sulla maggiore dispersione possibile di piccoli gruppi, sempre in collegamento tra di loro, anche quando apparentemente sono svincolati gli uni dagli altri. Ciò gli consente di muoversi agevolmente, tenendo sempre una serie di sedi di riserva, da occupare provvisoriamente (sebbene talora si tratti anche di qualche anno) e che le popolazioni delle vicinanze, intimorite dalla possibilità di pesanti ritorsioni o di improvvisi ritorni, si guardano bene dal violare, distruggere o rioccupare.

Per le strategie militari occidentali, avvezze più alla battaglia campale e ai grossi eserciti che alla guerriglia e al movimento in zone accidentate o aspre, diviene sempre molto difficile riuscire a battere o a estirpare completamente i nuclei nemici inseritisi nel territorio. La loro fine avverrà solo quando si sarà riusciti, con più manovre a tenaglia, a riunirli tutti assieme, come nella piana del Garigliano, e a obbligarli a combattere apertamente, giocandosi il tutto per tutto in un unico scontro, dove il numero dei soldati e la loro forza d'urto sono più decisivi della lotta corpo a corpo o l'impegno di pochi elementi seguito da un rapido sganciamento.

CAPITOLO VII

LINEE GUIDA PER UNA RICERCA TOPOGRAFICA

Per il futuro, una buona percentuale del lavoro di ricerca verrà svolto raccogliendo, analizzando ed integrando fra loro le fonti, latine, greche e, ove disponibili in traduzione, arabe, al fine di colmare i vuoti informativi presenti in ciascuna di esse, a seconda del taglio ricevuto dai loro autori.

A questo bisognerà affiancare la verifica sul piano topografico (lettura della cartografia storica, foto aeree, indagini di superficie) delle informazioni ricavate sui movimenti di truppe e delle flotte, le sedi documentate per gli stanziamenti, le strade, le località coinvolte nei saccheggi, nei commerci e in generale nelle relazioni comuni tra popolazione residente e nuclei musulmani. Il principale elemento di raffronto è costituito dalla Sicilia.

Nella sostanza, gli aspetti che in un programma si debbono approfondire sono almeno sette, riassumibili in poche idee da svilupparsi approfondendo molteplici aspetti e ricercandone non solo la chiave dilettura storica, ma anche le testimonianze archeologiche e topografiche.

VII.1 - Alcune linee guida

1) *Il primo impatto*, ossia la reazione delle popolazioni locali ai primi contatti con i Musulmani, così come viene illustrato nelle fonti documentarie (cronache, annali, vite di santi)[606]; il pericolo di incursioni e il coinvolgimento delle comunità nella difesa delle coste; l'emigrazione delle reliquie e dei relativi culti.

2) *La penetrazione militare*: il valore conoscitivo delle incursioni brevi e dei saccheggi; la conseguente selezione degli obbiettivi ed elaborazione di piani strategici di aggressione, finalizzati ad invasione ed occupazione stabile del territorio.

3) *Gli obbiettivi*: insediamenti rurali, chiese, monasteri e abitati nei quali, nonostante l'importanza strategica, non si è provveduto al restauro delle mura e alla realizzazione di altri elementi difensivi. I nuovi insediamenti dovuti alla pressione musulmana: l'esempio quasi gemello di Leopoli-Cencelle (Tarquinia, VT) e di *castrum Leopoli* (Traetto-Minturno, LT)

4) *Gli stanziamenti*: l'inserimento musulmano nella realtà insediativa pre-esistente; accampamenti affiancati alle città; recupero di centri abbandonati (per esempio le antiche colonie romane) con creazione di nuovi agglomerati.

5) *La convivenza*: l'organizzazione agricola del territorio, le proprietà miste, le forme di produzione; il commercio e i rapporti con la Spagna, la Sicilia e l'Africa; vendita dei prodotti razziati.

6) *La cattura e il mercato degli schiavi*: sua entità; il pagamento dei riscatti; il coinvolgimento di bizantini e italici nell'acquisto; la dispersione degli schiavi.

7) *Fenomeni di trasmissione culturale*: la visione del territorio e l'evidenziazione di alcuni suoi aspetti, tramite l'uso di particolari codici comunicativi e figurativi. L'apporto della toponomastica, sia araba sia locale, derivata dal mondo musulmano.

Al riguardo, riprendendo quanto già affermato nel capitolo precedente, a proposito di alcuni passaggi e di particolari denominazioni riportate dal *Libro di Re Ruggero* di 'Ibn 'Idrîs, appare evidente l'importanza di effettuare già all'interno delle fonti, e laddove risulti possibile, dei controlli incrociati, sovrapponendo o affiancando i diversi dati, per poter appurare meglio la veridicità delle varie affermazioni, così come stabilire una base cronologica affidabile e sicura e procedere poi con le indagini sul campo.

A titolo di esempio e rispettando l'esigenza, espressa sin dall'inizio, di disporre direttamente e di offrire i documenti su cui si fonda parte della discussione critica e dell'analisi scientifica delle testimonianze sulla presenza musulmana nel Tirreno centro-settentrionale nell'Alto Medioevo, si forniscono, con alcuni spunti di riflessione, gli estratti di alcune delle opere menzionate nelle pagine precedenti e di altre, ugualmente importanti e utili quale stimolo per futuri approfondimenti.

VII.2 - *Roma al tempo dell'attacco dell'846: 'Ibn Hurdâdbah*

La traduzione dall'arabo è quella pubblicata dal Barbier de Meynard nel 1865 sul *Journal Asiatique* (tomo V), del quale è stata rispettata la numerazione delle pagine. Sul testo e sull'autore non si aggiunge altro a quanto già specificato nei precedenti capitoli, salvo sottolineare in nota l'esito di alcune immagini della città nella tradizione araba successiva. Un primo accenno a Roma si ha nella panoramica dei paesi prossimi al mare, nel settore occidentale del Mediterraneo, e legati storicamente, politicamente o culturalmente ai Bizantini:

(pp. 472-473) «Gli altri paesi del Rûm, a Occidente, sono, in primo luogo, Roma e la Sicilia, che è un'isola. Roma, l'antica capitale di questo impero, fu la residenza di 29 re; due altri re abitarono Amouryah, che è situata a 60 miglia da Costantinopoli, sula riva asiatica del canale. Costantino il Grande, dopo avere tenuto per qualche tempo la sua corte a Roma, si portò a Bisanzio, che fortificò e chiamò *Constantinyeh*. Da quest'epoca in poi, è restata la capitale del Rûm».

Segue, poi, alcune pagine dopo, la descrizione della città:
(p. 482) «Questa città (di Roma) è bagnata dal mare a Levante, a Mezzogiorno e a Occidente; solo la costa settentrionale è legata alla terraferma[607]. La sua estensione dalla Porta Orientale alla Porta Occidentale[608], è di 28

---

[606] Sul particolare valore che possono assumere alcune vite di santi vedasi di E. Follieri, *I santi dell'Itaia greca*, in *Oriente cristiano e Santità. Figure e storie di santitra Bisanzio el'Occidente*. Catalogo della mostra, a ura di S. Gentile, Roma 1998, pp. 93-106.

[607] Tale distribuzione dei mari è più adatta a Costantinopoli, con cui Roma viene tavolta confusa nelle descrizioni.

[608] E' tipicamente orientale l'idea di individuare subito, nel tessuto urbanistico di una città, l'asse principale (di solito lastricato, da cui il nome *'al balat*) e poi i minori (Guidoni 1979, pp. 575-580), attestando il primo sulle porte, talora denominate Bâb Sharqî (Porta Orientale) e Bâb Gharbî (Porta Occidentale).

miglia. Due muri, (p. 483) separati da uno spazio di 60 cubiti, formano la sua cinta; il muro interno ha 22 cubiti di larghezza su 72 di altezza; il muro esterno 8 cubiti su 42.

Entro questa doppia cinta passa un canale coperto, pavimentato di lastre di rame, lunghe 46 cubiti ciascuna. Tra la Porta d'Oro e la Porta del Re si contano 22 miglia[609]. Presso il muro compreso tra la Porta Orientale e la Porta Occidentale si innalza un triplo portico, le cui arcate centrali poggiano su delle colonne di rame romano; il piede, il fusto e il capitello sono stati fabbricati con questo rame messo in fusione; esse hanno 30 cubiti di elevazione.

Questo è il luogo dove si trovano le botteghe dei mercanti; tra queste botteghe e l'ingresso del portico passa un piccolo canale (pavimentato) di rame giallo; si dirige da Est ad Ovest. Questo canale, che comunica con il mare, serve al transito delle merci, di modo che i battelli che le trasportano si fermano davanti alle medesime botteghe[610].

Si vede nella città una chiesa sotto l'invocazione degli apostoli Pietro e Paolo[611]; la sua lunghezza è di 300 cubiti e l'altezza di 200. E' formata da degli archi di bronzo; la copertura e le cappelle laterali sono in rame giallo *rûmi*. Roma (p. 484) contiene 200 chiese, un gran numero di mercati pavimentati in marmo bianco e 40.000 bagni.

Una delle sue chiese, costruita sul modello di quella di Gerusalemme, ha un miglio di lunghezza[612]. L'altare su cui si celebra il sacrificio è di smeraldo verde; ha 20 cubiti di lunghezza su 6 di larghezza; è circondato da 12 statue d'oro alte 2 cubiti e mezzo; gli occhi di queste statue sono formati da rubini levigati, il cui scintillio illumina la chiesa per intero. Ha 28 porte d'oro il più puro, 1000 porte di bronzo, senza contare quelle in ebano, e dei magnifici lavori in legno, il cui valore non può essere stimato. Fuori dalla cinta di Roma, ci sono 220 colonne abitate dai monaci.

Dalle notizie di 'Abd 'Allâh 'ibn 'Amr, 'ibn 'al 'Assy[613] si contanto quattro meraviglie nel mondo:

I, lo specchio sospeso al faro di Alessandria. Un uomo posto sotto questo specchio vi vedeva facilmente ciò che accadeva a Costantinopoli, malgrado l'estensione del mare (p. 485) che separa le due città;

II, il cavaliere di bronzo in Spagna, che, il braccio teso, sembrava dire del gesto: "Dietro di me non ci sono più strade aperte; chiunque si avventurerà al di là, morirà sotto i colpi delle api;

III, nel paese degli Adites, una colonna di bronzo recante un cavaliere dello stesso metallo. Durante i mesi sacri l'acqua ne sgorgava assai abbondante, per sopperire ai bisogni degli abitanti e riempire le loro cisterne; trascorso questo tempo l'acqua cessava di colare;

IV, a Roma, un albero di bronzo sul quale è appollaiato un uccello simile al tordo, ugualmente in bronzo. Nella stagione delle olive, questo uccello di metallo si mette a fischiare, tutti i tordi arrivano rapidamente, tenendo tre olive, una nel loro becco e le altre due nelle loro zampe, e le lasciano cadere su questa immagine. Gli abitanti raccolgono i frutti, li mettono al frantoio e ne tirano molto olio per la preparazione di pelli e del cuoio del sandalo, fino all'anno seguente»[614].

VII.3 - *Gli appunti di viaggio di Hâroun 'ibn Yahya*

Scritti nell'ultimo quarto del IX secolo da Hâroun 'ibn Yahya, catturato prigioniero dai Bizantini ad Ascalona e, dopo un periodo di detenzione a Costantinopoli, impegnato in un viaggio, che lo porta in Grecia, Dalmazia, Venezia, Pianura Padana e a Roma[615], questi appunti sono molto preziosi, per conoscere le condizioni dell'Italia in un periodo particolarmente critico delle sue relazioni con il mondo arabo.

Tra il 903 e il 913 sono riuniti da 'Ibn Rustâh, di origine persiana, nel settimo volume dell'opera enciclopedica intitolata *Kitâb 'al 'Alâq 'an nafisa* (il «Libro dei fronzoli preziosi»). Di Roma offrono una descrizione che trova precisi riscontri in alcune delle notizie contenute nella biografia di Leone IV del *Liber Pontificalis* e, soprattutto, degli interventi eseguiti da questo pontefice per sanare le ferite lasciate nelle principali basiliche extra-urbane dall'attacco dell'846. La traduzione riportata di seguito è stata scritta dal

---

[609] Il dato coincide esattamente con uno dei percorsi privilegiati, già alla fine del secolo VIII e agli inizi del IX, nell'attraversare Roma, toccando i luoghi più significativi. Sovrapponendo infatti e chiare indicazioni offerte dai percorsi compresi nell'*Itinerario di Einsiedeln* si ottiene la netta corrispondenza con l'ottavo di questi, *A porta Sancti Petri usque porta Asinaria*, dove la prima coincide anche con la Porta Aurelia del VI secolo (Proc. Caes., *Bel. Goth.*, I, 22) e la seconda con la Porta Asinaria, essendo l'appellativo 'Re' riferito al papa e alla presenza della residenza pontificia (il Patriarchio) accanto a S. Giovanni in Laterano e poco distante dalla porta. Il medesimo raffronto con *Einsiedeln* può essere stabilito anche per la menzione da parte di 'Ibn Hurdâdbah delle porte Orientale ed Occidentale, quali estremi dell'abitato, non altrimenti misurabile in modo omogeneo tramite un diametro o il perimetro. Per quanto la distanza di 28 miglia sia fittizia, il computo equivale al settimo, e più lungo, tracciato del codice (se si esclude quello inserito, a parte, nella *Sylloge* epigrafica), *A porta Aurelia usque ad portam Praenestinam* (*Codice Topografico*, vol. II, pp. 190-197).

[610] Ossia le *tabernae* di uso romano. Sorge il dubbio che questa parte di descrizione non vada riferita a Roma, ma, dato l'accenno al collegamento di un canale navigabile con il mare, alle istallazioni di Porto e del bacino di Traiano. Forse per la stesura del rapporto su Roma 'Ibn Hurdâdbah ha messo insieme gli appunti ricavati su Roma, sul Tevere e sul complesso portuense, dopo avere perso la nota di apertura di ciascun foglio, nel quale erano state distinte le informazioni raccolte.

[611] La percezione entro l'abitato della basilica di S. Pietro in Vaticano, alla quale, altrimenti invisibile, viene solitamente unita quella di S. Paolo fuori le mura nelle ilustrazioni di Roma dei geografi arabi, richiama il particolare effetto sortito dal vedere il compesso Vaticano circondato da edifici di ogni sorta, racchiusi poi nella *Civitas Leoniana*, pochi annidopo la stesura di questo rapporto.

[612] In autori arabi del XII e XIII secolo questa chiesa, corrispondente probabilmente a S. Giovanni in Laterano (Stasolla 1983, pp. 231-232), risulta facilmente confondibile con S. Croce in Gerusalemme.

[613] Uomo erudito, morto all'età di 72 anni nel 683 o 684.

[614] Il motivo dello storno o, come verrà chiamato in seguito, «uccello 'as Sudani» (Stasolla 1983, p. 233, 240 n. 28) deriva forse dalla medesima tradizione, che vuole le lampade della chiesa di S. Caterina ad Alessandria, alimentate con l'olio ricavato dalla spremitura delle olive, che ogni anno diversi generi di uccelli portano (Graf 1923, p. 116 e n. 89). A questa, anzi, potrebbe anche ricondursiil passaggio nei testi dei *Mirabilia* su Roma da un uso profano dell'olio ad uno sacro.

[615] Su questo autore vedansi, in ordine cronologico, M. Izeddin, *Un prisonnier arabe à Byzance au IX siéce: Hâroun 'ibn Yahya*, in Revue des études islamiques, 1941-42, pp. 41-62; A. Miquel, *La géographie humaine du monde musulman jusqu'au milieu du XI siecle*, tome I, Paris-La Haye 1967, pp. XXII-XXIII; F. Gabrieli, *Dalla Slavonia all'Italia: itinerario di un viaggiatore arabo del IX secolo*, in *Le relazioni religiose e chiesastico-istituzionali*. Atti del II Congresso Internazionale sulle relazioni fra le due sponde adriatiche (Bari, 29-31 ottobre 1976), Bari 1977, pp. 108-112.

Gabrieli nel 1965[616]:

«Roma è una città governata da un re detto il Papa. E' lunga e larga quaranta miglia quadrate. Vi scorre dalla parte d'occidente un fiume, e ne attraversa le strade, col letto tutto lastricato di bronzo, così come le sue rive sono parimenti estrutte in bronzo e collegate da ponti di bronzo.

In mezzo alla città c'è la gran Chiesa, lunga due *farsakh*, con trecentosessanta porte; e in mezzo alla chiesa è una torre, che si eleva in aria per cento cubiti, sormontata da una cupola di piombo. In cima alla cupola c'è il simulacro bronzeo di uno storno; e al tempo della raccolta delle olive, il vento penetrando nel simulacro dello storno, gli fa gettare un grido, e allora si radunano tutti gli storni della città, ognuno con una oliva nel becco, e la gettano su quella torre. Queste olive si raccolgono e spremono, e se ne ricava l'olio che basta loro per le lampade della chiesa fino alla stessa stagione dell'anno seguente.

Nella chiesa c'è il sepolcro d'oro di due Apostoli, uno dalla parte orientale e l'altro dall'occidentale della chiesa stessa: uno dei due sepolti è detto Simon Pietro, l'altro Paolo. Ogni anno alla Pasqua dei Cristiani, nel giovedì (santo), viene il re, apre la porta del sepolcro e scende alla tomba, munito di un rasoio; lì tonde il capo e la barba di Simone, e gli taglia le unghie; risalito poi su, distribuisce un pelo a ogni uomo del suo regno. Tale è la loro pratica manuale, da novecento anni. Le mura di questa chiesa sono tutte rivestite d'oro, le porte occidentali di rame di Cina e quelle che immettono nel loro santuario sono anch'esse rivestite d'oro, così come lo è il luogo ove seggono i preti. A ogni angolo di detta chiesa v'è una torre sormontata da una cupola d'argento, ove si suonano le campane.

Nella chiesa vi sono mille ventilatori d'oro, ciascuno di un cubito per un cubito di spessore, incrostati di perle e rubini, con maniche d'oro; e seicento croci d'oro, ognuna con una perla al centro, e ognuna del peso di mille *mithqal*. Vi sono dodici croci, secondo il numero degli Apostoli, ognuna delle quali di cento *mann* d'oro, e settantadue altre, del numero dei discepoli degli apostoli, ognuna di cinquecento *mithqal* d'oro. Inoltre, milleduecento calici d'oro, in cui si versa il vino per la messa, tutti incrostati di gemme. L'altare è lungo ventiquattro cubiti, e largo dodici.

Ci sono tremiladuecento diaconi e preti, ognuno rivestito di broccato bianco, ogni indumento del prezzo di centocentocinquanta *dinar*, e con dalmatiche intessute d'oro e perle. E seicento sacrestani che curano l'accensione delle lampade.

A occidente della città è il mare. La città è circondata da giardini e oliveti. La sua popolazione è esposta alle scorrerie per mare dei Berberi di Spagna e Tâhurt (Marocco), provenienti dai paesi di 'Idrîs 'Ibn 'Idrîs (Tunisia) e Tâhurt superiore».

VII.4 - *Il ripristino di S. Pietro e S. Paolo dopo il sacco dell'846, secondo il Liber Pontificalis*

Scorrendo la biografia di papa Leone IV (847-855), particolarmente attivo a Roma per sanare, fra gli altri[617], i danni arrecati dalla scorreria araba, compiuta nell'anno precedente a quello della sua nomina, si ripresenta il particolare della minore gravità delle condizioni in cui versa S. Paolo fuori le Mura rispetto a S. Pietro e della limitata sottrazione subìta dalla prima in confronto alla seconda.

Riprendendo quanto nell'annata 846 si è affermato, sembra confermato dal *Liber Pontificalis* il diverso peso attribuito dal papa ai problemi mostrati dalle due basiliche. Su undici interventi, programmati per il ripristino di rivestimenti, addobbi e dell'occorrente per la riconsacrazione dei luoghi di culto e la celebrazione delle funzioni religiose, dieci vengono effettuati a S. Pietro.

Procedendo con ordine, sebbene sin dalle prime battute del discorso di apertura si evidenzi come le *ecclesiae beatissimorum principum Petri ac Pauli a Sarracenis funditus depraedatae sunt*[618], il tono retorico dell'esposizione sembrerebbe attribuire agli Arabi anche le rovine, le sottrazioni o i guasti agli edifici prodotti più che altro dal tempo e dall'incuria di alcuni dei precedenti pontefici. Solo la ricorrente specifica di qualche atto sacrilego compiuto durante il saccheggio consente di distinguere, sulla carta i danni provocati dall'uomo da quelli prodotti dalla mancata manutenzione. Per il primo intervento concreto vengono menzionate in apertura entrambe le basiliche, ma in pratica ne beneficia solo S. Pietro[619]:

Ipse quidem beatissimus pontifex, post cedem ac depredationem sevae gentis Agarenorum, quam in sanctorum apostolorum ecclesiis peregerunt, ad restaurationem ipsarum cotidie animus praetendebat, quatinus omnia quae ad impiis manibus ablata fuerant, repararet, sperans aeternae fruere retributionis mercedem. Quam ob rem obtulit in basilica beati Petri apostoli butronem de argento purissimo, cum gabbatis argenteis pendentibus in catenulis VII.

Fecit autem ad inluminationem ipsius basilicae rete aeneum cum canistris argenteis XVII. Nam et farum mirae magnitudinis et gloriam sepius memoratae ecclesiae reparavit. In qua etiam obtulit coronam de argento mundissimo, pens(o) lib(rarum) (sic); vela de fundato, quae in ambitu sacri altaris pulcriora dependent, XXV; item vela leonum habentia istorias, quae ante vestibulum sacrae confessionis cernuntur pendere, X; et alia vela de fundato, quae inter columnas ipsius venerandae basilicae dextra levaque coruscant, XLVI; item vela de fundato quae in arcos ad ornatum et decorationem presbiterii pendent, XXXIII; verumtatem et alia vela de fundato, quae in diversis eiusdem basilicae locis ipse almificus papa constituit pendere, XVIII; et alia quidem vela, quae ante ianuas sacrae basilicae pendunt, III.

Appena poche righe dopo si aggiunge[620]:
Huius enim praefati gregorii (nel senso di 'misericordioso')

---

[616] F. Gabrieli, *Viaggi e viaggiatori arabi*, Firenze 1965, pp. 40-42. Il testo è riprodotto anche in Stasolla 1983.

[617] Sull'operato di Leone IV, che riprende in qualche modo la grande attività di cantiere promossa dai papi Adriano I, Leone III e Pasquale I, vedansi L. Pani Ermini, *Santuario e città fra tarda antichità e altomedioevo*, in *Santi e demoni nell'Alto Medioevo occidentale (secoli V-XI)*. Atti della XXXVI Settimana di Studio del Centro Italiano di studi sull'Alto Medioevo (Spoleto, 7-13 aprile 1988), Spoleto 1989, pp. 837-877, e Pani Ermini 1992, pp. 485-530.

[618] *Lib. Pont.*, tomo II, p. 106, ll. 25-26.

[619] *Lib. Pont.*, tomo II, p. 108, ll. 26-30, 109 ll. 1-7 (anno 847).

[620] *Lib. Pont.*, tomo II, p. 109, ll. 11-18.

praesulis animus tantum divino fulgebat amore ut ea quae pridem de beati Petri apostoli ecclesia ab impiis manibus innumerabilia fuerant bona ablata, suo praecipuo tempore libenti voluit pectore omnia noviter restaurare. Idcirco ad decus et honorem ipsius praedictae ecclesiae fecit coronas ex argento purissimo, miro compositas opere II, pendentes in catenulis argenteis, cum gemmis et bulis deauratis, pens(o) I lib(rarum) CXXXII et alia CXXX, habente I lamasterios argenteos subter pendentes XXXVII, et alia simili modo habente XL.

Necnon qui divino semper erat munere perornatus, dignamque de omnibus curam et sollicitudinem habere studebat, feliciter fecit in oratorium sancti Andree apostoli ad sanctum Petrum vela maiora de fundato II et alia minora V, ornata in circuitu de blata

Quest'ultima annotazione potrebbe essere intesa come parte di un risanamento che non riguarda solo la basilica vaticana ma anche le chiese che le gravitavano intorno, coinvolte nel medesimo saccheggio dell'846. I successivi passaggi del *Liber Pontificalis* mantengono più o meno la medesima linea e, pur risultando spesso cronologicamente incollocabili, ma non oltre gli estremi temporali del pontificato di Leone IV, hanno una particolarità significativa. La loro distribuzione sull'intero testo della biografia consente di apprezzare nell'arco di 8 anni la continuità di un impegno da parte del papa, per cancellare la memoria e i segni dell'aggressione su uno dei luoghi simbolo dell'Occidente cristiano.

In successione troviamo le seguenti testimonianze:
Hic vero beatissimus et praeclarus papa, superno fretus amori, obtulit beato Petro apostolo ad splendorem et gloriam ipsius sacratissimae basilicae lucernam bimixin de argento purissimo, pens(o) lib(rarum) XLV. Fecit autem ubi supra, post Saracenorum sevissima devastatione in eadem basilica rugas de argento purissimo, pens(o) lib(rarum) LVII[621].

[...] ex intimo cordis sui longa trahens suspiria, cum cotidie beatissimi apostolorum principis Petri sacratissimum altare cerneret violatum et ad tantam inhonestatem a Sarracenis perfidis Deoque contrariis sive vilitatem perductum, etiam et, quod dolentes merentesque dicimus, ipse qui undique christianus populus ad iamfati principis sacratissima, orationis causa vel gratia, limina destinavit, ob hoc vota sua ut olim perficere non pleniter satagebat; ideo omnipotentis Domini fretus auxilio atque consilio et virtute munitus, aureis simulque argenteis tabulis, non tantum confessionem sacram, verum etiam frontem sepedicti altaris satis decenter et onorifice perornavit, ut praesens per omnia opus ibidem dedicatum luce clarius manifestat.

Quam ob rem venerandi altaris frontem praecipuam, tabulis auro optimo noviter dedicatis, una um gemmis quam plurimis valde optimis ac pretiosis, totum circumdedit et in meliorem, ut prius, statum atque decorem perduxit. In quibus scilicet aureis, ut dictum est, tabulis, non solum Redemptoris nostri forma depicta praefulget, verum et eius Resurrectio veneranda atque iudicium sacrae ac salutifere crucis, Petri quoque Pauliaque pariter vultus atque Andree in praenominatis tabulis similiter splendent atque coruscant; inter quos sanctissimi quarti Leonis praesulis, necnon et spiritalis filii sui domni imperatoris Lotharii, propter futuram memoriam sive mercedem, persone Deo care per cuncta saecula venerande depicta sunt.

Quod denique tabularum opus CCXVI auri obrizi libras pensant. Confessionem vero crebro dicti altaris tabulis argento paratis purissimo modo simili tota animi devotione ad anticum decus et statum perduxit; in quibus Salvatorem in trono sedentem conspicimus, pretiosas in capite gemmas habentes, et a dextris illius Cherubim, a leva quoque ipsius vultus apostolorum ceterorumque depictos.

Immo et rugas sacrae confessionis ex argento constructas, vultus habentes beatissimi Petri et Pauli, pens(o) omnia lib(rarum) CCVIII. Ipse vero a Deo amabilis et prudentissimus pontifex fecit in basilica beati Petri apostoli vela ex auro texta, pendentes in circuitu cuncta in arcora, de blata, numero XI.

Necnon et in oratorio sancti Leonis pontificis, intro ecclesia beati Petri apostoli, fecit veste sirica, alba, sigillata, cum gammadias et periclisin de blata I; et vela similiter alba maiori II et minori VIII[622].

L'attenzione avuta dal papa per l'altare, in quanto costituente uno dei fulcri liturgici della basilica, da ripristinare alle funzioni cultuali con una ricchezza tale che agevoli il dimenticare la recente profanazione subìta, verrà notata alla fine del secolo proprio dal viaggiatore Hâroun 'ibn Yahya, trovando riscontro nei suoi appunti su Roma, riportati in citazione nel paragrafo precedente.

Fecit etiam isdem beatissimus praesul, post depraedatione Saracenorum, in eccesia beati Petri apostoli crucifixum mirae magnitudinis constructum, cum gemmis iacinctinis de argento purissimo exaurato, pens(o) lib(rarum) LXXVII, et alia gemma alba maiore I[623].

Obtulit in basilica beati Petri principis apostolorum, post depraedationem sevae gentis Agarenorum, arcora de argento mundissimo, numero XIII, ex quibus duo vero, quem posuit a parte dextra seu sinistra in presbiterio, mirae magnitudinis, pens(o) lib(rarum)[624].

Isdem quoque beatissimus praesul fecit in ecclesia beati Petri principis apostolorum vestem I auro texta, habentem istoriam qualiter beatus Petrus praedicavit sanctam Romanam ecclesiam, cum gemmis albis, id est margaretis, VI, et cum gemmis prasinis XI, necon et iacintis gemmis XXVII.

Fecit et in ecclesia beati Andree apostoli cyburium super altare ex marmore, necnon et calicem de argento cum coronis, pendentes in eodem cyburium, numero XII, pens(o) lib(rarum)[625].

Fecit etiam ubi supra campanilem et posuit campana cum malo ereo et cruce exaurato. Necnon et in ecclesia beati Petri apostoli obtulit turibulum ex auro purissimo ex diversis gemmis ornatum[626].

Non è escluso che proprio questo campanile, prospetticamente prossimo alla vasca per le abluzioni ripristinata nell'uso da Adriano I, corrisponda alla torre solitamente indicata nelle descrizioni di autori arabi come elemento della basilica vaticana piuttosto appariscente e particolare.

Quis denique decentius consumatis atque peractis, post

---

[621] *Lib. Pont.*, tomo II, p. 111, ll. 18-21.

[622] *Lib. Pont.*, tomo II, p. 113, ll. 22-30, 114, ll. 1-14.
[623] *Lib. Pont.*, tomo II, p. 117, ll. 10-12.
[624] Nel testo manca l'indicazione del peso di questi oggetti.
[625] Anche qui manca nel testo la misura del peso.
[626] *Lib. Pont.*, tomo II, p. 119, ll. 13-21.

flebilem et iniquam Saracenorum depraedationem, catholicus et per omnia laudabilis praesul, ad decorem et laudem ecclesiae apostolorum principis apostoli Petri, fecit mirae magnitudinis ac pulcritudinis super illius venerandum altare ciburium, obtulit et columnas ac lilia exaurata ex argento purissimo, pens(o) lib(rarum) mille DCVI.

Namque et ipsum ciburium obtulit coronas III cum calicibus XVI, ex auro mundissimo, pens(o) lib(rarum)[627] *et de argento ut supra. Ad honorem et gloriam ipsius namque ciburii fecit calices et coronas numero XLVI, pens(o) lib(rarum) XXII et unc(iarum) VII. Necnon et super columnas ipsius ciburii, propter amplam pulchritudinem, ex argento purissimo fecit cofinos (sic) numero III, pens(o) lib(rarum) XLII.*

Fecit etiam ibidem, ante altaris circuitum, vela alba olosirica sigillata, numero XII, listas habentia de fundato. Obtulit adeo inibi et alia vela linea numero XIIII, listas habentia per circuitum de sirico albo sigillato. Ubi supra fecit arcora II ex argento purissimo, pens(o) lib(rarum) L[628].

Ipse vero a Deo protectus pontifex, post devastationem Saracenorum, fecit in ecclesia beati Petri principis apostolorum rugas de argento mundissimo, qui est ante confessionem ipsius, pens(o) lib(rarum) DLXXX; nam et tabulas de argento exauratas, qui est in gradas ante confessione beati Petri apostoli, numero IIII, et agnos II, qui pens(o) simul in unum lib(rarum) XLIIII.

Obtulit ubi supra coronas porfuretica mire magnitudinis, ornata ex auro purissimo[629] *cum delfinos XII, legente de nomine ipsius almifici praesulis, pens(o) ipsum auro lib(rarum) III et semis; necnon et arcos de argento purissimo numero X, qui pens(o) simul in uno lib(rarum) CLXXXI; et vela lineae, qui pendent in arcora ubi supra, ornata in circuitu de fundato, numero XLVIII*[630].

Nella penultima illustrazione dei doni offerti alla basilica vaticana viene esplicitata la diversa natura dell'intervento, in riparazione di danni operati da fattori esterni e di veri e propri cedimenti strutturali, come quelli evidenziati nel portico di collegamento tra la porta urbica di S. Pietro, sul lato meridionale del mausoleo di Adriano, e lo spazio antistante alla basilica:

Ipse insignis praesulque praecipuus cum innumera summi decoris opera in basilica celesti clavigeri perfecisset, portas infanda quas destruxerat progenies argentoque Saracena nudarat erexit, multisque argenteis tabulis lucifluis salutiferisque historiis sculptis decoravit et in meliorem speciem quam pridem fuerat reparavit; ut omnes qui in eadem basilica ingredere veniunt laudes Deo omnipotenti suoque sancto praesulatui referunt, et exposcunt ut multa annorum suae vitae curricula extendantur, qui tanti fulgoris opere tantoque pulchritudinis pandere aulam Dei arg(ento) pens(o) lib(rarum) LXX ornavit[631].

Qui summus Deoque amabilis papa, in exordio sui pontificii, cum porticus partis laevae beati prae nimia vetustate Petri basilicae cecidisset, celeri studio praeclarus renovavit[632].

---

[627] Di nuovo viene omessa la misura del peso.
[628] *Lib. Pont.*, tomo II, p. 121, ll. 1-10.
[629] *Lib. Pont.*, tomo II, p. 122, ll. 25-28.
[630] *Lib. Pont.*, tomo II, p. 123, ll. 1-3.
[631] *Lib. Pont.*, tomo II, p. 127, ll. 24-28.
[632] *Lib. Pont.*, tomo II, p. 127, ll. 29-30.

Nel concludere la rassegna dei lavori effettuati in seguito all'attacco dell'846, il biografo di Leone IV accenna per la prima ed unica volta a quelli eseguiti per le medesime ragioni nella basilica di S. Paolo. Ma accorgendosi del diverso numero di citazioni a sfavore di quest'ultima, cerca di giustificare in qualche modo la predilezione mostrata sin qui dal papa per S. Pietro, celando, forse, l'altra verità, più volte emersa e affermata nell'ambito di questa ricerca: il complesso della Via Ostiense è stato toccato solo marginalmente dagli Arabi, presto intercettati dagli uomini giunti in soccorso dalla Campagna Romana:

Igitur quia iam pleniter ea quae beati Petri ecclesiae praedictus pontifex obtulit ornamenta, breviter licet, descripsimus, nunc vero ea quae in ecclesia beatissimi Pauli apostoli, doctoris gentium, post impiam Agarenorum devastationem est operatus, ob aeternam memoriam summatim innotescere studeamus.

Fecit autem super eius sacratissimum corpus cyborium mirae pulchritudinis ingenti argenti pondere cum columnis argenteis comptum, pens(o) lib(rarum) DCCCCXVI.

Sed cum benignus ipsius pontificis mens ante et post generalia omnium ecclesiarum, quibus ingenti desiderio ornamenta praebebat, beato Petro semper aliquid optimum et speciosus offerre curabat, nam obtulit ei tres oleas masoricas admirabilis pulchritudinis serico textas coloreque depictas, quae videlicet festis diebus in circuitu altaris maioris dependent[633].

VII.5 - Il carteggio dei papi Marino I, Adriano III e Stefano V

Negli anni dall'882 all'891 la cancelleria pontificia intrattiene un discreto contatto epistolare con l'emiro di Sicilia 'Al Hasan 'ibn 'al 'Abbâs, grazie all'opera di intermediari svolta dai Napoletani[634]. L'argomento principale è il riscatto da pagare per alcuni vescovi e sacerdoti, catturati prima dell'880 nelle isole minori attorno alla Sicilia e in alcuni centri di recente conquista. Le lettere papali e le relative risposte sono contenute all'interno del *Codice Diplomatico di Sicilia*, al momento uno dei pochissimi carteggi disponibili sulle attività degli emirati in Italia, in grado di chiarire molteplici aspetti delle modalità di movimento, avvio delle spedizioni, organizzazione dei territori conquistati, oltre che dell'amministrazione musulmana in Sicilia e del perché dell'apparente silenzio osservato dalle fonti arabe per ora disponibili, intorno ad operazioni belliche di particolare rilievo[635].

---

[633] *Lib. Pont.*, tomo II, p. 130, ll. 20-28.

[634] Questi stessi documenti, con qualche lieve variazione testuale e talora solo in forma riassunta, sono stati già riprodotti in Tucciarone 1991, pp. 87-94.

[635] Rinvenuto nel secolo XVIII nell'archivio del monastero di S. Martino *de scalis*, poco lontano da Palermo, e noto solo in un'altra copia rintracciaa nella biblioteca di Fez (Marocco), il *Codice* costituisce una fonte di primaria importanza, che meriterebbe di essere nuovamente tradotta e commentata secondo i moderni criteri della scienza islamistica. Attualmente è disponibile solo l'esemplare riprodotto in tre tomi, per un totale di sei volumi, da Alfonso Airoldi, tra il 1789 e il 1792. Dalle prime pagine di introduzione si apprende che il *Codice*, composto da 279 fogli, è stato composto nella prima parte da Mustafa 'ibn Hâni, negli anni tra il 985 e il 986, su disposizione dell'Emiro di Sicilia 'Abd 'Allâh 'ibn Muhammad 'ibn 'al Hasan. Manca di un titolo particolare, tranne l'invocazione «Non vi è dio, al di fuori di Allah. Maometto profeta di Allah». Sul senso, l'uso e il valore di queste carte risultano particolarmente chiare le pagine di apertura, nelle quali fra l'altro si specifica: «Dunque quando ho avuto il

Il primo contatto con l'Emiro 'Al Hasan viene stabilito il 3 aprile 882[636]. da papa Marino I, informato della presenza a Palermo di numerosi prelati fra le persone ridotte in schiavitù, fra cui l'Arcivescovo di Siracusa e il Vescovo di Malta. Dopo una risposta di massima, inviata a Roma il 22 dello stesso mese, e l'autorizzazione alla vendita, concessa dall'Emiro d'Africa 'Ibrahîm 'ibn 'Ahmad il 10 maggio seguente[637], trascorre circa un anno di silenzio, prima di un nuovo contatto da parte dell'Emiro 'Al Hasan.

«Alhasan ben el Abbas, per grazia di Dio, Emir Chbir di Sicilia, ti saluta assai, e ti dice, o Marinu Papa di Roma, e di tutti li Cristiani, che io ho scritto alla Grandezza del mio Mulei, che la tua Signoria vuole comprare li due Vescovi con li loro Preti, e quella gente Grande, che ho schiava nella prigione, e che il mio Mulei mi ha dato il permesso di venderteli. Intanto potrai mandare li tuoi Albuliti» (consiglieri) «col danaro, e si farà la vendita: di questa maniera la tua Signoria resterà contenta e intanto non ho per oracosada dirti di più, ti saluto assai, e mi segno così: Alhasan ben el Abbas, per grazia di Dio, Emir Chbir di Sicilia. Imedina di Balirmu li 15 del mese di Shawwal 272 di Maometto»[638], in netto contrasto con la data della risposta (7 maggio 883) affidata qualche decina di giorni dopo dal pontefice Marino all'equipaggio di una imbarcazione napoletana.

La lettera, stilata probabilmente da un notaio siciliano accreditato a Roma, è, al pari delle successive provenienti dalla cancelleria del papa, in latino misto a espressioni e vocaboli del volgare. Questa deroga all'impiego di forme ufficiali è forse determinata dall'idea che un simile linguaggio, più vicino al parlato dell'isola, sia più facilmente comprensibile dagli interpreti locali, incaricati di tradurlo e trasmetterlo all'Emiro.

«Lu papa Marinu servus di omni li servi di lu Maniu Deus, te saluta multu, e te diko, Maniu Amir di Sicilia Alasan filiu di Alabbas, ki abeo kapitatu la tua littera signata kun la giurnata dilli quindici di lu mense di Aprili oktocento oktantatre: abeo lettu in ipsa ki lu Mula ti à datu lu permissu di vindirmi omne illi sklavi ego volo, a quali kosa mi ha dato una konsolazione mania; ma la tua Dominaktio mi ha skribbitu di mandarti li konsiliari mei kun lu denaru per fare lu rikaptitu di killa gens: intantu la tua Dominaktio non mi skribi quantu danaru debeo mandare per lo rikaptitu de killa gens, unde non ti possum mandare li konsiliarii quia non so quantu dinari ti debeo mandare. Intantu aspetu la responsio de lu plus presto. Saluto multu ala tua Persona, e me subskribo sik: Marinu Papa di tutta la Kristianità servu di omni li servi di lu Maniu Deu. Principali Civita di Roma li septe di lu mense Maiu oktocento oktanta tres di usu meus»[639].

Giunta a Palermo dopo ben 21 giorni, riceve immediatamente risposta dall'emiro, che il 28 Dhu 'al Qa'da 272 (ossia l'886, invece che 883) la spedisce a Roma con i medesimi intermediari:

«Alhasan ben el Abbas, lode a Dio, Emir Chbir di Sicilia, ti saluta assai, e ti dice, o Papa Marinu, che ha ricevuto la tua lettera segnata il giorno 7 del mese di Dhu 'al Qa'da nella quale ha letto, che non hai mandato li Albuliti insieme col danaro in Balirmu per ricaptare gli schiavi, perché non sai la quantità di danaro, che vi è bisogno: io ti dico che se li avessi mandato con danaro, quando il danaro non fosse stato bastante io ti avrei mandato gli schiavi, e poi avresti potuto farmi giungere il resto del danaro: e per farti conoscere la verità, insieme con questo foglio ti ho mandato ventisette Preti, e così dovrai mandarmi duecento Krus per ognuno, Preti schiavi non ne ho altri; per li Vescovi dovrai pagarmi mille Krus per ognuno, come per quelli Grandi, che tengo schiavi dovrai darmi quattrocento Krus per ognuno e se vuoi comprare dell'altra gente dovrai sborsare settanta Krus per ogni Persona. La gente schiava è quella che ti scrivo:

Primo. Tengo l'Arcivescovo di Sarkusah» (Siracusa), «e il Vescovo di Malta.

Secondo. Numero ventisette Preti, i quali te li ho mandati insieme con questa lettera per farti vedere, che tratti con gente per bene.

Terzo. Li Grandi, che tengo schiavi sono centotrentacinque compreso il Patrizio di Sarkusah.

Quarto. Dell'altra gente fra uomini donne, e figliuoi tengo tredicimila cinquecento e ventisette: questi sono tutti schiavi che fin'ora ho. Non ho che cosa dire di più alla tua Signoria, ti saluto assai, e mi segno così: Alhasan ben el Abbas, lode a Dio, Emir Chbir di Sicilia tuo amico. Imedina di Balirmu li 28 del mese di Dhu 'al Qa'da 272 di Maometto»[640].

Il 17 Muharram 272 perviene all'emiro una nuova lettera del papa, datata 2 luglio 883:

«Marinu Papa servu di li servi di lu Maniu Deu, te saluta, o Amir Maniu di Sicilia Alhasan filiu di Alabbas, e ti diko ki a kapitatu la tua littera, la quali era signata kun la giurnata di li

---

comando dalla Grandezza dell'Emir Chbir, ho raccolto tutte le lettere, che i Mulei mandavano in Sicilia alli Grandi Emiri, e le copie delle lettere che li Grandi Emiri mandavano alli Mulei, e le copie delle lettere, che li Grandi Emiri mandavano agli Emiri, e Governatori delli luoghi di tutta la Sicilia, e tutte le lettere che gli Emiri, e Governatori della Sicilia mandavano all'Emir Chbir; le quali lettere tutte sono conservate in una cassa di cipresso, nella camera dove si tiene il Consiglio, la quale cassa è chiusa sempre con tre chiavi differenti, una la tiene il Grande Emir, una il Grande Muftù come Capo del Consiglio di terra, ed una il Grande Kadì come Primo uomo del Consiglio di mare. Laonde quando si dovrà aprire quella cassa, o per conservare qualche lettera, o per prendere qualche lettera a leggere, acciò si sappia quello che si dovrà scrivere, bisogna unirsi il Grande Emir, il Grande Muftù, ed il Grande Kadì, come Capi de' Consigli, per aprire quella cassa, e se si darà il caso, che mancherà qualcheduno di loro, quella cassa non si potrà aprire; se si darà il caso di qualche malattia, si sostituisce un uomo del Consiglio in luogo di quello, che sarà ammalato. Perciò il Grande Emir mi ha dato li comandi di fare due libri, e copiare quelle lettere, acciò quando saranno copiate, un libro si metta nella camera del Consiglio di terra, ed uno nella Camera del Consiglio della marina, e la cassa non si aprirà, se non quando si dovranno mettere le lettere in essa, e prima di metterle nella cassa tanto il Capo del Consiglio di terra, quanto quello del Consiglio di mare, le devono copiare nelli libri insieme con le altre copie, acciò sempre si trovassero pronte quando si fanno li Consigli, e non si toccassero quelle della cassa, e questi due libri si devono conservare chiusi, uno nella camera del Consiglio di terra, ed uno in quella del Consiglio di mare, ed ogni chiave di quelli la dovrà prendere il Capo del Consiglio o di terra, o di mare. E col nome di Dio, e di Maometto si principia» (*Cod. Dipl.*, tomo I, parte I, pp. 2-3).

[636] *Cod. Dipl.*, tomo I, parte II, pp. 244-245. Si nota una discrepanza fra il computo degli anni riportato nelle carte papali e quello arabo, che data la prima risposta dell'Emiro 'Al Hasan a Marino il 22 Sciaual 271(e non del 268 come dovrebbe), ossia il 22 aprile 885, con uno scarto netto di tre anni. L'errore è forse imputabile all'Airoldi, curatore del *Codice*.

[637] *Cod. Dipl.*, tomo I, parte II, pp. 244-247.

[638] *Cod. Dipl.*, tomo I, parte II, p. 249.

[639] *Cod. Dipl.*, tomo I, parte II, pp. 241-243.

[640] *Cod. Dipl.*, tomo I, parte II, pp. 250-251.

viginti okto di lu mesi di Maiu oktocento oktantatre, simul kun la tua (littera) mi annu vinutu viginti septe Preti, li quali li mandau la tua Dominakzioni prima di mandare lu denaru; veraciter si' un'omo di bene, quia mi ai obligatu multu de illa akzione, per la quali lu Maniu Deu te ajuterà multu. Alhasan Maniu Amir kista littera ti la darannu in mani tui li sei Equestri de lu meo kunsilio, kun li quali ti mandai lu denaru di la redenzioni di illi viginti septe Preti, ki mi hai mandatu. Ti mandai etiam lu denaru de la redenzione di illa gens domina, ki ai. Quantu passirà un poko di tempo di novo ti invio lu denaru per redimere all'altra gens sklava, quia ora principio ego stissu ambulare a koliere la karità per la redenzione de illa gens paupera. Senti filiu di Alabbas non serà melius de non facere plus gens sklava, sed li farai solvere tantu l'annu per caput. Quia ac kausa lu Maniu Deu ti dabit una longa vita, e ti manda la sua benedikzione; intantu ti lu prekor per amor Dei, ki tu ci porti, di facere ak res. Intantu nun abeo ki res plus skribere, te saluto, e te prekor ut non facere maltrattari illa paupera gens sklava, me subskribo sik: Marinu Papa di omnia kristianitas, servus di li Servi di lu Maniu Deu. Principali Civitas di Roma, li dui di lu mense Iulius oktocento oktanta tres di meus usus»[641].

La risposta viene scritta e inviata da Palermo qualche mese dopo:
«Alhasan ben el Abbas, lode a Dio, Emir Chbir di Sicilia, ti saluta assai, e ti dice, o Papa Marinu, che sòno giunti in Balirmu quelli sei Abuliti, li quali mi hanno consegnato il denaro, prezzo di quei ventisette Preti, e mi consegnarono pure il danaro de riscatto tanto dei Vescovi, quanto di quelli Grandi, che erano in schiavitù: li ho fatti imbarcare sopra quelle barche, con le quali vennero li tuoi Albuliti, e te li ho mandati. Io per farti vedere, che sono un uomo da bene, e che ti amo, perché mi hai scritto nella tua lettera, che vuoi uscire a raccogliere la carità per ricaptare la gente schiava, io comincio a farti il primo la carità con mandarti una barca Napolitana, sopra la quale ho fatto mettere cento schiavi fra donne, e figliuoli, e questa lettera te la darà il Capitano della barca, e da ciò potrai conoscere se io abbia cuore buono, e se ti ami. Ma senti, o Papa Marino, tu stai facendo del bene alla gente Greca, ed essa ti ricompenserà con farti male, perché quella gente a chi le fa del bene sa pagare con fargli delli tradimenti, e perciò bisogna che tu tenessi gli occhi aperti. Io ti dico, che se tu vorrai qualche cosa dalla Sicilia, dovrai scrivermi, che subito te la manderò: con quelli Abuliti non ti ho mandato lettera. Non ho che dirti di più; ti saluto assai, e mi segno così: Alhasan ben el Abbas, lode a Dio, Emir Chbir di Sicilia tuo amico. Imedina di Balirmu li 5 del mese di Ausah 272 di Maometto»[642], che sarebbe il 5 agosto 886, da riportare all'883.

La valutazione sulla scarsa affidabilità dei *Graeci* coincide con quanto altre volte riferito dalle fonti latine e notato nei capitoli precedenti. Per quel che riguarda la comunicazione, precede di alcuni giorni il resoconto al Mulei 'Ibrahîm 'ibn 'Ahmad e la conferma dell'appoggio di questi a qualunque iniziativa sinora presa[643].

Dopo qualche tempo, mancando qualunque riscontro da parte romana, l'emiro invia un ulteriore messaggio, sempre tramite imbarcazioni della flotta di Napoli:
«Alhasan ben el Abbas, lode a Dio, Emir Chbir di Sicilia, ti saluta, e ti dice, o Papa Marinu, che nel giorno 5 del mese di Ausah, quando partirono da Balirmu li tuoi Albuliti cogli schiavi <...> ho spedito una barca Napolitana con cento schiavi, che ho mandato in dono alla tua Persona, ed ho consegnato pure una lettera al Capitano della barca, per darla alla tua Signoria. Di questa azione così buona che ti ho fatto, non solo non mi hai ringraziato, ma né pure mi hai risposto. Questo procedere è molto malo (sic), perché potrebbe mostrare, che tu fossi uomo di cattivo cuore, che avendo ricevuto del bene non sai riconoscere il benefizio. Io però non voglio credere, che sia stata tua mancanza; piuttosto mi persuado, che la barca si fosse perduta. Non ho che cosa dire di più alla sua Signoria per ora, e mi segno così: Alhasan ben el Abbas, lode a Dio, Emir Chbir di Sicilia tuo amico. Imedina di Balirmu li 4 del mese di Sciaual 273 di Maometto»[644], per dire forse il 4 aprile 887.

Questa interruzione viene immediatamente recuperata da Adriano III, successore di Marino, morto agli inizi dell'884, come viene specificato di seguito:
«Lu Papa Adrianu Terzu, servu di omni servi di lu Deu te saluta, e ti dici o Amir Maniu di Sicilia Alhasan filius di Alaabbas ki a kapitatu la tua epistola, la quali erat direkta per lu Papa Marinu, lu quali morio in die oktava di lu mense di Januarius oktocentu oktanta quatuor, e per ok non ti a skribitu. Dunka la tua Dominakzione illa mancanza non la acipere per res mala, dunka ego te ringrazio multu di illi cento sklavi ki ai ambulatu a lu Papa Marinu. Diko a la tua Dominakzione, ki per lu annu ki vieni, spero di remeterti per redimere li altri sklavi. Nos debemus stare per sempre soci, per facere videre ki sum tuus amikus, kum la barka Napolitana te mandai una arka plena kum drappi de seta per facere vestita per te, e per li tuoi filii. Intantu non abeo ki res plus dirti; quandu verrà lu tempu di redimere a illa gens sklava ego tibi skribbo: te salutu multu, e me subskribbo sik. Adrianu Terzu servu servorum di lu Deu. Principali Civitas di Roma li viginti seks di lu mensi di April oktocentu oktantaquatuor di Kristu»[645].

La nuova missiva dalla Sicilia non si lascia attendere molto, contando i giorni di navigazione e il tempo necessario a formulare un ulteriore testo.
«Alhasan ben el Abbas, lode a Dio, Emir Chbir di Sicilia, ti saluta assai, e ti dice, o Papa Adriano, che ho ricevuto la tua lettera, segnata il dì 26 del mese di Shawwal 273» (aprile 884, anche se è messo per l'887) «nella quale ho letto la morte del Papa Marino: questa notizia mi è dispiaciuta, perché era uomo assai da bene; ma per quanto vedo se è morto un Papa buono, ora se n'è fatto un altro migliore, che sei tu. Io ti ringrazio assai di quella cassa piena di drappi, che mi hai mandato, li quali mi sono al sommo piaciuti, e subito ne ho fatto degli abiti tanto per me, quanto per le mie mogli, e figli. Dunque quando tu vorrai mandare a riscattare altra gente potrai farlo: mi dispiace, che non te la posso mandare senza denaro, perché quella gente non è mia, ma è della grandezza del mio Mulei. Ti dico, che se vorrai qualche cosa da Balirmu me lo dovrai scrivere, che subito te la manderò. Intanto non ho cosa dirti di più per ora; ti saluto assai e mi segno così: Alhasan ben el Abbas, lode a Dio, Emir Chbir di

---

[641] *Cod. Dipl.*, tomo I, parte II, pp. 252-253.
[642] *Cod. Dipl.*, tomo I, parte II, pp. 253-254.
[643] *Cod. Dipl.*, tomo I, parte II, pp. 254-255.

[644] *Cod. Dipl.*, tomo I, parte II, pp. 255-256.
[645] *Cod. Dipl.*, tomo I, parte II, p. 256.

Sicilia. Imedina di Balirmu li 16 del mese di Dhu 'al Qa'da 273 di Maometto»[646].

Tra Roma e Palermo, nonostante le buone intenzioni espresse sinora, non si hanno altri contatti, se non su iniziativa di Stefano V, che il 10 aprile 887 prepara una nuova lettera per l'emiro 'Al Hasan:
«Lu Papa Stefanus Quintus servu servorum di lu Deu te saluta multu, e ti dik (sic), o Amir Maniu de Sicilia, filius di Alabbas, ki lu Papa Adrianu morio in anno oktocento oktanta quatuor» (in realtà è l'885), «e per ok non ambulau a redimere li sklavi. Da quandu sum Papa ego abeo rakolto quinque mila pezzi di aurum, omni pezzo kusta un krusc e medio, quia sik mi dissero li Napolitani. Ego ti li ambulai kun dui Equestri de lu meus konsiliu, alli quali ci li darai illi sklavi ki voles la tua Dominakzioni senza farti prezzo, quia scio quantu sei omo di karitas. Ego te preco per karitas de non facere plus gens sklava, sed li dovrai ambulare fori di Sicilia, quia la sklavitù è deforme multu. Intantu ego non abeo ki res skribere plus, te saluto multu e me subkribo sic: Lu Papa Stefanu Quintus, servus servorum di lu Maniu Deu. Principali Civitas de Roma decem de lu mense di April okocentu oktanta septe di Kristo»[647].

Il rinnovato sollecito ad evitare di prendere altra gente schiava viene respinto dall'emiro nella lettera del 10 maggio 887, spiegando le ragioni della sua decisione con il riproporre il motivo della mancanza di affidabilità dei *Graeci*:
«Alhasan ben el Aabbas, lode a Dio, Emir Chbir di Sicilia ti saluta, e ti dice, o Papa Stefano, che ho ricevuto la tua lettera, segnata il dì 10 del mese di Sciaual 275» (sarebbe il 10 aprile 889) «la quale mi fu recata dai due Albuliti, che la tua Signoria mi ha mandato, li quali mi hanno dato cinquemila pezzi di argento, e siccome non mi hai detto quanti schiavi vuoi con quel denaro, vedo da ciò, che sei un uomo assai dabbene, ed in considerazione di questa azione tanto buona, che tu hai fatto, ti mando insieme con i tuoi Albuliti quattromila schiavi, tra donne, figliuoli, ed uomini, li quali te li ho spediti (sic) in Napoli sopra venti chelandie, e da Napoli verranno per terra in Roma. Questo ti farà conoscere quanto siano buona gente li Musulmani, anche più di quello che non sono li Cristiani, perché una simile azione li Cristiani non la fanno sicuramente. Tu mi hai scritto nella tua lettera di non fare più gente schiava, questo non è parlare da uomo della tua qualità per molte ragioni:
Primo. Perché si devono conquistare in Sicilia delle altre città, e la gente nemica combatte colla mia gente, e se accade, che li nemici superino, i miei restano schiavi, e sono dai Greci maltrattati assai. Dunque è di giusto, che da quando la mia gente riporta vittoria, quelli Greci, che cadono nelle nostre mani, restino schiavi.
Secondo. Per altro quando mandassi li Greci vinti fuori di Sicilia, tornerebbero di nuovo in Sicilia, perché direbbero: noi combatteremo coi Musulmani, se restiamo vinti non ci faranno schiavi, ma ci manderanno fuori di Sicilia, e in questo modo è lo stesso, che aggiungere gente contro la mia gente: se io facessi questa cosa sarei pazzo, ed avrebbe ragione il mio Mulei di togliermi il governo di Sicilia, come a un uomo matto
Terzo. Giacché il tuo cuore si affligge di questa schiavitù, perché è cosa brutta assai, come in verità è, dovrai scrivere a tutti li Vescovi di Sicilia, ed alli Governatori, che ancora non sono soggetti a me, di rendersi a buono a buono, ed io non li farò schiavi, ma farò loro pagare tanto a testa, come pagano al loro Imperatore, ed in questo modo non solo libererai quella gente dalla schiavitù, ma anche dalla morte, perché aschiavitù è cosa di poco momento in paragone della morte, giacché la maggior parte resta morta nelli combattimenti. Né creda la tua Persona, che dico questa cosa per risparmiare la morte alla mia gente, perché io ho gente quanta ne voglio non solo Musulmana, ma Siciliana; giacché la gente Siciliana odia ed aborrisce la gente Greca assai più di quello, che non fa riguardo a noi Musulmani; perché quella gente è tutta canaglia, e tutto questo bene, che la tua Persona le sta facendo, te lo renderà in male, perché tutti sono veramente cani. Senti, o Papa, quando vorrai qualche cosa da me, dovrai scriverla alli tuoi Vescovi a me soggetti; essi me ne faranno avvisato, ed io ti servirò. Non ho altro da dirti; ti saluto assai e mi segno così: Alhasan ben el Aabbas, per la grazia di Dio, Emir Chbir di Sicilia. Imedina di Balirmu li 20 del mese di Edilkadan 275 di Maometto»[648].

L'esito di questi ultimi scambi epistolari si apprende dal rapporto che poco dopo, il 2 Reginab (gennaio) 275 l'emiro invia al proprio signore in Africa[649]. Le 20 navi, approntate per il trasporto degli schiavi liberati, di ritorno da Roma, hanno catturato quattro imbarcazioni mercantili definite genericamente «francesi», con carico di olio ed orzo e 26 uomini di equipaggio su ciascuna.

Nel frattempo il pontefice, intenzionato forse a porre un limite al mercato degli schiavi e a ridurre la pressione militare nell'isola, garantendo così una migliore protezione da parte dell'imperatore verso i territori italiani, ancora troppo esposti, ha sollecitato l'Arcivescovo di Palermo a convincere vescovi e fedeli delle altre comunità siciliane, non ancora conquistate, ad arrendersi, pagando la *gazîah* o *gizîah*, ossia il tributo personale, e acquisendo così dignità pari a quella di qualunque altro cittadino dei califfati e degli emirati del Mediterraneo.

Il prelato chiede presto udienza all'Emiro 'Al Hasan e, secondo quanto riprodotto nella relazione, tratta la questione nei termini seguenti: «Senti, o mio Padrone Emir Chbir Alhasan ben el Aabbas, il mio Santo Padre Stefano Quinto mi ha mandato una lettera, in cui mi ha scritto, che, primo, mi presenti alla tua Grandezza, e la ringrazi in nome del mio Santo Padre del numero della gente schiava, che gli hai mandato per quelli cinquemila pezzi, che ti ha inviato; onde con le lagrime agli occhi ringrazio la tua Grandezza. Secondo, mi ha scritto, che dopo aver fatto ciò verso la tua Grandezza, dovessi partire da Balirmu, e andare in quei luoghi, che non sono ancora soggetti alla tua Grandezza, per pregare li Governatori di quelle Città, acciò si arrendessero volontariamente: perché qualora si sottomettono alla tua Grandezza non saranno fatti schiavi, ma solo esigerai da loro quello, che pagavano all'Imperatore. Intanto prego la tua Grandezza a darmi il permesso di poter partire, e tentare se io possa recare a buon fine questa cosa tanto vantaggiosa per tutti»

L'emiro, pur apprezzando lo sforzo del pontefice e del suo

---

[646] *Cod. Dipl.*, tomo I, parte II, p. 257.
[647] *Cod. Dipl.*, tomo I, parte II, p. 260.
[648] *Cod. Dipl.*, tomo I, parte II, pp. 261-262.
[649] *Cod. Dipl.*, tomo I, parte II, pp. 263-265.

rappresentante, non crede nel buon esito del tentativo, «perché, sebbene la tua Persona va per fare bene a quella gente, pure vedrai come te lo renderà». Dà comunque il suo assenso e resta in attesa dei risultati, ma, come si apprende nella successiva lettera inviata in Africa, dell'Arcivescovo non si avranno più notizie[650].

VII.6 - *Il Secondo compartimento del Quinto Clima del Libro di Re Ruggero*

A conclusione di quanto visto sin qui, oltre a quello che si è analizzato ed evidenziato nel quarto paragrafo del precedente capitolo, si ritiene utile, quale strumento di pronta consultazione, riportare le parti del *Libro di Re Ruggero* riguardanti le coste, l'entroterra e i centri che vi sorgono. All'interno delle citazioni si ribadiscono, tra parentesi e in corsivo, alcune ipotesi interpretative a livello topografico del contenuto, cercando di sottolineare ulteriormente la particolare visuale maturata dagli Arabi, in tre secoli di continua frequentazione del Mediterraneo centrale, e raccolta da 'Ibn 'Idrîs nel XII secolo.

La versione scelta è quella tradizionale, pubblicata da Amari e Schiaparelli[651], che, per quanto datata, mantiene la duplice dicitura araba e latina delle denominazioni, consentendo di rivedere alcune identificazioni, proposte dalla critica nei decenni passati, e di evidenziare le località acquisite con il susseguirsi delle spedizioni e dei contatti con le coste tirreniche, apponendo un proprio toponimo, alternativo alla versione locale, conosciuta ma volutamente ignorata e sostituita.

(p. 84) «Ora diamo principio a discorrere dei paesi litorali della costiera del *Bahr 'as Shâm* (Mare di Siria o Mediterraneo), descrivendoli città per città, luogo per luogo, coll'ajuto e col soccorso del sommo Iddio.

Diciamo dunque che dalla città di *'.rbnah* (Narbonne) a quella di *munt b.slîr* (Montpellier) [corrono] trentotto miglia.

Montpellier lontana dal mare diciotto miglia; è città popolata e fiorente ed è luogo frequentato dai viaggiatori.

Da Montpellier ad *'arl.s* (Arles), città posta alla marina dove sbocca il *nahr rûd.nû* (fiume Rodano), una giornata di cammino.

Egual distanza corre da Montpellier a *sant gîlî* (Saint Gilles). Da questa città ad Arles [si contano] sei miglia.

Arles e Saint Gilles sono ambedue poste sul fiume Rodano, e quest'ultima alla distanza di dodici miglia dal mare, sulla sponda di levante del (p. 85) fiume. Saint Gilles è città popolata, molto bella, ricca d'acque e di alberi, e abbondante d'ogni generazione di frutta.

Da Saint Gilles a *massîlîah* (Marsiglia) sul mare, venticinque miglia. La città di Marsiglia è piccola [ma] popolata, ha viti e seminati. Essa è posta sul pendìo di un colle che soprasta al mare.

Da Marsiglia ad *'îr.s* (Hyères) quaranta miglia. Recinta di solide mura giace la città vicina al mare, in luogo ameno, copioso d'alberi; bello ne è l'aspetto, abbondanti i suoi prodotti.

Da Hyères ad *'alb.nq.lah* (Albenga) trentacinque miglia. E' fortalizio difendevole e rocca elevata che sovrasta a campi coltivati, non interrotti, con produzioni d'ogni maniera.

Da questa alla città di *sagûnah* (Savona), città bella in luogo delizioso, molto fertile e ricco d'alberi, trentacinque miglia.

Da Savona a *ganwah* (Genova) venticinque miglia.

Genova è città antica, di fondazione primitiva; belli ne sono i dintorni ed i passeggi, eccelsi gli edifizii; ha frutta in abbondanza, molti campi da seminare, villaggi e casali e giace presso un piccolo fiume (fiume Bisagno). E' popolata da mercanti ricchi e agiati che viaggiano per le terre e pei mari e si accingono alle imprese facili e difficili. Essi hanno naviglio formidabile, conoscono le arti della guerra e del governo e sono popolo di altissimi spiriti fra tutti i Rûm.

Da Genova a *f.n.rah* ([Porto] Venere) settanta miglia. Porto Venere è fortalizio ragguardevole, abitato e difeso.

Da questo a *lûnah* (Luni) dodici miglia. La città di Luni posta alla marina, ha campi da seminare e villaggi.

Da questa a *bîs* (Pisa) quaranta miglia.

Pisa è una delle metropoli dei *Rûm*; celebre è il suo nome, esteso il suo territorio; ha mercati fiorenti e case ben abitate, spaziosi passeggi e vaste campagne abbondanti d'orti e di giardini e di seminagioni non interrotte. Il suo stato è possente, i ricordi delle sue gesta terribili; alti ne sono i fortalizii, fertili le terre, copiose le acque, maravigliosi i monumenti. La popolazione ha navi e cavalli ed è [sempre] pronta alle imprese marittime sopra gli altri paesi. La città è posta su di un fiume che ad essa viene da un (p. 86) monte dalla parte dell' *'ankubardah* (Longobardia). Questo fiume è grande ed ha sulle sponde molini e giardini.

Da Pisa a *marsâ 'al kinzîrîyah* («Porto della cinghialeria», Talamone), [porto] dominato da valido fortalizio, sessanta miglia.

Da questo porto a *g.b.t b.kkah* (Civitavecchia) cinquanta miglia.

Dal castello di Civitavecchia alla foce del fiume della città di *rûmah* (Roma) chiamato *t.nâbarî* (Tevere), cinquanta miglia.

Or chi [per andare da Pisa a Roma] prende la via di terra, va da Pisa alla città di Luni sul mare per quaranta miglia e da questa, per terra, a *b.st.rk.n* (Pistoia), poi alla città di *s.nqalîlîah* (Siena), poi al monte *'anwat* (Monte Aniata o Amiata) e quindi a *rûmah* (Roma). Imperocché il mare tra Genova e Pisa forma golfo e poi si volge al castello *'arg.ntâr* (*Argentarium*, oggi Orbetello), a Civitavecchia e a Roma. Tra Roma ed il mare [corrono] dieci miglia.

(p. 86) Roma è una delle colonne della Cristianità, essendo sede di patriarca. Sono pure sedi patriarcali *'Antâkîah* (Antiochia), *'Iskandarîyah* (Alessandria), (p. 87) e *Bayt 'al Muqaddas* (Gerusalemme); però quest'ultima è [sede più] recente, non esistendo ai tempi degli Apostoli, e fu istituita dopo le altre per onoranza della santa città.

Roma è città di perimetro esteso, dicesi che giri intorno nove miglia. La cingono doppie mura di pietra (*le Serviane e le Aureliane*); il muro interno è grosso dodici braccia ed alto settantadue, quello esterno è grosso otto braccia ed alto quarantadue. Nello spazio fra le due mura (*la Aureliana e quella della Civitas Leoniana*) [corre] un fiume (canale) coperto di lastre di rame, ognuna delle quali è lunga quarantasei braccia.

Il mercato (*il Foro Romano*) occupa lo spazio tra la porta orientale e l'occidentale (*gli archi di Tito e di Settimio Severo*); vi si veggono dei loggiati in pietra, di mole straordinaria, sorretti da [file di] colonne, ognuna delle quali è alta trenta braccia (*le basiliche Emilia e Iulia*). Le colonne che fiancheggiano la fila di mezzo sono di oricalco *rûmî* ed hanno il fusto, la base ed il capitello gittati (*le colonne*

---

[650] *Cod. Dipl.*, tomo I, parte II, p. 266.
[651] Amari-Schiaparelli 1883, pp. 84-98.

onorarie tra le due basiliche).

A ridosso delle colonne sorgono le botteghe dei mercanti. Sul davanti di questi loggiati e botteghe [scorre] un fiume (*la Cloaca Massima*), che divide la città da oriente ad occidente (*poi il Tevere*). Il suo fondo è interamente rivestito di lastre di rame [sicchè] non vi si attacca àncora[652]. I Romani contano le date con questo fiume e dicono: "dalla data dell'anno del rame". Le navi coi loro carichi entrano in Roma per questo fiume, e innanzi così caricate finché si fermano alle botteghe dei mercanti (*gli horrea della Ripa Graeca*).

Entro la città sorge una chiesa grande, costrutta sotto il nome di Pietro e Paolo apostoli[653] i quali ivi riposano in due sepolcri. La lunghezza di questa chiesa è di trecento braccia, la larghezza duecento la larghezza e l'altezza del tetto cento. Le colonne sono di bronzo gittato e così pure il tetto è rivestito di oricalco.

In Roma si contano mille duecento chiese; i mercati e le ampie strade sono lastricate in marmo bianco (*travertino*) e turchino (*basalto*) ed i bagni sono in numero di mille (*dato prossimo a quello della tradizione dei Cataloghi regionari*).

V'ha una chiesa di architettura magnifica, costrutta sul disegno di quella di Gerusalemme (*S. Giovanni in Laterano con attrazione del nome di S. Croce in Gerusalemme*), tanto in lungo che in largo, con un altare sul quale si celebra la messa, lungo dieci braccia e tutto tempestato all'esterno di smeraldi verdi. Dodici statue d'oro puro sorreggono [la mensa di] questo altare; ogni statua è alta due braccia e mezzo, ed ha gli occhi di rubini[654]. Le porte di questa chiesa sono rivestite di lamine d'oro puro, però le porte esterne, le une sono coperte di lastre di rame, le altre sono di legno scolpito.

Nella città di Roma v'ha il palazzo del sovrano chiamato il Papa. Nessuno è superiore a lui in possanza; i Re sono a lui soggetti e lo considerano eguale al Creatore. Ei governa con equità, ripara le ingiustizie, aiuta i deboli ed i poveri e protegge l'oppresso contro l'oppressore. Le sue decisioni hanno forza sopra tutti i Re dei Rûm e nessuno di loro può opporvisi.

La città di Roma non si può sufficientemente descrivere; le sue bellezze sono tali e tante che è impossibile enumerarle.
(p. 88) Da Roma dipendono molte città e metropoli celebri fra le quali *'ûrt* (Orte), *mâl m.lyâr* (Magliano), *wustû* (Ostia), *m.nt yâni* (Mentana) e *q.stâl* (Castello, forse Civita Castellana; *parte di questi centri conosce tra l'876 e il 914 l'occupazione araba, con caposaldi distribuiti lungo l'itinerario descritto nelle righe seguenti da 'Ibn 'Idrîs, da Roma ad Ancona*).

La strada da Roma alla città di *'ankûnah* (Ancona) posta sul mare veneziano [è la seguente]:
Da Roma ad *'ûrt* (Orte) due giornate.
Orte giace a ponente del fiume di Roma (Tevere), è città di mezzana grandezza, ha mercati e mura di terra (*ossia di tufo*).
Presso Orte e [precisamente] al di sopra (*ma in realtà è a valle; queste discrepanze sembrerebbero intendere che la carta allegata al volume di 'Ibn 'Idrîs sia stata realizzata da altri e poi sottoposta all'autore, che per far quadrare i propri appunti, tratti forse anche dalle relazioni di incursione arabe andate perdute o ancora da tradurre, rovescia le posizioni delle località*), il *nahr tûd.r* («fiume di Todi»; *passaggio dal toponimo Nera all'omofonico 'nahr', con l'aggiunta di un appellativo*) si unisce a quello di Roma (Tevere) il quale passa vicino alla città di *tûd.r*. Questa giace a ponente del suo fiume e sulla sponda a levante le sta di fronte la bella città di *'.mâqah* (Amelia).

Da Orte, seguendo il fiume [Nera] si va alla città di *nârâwm* (Narni) (p. 89) sulla sponda di levante del fiume di Todi (fiume Nera). Presso Narni, sulla sponda occidentale del fiume, [è posta] *rât* (Rieti) città popolata e bella.
Da Narni [si va] a *qam.rîn* (Camerino), città bella ed importante; da questa ad *'.zmûm* (Osimo), città provvista d'ogni bene e popolata, e di là ad *ankûnah* (Ancona; *l'omissione di tutte le tappe intermedie si spiega forse con l'importanza data alla valle del Nera, congiunta a quella del Chienti e da lì ai percorsi per Osimo*).

Ancona è città grande, una delle metropoli del paese dei Rûm. Vicino ad essa [scorre] il *nahr '.zmûm* («fiume di Osimo», fiume Esino), fiume di media grossezza, che scaturisce presso la città di *'.zmûm* (Osimo).
La città di *'alîâ* (o *'âsîâ*, Jesi) giace a ponente di questo fiume, alla distanza di nove miglia dal mare.

Strada da *ganwah* (Genova) al paese di *'anbardîah* (Lombardia).
Chi desidera [percorrere] questa [strada] va dalla città di Genova al castello di *b.rgah* (Borgio?) per due giornate.
Da questo al *nahr nâzimah* («fiume d'Alba», fiume Tanaro) due giornate.
Dal Tanaro alla città di *t.rûnah* (Torino) due giornate.
(p. 90) Torino è città bella e popolata, e metropoli fiorente e commerciante. La popolazione è gente agiata fra cui [molti] artefici ed operai. Da Torino a *gâmindîû* (Gamundium, in oggi Castellazzo Bormida) due giornate.
Gamondio è città popolata e grande da cui dipendono villaggi e còlti, posta sul fiume *t.ssîn* (Ticino). E' recinta di mura ed ha popolazione ricca, mercati attivi e commercio con importazione ed esportazione. Da Gamondio a *bâbîah* (Pavia) due giornate.
Pavia, città ragguardevole, è una delle metropoli del paese di Lombardia. Ha belle case, quartieri popolati, mercati fiorenti, guadagni continui, industrie sviluppate e grandi comodità della vita. Giace sul fiume Ticino là dove questo si congiunge col fiume *bâdî* (Padus, Po).
Questi due fiumi hanno la loro scaturigine sul [versante] orientale della montagna *munt gûn* (Alpi), e corrono tra ponente e mezzogiorno. Il Ticino (p. 91) arriva fin presso *nâzimah* (Alba) e poi, volgendosi dalla parte di levante per

---

[652] Questo particolare ricorda la parte dedicata dal biografo di Leone IV alla menzione delle opere di difesa disposte dal papa sul Tevere, tra Porta Portese e la banchina dell'*Emporium*, per impedire in futuro a navi nemiche di risalire la corrente del fiume e penetrare indisturbate nel cuore della città: *Quarum denique II (turres) iuxta Portuensem portam ita prudenter ac sapienter venerabilis praesul ab ipsa ora Tiberis, id est iuxta litus fluminis, aedificari disposuit, ut nullus prius hominum vel cogitare vel considerare valebat. Et quia per hunc locum non solum naves verum etiam homines ante facilius ingrediebantur, nunc autem vix umquam per eum parvae naviculae introire valebunt. Et hoc propter futurum Saracenorum periculum et salutem Romanae urbis factum est. Ipsam igitur turrem non solum lapidibus verum etiam ferro munire curavit, quatinus, si necessitas fuerit, per eundem locum nulla valeat navis transire. Quod noviter opus constructum et Romanae urbi defensionem prestat et videntibus non modicum sed grande miraculum, quia cum magna sapientia, subtili prudentia et onestate patratum est* (*Lib. Pont.*, tomo II, p. 115, ll. 14-21).
[653] Secondo un principio di 'slittamento topografico', notato anche per la probabile immagine della Cloaca Massima, mutata poi nel corso del Tevere, si passa dal dato di una *Basilica Apostolorum*, recuperato magari da qualche fonte antiquaria altomedievale, alla basilica di S. Pietro, unificandola con quella di S. Paolo fuori le Mura, presto appena ricordata dopo il tentato saccheggio dell'846.
[654] Le statue, secondo il Guidi, corrispondono a quelle donate alla basilica da Costantino (Guidi 1877, pp. 201-204).

tramontana, corre fino a che si congiunge col fiume Po. Vanno poscia di conserva formando un fiume solo, che più oltre si biforca in due rami. Di questi uno va da Pavia alla città di *m.ntû* (Mantova), città notevole, la quale ne sta sulla sponda di levante; di là volge verso la città di *f.rârah* (Ferrara) che giace sulla sponda di ponente, e poi, a valle di questa, si suddivide in altri due rami dei quali uno si dirige verso il golfo dei Veneziani.

Il secondo [dei due primi] rami si stacca di sotto a Pavia, da ponente, e si suddivide in due dei quali l'uno va a levante verso la città di *b.rûnah* (Verona), lasciandola a ponente, e poscia mette foce al mare. L'altro corre poco distante verso la città di *'.kramûnah* (Cremona), che [pure] ne sta a ponente, poi alla città di *bâd.wah* (Padova) e quindi va a gettarsi in mare.

Tra Ferrara e Verona [v'ha] una buona giornata e tra Padova ed il mare [corrono] tre miglia.

La strada da *ganwah* (Genova) a *rûmah* (Roma) per terra [è la seguente]:

Da Genova a *lukkah* (Lucca) due giornate.

Lucca città antica, [anzi] primitiva, di costruzione maravigliosa, con edifizii notevoli, mercati fiorenti ed industrie bene avviate. Da Lucca alla città di *'.flûransah* (Firenze) settanta miglia.

La città di Firenze è bene abitata; essa [giace] a pie' di un monte, vicina al *nahr bîs* («fiume di Pisa», fiume Arno). Da questa a *s.nqalîlîah* (Siena) due giornate.

Siena è città popolata, con mercati, artieri e ricchezze.

Da Siena al *gabal '.nwât* (Monte Aniata o Amiata) quindici miglia.

Da questo a Roma quindici miglia.

La strada da Genova stessa ad *anqûnah* (Ancona) posta sul mare dei Veneziani [è la seguente]:

Da Genova a *Lûnah* (Luni), sul mare, quaranta miglia.

Da Luni a Lucca cinquanta miglia.

(p. 92) Lucca, come già abbiam detto, è città antica, [anzi] primitiva. E ben popolata ed ha mercati ed industrie.

Da Lucca alla città di Firenze settanta miglia [per la più breve].

E chi vuol [cambiare strada] va da Lucca a *b.st.rkam* (o *bistorîam*, Pistoia) per venticinque miglia verso levante.

Pistoia città piccola [ma] popolata; ha mura, mercati frequentati e commercio attivo. E' situata allo sbocco [di una gola] della montagna (passo della Porretta) per la quale si va in Lombardia.

Da Pistoia a Firenze cinquanta miglia.

Da Firenze a Siena sessanta miglia.

Siena è città ragguardevole e popolata, posta in pianura (sic).

Da Siena a *s.trîân* (Sarteano?), città grande, settanta miglia tra levante e tramontana.

Da questa a *munt tîn* (Montalcino) settanta miglia. Questa città è piccola [ma] popolata ed ha a levante la città di *k.lûn.sî* (Chiusi).

Da Montalcino ad *'art.ssîn* (Arezzo) cinquanta miglia.

Arezzo è città [ben] abitata; giace in pianura, ed è luogo forte [con territorio] produttivo. Alla distanza di alcune miglia verso ponente scorre il *nahr bîs* («fiume di Pisa», fiume Arno) che bagna la maggior parte delle sue terre.

Da Arezzo alla città di *sant yânî* (San Giovanni [in val d'Arno]) venticinque miglia.

Da questa a *b.b.nû* (Bibbieno o Bibbiena), città piccola [ma] popolata, quaranta miglia.

Da Bibbiena alla città di *qastâlî* (Città di Castello) venticinque miglia.

(p. 93) Da qnesta ad *'âsîah* (Jesi), città bella, posta sopra un fiume (fiume Esino), venticinque miglia.

Da Jesi ad *'.zmûm* (Osimo), sul fiume [omonimo], venticinque miglia.

Da questa ad *'ankûnah* (Ancona) sul Mare Veneziano [Adriatico], undici miglia.

Chi partendo da Pisa o da Genova vuole andare a Ravenna la marittima, segue la strada che abbiamo testè descritta, fino a Città di Castello e poi si dirige per tramontana, attraverso il *gabal bardûn* (Monte Bardone), alla città di *samang.lû* (Sant'Angelo [in Vado]) per venticinque miglia.

Da Sant'Angelo [in Vado] a *sant lâw* (San Leo), città posta a pié di un monte, quindici miglia.

Da questa a *rab.nnah* (Ravenna) quarantacinque miglia.

Ravenna, come abbiam detto dianzi, descrivendola, è città posta nel centro del paese dei Veneziani.

[Diciamo] ancora che da Genova a Ravenna, città marittime entrambe, seguendo la via diretta, [corrono] duecentottanta miglia.

Strada da Roma alla città di *rîyû* (Reggio) sullo stretto dell'isola di Sicilia, seguendo la costiera.

(p. 94) Da Roma ad *'astûnah* (o *madînah astûnah*, Astura) trenta miglia.

Da Astura ad *'angah* ([Porto d'] Anzio), porto sicuro, con molt'acqua, dieci miglia.

Da questo al monte *gar.ngû* o, com'altri dicono, *g.rgîr* (Circello promontorio) trenta miglia. Esso è chiamato *qaytanat 'al 'arab* («Cala degli Arabi»). Questo [vocabolo *qaytanah* significa] fiume grande.

Dal monte Circello alla città di *t.rr.gînah* (Terracina) sei miglia.

Così [in tutto] dalla [foce del] fiume di Roma (fiume Tevere) a Terracina [sono] settantasei miglia.

La città di Terracina è bella, fiorente e popolata, [con territorio] ubertoso; il porto [però] angusto e di nessuna utilità.

Da Terracina a *gaytah* (Gaeta) ventiquattro miglia.

Gaeta è città estesa e ben popolata, posta sopra un braccio di terra che si stacca dal continente. Ha buon porto, chiuso fra terra e mare, nel quale si sverna al sicuro. Ivi si rifugiano gli eserciti e si costruiscono nai grandi e piccole.

Da Gaeta a *g.rilyân* (fiume Garigliano), che è [così chiamato] lo sbocco [del fiume] di *sâsah* (Sessa), quindici miglia. E' fiume perenne e grande nel quale entrano le navi, ed ha in quel punto (cioè allo sbocco) due torri.

Dal Garigliano alla foce del *wâdî g.lâh* (fiume Savone?), che [mette] su di una spiaggia scoperta, dodici miglia. Qnesto fiume non porta navi grandi.

Da questo alla foce del *nahr qabwah* («fiume di Capua», fiume Volturno), che pure [sbocca su di] una piaggia che non offre riparo, sei miglia.

(p. 95) Dal fiume di Capua a *b.tramah* (o *batrîah*, Patria), borgo e porto mal sicuro, dodici miglia.

Da questo a *kûmah* (Cuma), città piccola, poco lontana dal mare, sei miglia.

Da Cuma a *marsâ m.sînah* (Porto di Miseno) dodici miglia. Questo porto è sicuro ed ha poc'acqua; ivi si rifugiano gli eserciti ed i pedoni, voglio dire gli eserciti di terra e di mare.

Da Miseno a *q.st.lî* (Pozzuoli), fortalizio popolato come piccola città, posto all'estremità di un golfo, otto miglia.

Da Pozzuoli dirigendosi alla città di *nâb.l 'al kattân*

Bahr 'as Shâm

(«Napoli dal lino»), dodici miglia.

«Napoli dal lino» è città bella, antica e popolata; ha mercati con traffico di mercanzie, e sovrabbondanti in merci e robe d'ogni genere.

Da Napoli a *marsâ '.stâbah* (Porto di Stabia) trenta miglia. Questo è un eccellente ancoraggio, con molta acqua, [formato dalla] imboccatura di un fiume perenne d'acqua dolce, [che ha foce] in fondo a un golfo.

Chi di là vuole recarsi a *malf* (Amalfi) per terra, cammina quindici miglia.

Tra Stabia e Napoli [s'innalza] il *gabal 'an nâr* («monte del fuoco», Vesuvio) che è un vulcano al cui cratere non si può arrivare perchè continuamente getta fuoco e sassi.

E chi si propone [di andare ad Amalfi lungo] il litorale, va costeggiando da Stabia alla città di *surr.nt* (Sorrento) per trenta miglia.

Sorrento giace su di una punta di terra che si protende in mare; è città popolata, con belle case, ricca di prodotti e d'alberi. Ha vicino un canale di difficile accesso, nel quale, durante l'inverno, le navi non possono [entrare a] gettar l'incora, ma vi sono rimorchiate. Vi si costruiscono navigli.

(p. 96) Dalla città di Sorrento al *râs m.ntîrah* (Capo Minerva, oggi Punta della Campanella) dodici miglia.

Da questa a *b.s.tânah* (Positano), piccolo porto, quindici miglia.

Da Positano alla città di *malf* la marittima (Amalfi) diciotto miglia. Amalfi è città popolata; essa ora è ancoraggio ben difeso dalla parte di terra, [ma] facilmente fu presa dalla parte del mare quando venne assalita (*dai Pisani contro re Ruggero, nel 1137*). E' antica, [anzi] primitiva, ha mura solide e popolazione molta ed agiata.

Da Amalfi all'imboccatura del *wâdî bâdarû* («fiume di Veteri, oggi Vietri) dieci miglia. Questo fiume [offre allo sbocco] eccellente ricovero alle navi. Presso il suo corso superiore v'ha un luogo quieto chiamato *bâdarû* (Vietri) dal quale il fiume prende il nome; è luogo difendevole al quale non ci si arriva che per due porte; ed è fornito d'acqua e di legna da ardere.

Da questo fiume a *s.l.rnû* (Salerno) due miglia.

Salerno è città illustre, ha mercati fiorenti, comodità pubbliche, frumento ed [altri] cereali.

Da Salerno al *wâdî sîlasah* (fiume l'Aso), che [forma allo sbocco] un porto angusto, sei miglia.

Da questo al *wâdî sîlû* (fiume Sele) dodici miglia. E' fiume copioso d'acqua, nel quale entrano le navi. Le sue sponde sono difese da foreste e paludi [di maniera che] offre entro terra sicuro ancoraggio alle navi ed ai legni da guerra.

Dal Sele al *gawn g.rûb.lî* (Golfo di Agropoli), [e poi] all'isola *b.gûdah* (Licosa), vicina alla terra e senza porto, venti miglia.

Dall'isola di Licosa al *gawn 'al wâdîayn* («Golfo dei due fiumi», Marina di Pollica?) venti miglia.

Da questo golfo a *qastâl d.mâr* (Castellammare [di Veglia o della Bruca]) dieci miglia.

Da Castellammare a *bûlîah* (Molva) tredici miglia. A quella volta si (p. 97) dirige il *wâdî sant sîm.ri* («fiume di San Severino, fiume Mingardo) e là mette al mare.

Da Molva a *b.lî qast.rû* (Policastro) ventiquattro miglia. E' fortalizio grande e popolato, vicino al quale, da tramontana, [scorre] un fiume (fiume Bussento).

Da Policastro ad *'.tr.b.s* (Petrosa), conosciuta col nome di *marsâ râs b.lî qast.rû* (Porto del Capo Policastro) sei miglia.

Da questo Capo a *qast..r.k.li* (Castrocuccaro) tredici miglia.

Da Castrocuccaro a *d.sqâlîah* (Scalea), castello grande, dodici miglia.

Da questo al *râs g.r.lah* (Capo di Cirella) nove miglia. Il Capo di Cirella inoltre [luogo di sbocco di] un fiume nel quale entrano le navi poco caricate.

Dal Capo di Cirella ad *'al mantîah* (Amantea), città bella e popolata sul *gawn 'ûl.bah* (Golfo dell'Oliva), trentotto miglia.

Da Amantea a *sant fimî* (Sant'Eufemia) quattordici miglia.

[Da Sant'Eufemia] alla foce del *wâdî q.z.lît* («fiume di Feroleto, fiume Amato) <lacuna>.

[Da questa] al *wâdî m.hâtah* (fiume Mucata) due miglia.

Dal fiume Mucata ad *'angît.lû* (Angitola, oggi Francavilla), fortalizio grande e popolato, tre miglia.

Da Angitola a *bîbûnî* (Biona o Vibona, presso Monteleone calabro) dodici miglia.

Da questa ad *'tr.bîah* (Tropea) dodici miglia.

Da Tropea a [*râs*] *bâtiqânû* o, come altri dice, *qâmû* colla *mîm* ([Capo] Vaticano), sei miglia.

E questo [fa in tutto], dalla città di Amantea al Capo Vaticano, sessantacinque miglia.

(p. 98) Dal Capo Vaticano a *rîyû* (Reggio) sessanta miglia.

Dal Capo Vaticano a Vaticano sei miglia.

E dal Capo [stesso] ad *'tr.bîah* (Tropea), città bella e nota fra le primarie del paese dei *Rûm*, sei miglia.

Da Tropea a *niqût.rah* (Nicotera) dodici miglia.

Da *'al fârû* (il Faro) a Reggio dodici miglia.

Diremo [nel compartimento che segue] dei paesi [litorali presso Reggio] e dei limitrofi entro terra, [compresi] nella terza carta [del Clima quinto]. In questo compartimento ci rimane a parlare di alcuni paesi che ne fanno parte, confinanti colla città di *sal.rnû* (Salerno), fra i quali lo città di *b.n.b.nt* (Benevento) e di *'ab.lînah* (Avellino).

Dalla città di Salerno a quella di Avellino ventiquattro miglia per tramontana.

Dalla città di Benevento a Salerno sessanta miglia.

Da Avellino a *g.bîtîrah* (*Coemeteriun Nolae*, oggi Cimitile) venti miglia.

Da Cimitile a Salerno trenta miglia.

Benevento è città antica, [anzi] primitiva, e popolata.

Avellino è città piccola come un castello.

Da Benevento alla città di [*munt*] *sarh* (Monte Sarchio) diciotto miglia da ponente.

Da *munt sarh* (Monte Sarchio) ad *'arg.nt* (*Argentum*, oggi Arienzo), città bella, in prospere condizioni, trenta miglia.

Da Arienzo a *qabwah* (Capua), città sopra un fiume grande (fiume Volturno) che ad essa viene dai monti dalla parte di Benevento, trenta miglia.

Da Capua ad *'agarsah* (Aversa) otto miglia.

Da Aversa a Napoli dodici miglia.

Ed ecco che abbiam finito [di descrivere] quanto è compreso in questo compartimento, e ne sia lode a Dio.

Fine del secondo compartimento del Clima quinto».

Se, come già è stato mostrato preliminarmente nel precedente capitolo, di tutti questi dati su molteplici punti delle coste tirreniche si prova a fare una classificazione, sulla base del tipo di notizie e commenti inseriti e delle denominazioni arabe utilizzate in alternativa a quelle italiche, si ottiene il seguente schema.

Oltre ad una serie di posti, nominati solo come tappa intermedia fra centri o località più importanti, l'insieme delle menzioni può essere divisa ed evidenziata in otto modalità diverse, tenendo presenti, quasi come coordinate, le risorse, le difese, la prossimità di un corso d'acqua e la disponibilità di un approdo, indicate da sole o variamente associate alle altre:

a) abitati dei quali si notano le risorse, le dimensioni e la popolazione (su 15, 11 sono del Centro-nord e 4 del Sud dell'Italia).

sagûnah (Savona), «città bella in luogo delizioso, molto fertile e ricco d'alberi».

lûnah (Luni) «posta alla marina, ha campi da seminare e villaggi».

«la bella città di *'.mâqah* (Amelia)».

rât (Rieti) «città popolata e bella».

qam.rîn (Camerino), «città bella ed importante».

'.zmûm (Osimo) «città provvista d'ogni bene e popolata».

lukkah (Lucca) «città antica, [anzi] primitiva, di costruzione maravigliosa, con edifizii notevoli, mercati fiorenti ed industrie bene avviate».

s.nqalîlîah (Siena) «è città popolata, con mercati, artieri e ricchezze».

s.trîân (Sarteano?) «città grande».

munt tîn (Montalcino) «Questa città è piccola [ma] popolata ed ha a levante la città di *k.lûn.sî* (Chiusi)».

b.b.nû (Bibbieno o Bibbiena) «città piccola [ma] popolata».

kûmah (Cuma) «città piccola, poco lontana dal mare».

nâb.l 'al kattân («Napoli dal lino») «è città bella, antica e popolata; ha mercati con traffico di mercanzie, e sovrabbondanti in merci e robe d'ogni genere».

s.l.rnû (Salerno) «città illustre, ha mercati fiorenti, comodità pubbliche, frumento ed [altri] cereali».

'.tr.bîah (Tropea) «città bella e nota fra le primarie del paese dei *Rûm*».

b) abitati per i quali l'osservazione del tipo di difese è unito al dato sulle risorse (su 4, 2 al Centro-nord e 2 al Sud).

'alb.nq.lah (Albenga) «E' fortalizio difendevole e rocca elevata che sovrasta a campi coltivati, non interrotti, con produzioni d'ogni maniera».

b.st.rkam (o *bistorîam*, Pistoia) «città piccola [ma] popolata; ha mura, mercati frequentati e commercio attivo. E' situata allo sbocco [di una gola] della montagna (passo della Porretta) per la quale si va in Lombardia».

bâdarû (Vietri) «è luogo difendevole al quale non ci si arriva che per due porte (passi); ed è fornito d'acqua e di legna da ardere».

'angît.lû (Angitola, oggi Francavilla) «fortalizio grande e popolato».

c) abitati dove la menzione delle difese si unisce alla posizione nei pressi di un corso d'acqua, navigabile o meno per imbarcazioni anche da guerra (su 2, 1 al Centro-nord e 1 al Sud).

'ûrt (Orte) «giace a ponente del *nahr rûmah* («fiume di Roma», il Tevere), è città di mezzana grandezza, ha mercati e mura di terra».

b.lî qast.rû (Policastro) «E' fortalizio grande e popolato, vicino al quale, da tramontana, [scorre] un fiume» (fiume Bussento).

d) abitati per i quali si evidenziano le risorse e la posizione nelle vicinanze di un corso d'acqua (su 7, 5 al Centro-nord e 2 al Sud).

sant gîlî (Saint Gilles) «sulla sponda di levante del fiume» Rodano «è città popolata, molto bella, ricca d'acque e di alberi, e abbondante d'ogni generazione di frutta».

ankûnah (Ancona) «è città grande, una delle metropoli del paese dei *Rûm*. Vicino ad essa [scorre] il *nahr '.zmûm*» («fiume di Osimo», fiume Esino).

'.flûransah (Firenze) «è bene abitata; essa [giace] a pie' di un monte, vicina al *nahr bîs*» («fiume di Pisa», fiume Arno).

art.ssîn (Arezzo) «è città [ben] abitata; giace in pianura, ed è luogo forte [con territorio] produttivo. Alla distanza di alcune miglia verso ponente scorre il *nahr bîs* («fiume di Pisa», fiume Arno) che bagna la maggior parte delle sue terre».

'âsîah (Jesi) «città bella, posta sopra un fiume» (fiume Esino).

al mantîah (Amantea) «città bella e popolata sul *gawn 'ûl.bah*» (Golfo dell'Oliva).

e) abitati dove vengono combinati i dati su risorse, difese e prossimità di un corso d'acqua. Sono in primo luogo le città marinare di Pisa e Genova, per le quali il dato sulle fortificazioni viene anche compensato dalla disponibilità di una flotta potente.

ganwah (Genova) «è città antica, di fondazione primitiva; belli ne sono i dintorni ed i passeggi, eccelsi gli edifizii; ha frutta in abbondanza, molti campi da seminare, villaggi e casali e giace presso un piccolo fiume (fiume Bisagno). E popolata da mercanti ricchi e agiati che viaggiano per le terre e pei mari e si accingono alle imprese facili e difficili. Essi hanno naviglio formidabile, conoscono le arti della guerra e del governo e sono popolo di altissimi spiriti fra tutti i *Rûm*».

bîs (Pisa) «è una delle metropoli dei *Rûm*; celebre è il suo nome, esteso il suo territorio; ha mercati fiorenti e case ben abitate, spaziosi passeggi e vaste campagne abbondanti d'orti e di giardini e di seminagioni non interrotte. Il suo stato è possente, i ricordi delle sue gesta terribili; alti ne sono i fortalizii, fertili le terre, copiose le acque, maravigliosi i monumenti. La popolazione ha navi e cavalli ed è [sempre] pronta alle imprese marittime sopra gli altri paesi. La città è posta su di un fiume che ad essa viene da un monte dalla parte dell' *'ankubardah* (Longobardia). Questo fiume è grande ed ha sulle sponde molini e giardini».

f) abitati in cui prevale su ogni altro il dato sulle difese (su 5, 3 al Centro-nord e 2 al Sud).

f.n.rah ([Porto] Venere) «è fortalizio ragguardevole, abitato e difeso».

castello di *g.b.t b.kkah* (Civitavecchia)

castello *'arg.ntâr* (*Argentarium*, oggi Orbetello)

q.st.lî (Pozzuoli) «fortalizio popolato come piccola città, posto all'estremità di un golfo».

d.sqâlîah (Scalea) «castello grande».

g) abitati per i quali il dato è ristretto alla posizione su un corso d'acqua (su 2, 1 al Centro-nord e 1 al Sud).

nârâwm (Narni) «sulla sponda di levante del *nahr tûd.r*» («fiume di Todi», Nera).

qabwah (Capua) «città sopra un fiume grande (fiume Volturno) che ad essa viene dai monti dalla parte di Benevento».

h) centri dotati di porto (su 10, 3 al Centro e 7 al Sud).

'angah ([Porto d'] Anzio) «porto sicuro, con molt'acqua».

t.rr.gînah (Terracina) «è bella, fiorente e popolata, [con territorio] ubertoso; il porto [però] angusto e di nessuna utilità».

gaytah (Gaeta) «è città estesa e ben popolata, posta sopra un braccio di terra che si stacca dal continente. Ha buon porto, chiuso fra terra e mare, nel quale si sverna al sicuro. Ivi si rifugiano gli eserciti e si costruiscono nai grandi e piccole».

b.tramah (o *batrîah*, Patria) «borgo e porto mal sicuro».

marsâ m.sînah (Porto di Miseno) «questo porto è sicuro ed ha poc'acqua; ivi si rifugiano gli eserciti ed i pedoni, voglio dire gli eserciti di terra e di mare».

marsâ '.stâbah (Porto di Stabia) «questo è un eccellente ancoraggio, con acqua molta, [formato dalla] imboccatura di un fiume perenne d'acqua dolce, [che ha foce] in fondo a un golfo».

surr.nt (Sorrento) «giace su di una punta di terra che si protende in mare; è città popolata, con belle case, ricca di prodotti e d'alberi. Ha vicino un canale di difficile accesso, nel quale, durante l'inverno, le navi non possono [entrare a] gettar l'incora, ma vi sono rimorchiate. Vi si costruiscono navigli».

b.s.tânah (Positano) «piccolo porto».

malf (Amalfi) «è città popolata; essa ore ancoraggio ben difeso dalla parte di terra, [ma] facilmente fu presa dalla parte del mare quando venne assalita. E' antica, [anzi] primitiva, ha mura solide e popolazione molta ed agiata».

isola *b.gûdah* (Licosa) «vicina alla terra e senza porto».

In totale si evidenzia la maggiore distribuzione di porti e approdi di limitate dimensioni sulla costa tirrenica dell'Italia meridionale, contrapposti, nei settori centrale e settentrionale della penisola, alla particolare attenzione per i centri sviluppatisi nell'entroterra, in prossimità di fiumi e corsi d'acqua navigabili, e le loro risorse. Sembrerebbe quasi vi fosse la volontà di distinguere fra una parte di mare navigabile, con maggiori opportunità di rifornimento per le imbarcazioni da e per la Sicilia, e un'altra in cui i punti selezionati sono quelli ove sbarcare, o da raggiungere una volta scesi a terra per potere ricavare preda, oppure da cui è bene tenersi lontani, salvo attaccarli con un adeguato numero di uomini e di armi.

Una conferma giungerebbe dal contemporaneo esame dei toponimi. Escludendo, infatti, gli adattamenti dei nomi latini alla lingua e alla pronuncia araba, questi appaiono essere stati cambiati in due modi diversi:

a) parzialmente, tanto da risultare meglio identificabili per un non Latino, con notazioni o meno sull'accessibilità dei luoghi. Il fenomeno si apprezza soprattutto per i fiumi (la maggior parte in Italia meridionale), dove, al posto dell'identificativo tradizionale, peraltro ben noto (ad esempio il Tevere), si scelgono delle forme nuove, in cui l'appellativo è talvolta costituito dal centro principale gravitante sul fiume o torrente, o in direzione del quale sembra dirigersi per almeno un tratto il suo corso. Non mancano però anche casi di alture (il Monte Amiata e i Monte Bardone) e di abitati (Astura, Napoli, Stabia, Miseno), i cui nomi sono stati completati da aggiunte, scelte secondo l'ottica musulmana, tesa ad evidenziare alcuni aspetti piuttosto che altri. Tali mutazioni rimangono talora sospese, obbligando il compilatore a mantenere la duplice dizione o forma di un toponimo (gli esempi di Petrosa e di Capo Vaticano):

nahr rûmah (fiume di Roma), rispetto a *t.nâbarî* (Tevere).

nahr tûd.r («fiume di Todi», Nera).

nahr '.zmûm («fiume di Osimo», fiume Esino), fiume di media grossezza, che scaturisce presso la città di *'.zmûm* (Osimo).

nahr bîs («fiume di Pisa», fiume Arno).

gabal '.nwât (Monte Aniata o Amiata).

gabal bardûn (Monte Bardone).

madînah astûnah (Astura).

g.rilyân (fiume Garigliano), che è [così chiamato] lo sbocco [del fiume] di *sâsah* (Sessa), quindici miglia. E fiume perenne e grande nel quale entrano le navi, ed ha in quel punto (cioè allo sbocco) due torri.

wâdî g.lâh (fiume Savone?), che [mette] su di una spiaggia scoperta ... Questo fiume non porta navi grandi.

nahr qabwah («fiume di Capua», fiume Volturno), che pure [sbocca su di] una piaggia che non offre riparo.

marsâ m.sînah (Porto di Miseno).

nâb.l 'al kattân («Napoli dal lino»).

marsâ '.stâbah (Porto di Stabia).

râs m.ntîrah (Capo Minerva, oggi Punta della Campanella).

wâdî bâdarû («fiume di Veteri», oggi Vietri) Questo fiume [offre allo sbocco] eccellente ricovero alle navi.

wâdî sîlasah (fiume l'Aso), che [forma allo sbocco] un porto angusto.

wâdî sîlû (fiume Sele) E' fiume copioso d'acqua, nel quale entrano le navi. Le sue sponde sono difese da foreste e paludi [di maniera che] offre entro terra sicuro ancoraggio alle navi ed ai legni da guerra.

gawn g.rûb.lî (Golfo di Agropoli).

wâdî sant sîm.ri («fiume di San Severino», fiume Mingardo).

'.tr.b.s (Petrosa), conosciuta col nome di *marsâ râs b.lî qast.rû* (Porto del Capo Policastro).

râs g.r.lah (Capo di Cirella) [luogo di sbocco di] un fiume nel quale entrano le navi poco caricate.

gawn 'ûl.bah (Golfo dell'Oliva).

wâdî q.z.lît («fiume di Fereloto», fiume Amato).

wâdî m.hâtah (fiume Mucata).

[*râs*] *bâtiqânû* o, come altri dice, *qâmû* colla *mîm* ([Capo] Vaticano).

b) completamente, sostituendoli con altri tipicamente arabi, indice di un'appropriazione ideale e materiale del luogo, oltre che di integrazione delle forme viste al punto precedente con altre, che consentano una più facile memorizzazione dei luoghi.

marsâ 'al kinzîrîyah («Porto della Cinghialeria», Talamone), [porto] dominato da valido fortalizio.

qaytanat 'al 'arab («Cala degli Arabi»).

gabal 'an nâr («monte del fuoco», Vesuvio) che è un vulcano al cui cratere non si può arrivare perchè continuamente getta fuoco e sassi.

gawn 'al wâdîayn («Golfo dei due fiumi», Marina di Pollica?).

L'impiego di appropriate denominazioni nel territorio non va ricondotto puramente ad esigenze estetiche ma al bisogno di avere, concentrato in poche parole, un messaggio chiaro a chiunque su quel che offre un certo luogo, come risorsa o pericolo. Le descrizioni più dettagliate sono rimandate ad altri scritti, non a tutti accessibili, a causa della presumibile elevata percentuale di analfabeti.

Esempi significativi e confrontabili con l'opera di 'Ibn 'Idrîs sono contenuti nell'illustrazione compiuta intorno alla metà del IX secolo da 'Ibn Hurdâdbah dei tracciati che corrono parallelamente alle coste dell'Africa settentrionale, ai margini o all'interno del deserto. Dalla verifica del significato dei diversi nomi risulta che la maggiore attenzione è stata prestata in particolare a pozzi e cisterne, a ripari, ad elementi vari che costituiscano un riferimento sicuro per controllare la correttezza della direzione presa, e a punti difendibili o nei quali si conservano i resti di precedenti fortilizi, potenzialmente riadattabili.

A titolo di esempio e di confronto si riportano le tappe del percorso da Alessandria d'Egitto al Maghreb (cioé, in questo caso, la Tunisia) con base intermedia nella cittadina di *Barkah*[655]:

«*Nounyah*, 20 miglia; *Dhat el-Houman* («Soggiorno della febbre», quindi forte rischio di malaria), 18 miglia; *Djennet er-Roum* («Giardino dei Greci»)[656], 24 miglia; *Thaounah* (la «Mola»), 30 miglia; *Kenaïs el-Awsedj* («Cisterna della pianta chiamata Rhannus»), non vi si trova altro che dell'acqua piovana, 30 miglia; *Sikket el-Hamman* («Riposo del Bagno», forse con un antico impianto termale le cui sorgenti calde sono ancora efficienti), 30 miglia; *Kasr Chemmas* («Castello del Diacono»), 25 miglia; *Khirbet el Koum* («Rovina di sabbia», ruderi di un'antica costruzione affioranti dal deserto), 15 miglia; *Kaharab Abou Halyma* («Bottega di 'Abu Halyma»)[657], 35 miglia; Cisterna di *Abd Allah*, 30 miglia; *Djanad es-Saghîr*, 30 miglia; Cisterna 'del campo da corsa' o 'del terrore' (forse un pozzo avvelenato), 35 miglia; *Ouady* («torrente») *Makhîl*, 35 miglia; Cisterna di *Houlmân*, 35 miglia; *El-Meghar* («La caverna», detta anche *Meghar er-Rakîm*, «Caverna dei Sette dormienti»), 35 miglia; *Takenest*, 25 miglia; *Nedamah*, 26 miglia; *Barkah*, 6 miglia. Questa città, al centro della sabbia rossastra del deserto, somiglia ad un bel fiore di loto; un anfiteatro di montagne la circonda ad una distanza di 6 miglia.

Mabanah, 15 miglia; *Kasr el-Açel* («Castello del miele»), 29 miglia; *Awîran*, 12 miglia; *Selouk*, 30 miglia; *Barmest*, sulla costa, 24 miglia; *Makyah*, sulla costa, 20 miglia; *Adjabyah*, 24 miglia; *Ez-Djezîreh*, 20 miglia; *Sabkhah* («terreno salato») di *Menhousam*, 30 miglia; *Kasr el-Atach* («Castello della Sete»), 24 miglia; *El-Yahodyeh*, sulla riva del mare, 34 miglia; Tomba di *El-Ibady*, 34 miglia; *Sarb* (o *Syrt*, «la Grande Sirte»), 34 miglia; *Karyeteïn* («i Due Borghi»), 13 miglia; Castelo di *Haçan ben No'mân el-Ghassany* (resti di uno dei due castelli costruiti alla fine del VII secolo), compagno di Walid, figlio d'Abd el-Mélik, 30 miglia; *Marsaf*, 40 miglia; *Tourgha*, 24 miglia; *Ragouga*, 24 miglia; *Wardaçah*, 8 miglia. Un poeta ha detto: «Un giorno incontrò El-Biraz che conduceva il suo cavallo, cosicché si precipitò su *Wardaçah*».

El-Medjteby, 22 miglia; *Ouady er-Reml* («torrente di sabbia»), 20 miglia; Tripoli, 24 miglia; *Sabrah*, 24 miglia; *Bîr el-Hammalîn* («Pozzo delle due sorgenti calde»), 20 miglia; *Kasr er-Rizk*, 30 miglia; *Naderkhat*, 24 miglia; {*Fawarah* («Sorgente»), 30 miglia; *Kabés*, 30 miglia; *Bîr Zeitounah* («Pozzo dell'Olivo»), 18 miglia; *Ketanah*, 24 miglia; *Lebés*}; *Kaïrowân*, città situata al centro del Maghreb di cui è la capitale, 24 miglia».

La raccolta e la trascrizione di 'Ibn Hurdâdbah rientra probabilmente in uno degli obbiettivi del servizio postale ed informativi di cui era a capo, su mandato dei califfi. In pratica rende disponibile, anche ai meno pratici e alle istituzioni, le conoscenze di quanti abitualmente frequentano le vie carovaniere, tramandandosi però oralmente gli esiti delle diverse esperienze vissute nei luoghi e consentendo di comprendere il tipo di scelte effettuate per spostarsi più agevolmente in un territorio ostile, sul piano ambientale (il Sahara) come su quello militare (un territorio da conquistare o appena occupato), acquisendone e sfruttandone le caratteristiche.

La duplice possibilità d'uso di questi itinerari a scopi civili e, all'occorrenza, militari, nonché l'utilità che hanno per gli archeologi e i topografi come fonte per ricostruire le direttrici di un attacco o una via commerciale sono bene evidenziate dal Lewicki[658], che si avvale di testi e documenti eterogenei (trattati di geografia, resoconti biografici, raccolte enciclopediche, cronache, e altro), scegliendo, fra i tanti, le opere superstiti di 'Ibn Hurdâdbah, sopra citato, che per alcune parti degli itinerari si rifà al lavoro sulla cultura, la vita e le abitudini dei Bizantini scritto da Muslim 'ibn 'Abî Muslim 'al Garmî tra l'842 e l'847; di 'al Yaqût o al-Ya'qûbî, degli anni 889-890, basate su notazioni dei propri viaggi; di 'Ibn Rûstah, che riprende gli appunti scritti alla fine del IX secolo da Hâroun 'ibn Yahya; di 'al Mas'ûdi (morto al Cairo nel 956 o 957), di 'Ibn Hawqâl, che si avvale di informazioni varie raccolte nella seconda metà del secolo X, soprattutto sul Mediterraneo orientale; e di 'Abû 'Ubayd 'al Bakrî, che scrive intorno al 1068 ed espone nel dettaglio i percorsi che collegano il Vicino Oriente alla Spagna, passando per l'Africa settentrionale.

---

[655] *Livre des Routes*, pp. 453-456. Nella citazione si mantengono invariate le scelte tipografiche per la resa in stampa dei toponimi.
[656] Il toponimo si trova anche nella forma *Hanyat er-Roum*, «Arcata dei Greci».
[657] La variante al plurale *Kharaïb* o *Hânuit* («Botteghe») consente di ipotizzare che si tratti dei resti di un attendamento o, meglio, di un edificio in rovina, caratterizzato da un portico, il quale sia stato reimpiegato come appoggio per un accampamento.

[658] Lewicki 1978, pp. 440-442, 447-449, 454-458.

APPENDICE

INCURSIONI NEL TIRRENO CENTRO-SETTENTRIONALE NEI SECC. VIII-X: ALCUNE DATE E LUOGHI.

In corsivo sono riportate le date di attacchi mai avvenuti e testimoniati solo da fonti molto recenti. I segni (+), (-), (*) affiancati alle diverse località indicano la provenienza dei responsabili delle incursioni, ossia rispettivamente Arabi d'Africa e di Sicilia (*Saraceni*), Greci, Arabi di Spagna (*Mauri*). I luoghi sottolineati sono quelli sfruttati come basi d'attacco. Non si sono inserite le date delle battaglie combattute con gli eserciti ducali, papali o imperiali.

Sec. VIII

703-704, Sardegna (+).
705-706, Sardegna (+).
707-708, Sardegna (+).
710-711, Sardegna (*).
721-722, Sardegna (+).
724-725, Sardegna (+).
727-728, Sardegna (+).
732-733, Sardegna (+).
735-736, Sardegna (+).
737-738, Sardegna (+).
752-753, Sardegna (*).
776, Centumcellae (-).
788, Tirreno settentrionale (-).

Sec. IX

801-816 (?), Minturnae (+).
800-801, Roma (+).
801, Ansedonia (+), (-).
806, Corsica (*).
807, Sardegna, Corsica, Pantelleria (*).
809, Populonia (-); Corsica (*).
810, Corsica (*).
812, Sardegna, Corsica (*), (+); Pantelleria, Ponza (*).
813, Corsica, Centumcellae, Nizza (*); Sardegna (+).
816-817, Sardegna (+).
821-822, Sardegna (+).
827-844, Subiaco (+).
828 o 829, Centumcellae (+).
832, Pantelleria, isole Egadi, Ustica (+).
833, Centumcellae (+).
834, Calabria (+).
838, Marsiglia (+).
842, Bassa valle del Rodano (*).
846, Ponza (+); Ostia, Porto, Roma, Fondi, Gaeta (+), (*); *Centumcellae (+).*
847, Gaeta (+), (*); Media valle del Garigliano (+).
848, Marsiglia (-); Reggio (+); territorio di Benevento (+), (*).
849, Sardegna, Ostia, Luni, Tirreno sett. (*), (+).
850, territorio di Arles (*).
860, Bassa valle del Rodano; valle dell'Arno (Danesi).
861, Valle del Volturno (+).
868, Gaeta (+).
869, Bassa valle del Rodano (*); Ancona, Italia centrale (+).
871-873, spedizione del *walî* della Terra Lunga in Italia meridionale e sulla costa laziale-campana (+); Italia centrale, Ancona (+).
875, costa laziale, Fondi, Terracina (+).
876, Centumcellae, Roma (+).
877, Garigliano (?), valle dell'Aniene, Sabina, Valtiberina, Agro Falisco, Umbria (+).
878, territori di Salerno, Benevento, Capua, Spoleto e Roma (+).
879, Vesuvio (sino all'883), Agropoli (sino all'885/886) (+).
880, Fondi, territorio di Formia, Subiaco, Garigliano (fino al 915) (+).
881, S. Vincenzo e la media valle del Volturno (+).
883, Montecassino e la media e bassa valle del Liri (+).
884, S. Severina, Amantea (+).
885, Garigliano (+).
888, Molise, territori di Benevento e di Spoleto (+).
889, Frassineto (fino al 975 o 979) (*); costa laziale (+).
891-898, Sabina, Valtiberina, Agro Falisco, Umbria e Marche meridionali (+).
892, Corsica, costa laziale (+).
894, Sardegna e Corsica (+).
895-899, Sardegna e Corsica (+).
898, Tirreno centrale (+).
898-899, Rieti, Valle del Velino, Cicolano, Via Salaria (+).

Sec. X

900-921, Reggio, Catanzaro, Cosenza, Salerno, Capua (+).
904-905, Piemonte, Alpi (*).
905, Terracina, Fondi (+).
914, Trebula Mutuesca (Monteleone Sabino, RI), Narni, Orte, Cicolano, Valle di Baccano (+).
915, Cuma (+).
921, Alpi (*).
925-926, Calabria e Puglia (+).
928-929, Calabria e Puglia (+), Alpi (*).
931, Acqui (*), Tirreno sett., Liguria (-), Genova (+).
933-934, Alpi (*), Genova (+).
934-935, Rosellae, Sardegna, Corsica, Genova (+).
936, Genova (+).
939-940, Alpi, St. Moritz (*).
950-952, Reggio, Gerace, Cassano (+).
963, Vulci (+).

1. Varie

a. C.	avanti Cristo.
cap., capp.	capitolo, capitoli.
col., coll.	colonna, colonne.
d. C.	dopo Cristo.
ediz.	edizione.
l., ll.	linea, linee.
n., nn.	nota, note.
n°, nnⁱ	numero, numeri.
p., pp.	pagina, pagine.
rist. an.	ristampa anastatica.

2. Riviste

AnnFacLettNap	Annali della Facoltà di Lettere e Filosofia dell'Università di Napoli.
AnnIOr-Ling	Annali dell'Istituto Universitario Orientale di Napoli -Sezione linguistica-.
ArchSocRom	Archivio della Società Romana di storia patria.
BHL	Bibliotheca Hagiographica Latina.
BollAssArch	Bollettino dell'Associazione Archeologica "Civitas Vetula".
BollIstMur	Bollettino dell'Istituto Storico Italiano per il Medio Evo e Archivio Muratoriano.
BSGI	Bollettino della Società Geografica Italiana.
BullIstSt	Bullettino dell'Istituto di Storia e di Arte del Lazio Meridionale.
CISAM	Centro Italiano di Studi sull'Alto Medioevo.
DOP	Dumbarton Oaks Papers.
Enc. Ital.	Enciclopedia Italiana di scienze, lettere ed arti (Istituto dell'Enciclopedia Italiana).
JA	Journal Asiatique.
MAH	Mélanges d'Archaeologie et d'Histoire.
MGH	*Monumenta Germaniae Historica.*
PBSR	Papers of the British School at Rome.
RendAccNazLinc	Rendiconti dell'Accademia Nazionale dei Lincei - Classe Scienze Morali.
Rer. Ital. Script.	*Rerum Italicarum Scriptores.*
SocStPatLt	Società di storia patria per la Provincia di Latina

FONTI E BIBLIOGRAFIA

Fonti edite

Amari, M. 1880-1881, *Biblioteca arabo-sicula*, Torino-Roma, 2 voll.

Amari M., Schiaparelli C. 1883, (a cura di), *L'Italia descritta nel "Libro del Re Ruggero" compilato da Edrisi*, Roma.

Ann. Ben., *Annales Beneventani*, in MGH, *Script.*, tomo III, Hannoverae 1839.

Ann. Bert., *Annales Bertiniani*, in MGH, *Script. rer. germ. in usu schol.*, 5, Hannoverae 1883.

Ann. Cas., *Annales Casinates*, in MGH, *Script.*, tomo III, Hannoverae 1839.

Ann. Fuld., *Annales Fuldenses*, in MGH, *Script.*, tomo I, Hannoverae 1826.

Ann. Saxo, *Annalista Saxo*, in MGH, *Script.*, tomo VI, Hannoverae 1844.

Ann. Sith., *Annales Sithienses*, in MGH, *Script.*, tomo XIII, Hannoverae 1881.

Ann. Til., *Annales Tiliani*, in MGH, *Script.*, tomo I, Hannoverae 1826.

Antap., Liutprandus, *Antapodosis*, in MGH, *Script.*, tomo III, Hannoverae 1839.

Cap. de exp., *Hlotharii capitulare de expeditione contra Sarracenos facienda*, in MGH, *Legum sectio II. Capitularia Regum Francorum*, tomo II, pars I, Hannoverae 1890, pp. 65-68 (n° 203).

ChBen, *Il Chronicon di Benedetto monaco di S. Andrea del Soratte*, a cura di G. Zucchetti, (Fonti per la storia d'Italia, 55), Roma 1920.

ChF, *Il Chronicon Farfense di Gregorio di Catino*, a cura di U. Balzani, (Fonti per la storia d'Italia, 33-34), Roma 1903, 2 voll.

ChSal, *Chronicon Salernitanum*, in MGH, *Script.*, tomo III, Hannoverae 1839.

Chron. Berg., Andrea Presbyter Bergomatis, *Chronicon*, in MGH, *Script.*, tomo III, Hannoverae 1839.

Chron. Cas., *Chronicon Casinense*, in MGH, *Script.*, tomo III, Hannoverae 1839.

Chron. Episc., Johanne Diacono, *Chronicon Episcoporum sanctae Neapolitanae ecclesiae*, pubblicato dal Muratori in *Rer. Ital. Scrip.*, tomo I, pars II, Mediolani 1725.

Chron. Moiss., *Chronicon Moissacense*, in MGH, *Script.*, tomo II, Hannoverae 1828.

Chron. Mon., Leo Marsicanus et Petrus Diaconus, *Chronica Monasterii Casinensis*, in MGH, *Script.*, tomo VII, Hannoverae 1846.

Chron. Sig. Gembl., *Chronica Sigeberti Gemblacensis*, in MGH, *Script.*, tomo VI, Hannoverae 1844.

Chron. Subl., *Chronicon Sublacense (anni 593-1369)*, a cura di R. Morghen, Bologna 1927.

Cod. Dipl., *Codice diplomatico di Sicilia sotto il governo degli Arabi*, a cura di A. Airoldi, Palermo 1789-1792, 3 tomi.

Codice Topografico della Città di Roma, a cura di R. Valentini, G. Zucchetti, (Fonti per la Storia d'Italia, s. n.), Roma 1940-1953, 4 voll.

De Simone, A. 1984 (versione dall'arabo e note di), *La descrizione dell'Italia nel Rawd al-mi'târ di al-Himyarî*, Mazara del Vallo 1984.

Ein. Ann., *Einhardi Annales*, in MGH, *Script.*, tomo I, Hannoverae 1826.

Erchem., *Hist. Lang.*, Erchemperti, *Historia Langobardorum*, in MGH, *Script.*, tomo III, Hannoverae 1839.

Flod. Ann., *Flodoardi Annales*, in MGH, *Script.*, tomo III, Hannoverae 1839.

Lib. Pont., *Le Liber Pontificalis*, a cura di L. Duchesne, Paris 1886-1892, 1957, 3 tomi.

Lib. reb., Liutprandus, *Liber de rebus gestis Ottonis magni imperatoris*, in MGH, *Script.*, tomo III, Hannoverae 1839.

Livre des Routes, Barbier de Meynard, *Le livre des Routes et des Provinces par Ibn-Khordadbeh*, in JA (VIe série), tome V, 1865, pp. 5-127, 227-295, 446-532.

LL, *Liber Largitorius vel Notarius Monasterii Pharphensis*, a cura di G. Zucchetti, (Regesta Chartarum Italiae, 11, 17), Roma 1913-1932, 2 voll.

RF, *Il Regesto di Farfa di Gregorio di Catino*, a cura di I. Giorgi, U. Balzani, Roma 1879-1892, 1914, 5 voll.

RS, *Il Regesto Sublacense dell'Undecimo secolo*, a cura di C. Allodi, G. Levi, Roma 1885.

Rer. Ital. Scrip., *Rerum Italicarum Scriptores*, a cura di L. A. Muratori, Mediolani 1723-1751, 25 voll.

Tab. Cas., *Tabularium Casinense, Codex Diplomaticus Caietanus*, a cura di AA.VV., Montecassino 1887-1891, 1958-1960, 3 tomi.

Thiet. Chron., Thietmari, *Chronicon*, in MGH, *Script.*, tomo III, Hannoverae 1839.

Vita Kar., Einhardi, *Vita Karoli imperatoris*, 17, in MGH, *Script.*, tomo II, Hannoverae 1829.

Vita Hlu., Theganus, *Vita Hludovici imperatoris*, in MGH, *Script.*, tomo II, Hannoverae 1829.

Bibliografia

Arabi e Sardi 1988, M. M. Bazama, *Arabi e Sardi nel Medioevo*, Sassari.

Arabi in Italia 1979, F. Gabrieli, U. Scerrato, *Gli Arabi in Italia*, (collana Antica Madre, a cura di G. Pugliese Carratelli), Milano.

Arthur, P. 1989, *Assetto territoriale ed insediamento fra Tardo Antico ed Alto Medioevo nel bacino del Garigliano*, in *Minturnae*, a cura di F. Coarelli, (Studi e ricerche sul Lazio antico II), Roma.

Aurigemma S., De Santis A. 1968, *Gaeta-Formia-Minturno*, (Itinerari dei Musei, Gallerie e Monumenti d'Italia, 98), Roma.

Cahen, C. 1965, *Quelques problèmes concernant l'expansion économique musulmane au Haut Moyen Age*, in *Occidente e Islam* 1965, tomo I, pp. 391-432.

Calisse, C. 1936, *Storia di Civitavecchia*, Roma.

Cilento, N. 1971, *L'Italia meridionale longobarda*, Milano-Napoli.

Ciuffi, G. 1854, *Memorie storiche ed archeologiche della città di Traetto*, Napoli.

Del Lungo, S. 1994, *S. Maria del Mignone*, in ArchSocRom, 117, pp. 5-95.

Del Lungo, S. 1996, (a cura di), *La toponomastica archeologica della Provincia di Roma*, Roma, 2 voll.

Del Lungo, S. 1999, *La minaccia islamica e il suo impatto sui Monti della Tolfa nell'Alto Medioevo. Prospettive di una ricerca*, in *I Monti della Tolfa nel medioevo tra incursioni saracene, attività metallurgiche e fondazioni di abitati*. Atti della Giornata di Studio (Allumiere, Palazzo Camerale, 20 marzo 1999), Allumiere, pp. 41-48.

De Santis, A. 1990, *Saggi di toponomastica minturnese e della regione aurunca*, (Studi storico-archeologici, 6) Minturno.

Ermini Pani, L. 1999, *Il recupero dell'altura nell'Alto Medioevo*, in *Ideologie e pratiche del reimpiego nell'Alto Medioevo*. Atti della XLVI Settimana di studio del Centro Italiano di Studi sull'Alto Medioevo (Spoleto, 16-21 aprile 1998), Spoleto, tomo II, pp. 613-664, tavv. I-XXXI.

Fedele, P. 1899, *La battaglia del Garigliano dell'anno 915 ed i monumenti che la ricordano*, in ArchSocRom, 22, pp. 181-211.

Federici, G. B. 1796, *Degli antichi duchi e consoli o ipati della città di Gaeta*, Napoli (rist. an. Bologna 1980).

Giustiniani, L., *Dizionario geografico-ragionato del Regno di Napoli*, Napoli 1797-1805 (rist. an. Bologna 1969).

Glossarium, D. Du Cange, *Glossarium mediea et infimae latinitatis*, Niort 1882-1893, 8 tomi.

Guglielmotti, A. 1856, *Storia della Marina pontificia dal secolo ottavo al decimonono*, tomo I, Roma.

Guidi, I. 1877, *Ladescrizione di Roma nei geografi arabi*, in ArchSocRom, I, pp. 173-218.

Guidoni, E. 1979, *La componente urbanistica islamica nella formazione delle città italiane*, in *Arabi in Italia* 1979, pp. 575-597.

Histoire de l'Afrique 1841, *Histoire de l'Afrique sous la dynastie des Aghlabites, et de la Sicile sous la domination musulmane. Texte arabe d'Ebn-Khaldoun*, par A. Noel des Vergers, Paris.

Italia Pont., *Italia Pontificia. Regnum Normannorum-Campania*, a cura di P. F. Kehr, vol. VIII, Berolini 1935.

Italia sacra, F. Ughelli, *Italia sacra*, Venetia 1717-1726, 11 tomi.

Lacam, J. 1965, *Les Sarrazins dans le Haut Moyen-age français (histoire et archéologie)*, Paris.

Lanzoni, F. 1923, *Le origini delle diocesi antiche d'Italia*, (Studi e testi 35), Roma.

Leggio, T. 1987, *Saraceni e Ungari nella Sabina e nel Reatino tra IX e X secolo*, in Il Territorio, III, 2 (maggio-agosto), pp. 61-78.

Levi della Vida, G. 1959, *Berta di Toscana e il califfo Muktafi*, in G. Levi della Vida, *Aneddoti e svaghi arabi e non arabi*, Milano-Napoli, pp. 26-44.

Levi-Provençal, E. 1950, *Histoire de l'Espagne musulmane*, Paris-Leiden, 2 tomi.

Lewicki, T. 1965, *L'apport des sources arabes médiévales à la connaissance de l'Europe orientale*, in *Occidente e Islam* 1965, tomo I, pp. 461-485.

Lewicki, T. 1978, *Les voies maritimes de la Méditerranée dans le Haut Moyen Age d'après les sources arabes*, in *La navigazione mediterranea nell'Alto Medioevo*. Atti della XXV Settimana di studio del Centro Italiano di Studi sull'Alto Medioevo (Spoleto, 14-20 aprile 1977), Spoleto 1978, tomo II, pp. 439-469.

R. S. Lopez, *L'importanza del mondo islamico nella vita economica europea*, in *Occidente e Islam* 1965, tomo I, pp. 433-460.

Luppi, B. 1973, *I Saraceni in Provenza, in Liguria e nelle Alpi occidentali*, (Collana storico-archeologica della Liguria occidentale, X), Bordighera.

Maometto in Europa 1982, G. E. Carretto, C. Lo Jacono, A. Ventura, *Maometto in Europa. Arabi e Turchi in Occidente (622-1922)*, a cura di F. Gabrieli, Milano.

Moriscos 1993, *Moriscos. Echi della presenza e della cultura islamica in Sardegna*, catalogo della mostra, a cura di L. Diegioannis, A. G. Maxia, M. F. Porcella, M. Serreli, Cagliari.

Occidente e Islam 1965, *L'Occidente e l'Islam nell'Alto Medioevo*. Atti della XII Settimana di studio del Centro Italiano di Studi sull'Alto Medioevo (Spoleto, 2-8 aprile 1964), Spoleto, 2 tomi.

Pani Ermini, L. 1992, *Renovatio murorum, tra programma urbanistico e programma conservativo: Roma e il ducato romano*, in *Committenti e produzione artistico-letteraria nell'Alto Medioevo occidentale*. Atti della XXXIX Settimana di studio del Centro Italiano di Studi sull'Alto Medioevo (Spoleto, 4-10 aprile 1991), Spoleto 1992, tomo II, pp. 485-530, tavv. I-XXXVI.

Pellegrini, G. B. 1956, *Il Fosso Caligi e gli arabismi pisani*, in RendAccNazLinc, XI, pp. 142-176.

Pellegrini, G. B. 1961, *Terminologia geografica araba in Sicilia*, in AnnIOr-Ling, III, pp. 109-201.

Raus, L. 1974, *Minturno e la sua gente*, Minturno.

Rom. Med., F. Gregorovius, *Storia di Roma nel Medioevo*, Roma 1988, 6 voll.

S. Vincenzo al Volturno 1985, *Una grande abbazia altomedievale nel Molise. San Vincenzo al Volturno*. Atti del I Convegno di Studi sul Medioevo Meridionale (Venafro-S. Vincenzo al Volturno, 19-22 maggio 1982), a cura di F. Avagliano, (Miscellanea Cassinese, 51), Montecassino.

Schmiedt, G. 1974, *Città scomparse e di nuova formazione in Italia in relazione al sistema di comunicazione*, in *Topografia urbana e vita cittadina nell'Alto Medioevo in Occidente*. Atti della XXI Settimana di studio del Centro Italiano di Studi sull'Alto Medioevo (Spoleto, 26 aprile - 1 maggio 1973), Spoleto, tomo II, pp. 503-607.

Schneider, F. 1975, *L'ordinamento pubblico nella Toscana medievale*, rist. ediz. 1914 a cura di F. Barbolani di Montauto, Firenze.

Stasolla, M. G. 1983, (a cura di), *Italia euro-mediterranea nel Medioevo: testimonianze di scrittori arabi*, Bologna.

Toti, O. 1992, *Storia di Civitavecchia*, Civitavecchia, 2 voll.

Toti, O. 1993, *Centocelle. Addenda al vol. I della "STORIA DI CIVITAVECCHIA"*, Civitavecchia.

Toti, O. 1997, *Centocelle. Addenda al vol. I della "STORIA DI CIVITAVECCHIA"*, Civitavecchia.

Torre, P. 1988, *Monte d'Argento: indagini preliminari*, in Archeologia Laziale IX, (Quaderni del Centro di Studio per l'archeologia etrusco-italica, 16), Roma, pp. 432-440.

Torre, P. 1998, *Il rinvenimento di ceramiche invetriate e smaltate con motivi decorativi nell'insediamento di Monte d'Argento*, in *Le ceramiche di Roma e del Lazio in età medievale e moderna III*. Atti del III Convegno di Studi (Roma 19-20 aprile 1996), a cura di E. De Minicis, Roma, pp. 183-206.

Tucciarone, R. 1991, *I Saraceni nel Ducato di Gaeta e nell'Italia centro-meridionale (secoli IX e X)*, Gaeta.

INDICE ONOMASTICO

Accanto ai nomi arabi dei comandanti di una spedizione viene indicata tra parentesi la terra o località di destinazione, preceduta dal segno di direzione '>'. Quando questo segno non si trovi davanti alla località, si vuole stabilire solo una relazione di uguaglianza tra il toponimo arabo e quello latino.

'Abd 'Allâh 'ibn 'Ibrahîm, emiro di Sicilia (> Italia meridionale) 40
'Abd 'Allâh 'ibn Murrâh (> Sardegna) 7
'Abd 'Allâh 'ibn Mûsâ (> Sardegna) 7
'Abd 'Allâh 'ibn Ya'qûb,*wali* della 'Grande Terra' (l'Italia) 30-31
'Abd 'Allâh 'ibn Zîâd 'al 'Ansârî (> Sardegna) 8
'Abd 'Allâh, califfo di Spagna (> Frassineto) 42
'Abd 'ar Rahmân I, emiro omayyade di Spagna 8 n. 42
'Abd 'ar Rahmân II, califfo omayyade di Spagna 18, 21, 23 n. 171, 25 n. 190, 27, 28, 72
'Abd 'ar Rahmân III, califfo omayyade di Spagna 42 n. 357
'Abd 'ar Rahmân 'ibn Habîb (> Sardegna) 9
Abdila: vedasi 'Abd 'Allâh 'ibn Ya'qûb
'Abu 'al 'Abbâs, emiro di Calabria 49-50
'Abu 'al 'Abbâs: vedasi 'Abd 'Allâh 'ibn 'Ibrahîm
'Abu 'al 'Asi 'al Hakam I, califfo omayyade di Spagna (> Baleari, Sardegna, Corsica, Nizza, *Centumcellae*) 11, 15, 16, 17, 18
Abulaz: vedasi 'Abu 'al 'Asi 'al Hakam I
Adelberto, figlio di Berengario 61
Adelbertus, comes della Corsica 22
Adriano I, papa 10-11
Adriano III, papa 38 n. 326, 85
Agareni (significato) 5 e n. 20, 20 n. 140, 21 n. 147, 72
Akyprandus, comandante reatino 52
'Ahmad 'ibn Ya'qûb 'ibn 'Umar, *wali* della 'Grande Terra' (l'Italia) 31
'Al 'Abbâs, emiro di Sicilia (> Italia Meridionale) 27
Alberico, marchese di Spoleto e Camerino 52-53
'Al Hasan 'ibn Ahmad 'ibn 'Abi Kafarrir, emiro di Sicilia (> Italia meridionale) 53-55
'Alî 'ibn 'Abd 'Allâh, emiro di Catanzaro, 49
'Alî 'ibn Murat Sharif, comandante (> Reggio) 26
'Alî 'ibn Rubka, emiro di Catanzaro 54
Allik o *Ullaiq*, comandante (> Garigliano) 37 n. 318
Alliku, capo delle basi di Siponto e Canosa 51
'Al Samh 'ibn Malik 'al Khawlani, *wali* di Spagna (> Settimania, Baleari, Sardegna) 4
'Al Walid 'ibn Mislim, viaggiatore 9-10
Ammâr 'ibn 'Alî 'ibn 'abî 'al Husayn, comandante e viaggiatore (> Calabria) 74-75
Anbasa 'ibn Suharm,*wali* di Spagna (> Settimania, Baleari, Sardegna) 4
'Asthel 'ibn 'Al Hasan, emiro di Capua e di Calabria 54-56
'Atâ 'ibn Râfi 'al Hudalî (> Silsilah, Sardegna) 7
Atanasio, duca di Napoli 36, 39, 40-41
Atenolfo II, principe di Capua 52
Berta di Toscana 51
Bonifacio (s.), vescovo di Colonia, 8
Bonifatius, comes della Corsica 19
Burchardus, comes del presidio di Corsica 15
Bosone, duca di Provenza 33
Busa ben Kagebig, comandante (> Italia meridionale) 30, 31-32
Carlo II il Calvo, imperatore 10 n. 57, 20 n. 137, 25 n. 190, 28, 32-34, 35
Carlo III il Grosso, imperatore 38, 41
Carlo Magno, re dei Franchi e poi imperatore 10 n. 57, 11, 13-14, 15, 17, 29, 32 n. 261, 41
Claudio, vescovo di Torino 18-19

Cesario, comandante 23 n. 173, 25 n. 189
Dani (significato) 21 n. 147, 72
Docibile I, duca o ipata di Gaeta 36, 37, 40
Eidulfo, vescovo di Asti 50
Ghosran ben Mustafa, comandante di Bari 54
Giovanni I, duca o ipata di Gaeta 52-53
Giovanni VIII, papa 31, 32-34, 35, 37, 38, 67-68
Giovanni X, papa 3 n. 7, 52-53
Graeci (significato) 11 e n. 59, 72
Gregorio III, papa 8, 39
Gregorio IV, duca di Napoli 50, 52-53
Gregorio IV, papa 20-21, 22, 67
Guaimario II, principe di Salerno 52
Guido I, conte di Spoleto 1 n. 3, 20 n. 137, 21 n. 151, 24-25
Guido II, conte di Spoleto 34, 40-42
Hadumarus, comes di Genova 14-15
Hassan 'ibn Muhammad 'ibn 'Abî Bakir (> Sardegna) 8
Helmengaudus, comes, presidio di Corsica 15
'Ibrahîm 'ibn 'Abd 'Allâh, emiro di Sicilia (> Roma?) 22 n. 164
'Ibrahîm 'ibn 'Ahmad 'ibn Muhammad, emiro d'Africa (> Italia meridionale) 48, 50
'Ibrahîm 'ibn Mustafa, emiro di Corsica, 46-47
'Ibrahîm 'ibn Ofian, emiro di Cosenza, 54
Irmingarius, comes di Ampurias (Spagna) 16
Landolfo I, principe di Benevento 51, 52-53
Leone III, papa 13-14, 15, 16, 17, 27, 63-68
Leone IV, papa 17 n. 107, 18, 24 nn. 178-179, 27, 35, 65 n. 524 e 530, 67, 80, 81-83
Leone VII, papa 20-21
Liutprando, re 8
Lotario I, imperatore 20, 22 n. 158, 23 n. 171, 32
Ludovico il Pio, imperatore 17, 18, 19, 20, 32
Ludovico II, imperatore 28, 29 e n. 238, 30, 31, 32, 42
Marino I, papa 37 n. 326, 40 n. 344, 84-85
Mauri (significato) 5 e n. 20, 21 n. 147, 72
Mugâhid 'al 'Amirî, principe di Denia (Spagna) e Baleari(> Sardegna) 4 n. 18, 72
Muhammad I, califfo omayyade di Spagna 28
Muhammad 'ibn 'Abd 'Allâh 'at Tamîmî (> Sardegna) 19
Muhammad 'ibn 'Abî Bakir (> Sardegna e Corsica) 8
Muhammad 'ibn Eulebi, emiro di Reggio, 55
Muhammad 'ibn Hafâgah, emiro (> Gaeta) 29, 32 n. 258
Muhammad 'ibn Suleiman, emiro (> coste laziali) 42-43
Murat 'ibn 'Alî, comandante (> Tirreno) 43
Musa o Mamuca, comandante (> Garigliano) 37 n. 318
Mûsâ 'ibn Nusayr, governatore dell'Ifriqiyah (> Sardegna) 4 e n. 12 e 17, 7
Musetto: vedasi Mugâhid 'al 'Amirî
Pandenolfo, principe di Capua 36, 39
Pasquale I, papa 18
Qutam 'ibn 'Awânah (> Qal'at Sardaniyah, Sardegna) 8
Radelchi, principe di Benevento 21, 22, 26
Rotlandus, arcivescovo di Arles 29
Rundan 'ibn 'Alî, comandante (> Corsica) 43
Sagittus Saracenus, comandante (> Acqui) 57
Safiân 'ibn Qâfim, emiro di Messina (> Genova) 57-58, 59-60
Sâlim 'ibn Râsid, emiro di Sicilia (> Italia meridionale) 56
Saraceni (significato) 1, 5 e n. 20, 72

Sâyn o Sâbir, capo africano (> Italia meridionale) 56
Sergio II, papa 22-23
Siconolfo, principe di Salerno 21, 22, 23, 26
Stefano V, papa 38 n. 326, 86
Suchaymum, comandante (> Vesuvio) 39
Sufiân 'ibn Hafâgah, emiro di Sardegna, 43-47
Tarîk 'ibn Ziyâd, governatore di Tangeri (> Spagna) 4
Trierah, comandante (> Garigliano) 37 n. 318, 52 n. 431
'Ubayd 'Allâh 'ibn 'al Habhab, governatore dell'Ifriqiyah
    (> Sardegna) 8
Ugo, re d'Italia 60
Ya'qub 'ibn 'Ishâq (> Genova, Sardegna, Corsica) 58-59
Yazîd 'ibn Masrûq 'al Yashûbi (> Sardegna) 7, 8 e n. 28
Walanis, comandante 16
Zaccaria, papa 8
Zîâdat 'Allâh 'ibn 'Ibrahîm 'ibn 'al 'Aglâb, governatore
    dell'Ifriqiyah (> Sardegna) 17-18

INDICE TOPOGRAFICO

Acqui (Acqui Terme, AL) 43, 50
Agropoli (SA) 22 nn. 163-164, 36, 39-40, 50 n. 409, 51, 73
'Al 'Ankabûrda (Longobardia) 4 n. 16
'Al Andalus (Spagna) 4 n. 16
Alpi 11, 56-57, 58, 60, 72, 88
Amantea (CS) 40, 73
Ancona (Marche) 30, 31, 76
'Ankubardah (Longobardia) 4 n. 16, 27, 56, 58
Ansedonia (GR) 13-19, 16 n. 99, 19, 38, 72, 73
Arles 21, 27, 28
Baccano (valle di, Lazio) 43, 52
Bahr 'as Shâm, 'Mare di Siria' (Mar Mediterraneo) 60, 76 n. 599
Balât 'as Shuhada (Poitiers, Francia) 76 n. 600
Baleari (isole, Spagna) 4 e n. 18, 15, 16, 72
Bari 22 n. 157, 24 n. 184, 26, 27, 29 n. 238, 54-55
Benevento (città e territorio) 21, 22, 26, 27, 29 n. 238, 30, 36, 40 n. 343, 56
Blera (VT) 34 n. 281
Cagliari 8, 45-46
Calabria 26, 27, 30, 31, 38 n. 332, 40, 44, 49-50, 51, 53-56, 58, 74-75
Camargue (Bocche del Rodano, Francia) 28, 29
Campo dei Martiri (S. Vincenzo al Volturno, IS) 77 n. 600
Capua 22 n. 157, 30, 36, 40 n. 343, 49, 50, 54-56
Catanzaro 32 n. 258, 49, 54-55, 72, 74-75
Cencelle: vedasi Leopoli (Cencelle; Tarquinia, VT)
Centumcellae (Civitavecchia, RM) 7, 8, 9, 10, 11, 16-17, 18, 19, 26, 27 n. 206, 28, 29 n. 237, 30 e n. 240, 32, 33-35, 36, 37 n. 323, 38-39, 40 n. 400, 42, 43, 60, 61, 64, 65 n. 524, 67, 72, 73, 87, 91
Cicolano (Lazio) 35, 48, 52
Civitas Leoniana (Roma) 10, 13
Corsica 4, 7, 8, 13, 14, 15-16, 19, 21, 30 n. 244, 33, 42 n. 361, 43-48, 58-59, 60 n. 489, 72
Cosa: vedasi Ansedonia
Cosenza 32 n. 258, 49, 54-55, 72, 74-75
Creta (isola di) 17 n. 112, 21 n. 152, 56
Curte de Aralectum (Castelforte, LT) 53 n. 437
Dar 'al harb 71
Dar 'al Islam 71 n. 557
Farfa (RI) 34 n. 282, 35 n. 290, 36, 41, 48
Fondi (LT) 24, 32, 36, 37 n. 323, 51
Formia (LT) 22 n. 160, 36-37, 66, 67
Frassineto (Provenza, Francia) 22 n. 164, 25 n. 187, 38, 42, 43, 50, 51, 52, 56, 57, 58, 60-61
Frosinone (territorio di) 26
Furnum Sarracenum (Castel di Guido, RM) 1 n. 3
Gabal 'al qalâl: vedasi Frassineto
Gabal 'an Nâr: vedasi Vesuvio
Gaeta (LT) 24, 25-26, 27, 29, 38, 64-68, 74, 89, 91
Garde Freinet: vedasi Frassineto
Garigliano (valle del, Lazio) 13 n. 69, 22 n. 164, 25 nn. 187-188, 27 n. 219, 30 e n. 244, 35, 37, 38, 42, 49, 50 e n.409, 51, 52-53, 60, 63-68, 78, 89
Gawn 'al Wâdiâyn: vedasi Punta Licosa
Gazîrat 'al Fiddah (Monte Argentario ?) 13 n. 75
Gazîrat 'as Shuhâda: vedasi Is Mortorios
Genova 16, 57-60, 72, 74, 77, 88, 91
Gregoriopoli (Ostia, RM) 20
Harat e Bab (valore topografico) 9 n. 49, 38 e n. 335
Imedina di Korsika 47
Imedina di Sardiniah 45-46
Is Mortorios (isola di, Sardegna) 4 n. 18, 76 n. 600
Ischia (isola di, Campania) 16, 22 n. 163, 72

Lampedusa (isola di, Sicilia) 16, 72
Larino (CB) 22 n. 158, 24, 73
Leopoli (Cencelle; Tarquinia, VT) 3 nn. 7-8, 13, 17 n. 107, 18, 27, 41 n. 352, 42 n. 361, 65 n. 524, 530 e 532, 67, 68 n. 552
Leopoli (Minturno, LT) 13, 27 n. 219, 61, 63-68
loco Totarum (Sardegna) 26 n. 206
Luni (SP) 27, 28 n. 229, 29, 72, 87
Mamma (località) 31
Marsâ 'al Kinzîrîyah (Talamone e Lago Prile, GR) 13 n. 75, 76 n. 599, 87
Marsiglia (Bocche del Rodano, Francia) 21, 26, 72
Miseno (NA) 22 e nn. 163-164, 26, 30, 36, 51, 73, 89
Mignone (valle del, Lazio) 39, 41, 65 n. 525
Minturnae (Minturno, LT) 13, 37, 50, 51, 61, 63-68, 73
Montecassino (FR) 21, 25 e n. 193, 37, 38
Monte Circeo (S. Felice Circeo, LT) 31, 76 n. 599, 89, 92
Monte d'Argento (Scauri, LT) 2, 37, 50, 52-53
Monte Mauro (CB) 24 n. 183
Napoli (città e territorio) 27, 30 e n. 242, 31, 36, 38 e n. 337, 40 n. 343, 52, 75, 90, 91
Narni (TR) 25 n. 185, 34 n. 285, 35, 43, 52, 88, 91
Nepi (VT) 43
Nizza (Provenza, Francia) 16-17, 19, 72
Novalesa (TO) 51
Orte (VT) 25 n. 185, 35, 43, 52, 88, 91
Ostia (RM) 20, 22-23, 26, 32, 36
Oulx (TO) 51
Pantelleria (isola di, Sicilia) 13 n. 75, 15 e n. 85
Pavia 74
Pisa 16, 28, 29, 72, 74, 87, 91
Ponza (isola di, Lazio) 16, 22 e n. 160, 72
Populonia (LI) 15
Porta Saracena (Segni, RM) 2 n. 5
Porto (RM) 23, 24 n. 179, 27, 28, 32, 36
Provenza 21, 27, 33, 38 n. 332, 43
Punta Licosa (Agropoli, SA) 22 n. 163, 36 n. 308, 73, 76 n. 599, 90, 92
Qal'at Sardaniyah (Sardegna) 8
Qaytanah 'al 'Arab: vedasi Monte Circeo
Reggio 26, 32, 49, 54-55, 72
Rieti 48
Roma 9-10, 13, 16, 22-25, 26, 29, 30, 33-34, 35, 36, 38, 40, 51, 74, 75-76, 77, 79-81, 87-88
Rosellae (Grosseto) 13 n. 75, 60 n. 490
S. Andrea in Flumine (Ponzano Romano, RM) 43
S. Angelo di Barrea (AQ) 73
S. Biagio Saracinisco (FR) 37 n. 323
S. Maria del Mignone (Tarquinia, VT) 39, 41, 65 n. 525
S. Severa (S. Marinella, RM) 39 n. 340
S. Severina (KR) 40, 72
S. Vincenzo al Volturno (IS) 37
Sabina (Lazio) 30, 31 n. 252, 35, 37, 76
Salerno (città e territorio) 30, 31-32, 36, 37, 40 n. 343, 43, 49, 54-55, 90, 91
Saracinesco (RM) 37 n. 323
Sardegna 4 e n. 17, 7-8, 9, 13, 15, 16, 17, 18, 19, 21, 26, 27, 30 n. 244, 33, 42 n. 361, 43-48, 58-59, 60 n. 489, 72, 77
Sepino (CB) 41
Setera (Minturno, LT) 50
Silsilah (Sant'Antioco, Sardegna) 7
Siponto (FG) 22, 51
Spoleto (PG) 14, 21 n. 151, 25 n. 185 e 188, 29, 34 n. 285, 36, 37 n. 320, 41-42

Squillace (CZ), 54, 55
St. Moritz (Svizzera) 60
Subiaco (RM) 20-21, 37
Suessula (Arienzo, CE) 30 n. 246, 40
Taranto 27, 30 n. 244, 32, 56
Tarquinia - Pian della Civita (VT) 41 n. 352
Teano (CE) 40
Termoli (CB) 56
Terracina (LT) 2, 24 n. 179, 32, 37 n. 323, 51, 89
Traiectum-Traetto (Minturno, LT) 35, 36, 50, 51, 61, 63-68
Trebula Mutuesca (Monteleone Sabino, RI) 2, 43, 52, 73
Tropea (VV) 40 n. 400
Turrae Sarracenae (Roma) 1 n. 3
Vesuvio (monte) 36, 39, 76 n. 599, 90, 92
Via Appia 24 e n. 179, 51, 52, 64, 67
Via Aurelia 52
Via Cassia 52
Via de Tussi (Monte Torre Maggiore, TR) 34 n. 285
Via Flaminia 52
Via Salaria 52
Vulci (Montalto di Castro, VT) 61 n. 498

www.ingramcontent.com/pod-product-compliance
Lightning Source LLC
Chambersburg PA
CBHW061543010526
44113CB00023B/2784